中国森林供给问题研究

陈幸良 等 编著

科学出版社

北京

内 容 简 介

本书从森林的功能和作用入手，首次引入森林供给的概念，系统地对中国森林供给问题进行分析研究。主要内容包括森林供给的理论、全球化背景下的森林供给、中国森林现状分析、森林供给的政策环境、森林生态服务供给、森林实物产品供给、森林文化服务供给等。本书应用最新公布的第八次全国森林资源清查数据，研究了绿色增长和可持续发展背景下与森林相关的重点问题，分析了森林生态产品、物质产品和文化产品的供给趋势，提出了政策建议。

本书可供林业、生态、环保、农业、国土等相关部门人员阅读，可作为科技工作者、高等院校师生、企业经营人员的研究参考书目，也可供政府管理和决策参考。

图书在版编目(CIP)数据

中国森林供给问题研究/陈幸良等编著. 一北京：科学出版社.2014.7

ISBN 978-7-03-040003-1

I. ①中··· II. ①陈··· III. ①林产品–分配(经济)–研究–中国 IV. ①F762.4

中国版本图书馆 CIP 数据核字(2014)第 041750 号

责任编辑：张会格 / 责任校对：宋玲玲
责任印制：赵德静 / 封面设计：耕者设计工作室

科学出版社 出版
北京东黄城根北街 16 号
邮政编码：100717
http://www.sciencep.com

骏杰印刷厂印刷
科学出版社发行　各地新华书店经销
*
2014 年 7 月第 一 版　开本：720×1000 1/16
2014 年 7 月第一次印刷　印张：17 3/4
字数：340 000
定价：108.00 元

（如有印装质量问题，我社负责调换）

序

森林具有调节气候、固碳释氧、涵养水源、保持水土、防风固沙、减少环境污染等多种功能的复杂自然生态系统，对改善生态环境，维持生态平衡，保护人类生存和社会可持续发展起着决定性和不可替代的作用。在各类生态系统中，森林生态系统对人类的影响最直接、最重要，也最关键。当今世界面临的土地沙化、湿地减少、水土流失、干旱缺水、物种灭绝、水资源短缺、大气污染、气候变暖等重大生态问题都与森林锐减有直接或间接的关系。

由于历史原因和人口众多等因素，我国森林资源总量不足，分布不均，生态功能的发挥受到限制。我国政府为改变这种状况，做了长期的努力，2014 年 2 月国家林业局公布的第八次森林资源清查结果显示，我国森林覆盖率 21.63%，森林蓄积 151.37 亿 m³，人工林面积 6933 万 hm²，我国成为世界上森林面积增长最快的国家，为改善全球生态环境做出了突出贡献。但总的来讲，我国仍然是一个森林匮乏的国家，森林覆盖率比全球平均水平低近 10 个百分点，人均森林面积 0.15hm²，相当于世界人均占有量的 25%；人均森林蓄积 10.98m³，相当于世界人均的 14%。我国生态环境状况依然严峻，水土流失、土地退化严重，生物多样性保护形势也不乐观，严重威胁和制约着国民经济和社会可持续发展。

要注意的是，我国有限的森林资源，既要提供经济产出，满足经济社会对木材等多种林产品的供给，又要保障和维护国土生态安全，满足社会对森林生态服务和文化服务的需求。如何协调、兼顾和最大化发挥森林的这些功能，对它的各种生态服务、森林的数量和质量组合之间进行选择、取舍和最优化，成为生态经济学、环境经济学和自然资源经济学研究的重要课题。人类社会已经认识到，自然生态系统如同有生命的有机体一样，有自我维持和自我调节能力，人类的可持续发展应该建立在生态系统健全完整和长期稳定，以保证资源持续供给和环境长期有足够容纳量的基础之上，各种活动不超过生态系统的承载阈值。对森林这样重要的生态系统类型的认识尤应如此，这就要求林业工作者加强对森林生态系统的供给服务、价值评价、承载力分析的研究，从自然与社会经济相结合的角度考察森林的供给和服务，以合适的方式评价生态系统服务和自然资本的变动。

中国林业科学研究院陈幸良等研究人员，从森林的多种功能入手，系统地对中国森林供给问题进行了分析研究，在理论和实践上具有重要的意义。他们的研究在三个方面有所创新，有所启示。一是引入和扩展了森林供给的概念。森林生态系统服务（forest ecosystem services）是人类直接或间接从森林生态系统得到的惠益，主要包括向经济社会系统输入有用物质和能量、接受和转化来自经济社会系统的废弃物，以及直接向人类社会成员提供服务（如洁净空气、水等舒适性资源）。与传统经济学意义上的服务概念不同，过去生态系统服务只有一小部分能够进入市场，大多数生态系统服务是公共品或准公共品，其价值无法得到认可，也无法进入市场交易。近年来，随着全球生态恶化、气候暖化等公共事件的发生，促使人们不断探索生态系统价值评估、交易机制建立等理论和方法。例如，《京都议定书》确定的清洁发展机制（CDM），在全球首创了以森林碳汇换取排放权的方法，解决了生态系统的某些服务功能如何进入市场交易的方法。再如，各国制定的自愿市场减排交易机制，也使得生态系统的服务功能能够以"产品"的形式得到循环补偿，使自然资本能够以服务流的形式出现。因此，该书引入森林供给的新概念，对森林提供的各种服务进行详细划分，立足社会经济需求，逐一分析这些"产品"的供给问题，这是一个全新的视觉和大胆尝试。二是揭示了问题路径和方向。作为陆地最复杂的生态系统，森林生态系统具有多种功能、多类产出，森林供给问题的研究非常复杂，本书研究者采取了多学科研究的方法，基于可持续发展理论、资源价值论、公共经济学与政府调控理论等理论，从多个角度分析问题，找出研究线索和方向，初步得出了一些有价值的结论，为进一步深化研究奠定了基础。三是预测了供给和需求。本书立足全球化背景，分析了国内外研究现状、我国森林资源现状与变化趋势、森林供给的政策环境等，研究了绿色增长和可持续发展背景下森林的生态服务供给、物质产品供给、文化产品供给等问题，对森林涵养水源、保育土壤、固碳释氧等生态功能，提供木材、人造板、木制品等实物产品供给功能，以及文化服务功能等进行了预测分析，提出了政策建议，对制定我国生态建设和林业产业发展具有一定的参考价值。总之，该书对森林供给问题的研究，以满足国家发展和人民生活对森林多种功能需求为目标，立足于协调森林生态系统多种功能之间的关系，将为我们合理规划和科学经营森林生态系统，从而最大限度地发挥其多种功能提供了新的视角。

当前，我国处于现代化建设的初级阶段，面临生态退化、环境污染、资源短缺等重大问题。协调人类社会经济系统与生态系统之间的关系，向可再生、清洁、高效利用资源能源的绿色经济、低碳经济、循环经济转型，亟待解决大量的理论和实践问题。增加森林植被、发挥森林生态系统的多种功能，是提高生态承载力、加快经济转型、实现绿色增长的关键选项。2009 年，中国政府提出了力争到 2020年森林面积比 2005 年增加 4000 万 hm^2，森林蓄积量比 2005 年增加 13 亿 m^3 的"双增"目标，将极大地提高森林供给能力，为全球绿色增长和可持续发展做出新贡献。目前，生态系统服务和供给问题的研究尚处于起步阶段，没有形成完整的理论体系，对森林供给的定义在学术界也存在不同理解。森林生态服务的供给、消费和价值实现的特点和规律的研究，都是全新的领域。该书研究人员在这方面做了一些有益的探索，但在很多方面有待进一步深入，研究中的一些问题也尚需探讨。我希望通过该书作的出版，能够引发学界进一步深化对森林供给问题的研究，深入发现科学规律，为保障绿色增长和生态文明提供更深刻的理论和实践支持。

是为序。

蒋有绪

二〇一四年六月

前　言

　　森林是人类的无价之宝，它为人类提供多种功能的服务，庇护着人类的安全，滋育着万物的生长繁衍。作为巨大的陆地生态系统，森林在调节生物圈、大气圈、水圈、地圈动态平衡中具有重要作用，在生物世界和非生物世界之间的能量和物质交换中扮演着主要角色，对保持生态系统的整体功能起着中枢和杠杆作用。在全球化背景下，对森林功能的重新认识和定位，使森林在可持续发展、绿色增长中的地位得到空前提高。

　　我国是世界上人均森林资源最少的国家之一，森林生态系统既要满足经济社会发展对木材和林产品的持续供给，又要维护国土生态安全，提高生态承载力，保障可持续发展，同时，生态系统自身也要达到健康稳定，这就对森林生态系统的功能服务、产品供给、消费和价值实现等提出了诸多理论问题和方案选择。为此，我和我的研究团队提出了"森林供给"这一问题，探讨研究了森林供给的理论、全球化背景下的森林供给、中国森林现状分析、森林供给的政策环境、森林生态服务供给、森林实物产品供给、森林文化服务供给等问题。

　　本书是我和我的研究团队长期跟踪森林供给这一未知领域的粗浅成果。由于研究对象是复杂的森林生态系统和社会经济系统的相互关系，本人的学术和知识能力确难驾驭和把握。但任何科学研究都需要有探索和牺牲，虽然这部书作仍很粗浅和不成熟，甚至谬误很多，但如果能从研究中得到些许启示，或者提供一些反面思考，我想也能有所裨益。

　　本研究是我担任华中师范大学、中国社科院农村发展研究所等创设的"农村改革发展协同创新中心"首席专家的研究成果。国家林业局公益性行业科研专项"南方集体林改后森林资源变化监测和评价技术研究及示范（2010432）"、"国际林产品贸易中的碳转移计量监测及林业碳汇产权研究(201204107)"及中国林学会专项研究课题给予了资助。研究中得到了各位学界前辈和同仁的支持帮助。感谢中国科学院院士蒋有绪先生对研究工作给予的悉心指导，特别要感谢他为本书作序给予的鼓励。感谢中国林科院和中国林学会的同事们为本书付梓付出的辛勤劳动。

陈幸良

二〇一四年六月二十三日

目　　录

第一章　绪　　论

第一节　研究背景与意义

地球是迄今为止宇宙中唯一发现生命迹象的星球，是人类唯一的家园。当今世界，人类活动的强度在以前所未有的速度增强，人类活动的深度和范围也在以前所未有的速度扩大，地球环境承受着巨大的压力，人类活动对环境的影响又通过各种途径反馈给了人类。自进入工业化时代以来，人类对自然的索取大大超出了其承受能力，生态退化与环境恶化已成为全球最重大、最紧迫、最具灾难性的问题，以致自然生态系统不堪重负、严重失衡，甚至出现崩溃的征兆。

森林是地球生命系统的支柱，它为人类提供多功能的服务，庇护着人类的安全，滋育着万物的生长繁衍。在地球的水循环、碳循环、氧循环等物理化学循环和生物循环中，森林的服务无法替代；森林为人类提供多种经济资源和产品，是全球数以亿计人民维持生计的基本来源；森林更是人类的无价之宝，为人类提供了丰厚的文化和精神价值。

随着人口和经济活动的不断增长，人类利用自然世界的能力也日益提高，而这种利用最明显的表现就是毁林。毁林就是清除森林，将土地用作其他用途，或者弃之不用使之成为荒地，这是人类对地球表面所做的最普遍、最重要的改变之一。在 5000 年的时间里，全世界林地累计损失估计为 18 亿 hm^2，年均净损失达 36 万 hm^2（Williams，2002）。全球森林状况堪忧，世界森林正在或将以每年 1600 万～2000 万 hm^2 的速度消失，地球上 80%的原始森林已经消失殆尽。2005 年，联合国粮食及农业组织（FAO）发布的《世界森林状况报告》指出，2000～2005 年，世界森林面积以每年 730 万 hm^2 的速度减少。世界森林总面积略小于 40 亿 hm^2，约占地球土地面积的 30%。2000～2005 年，有 57 个国家的森林面积增加，同时有 83 个国家森林面积减少。占据了世界原始森林面积 80%的 10 个国家当中，印度尼西亚、墨西哥、巴布亚新几内亚和巴西 4 国原始森林的破坏严重（联合国粮食及农业组织，2005）。《2012 年世界森林状况》也指出，过去 10 年间，人口增长，以及迅速增加的对食物、纤维和燃料的需求加快了森林砍伐的速度，森林年均净损失多达 520 万 hm^2。亚太地区森林面积扭转了持续几十年的下降趋势，这主要归功于中国在植树造林方面的贡献，非洲和拉丁美洲及加勒比海地区森林面积的减少最为严重。世界自然基金会（WWF）在一份研究报告中指出："到 2030 年，人类的生存和发展环境将出现衰退，除非人类从现在开始就减少使用地球所能提供的自然资源"。并指出，人类目前对地球资源的掠夺性使用，已经以20%的比例超过了地球的承受能力。到2050年，人类将消耗掉地球上180%～220%的生物生长能力（WWF，2002）。这就意味着，除非各国政府立刻采取相应的措施，否则人类的社会福祉将会下降。

我国是世界上生态环境问题最严重的国家之一，其类型之多，范围之广，程度之深，都是前所未有的。如果不采取有效措施加以减缓或抑制，不仅将制约我国经济社会的可持续发展，从长远看，甚至将会危及中华民族的生存。

新中国成立以来，特别是1978年改革开放以来，中国政府实施大规模生态工程，开展全国性植树造林活动，加强天然林保护，增加森林植被，森林资源快速增长，成为亚太地区森林增长的主要区域。森林覆盖率从新中国成立初期的8.6%增加到20.36%，森林面积达1.95亿hm^2，森林蓄积达到137.21亿m^3。局部生态得到改善，林产品供给能力有效提高，但是，从总体上看，生态状况依然十分脆弱，生态建设与经济发展不协调，生态承载力与经济增长需求不适应。第七次全国森林资源清查结果显示，全国森林人均面积0.145hm^2，不足世界人均占有量的1/4；森林覆盖率只有全球平均水平的2/3，排在世界第139位；森林蓄积量只有世界人均占有量的1/7；乔木林每公顷蓄积量只有世界平均水平的78%。森林资源状况不佳，降低了调节气候、涵养水源、防风固沙等方面的生态功能，难以有效发挥其维持生态系统平衡、维护国家生态安全的主体作用；降低了供给多种林产品的能力，难以有效发挥其满足社会对木材等林产品的多样化需求、维护经济安全的重要作用，制约着可持续发展，威胁国土生态安全。与此相关的主要问题体现在以下几方面。

一是土地沙化、石漠化严重。我国沙化土地面积174万km^2，占国土面积的18.1%，局部地区土地沙化仍在扩展，生态状况持续恶化，全国还有近32万km^2土地具有明显沙化趋势。南方8省（自治区、直辖市）有石漠化面积12.96万km^2，并且以年均2%左右的速度扩展，其中，中度和重度石漠化面积占到72.53%，还有近13万km^2的潜在石漠化面积。沙尘暴危害频繁发生，"十一五"以来累计发生强沙尘暴、沙尘暴和扬沙浮尘天气近50次，严重影响了人民生产生活。土地沙化和石漠化不仅导致生态恶化，制约区域经济发展，还严重吞噬中华民族的生存与发展空间。

二是水土流失加剧。全国水土流失面积达356万km^2，占国土总面积的37.1%，每年流失土壤45亿多吨，损毁耕地6万多公顷。水土流失导致泥沙淤积江河湖库，全国累计淤积水库库容200亿m^3。严重的水土流失，导致土地退化、耕地减少、地力下降，而且影响江河安澜，威胁人民的生命财产安全。黄河下游每年淤积约4亿t泥沙，致使河床抬高8～10cm，形成地上"悬河"。据研究测算，按现在的土壤流失速度，50年后东北黑土区90万hm^2耕地的黑土层将流失掉，粮食产量将降低40%左右。

三是生物多样性锐减。森林是野生动物的栖息地。我国动植物种类繁多、遗传基因资源丰富、生态系统多样，生物多样性居世界前列。但是，我国的生物多样性正面临严峻威胁，已有233种脊椎动物濒临灭绝，到2007年，我国哺乳动物濒危物种增加到83种，鸟类濒危物种增加到86种。据调查，全国有55种野生植物的野外种群低于稳定存活界限，其中有36种植物仅存1000株以下。在《国际濒危野生动植物贸易公约》列出的濒危或受贸易威胁的物种中，我国占1/4。同时，生态系统持续退化，生物物种遗传资源丧失和流失非常严重，许多药用生物野生资源濒临枯竭。丰富的物种资源是我国未来发展的独特优势，是维护生态平衡、发展战略性新兴产业的重要物质基础，一旦丧失，不可复得。

四是固碳减排能力下降。全球气候变化引起整个生态环境的变化，导致降雨重新分布、海平面上升、冰川面积减少、春季物候期提前等，这是我国乃至全球实现可持续发展的重大制约因素。森林与气候变化密切关联，一方面，我国已成为世界最大的温室气体排放国，减排压力与日俱增，温室气体的排放已经对保持经济平稳较快发展构成制约和影响；另一方面，生态环境发生变迁，气候格局重新分割，将会产生许多不可预知的自然灾害与天气事件。世界自然基金会发布的报告指出，全球气候变暖导致喜马拉雅冰川退缩的速度不断加快，冰川的急速退缩将导致河流来水量急剧增加、大范围洪水暴发，但几十年后这种现象将转变为河流水位下降，严重影响环境和经济发展。目前我国的高山冰川与冻土正在加速融化，内陆湿地正在加速萎缩，干旱、洪涝、雷暴、冰雹、风暴、高温天气和沙尘暴等极端天气气候事件出现的频率与强度增加，对经济社会可持续发展构成重大威胁。

五是木材与林产品紧缺。森林所提供的木材和多种林产品是经济增长的物质基础，特别是木材，是支撑经济发展的重要原材料之一。据联合国统计署（FAOSTAT）统计，2010年，我国消耗木材4.32亿m^3，其中进口1.84亿m^3，对外依存度高达42.5%，而一些国际组织的估计还高于这个数字（FAOSTAT，2011）。随着我国经济社会的发展，木材需求必然呈刚性增长。从世界木材供应量来看，木材出口国供应世界市场的数量越来越小；从国际生态环境保护看，木材贸易越来越敏感。加大森林植被建设，立足国内解决木材和林产品供应是现实的选择。

人们已经认识到，森林对于生态建设和经济社会可持续发展，对于应对气候变化，发挥着无可替代的作用。研究森林供给的意义主要体现在以下几方面。

一是有助于研究森林对绿色增长的贡献潜力。绿色增长是全球发展的新趋势，是节约资源、保护环境的新的发展模式。2012年，联合国可持续发展大会把绿色增长确定为大会主题。森林对于人类生存环境的保护价值相当巨大，是提高生态承载力、保护环境、促进绿色增长的基础和支撑。森林在大气平衡、水源涵养、防止水土流失、农田防护、城市生活环境保护、消除或减缓污染、护路护岸等生态保护方面的效益远远超过其直接效益；在建立稳定的自然生态系统、提高抗人工干扰能力等保护生物多样性方面也有巨大的作用。研究森林供给问题，有助于了解森林提升生态环境承载能力、修复支撑自然生态系统、扩大绿色资源能源的能力和贡献水平。

　　二是有助于研究森林对经济持续发展的贡献潜力。森林提供的木材和非木质林产品是经济持续发展的基础资源和原材料。随着经济社会的快速发展，林业产业正由传统的重要基础性产业，提升为复合型、战略性新兴产业群。经济社会对木材和各种林产品的需求日益增加。中国现已成为世界木材生产、加工、消费和进出口大国，全球木材产品加工基地和贸易中心，国际家具、木地板、胶合板等产品的重要出口基地。国家林业局数据显示，2012年，我国包括木材加工、生态旅游、沙草产业、木本粮油、竹藤花卉、生物质能源等在内的林业产业，总产值突破3.7万亿元，约占当年国内生产总值（GDP）的6.5%以上，并且连续10年年增长率约20%。"十一五"期间，我国林产品折算的木材年均消费量3.68亿 m^3，年均增长6.7%，2011年，全国林产品进出口贸易额达到1200亿美元。木材加工及竹藤棕草制品业、家具制造业、造纸及纸制品业、干鲜果品、木本油料、木本药材等特色经济林产品等产业快速发展。研究森林产业发展潜能，对于立足国内解决木材供应，壮大林业产业规模，优化产业结构，增强产业竞争力，促进新兴产业发展具有重要意义（潘少军，2013）。

　　三是有助于研究森林对增汇减排的贡献潜力。森林具有吸碳、储碳功能，是除海洋以外，固化大气中碳元素的第二大途径，森林巨大的生物量不仅减缓了大气中 CO_2 含量的增长速度，而且可以吸收人类排放到大气中的部分有害气体，维持大气成分的平衡。保护和增加森林资源，减少毁林和森林退化，已成为国际社会应对气候变化的共识和行动。2011年，全球德班气候大会通过决议，决定建立德班增强行动平台特设工作组，实施《京都议定书》第二承诺期，并启动绿色气候基金。这意味着国际社会最迟将于2015年制定一项约束所有缔约方减排的法律文书，并于2020年开始生效实施。研究森林供给问题，有助于了解如何通过加强森林资源培育和经营，增加森林碳汇，提升森林应对气候变化能力。

　　四是有助于研究森林对减少贫困的贡献潜力。我国贫困地区消费能力和消费水平普遍偏低，贫困地区人民脱贫致富愿望强烈，区域消费意愿旺盛。农民经营山林，可为保障基本生计、提高购买力、逐步改善生活条件提供支撑，同时也为改善生产条件、提高农林产出提供保障。在贫困地区增加森林植被，开展植树造林和退耕还林，推广种植乔木、灌木、草本、竹类、藤本类植物等，可以扼制水土流失和荒漠化；也可发展农林加工产业，调整产业结构，构建新经济增长点，提高农民收入。研究森林对贫困地区的贡献潜力，可以增加贫困地区有效供给，扩大消费需求，改变农林业生产的组织方式和产业结构，探索新的扶贫模式。

　　五是有助于研究森林对山区发展的贡献潜力。我国国土面积的70%是山区。山区经济社会可持续发展成为国家发展的瓶颈。现有592个国家级贫困县中的496个在山区，山区森林面积占全国的90%，分布着6000多种经济植物、丰富的野生动物和森林景观资源，开发潜力巨大。林地是山区农民的生产资料，在山区发展森林产业，既可以改善当地生态状况，增强自身发展能力，又能提高土地利用效率，为调整国土利用结构做出贡献。研究森林对山区发展的贡献潜力，有助于了解森林促进山区生态修复、综合开发、就业增收、脱贫致富的能力，探索山区绿色发展的新路径（国家林业局，2012a）。

六是有助于研究森林对文化繁荣发展的贡献潜力。森林作为人类的摇篮，在孕育、发展、繁荣和传承人类文化方面发挥着重要作用。在长期社会实践中，人与森林、自然之间建立起了相互依存、相互作用、相互融合的关系，并由此创造了灿烂的精神文化。森林景观不仅给人以环境舒适、心旷神怡的感受，为人们提供良好的居住环境和休闲娱乐、游览观光、增长知识的条件，而且可为人们提供文艺创作的空间，大量的森林文学艺术给人以美的享受，达到净化人的心灵、陶冶人的情操的目的，有的甚至成为民族精神的象征。尤其是兴起于森林、繁荣于森林的生态文化倡导"天人合一"、"道法自然"的理念，对人类社会发展进步产生重要而深远的影响。研究森林对文化的供给能力，有助于树立人与自然和谐的理念，建立生态文明道德和意识，弘扬生态文化，促进生态文明。

第二节　国内外研究现状

鉴于森林既是自然生态系统的组成部分，又是社会经济和文化资源的组成部分，在现实需要下，引入和分析"森林供给"这一概念，对于理解和解决经济增长与环境保护之间的矛盾，实现绿色增长、可持续发展有着重要意义。研究者更乐于从经济学、生态学、社会学、管理学、政治学和其他交叉领域的范畴来研究森林对于经济、社会和文化的功能、贡献与潜能。查阅国内外文献，尚没有"森林供给"的概念与定义，但这并不影响从上述学科相关的领域来研究和关切森林对于人类福祉的重要性，相反，研究者可多角度、多方位地考察森林作为自然生态系统范畴和经济社会与文化资源范畴在全球化背景下的发展和运行规律。

对森林的需求是指人口增加及生活水平的提高对森林服务效用的需求量，包括人口、经济发展对森林提供的保育土壤、净化空气、涵养水源等的生态需求，以及提供木材、非木质林产品等的经济需求。森林需求也具有 3 个特性。其一是自然刚性。人类社会的发展必须保持森林客观存在，可持续发展则需要一定量的森林存在，即刚性需求。其二是有限性。森林作为资源的一种，具有经济学中"资源"的性质，即具有资源有限性与人类欲望无限性的矛盾，不可能满足人类的绝对需求。其三是可调节性。通过经济社会政策可调节人口增长和经济发展对森林在数量、结构、区域性供给等方面的矛盾。

经济学中的供给（supply）是指生产者在某一特定时期内，在每一价格水平上愿意并且能够提供的一定数量的商品或劳务。森林生态系统具有向人类提供各种物品和服务的功能。如果把经济社会系统作为一个大系统，把森林生态系统作为一个大系统，那么森林生态系统与社会经济系统之间的物质和能量流动规律就是生态经济学、资源经济学、环境经济学或自然环境经济学等学科的研究内容。尽管生态系统服务目前还被排除在经济社会决策的制订之外，但生态系统服务是 20 世纪生态经济学界提出的一个最重要的概念，它将对全球经济模式和政府决策产生难以预估的影响。

按照这样的理解，定义森林供给（forestry supply）的概念：在一定时期和价格水平下，生产者愿意而且能够提供的森林对人类的服务效用。这个"服务效用"可以用数量和质量来衡量，即既可以进行定性分析也可以进行定量分析。森林供给的实现，必须同时具备两个条件：一是森林"产品"服务者有出售生态产品或提供生态服务的愿望；二是生态"产品"和服务者有提供某种生态产品或提供生态服务的能力。从生产者"愿意提供"的角度出发，以森林的"服务效用"为"产品"分析森林供给问题。

即使在理想化的市场下，森林供给也具有以下 3 种特性。

一是不可替代性。森林供给提供的生态"产品"对自然系统和人类社会是不可代替的。人类社会已经认识到，森林是陆地生态系统的主体，具有调节气候、涵养水源、保持水土、防风固沙、保护土壤、减少污染等多种功能，对改善生态环境、维持生态平衡、保护人类生存发展起着不可替代的作用。在各种生态系统中，森林生态系统对人类的影响最为关键。离开了森林的庇护，人类的生存与发展就会失去依托。因此，森林提供的"生态产品"是人类的无价之宝，既是十几亿人口基本生计的来源，也是人类家园的依托，具有普遍意义的精神价值。

二是自然修复性。生态系统对来自外部的冲击有一定的应对能力，只要对生态系统的利用不超过其自我调节能力的阈值，就可以继续为自然和社会产生供给。

三是社会可控性。人类社会可以通过合理利用生态，改进、创新利用生态系统的技术措施，以及与之配套的激励政策和机制，提高生态系统供给能力。

研究森林提供的供给和服务，按照市场价值理论进行供给与需求的研究，首先要进行供给"产品"的价值核算。Costanza 等（1997）在《自然》杂志发表了"全球生态系统服务价值和自然资本"一文，使生态系统服务价值研究在国际范围内掀起了热潮，此后，我国众多学者开始对森林生态系统（董瑜和谢高地，2001；成升魁等，2006）、城市生态系统（董锁成，1994；中国科学院—国家计划委员会自然资源综合考察委员会，1996；董锁成等，1999；沈镭和唐永虎，2003）、草地生态系统（郎一环，2000）和农田生态系统（刘燕鹏和李立贤，2000）的生态服务及其价值评估理论与方法进行积极探讨，在生态系统服务领域的多个方面都获得了一些研究成果。上述研究成果使政府和公众重视了生态系统为人类提供的生态系统服务，从而更加重视生态系统保护，推动了各种形式的生态补偿政策的制订和实施，但研究成果主要集中在生态服务的功能量和价值量评估，没有形成生态系统服务供给、消费和价值化的系统理论框架，生态系统服务供给、消费和价值化的系统理论和方法离成型还为时尚早。生态系统服务是指生态系统与生态过程所形成及所维持的人类赖以生存的自然效用。Daily（1997）和 Costanza 等（1997）

都列举了各种特殊的生态系统服务,然而,不同的学者对服务之间应该如何分割、服务所包含的内容还有不同的理解,但生态系统向人类提供各种物品和服务这一点是十分确定的。

20世纪90年代中叶以来,生态系统服务及其价值评估的研究成为生态学研究的一个热点。不同研究者选择了不同的研究角度,如Daily(1997)主要从生态学基础探讨生态系统服务及其价值,Costanza等(1997)则更多地从经济学角度研究生态系统服务的经济价值,Turner(1991)的研究注重生态系统服务经济价值评估的技术与方法,Naeem(2001)更关注生态系统服务功能变化的机制,千年生态系统评估(MEA)更加全面地关注生态系统服务与人类福祉之间关系、变化的驱动因子、评价的尺度、评价技术与方法(谢高地等,2006)。但对生态系统服务的供给-消费-价值化目前还没有成熟的理论基础。

森林生态系统服务功能是指生态系统与生态过程所形成及维持的人类赖以生存的自然环境条件与效用。主要包括生态系统在涵养水源、保育土壤、固碳释氧、积累营养物质、净化大气环境、森林防护、生物多样性保护和森林游憩等方面提供的服务功能。目前的价值估计方法仍然存在许多争论,在森林资源生态服务价值估计中,不同的估算方法往往能得出相差数十倍甚至数百倍的结论。其原因,一是森林生态系统的复杂性。森林生态系统各组成部分相互关联,对森林生态系统服务功能的分类不是绝对的,生态系统发挥功能的机制非常复杂,往往在发挥一个功能的同时,还发挥着另外一个功能。因此,在选取指标过程中的分类不同,导致结果相差的可能性较大。二是边际变化无法界定。按照服务功能每一项单独计算价值,有可能会把生态系统的服务价值重复计算。从经济学的角度来看,价格反映各种资源在市场配置中的稀缺程度。在供求关系变化不大的情况下,人们愿意为增加一单位产品所支付的货币数额,也就是该产品在此种供求情形中的价格。森林生态服务的核算价值如果能够成为市场交易的依据,就应该在边际条件下估算其价格。但是现有的许多核算是针对整个生态系统的,无法体现市场价格反映出来的对商品进行清晰"分割"的价值。例如,Costanza等(1997)对全球生态系统服务价值进行了估算,得出30万亿美元的结论。然而,Heal(2000)对该结论的意义存有争议,因为对人类而言,全球生态系统作为整体无法替代,计算其替代价格没有意义。三是不同估值方法的前提条件不同。生态服务的核算包括替代工程法、机会成本法、影子价格法、旅行费用法、市场价值法等。每一种方法的应用都有其前提条件。例如,在许多采用替代工程法计算森林净化水体的生态服务价值的研究中,经常采用具有相同净水能力的水处理厂的建造和运行成本来代替周边森林的生态服务价值,但是这种方法没有考虑相关受益群体的需求和支付能力。即使森林遭到破坏,水质下降,人们可能也不会花费如此大的成本去兴建水处理厂,而会选择成本较小的方式——保护周边森林,恢复其生态功能,那么选择森林生态恢复工程的成本来表征生态价值的替代成本要比用水处理厂的建设和运行成本更为合理。鉴于类似的复杂情况,在后面的分析中,更乐于采用定性的分析方法。

在森林生态系统服务功能价值评估方面，参照 Costanza 等（1997）的研究成果，赵景柱等（2003）评估了 13 个国家各生态系统的生态服务价值，结果表明，加拿大每年各类生态系统服务的价值最高，美国、巴西分居第 2、3 位。中国生态系统服务的价值以 7927.12 亿美元居第 6 位。毕晓丽和葛剑平（2004）依照国际地圈生物圈（IGBP）提供的 $1km^2$ 分辨率土地覆盖分类数据，对中国陆地及各省（自治区、直辖市）生态系统服务功能价值的评估总值为 40 690 亿元。何浩等（2005）结合时间分辨率和生态学方法计算 2000 年中国陆地生态系统的生态服务价值为 91 700 亿元。谢高地等（2006）对全国各类草地生态系统的各项生态系统服务价值分别进行统计，得出每年的草地生态服务价值为 149 719 亿美元。陈仲新和张新时（2000）将中国森林类型划分为 10 类陆地生态系统和 2 类海洋生态系统，也对中国生态系统的功能与效益进行了价值评估。在中国森林生态系统提供森林游憩、涵养水源、固碳制氧、养分循环、净化空气、土壤保持、维护生物多样性等生态服务功能上，靳芳等（2005）和赵同谦（2004a）的研究结果分别为 28 681 亿元和 11 735 亿元；鲁绍伟等（2005）采用物质量结合价值量的研究方法，评估出 1993 年、1998 年、2003 年我国森林生态系统 7 类生态系统服务功能的总生态经济价值分别为 21 411.80 亿元、36 433.26 亿元、41 237.23 亿元，分别占当年 GDP 的 98.81%、91.73%和 71.82%，并指出森林生态系统为人类提供的间接经济价值远远大于直接产品价值。

从资源经济学理论的角度看，近些年国内的研究主要集中在以下 3 个方面。

一是资源市场化和资源管理方面。董锁成（1994）指出我国现行土地产权关系模糊，制约和阻碍着土地市场的发育和完善，造成大量国有土地资产流失。必须明确界定土地产权关系，尽快将其推向市场。并提出划拨土地要区别使用对象和用途，有计划、分步骤地推向市场进行转让，实现国家对其所有权的地租形式。集体所有的农用地要逐步推行租赁制。完善土地产权管理和地产市场交易的法律体系，使土地产权制度化、土地市场法制化。建立科学的土地价格评估系统，制定合理的土地价格。沈镭和唐永虎（2003）对我国资源市场化及资源市场管理进行了研究，从交易对象、市场要素、交易形式、市场结构、供需关系和空间范围等方面对资源市场进行了系统的划分，分析了资源市场结构及其组织形式。提出以主体资源市场为龙头、以资源服务市场和要素市场为两翼，构建我国完整的资源市场体系设想，并提出了相应管理对策。

二是资源、环境与经济相互作用方面。董锁成等（1999）对资源、环境与经济相互作用过程、相互作用机制和规律进行了探讨。指出资源与环境问题的实质是外部不经济性、资源环境与经济发展矛盾等资源、环境与经济发展相互作用机制。提出了资源与环境演变的"U"型规律、资源利用和替代的不确定性、资源与环境问题的不可逆转规律。

三是自然资源流动方面。董瑜和谢高地（2001）借鉴物理学中的场思维构建了资源场理论的分析框架，探索了资源流动的力的本质，并指出资源势差是资源流动的内在本质，资源场力是推动资源流动的本质力量，资源场力和外力的合力是资源流动的直接力量。成升魁和沈镭（2006）论述了自然资源流动研究的实践意义与科学意义，并对自然资源流动研究领域的若干重点进行了总结。

第三节　主要研究方法与内容

从上述森林供给的概念出发，对森林生态服务的供给、消费和价值实现的特点和规律的研究，理论界和学术界有着迫切的需求，其作为生态学、经济学、地理学、环境学、资源学等理论的前沿，备受关注，但目前世界上还没有与此有关的相对成熟系统的理论和分析方法。因此，森林生态系统的供给服务、价值化、承载力评价等受众多因素的制约，目前尚处于起步阶段，没有形成完整的理论体系，同时，对于生态供给的定义学术界尚在讨论之始，并无定论。

鉴于此，对森林供给问题的研究，遵循跨学科门类的方法，从理学、经济学、管理学、农学 4 个学科门类（目前的国务院学科分类），主要基于生态学、经济学、资源学、环境学、管理学、农（林）学的原理，对相关研究前沿和进展进行跟踪，查阅最新研究进展。研究采取定性分析与定量分析相结合的方法，力图对我国森林供给问题进行全方位的分析和研究，力图在分析研究背景与意义、国内外研究现状的基础上，重点分析以下 8 个方面的问题。

一是全球问题与森林供给。考察全球森林概况，关注全球的森林热点问题，分析全球化背景下的森林供给问题。

二是中国森林现状分析。阐述森林的功能与服务，分析我国森林资源现状与变化趋势，论析森林的供需矛盾。

三是森林供给的理论探讨。主要基于可持续发展理论、资源价值论、市场经济理论、公共产品理论等新兴、交叉理论分析森林供给问题，以期将来从更深的层面为研究提供理论线索。

四是我国森林供给的政策环境研究。立足国内外经济社会发展的主要宏观背景，对未来 5~20 年森林供给的有利条件，挑战与困境，以及未来趋势进行分析。

五是森林生态服务供给问题分析。对森林涵养水源、保育土壤、固碳释氧、积累营养物质、净化大气环境、保护生物多样性、森林游憩等功能进行分析。

六是森林实物产品供给问题分析。分析预测森林所提供的实物产品供给问题，主要预测分析木材、人造板、木制品、纸浆、竹藤产品、林化产品、林下产品、生物质能源等 8 类实物产品的需求状况，预测供给能力。

七是森林文化服务供给问题分析。研究森林在传播生态文化、提升生态文明观念方面的供给潜力。引导社会树立生态道德，崇尚生态文明，树立人与自然和谐相处的价值观；促进人与自然和谐，提高资源利用效率，促进生态文明建设；建立生态文化载体，如自然保护区、森林公园、湿地公园等生态文化载体。重点分析以森林为直接依托的森林公园、博览园、科普基地、自然保护区、古树名木、义务植树、森林游憩、健康服务、文艺作品等服务能力。

　　八是政策与导向。以上研究均在分析的基础上，提出政策与导向。

第二章 全球化背景下的森林供给

森林孕育了人类，庇护着数以亿万计的生物物种和各种生物群落。人类从森林中走来，创造了惊人的物质财富和灿烂的精神文明。然而，当今世界，人类对森林的索取大大多于对森林的回馈，造成了森林锐减，地球上的绿色植被日益稀少。世界森林问题与资源紧缺、环境污染、生态破坏等诸多问题联系在一起，成为全球化时代重大而突出的问题。在地球不堪重负、严重威胁人类未来生存的形势下，人类逐渐认识到，要善待森林，保护自然，建立生态系统完整、资源持续供给和环境长期有容纳量的可持续发展。全球正在探索文明形态由工业文明向生态文明的转变，经济模式由粗放发展向生态经济、绿色经济、低碳经济的转变。在全球化背景下，对森林功能的重新认识和定位，使森林在可持续发展、绿色增长中的地位得到空前提高，森林供给问题研究的意义凸显。

第一节 森林的功能与服务

森林是陆地生态系统的主体，是人类不可缺少的自然资源。2009 年 10 月，在布宜诺斯艾利斯召开的第十三届世界林业大会宣言指出，森林是人类的无价之宝，为几十亿人口提供生计，帮助实现环境可持续性，并为民众、社区和国家提供具有社会和精神价值的服务。在气候变化的大背景下，通过可持续经营，森林能为消灭贫困、保护生物多样性做出贡献，并为当今和未来人民提供一系列商品和服务。

从不同的研究角度，可对森林的功能和服务进行不同的划分。我国许多学者一般将森林的功能和服务分为生态效益、经济效益、社会效益 3 个方面；也有学者将其划分为生态、经济、文化 3 个方面；近年来也有学者将森林的功能和服务分为生态功能、经济功能、社会功能、文化功能、碳汇功能 5 个方面（赵士洞，2004）。联合国千年生态系统评估（MEA）把包括森林生态系统在内的生态系统的服务功能归纳为 4 类，即供给产品功能、调节功能、文化功能、支持功能（图 2-1）。

供给产品功能是指生态系统为人类提供各种产品如食物、燃料、纤维、洁净水，以及生物遗传资源等产品效益；调节功能是指生态系统为人类提供诸如维持空气质量、调节气候、控制侵蚀、控制人类疾病，以及净化水源等调节性效益；文化功能是指通过丰富精神生活、发展认知、休闲娱乐，以及美学欣赏等方式，使人类从生态系统获得的非物质效益；支持功能是指生态系统生产和支撑其他服务功能的基础功能，如初级生产、制造氧气和形成土壤等。

随着人们对森林认识的不断深入，随着社会经济对森林需求的变化发展，森林的功能与服务还将不断被认识和挖掘。这里暂且不论如何划分这些功能与服务，仅从森林在经济、社会和生态系统中所起的客观作用来考察森林的功能与服务（赵士洞，2001）。

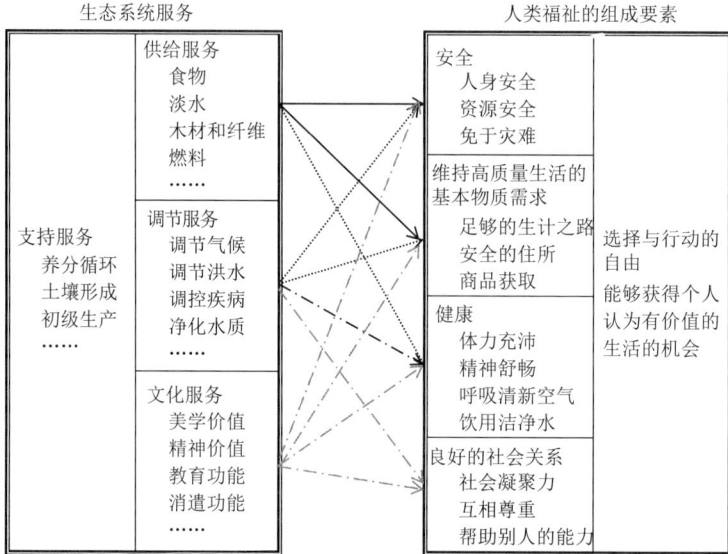

图 2-1 联合国千年生态系统评估系统（MEA）对生态系统服务功能的描述

资料来源于 MEA（2005）

一、 森林是生态安全的基石和生命系统的支柱

森林具有调节气候、涵养水源、保持水土、防风固沙、改良土壤、减少污染等多种功能，是自然界最丰富的碳储库、基因库，也是地球的资源库和能源库，对改善生态环境，维持生态平衡，保护人类生存发展的环境起着决定性的和不可替代的作用。在各种生态系统中，森林生态系统对人类的影响最直接、最重大，也最关键。离开了森林的庇护，人类的生存与发展就会失去依托（Reynolds et al.，2003）。

（一） 森林是陆地生态系统的主体

森林是陆地生态系统的主体。是陆地生态系统中组成最复杂、结构最完整、生物生产力最高、生态功能最全面、生态效应最强的自然生态系统。森林主要以 CO_2 为原料进行光合作用，固定和储存碳，同时释放出 O_2。一方面，森林植物通过光合作用，吸收大气中的 CO_2；另一方面，森林动植物、微生物的呼吸及枯枝落叶的分解氧化等过程，又以 $CO_2/CO/CH_4$ 的形式向大气中排放。研究表明，森林每生产 1t 干物质，可吸收 1.83t CO_2，释放 1.62t O_2。随着中国森林资源的增长，吸收 CO_2 的数量逐年增加。据专家估算，每年中国森林净吸收约 5 亿 t CO_2，相当于同期全国温室气体排放总量的 8%。森林作为一个陆地生态系统，具有最完善的营养级体系，即具有从生产者（森林绿色植物）、消费者（包括草食动物、肉食动物、杂食动物及寄生和腐生动物）到分解者（包括腐生微生物、异养生物）的完整食物链和典型生态金字塔。森林生态系统面积大，树木形体高大，结构复杂，多层的枝叶分布使叶面积指数大，因此光能利用率在天然生态系统中是最高的，热带雨林年平均光能利用率可达 4.5%、落叶阔叶林为 1.6%、北方针叶林为 1.1%、草地为 0.6%、农田为 0.7%。由于森林面积大，光合利用率高，森林的生产力和生物量均比其他类型生态系统高。据推算，全球生物量总计为 1856 亿 t，森林每年每公顷生产的干物质达 6～8t，生物总量达 1664 亿 t，占全球的 90%左右，而其他生态系统所占的比例很小，如草原生态系统只占 4.0%、苔原和半荒漠生态系统只占 1.1%。全球森林每年所固定的总能量约为 13×10^{17}kJ，占陆地生物每年固定的总能量 20.5×10^{17}kJ 的 63.4%。因此，森林是地球上最大的自然能量储存库。

（二）　森林保存着地球生命系统最丰富的遗传基因

森林保存着地球生命系统最丰富的遗传基因。一般认为，世界上约有 530 万种物种，包括 25 万种植物、4.5 万种脊椎动物和 500 万种无脊椎动物，其中大部分在森林中栖息繁衍。我国是世界上生物多样性最丰富的国家之一，我国植物种类占世界总数的 10%，高等植物约有 3 万种，居世界第三位，其中被子植物占世界总种数的 53%以上，被誉为被子植物的故乡；我国现有动物种类占世界总量的 10%，其中哺乳类约 450 种、鸟类 1244 种、两栖类 284 种、爬行类 376 种。这些物种 50%以上在各类森林中栖息繁衍。

（三）　森林提供了地球最原始的能量

森林提供了地球最原始的能量。地球上一切生命都离不开能量的利用。生物要生长繁殖，需要能量的补充，没有能量的供应，生命就会停止。太阳能是具有电磁波形式的辐射能，它所提供的能量是地球上一切生命形式所应用的最基本的能量。就整个地球来说，除去原子能以外，各种能量都直接或间接来自太阳辐射。煤炭和石油等矿物燃料，不过是地质时代生物固定下来的太阳能的储存。使用矿物燃料，就是把地质时代的太阳能加入到现代生物圈内的能量流动中来。各种生物，如森林中的植物、动物和微生物，均是由能量和无机化学元素构成的有机体。当森林遭受一场大火时，森林里各种生物所储存的能量一瞬间就又转变为光能和热能，所结合的化学元素也化为灰烬恢复原形。能量是生命系统的驱动力，各种生物的生理状况、生长发育和生态作用等，主要由满足其能量需要的状况所决定。能量输入生态系统，能量就得以储存，通过消费者的消耗和腐生物分解等一系列能量转换的代谢活动，能量不断消耗并转换为热能输出系统之外。因此，生态系统必须不断有新的能量补充，否则就会瓦解。生物所利用的能源，基本上都是来自太阳辐射。绿色植物通过光合作用，将太阳能转化为化学能，动物依靠这些化学能转化为机械能和热能，来完成生命的整个过程。森林作为陆地生态系统的主体，承担着太阳能转化的主体任务，成为地球生命系统的能量库。

二、　森林是地球生态平衡的调节中枢

森林作为巨大的陆地生态系统，在调节生物圈、大气圈、水圈、地圈动态平衡中具有重要作用。森林可以使无机物变成有机物、太阳能转化为化学能，在生物世界和非生物世界之间的能量和物质交换中扮演着主要角色，对保持生态系统的整体功能起着中枢和杠杆作用。以森林为主体的陆地生态系统，在全球水储库分配中是一个极小的库，但它却通过蒸发与蒸腾作用，影响着陆地与大气间的水通量，即陆地降水与水汽返回大气，分别为 $107 \times 10^{15} kg/a$ 和 $71 \times 10^{15} kg/a$（程鹏，2008）。对磷、钾、钙等生物地球化学循环的研究证明，世界森林生态系统参与磷的生物地球化学循环为地球整个磷循环的 35%；森林参与钙的生物地球化学循环约占 69%。

（一）　防治水土流失和改良土壤功能

森林具有防治水土流失，改良土壤的功能。森林浓密的林冠层、丰厚的枯枝落叶层，使其能够有效地截留降水，缓解雨水对地表的直接冲刷。同时，森林庞大的根系，能起到改善土壤结构和固土的作用。林地土壤的渗透力更强，一般每小时可渗透 250mm 水，超过了一般降水的强度。据测定，地表有 1cm 厚的枯枝落叶层，就可以把地表径流减少到裸地的 1/4 以下，泥沙减少到裸地的 7% 以下。森林枯枝落叶层的分解和森林土壤微生物的活动等，能有效补充土壤养分，改良土壤质地。森林防止土壤侵蚀的功能主要体现在：林冠可以拦截相当数量的降水量，减弱暴雨强度和延长其降落时间；保护土壤免受破坏性雨滴的机械破坏作用；提高土壤的入渗力，抑制地表径流的形成；调节融雪水，使吹雪的程度降到最低；减弱土壤冻结深度，延缓融雪，增加地下水储量；根系和树干可以对土壤起到机械固持作用；林分的生物小循环对土壤的理化性质，抗水蚀、风蚀能力起到改良作用。

（二）　涵养水源和净化水质功能

森林具有涵养水源、净化水质的功能。森林凭借庞大的林冠、深厚的枯枝落叶层和发达的根系，能够起到良好的蓄水和净化水质作用。一般意义上的暴雨可被森林完全吸收，森林就会对降水起到充分的蓄积和重新分配作用，将其大部分变为有效水，在原有地区循环；然而，在没有森林的情况下，降水会通过江河很快流走。森林改变了降水的分配形式，其林冠层、林下灌草层、枯枝落叶层、林地土壤层等通过拦截、吸收、蓄积降水，涵养了大量水源。据现有森林生态定位系统监测，我国热带、亚热带、温带和寒温带 4 种气候带的 54 种森林综合涵蓄降水能力的值为 40.93～165.84mm，中间值为 103.40mm，即森林涵蓄降水能力在 100mm 左右，相当于 1000t/hm²，华南、东南、西南等地区一般在 100mm 以上，

华北、西北、华中等地区一般在 100mm 以下。

（三）　持水功能

森林枯落物有很强的持水能力，一般吸持的水量可达其自身干重的 2～4 倍，各种森林枯落物的最大持水率平均为 309.54%，变动系数为 23.80%；不同森林枯落物层的最大持水量相差较大，平均为 4.18mm，变动系数为 47.21%。据广西龙胜里骆生态站和田林老山生态站的观测统计，每年的降水过程为 50～60 次（一次降水过程是指降水间隔不超过 12h 以上的连续性降水），按照杉木林一次降水过程枯落物层的最大持水量为 3.73mm、山地常绿落叶阔叶混交林为 6.29mm 计算，杉木林和混交林枯落物层每年所能涵养的最大水量分别为 186.5～223.8mm 和 314.5～377.4mm，分别占当地年降水量的 12.13%～14.55% 和 17.68%～21.22%。可见，森林枯落物层的蓄水作用是明显的。

（四）　固沙防沙和改善土壤状况功能

森林的固沙防沙、改善土壤状况功能，主要表现为乔木、灌木、草本植物可以通过枯枝落叶和根系固着土壤颗粒，或者把被固定的沙土经过生物改良，成为具有一定肥力的土壤，从而改善沙地土壤状况，减少风蚀，阻止流沙扩散。同时，也通过冠层的作用减少流沙的迁移。大片固沙林试验表明，在林分有叶期，由于树林对气流有阻挡和摩擦作用，绿洲上空常呈现逆温稳定层结，对风速起抑制作用，可使其降低 55%。研究表明，大范围绿化工程可以改变原始风沙流结构，迫使沙尘在垂直高度（0～60cm）上分布趋于均匀，林网内的沙尘减少 80%，绿化区的降尘量比未绿化的荒漠区降低 40%，大气浑浊度降低 35%。森林植被以其茂密的枝叶和聚积枯落物庇护表层沙粒，避免风的直接作用；同时植物作为沙地上一种具有可塑性结构的障碍物，使地面粗糙度增大，大大降低近地层风速；植物可加速土壤形成过程，提高黏结力，根系也起到固结沙粒作用；植物还能促进地表形成"结皮"，从而提高临界风速值，增强了抗风蚀能力，起到固沙作用。其中，植物降低风速作用最为明显，也最为重要。

（五）　防治污染功能

森林具有防治污染，净化空气，减少噪声，促进人体保健的作用。据研究，每公顷森林每年能吸收 700 多千克的 SO_2，可明显减轻工业酸雨的危害；城市行道林带的滞尘率，更是高达 70%～90%；噪声经过 30m 宽的林带，可减低 6～8dB。清洁优美宁静的环境，不仅有益于人们的身心健康，而且可以明显提高学习和工作效率。

三、　森林是自然界的储碳库

近些年，人类大量使用化石燃料，如石油、煤炭、天然气等，使得大气中 CO_2

的浓度不断升高。当前，由于 CO_2 浓度升高而引起的温室效应已成为世界各国最关注的环境问题。而 CO_2 浓度增加主要是由于人类活动的影响，2007 年，政府间气候变化专门委员会（IPCC，简称气专委）发布了《第四次气候变化评估报告》。报告指出，2005 年的大气温室气体浓度为 379ppm[①]，远远超过工业革命之前的280ppm。预计未来 20 年，每 10 年全球平均增温 0.2℃，如温室气体排放稳定在2000 年水平，每 10 年仍会继续增温 0.1℃；如以等于或高于当前速率继续排放，21 世纪将增温 1.1～6.4℃，海平面将上升 0.18～0.59m。有些地区极端天气气候事件（如厄尔尼诺、干旱、洪涝、高温天气和沙尘暴等）的出现频率与强度增加。1886～2013 年，地面大气温度已升高了 0.5～0.7℃，到 21 世纪中叶可能升温 1.5～4.5℃，由此产生温室效应，使全球呈现气候变暖趋势。全球气候的变化，将给世界经济和生态环境带来灾难性后果，同时将对农业、林业和水资源利用产生很大的影响。温室效应的产生，与全球碳循环的关系非常密切。有关资料表明，森林面积虽然只占陆地总面积的 1/3，但森林植被区的碳储量几乎占到了陆地碳库总量的一半。树木通过光合作用吸收了大气中大量的 CO_2，减缓了温室效应。这就是森林的碳汇作用。CO_2 是林木生长的重要营养物质。林木把吸收的 CO_2 在光能作用下转变为糖、氧气和有机物，为自身提供最基本的物质和能量。这一转化过程，就形成了森林的固碳效果。森林是 CO_2 的吸收器、储存库和缓冲器。反之，森林一旦遭到破坏，就变成了 CO_2 的排放源。据一些研究成果表明，1850～1980 年，化石燃料燃烧向大气中释放的碳为 1500～1900Gt，而森林采伐或破坏造成的碳释放量也达 900～1200Gt。有专家估计，森林面积的减少约占 CO_2 浓度增加的因素中的 30%～50%。每公顷森林平均每年可吸收 20～40t 的 CO_2，释放 15～30t 的O_2。营造森林是目前世界上控制 CO_2、维持碳氧平衡成本最低的的措施（IPCC，2007）。

四、 森林是生物多样性的庇护所

生物物种是经过漫长岁月的自然演化而生存下来的，具有独特的适应生存环境的本领和遗传基因的多样性、抗逆性，也调节着自然界的生物平衡，能有效地保护生物多样性。森林是一个庞大的生物世界，森林生态系统为生物物种提供了生存与繁衍的场所，从而对其起到保育作用。森林之中除了各种乔木、灌木、草本植物外，还有苔藓、地衣、蕨类、鸟类、兽类、昆虫和微生物等。研究表明，在各类生态系统中，森林生态系统拥有的生物多样性较高。尤其是热带雨林，虽然仅覆盖地球陆地表面的 7%，但其包含的生物种类却占全球已知物种的 50%～70%。目前地球上大约 500 万种的生物中，有一半以上在森林中栖息繁衍。因此，保护物种的最有效办法就是保护和发展森林。

---

① 　1ppm=1×10^{-6}，下同。

　　中国生物多样性具有物种高度丰富、生物特有性高、生物区系起源古老、经济物种种质资源异常丰富、生态系统复杂多样、空间格局多种多样等特点。中国生物多样性丰富度居世界第八位，被称为"巨大多样性国家"。中国有高等植物约30 000种，仅次于巴西和哥伦比亚，居世界第三位。其中，苔藓植物2200种，占世界总种数的9.1%；蕨类植物52科，2200～2600种，分别占世界蕨类植物总科数的80%和总种数的22%。中国是世界上裸子植物最多的国家，有10科34属250种。中国的被子植物约有328科3123属30 000多种，分别占世界科、属、种数的75%、30%和10%。中国的脊椎动物共有6347种，占世界脊椎动物总种数的13.87%。中国共有鸟类1244种，占世界鸟类总种数的13.1%，是世界上鸟类种类最多的国家之一。中国有鱼类3862种，占世界鱼类总种数的20.3%。昆虫等无脊椎动物、低等植物和真菌、细菌、放线菌等种类更为繁多，目前尚难做出确切的估计，大部分种类迄今尚未被认识。

　　中国特有属、种繁多，如有活化石之称的大熊猫、白鳍豚、水杉、银杏、银杉和攀枝花苏铁等。高等植物特有种最多，约17 300种，占中国高等植物总种数的57%以上。中国生物区系起源古老。如松杉类植物出现于晚古生代，在中生代非常繁盛，第三纪开始衰退，第四纪冰期分布区大为缩小，全世界现存7个科中，中国有6个科。被子植物中有许多古老或原始的科属，如木兰科的鹅掌楸、木兰、木莲、含笑，金缕梅科的蕈树、假蚊母树、马蹄荷、红花荷，山茶科，樟科，八角茴香科，五味子科，蜡梅科，昆栏树科及中国特有科水青树科、伯乐树（钟萼木）科等，都是第三纪的残遗植物。

　　中国栽培植物、家养动物及其野生亲缘的种质资源异常丰富，其丰富程度在全世界是独一无二的。人类生活和生存所依赖的动植物，不仅许多起源于中国，而且中国至今还保存有它们的大量野生原型及近缘种，如干果枣树、板栗，饮料茶，木本油料油茶、油桐，涂料漆树等都是中国特产。中国更是野生和栽培果树的主要起源和分布中心，果树种类居世界第一位。苹果、梨、李属种类繁多，原产中国的果树还有柿、猕猴桃，包括甜橘在内的多种柑橘类果树及荔枝、龙眼、枇杷、杨梅等，这些大多数都包含多个种和大量品种。我国是水稻的原产地之一，是大豆的故乡，水稻有地方品种50 000个，大豆有地方品种20 000个。我国还有药用植物11 000多种，牧草4215种，原产中国的重要观赏花卉超过30属2238种，各经济植物的野生近缘种数量繁多，大多数无精确统计，世界著名的栽培牧草在中国几乎都有其野生种或野生近缘种。

　　中国生态系统丰富多彩，具有地球陆生生态系统各种类型（森林、灌丛、草原和稀树草原、草甸、荒漠、高山、冻原等）。拥有世界上最丰富的森林生态系统类型和最完整的温带山地垂直带谱、亚热带山地垂直带谱，以及北半球纬度最高的热带山地雨林、季雨林类型。中国还有世界上罕见的高生物量的雅鲁藏布江峡谷云杉林。

　　中国有乔灌木树种8000余种，其中，乔木2000多种，灌木6000多种，中国的树种大多数在地理成分上为热带、亚热带性质，同时也几乎包括了世界温带分布的所有木本属，如槭、桦、胡桃、鹅耳枥、栎、云杉、冷杉、胡颓子等。还保存了许多中国特有的孑遗种，如石炭纪、二叠纪之前的银杏，中生代至第三纪的罗汉松、陆均松、三尖杉（粗榧）、红豆杉（紫杉）、穗花杉、白豆杉等。

据统计，中国 6347 种脊椎动物中，哺乳类 581 种、鸟类 1244 种、两栖类 284 种、爬行类 376 种，这些动物绝大多数生活在森林中或林缘。其中许多是中国特有的或主要分布在中国。如全世界雉类有 276 种，中国就有 56 种，占 20%，其中 19 种为中国所特有。多种类型的森林中栖息着多种多样的野生动物，中国森林的野生动物估计有 1800 余种。植被结构多样性是衡量环境空间异质性的指标，而且植物多样性决定动物多样性，也是鸟类等动物生态分布的重要限制因素（Lancaster，1979），这一点在许多城镇绿地系统功能的研究中都被忽视了。森林作为生产力水平最高、物种组成最为丰富的陆地生态系统，比草地提供的生境类型要多得多，有更大的容纳量，成为鸟类、兽类和各种昆虫的栖息地。

五、 森林是经济社会发展的战略资源

森林资源包括森林、林木、林地，以及依托森林、林木、林地生存的野生动物、植物和微生物。森林资源具有丰富的生物多样性、资源的可再生性与价值的多重性，它所提供的大量森林产品，是经济社会需求不可替代的，关系到国计民生的全局。木材作为当今四大原材料（木材、钢材、水泥、塑料）中唯一可再生的生物资源，具有质量轻、强度高、吸音、绝缘、美观、易于加工、优质纤维含量高等优良特性，是国民经济建设的主要生产资料和人民群众不可缺少的生活资料，广泛用于建筑、装饰、造纸、家具、交通、能源和其他行业。人造板、纸浆、木竹家具、地板、木质林产品成为需求旺盛的必需品。新型林业生物质材料、生物质能源、林源化学制剂正成为未来林业生物产业发展的方向，竹藤业、花卉业等非木质资源，以及森林食品、森林药材等林下资源开发利用和森林旅游业正方兴未艾，呈现良好的发展势头。

木材在建筑、家具、交通、采矿（坑木）及电力建设（电杆）等方面的用途不断丰富。随着科技的发展，木材以其多层次加工产品的形式开拓出越来越多的新用途。以利用木材纤维素为主的木材制浆造纸业，成为提供高质量纸张和纸产品的主要来源，是现代社会必不可少的资源。木结构房屋，以及现代建筑中的木门、木窗，现代生活中的木质家具、木质地板、实木制品等越来越受青睐，有的已经成为必不可少的重要原材料和辅助材料。在石化燃料（煤、石油、天然气等）严重短缺的前提下，人们重新考虑可再生的生物能源（其中木材占主要份额）的重大利用价值。用速生高产方式培育出大量木材及木本油料、淀粉并使之转化为液体、气体或固体燃料，而用人工培育速生用材林作为发电燃料的产业在一些国家已经开始建立。

森林可提供的绿色产品、天然产品十分丰富。森林中有许多可利用的非木质林产品，如药材、松香、饮料、香料、染料等。林产品种类、品种及用途层出不穷。许多新的药品，如止痛药、抗生素、强心剂、抗白血病药、激素、抗凝血素、避孕药等，都可从森林植物中加工提取。如银杏黄酮甙类药物对心血管病有重要保养和治疗价值，紫杉醇对医治癌症有明显疗效等，说明森林植物提取的生物药剂、生物农药等生物化学制剂将是人类理想的药品、保健品、杀虫剂。森林中不仅拥有人类已有的农作物、家禽的野生近缘种，可以作为培育作物、家禽新品种的基因资源，而且，森林中大量的物种是宝贵的遗传工程材料。目前人类已知的或被人类利用的森林植物种类还极少，大量的生物资源还有待认识和开发。利用森林资源中的树叶、树皮、树根、花、种子及木材剩余物等，直接或加工处理后还可以提供大量的优质木本饲料。如刺槐叶氨基酸中的赖氨酸含量达 2.892%，比玉米、高粱高出 12 倍。松针粉作为饲料添加剂的研发已取得重大进展，三北地区广泛分布的沙棘林，不仅能保持水土，而且每年能提供枝叶等饲料。

六、 森林是数以亿计人民生计的来源和依托

森林产业是我国农村尤其是山区的重要产业，是广大林农的主要经济来源之一。我国经济林资源十分丰富，目前，已发现有开发利用价值的野生淀粉植物资源约有 300 种，35 亿 kg，其中橡子粉 9.5 亿 kg。据统计，全国野生油脂植物约有 400 种，初步查明含油 40%以上的有 300 种，能够食用的 50 种，如光皮树、油茶等；富含植物叶蛋白的植物资源十分丰富，豆科植物有 1252 种，禾本科植物 1200种；木本油料植物 400 种，其中产食用油的树种主要有南方的油茶、薄壳核桃、香榧、山核桃、薄壳山核桃、椰子等，以及北方的核桃、山杏、榛子、文冠果、扁桃、花椒等。油茶是我国最重要的木本油料树种，油茶种子含油率 25.22%～33.50%，种仁含油率 37.96%～52.52%。茶油不饱和脂肪酸占 94%，且耐贮藏，色清味香，历来是我国南方山区的主要食用油。核桃是我国第二大木本油料树种，种仁含油率达 60%，其油为优质食用油，营养价值极高，0.5kg 核桃仁的营养价值相当于 2.5kg 鸡蛋或 4.75kg 牛奶。枣树是我国特有的最古老的果树之一，枣富营养，含糖量很高，还富含维生素。我国油茶林面积 400 万 hm²，年总产 1.5 亿 kg 油，文冠果、榛子、油橄榄产油约 20 万 kg。因此，通过扩大木本粮油、森林食品、森林蔬菜生产来发展经济，是传统农业的有益补充，将有利于丰富人民的米袋子、油罐子、菜篮子和果盘子。

我国是一个多山的国家，山区约占国土面积的 69%，山区人口占我国人口的 1/3。长期以来，山区交通、通信、文化教育和科学技术等基础条件比较落后，是全面建设小康社会的难点和重点。中国科学院可持续发展战略研究组（2012）在其《2012 中国可持续发展战略报告》中指出，中国发展中的人口压力依然巨大，按 2010 年标准，贫困人口仍有 2688 万，而按 2011 年提高后的

贫困标准（农村居民家庭人均纯收入 2300 元人民币/年），我国还有 1.28 亿的贫困人口。这些人群绝大部分集中在西部山区。充分利用山区多样化的自然资源，发展林业特色产业，正是发展山区经济的最好途径。对于实现农业增产和农民增收的基本目标具有十分重要的意义。一方面可以通过改善农业的生态环境来保障农业的稳产、高产和持续增长，间接地增产粮食。另一方面可以利用山区丰富的山地、林地和森林资源，大力发展包括林果业、森林食品业、林药业、竹产业、花卉业、森林旅游业等，获得可观的经济效益。山区的扶贫开发，在很大程度上就是以林为主的综合开发。

第十三届世界林业大会指出，可持续发展要求可持续的能源供应，而森林是有关措施的重要部分。生物质能源包括两部分：家庭供暖和烹饪、商业化能源生产。经营良好的森林，包括天然林和人工林，都是家用生物质能源的重要可持续供应渠道。森林生物质也日益成为商业化能源生产中化石燃料的替代品。这是全球性的机遇。随着世界生物质能源开发利用和能源林建设速度的加快，生物质能源将成为缓解化石能源紧缺的产业发展方向，在未来清洁生产机制和可持续发展中承担着十分重要的角色。据统计，在中国农村能源消耗的 64%用于生活用能，其中 25%来自木质能源，37%来自农作物秸秆。随着农村经济的迅速发展，农村能源消耗将相应增加，农村能源消耗结构也在发生变化。因此，对森林资源的节约和林业生物质能源的紧迫需求，都需要逐步改变直接使用薪材和木炭的传统方式，不断提高林业生物质能源的产量、品质和使用效率，降低生产成本，满足工农业生产和人民生活所需要的林业生物质新能源。

根据 FRA 2010（联合国粮食及农业组织，2011），大约 1000 万人从事森林管理和保护相关的工作，但更多人则直接以森林为生计来源。据报告，可能是因为劳动生产率的提高，1990～2005 年，森林建设、管理和利用领域的就业人数下降了约 10%。1990～2005 年，欧洲、东亚和北美洲下降幅度极大（为 15%～40%），而在其他区域，就业率有所增加，可能是因为原木产量的增长速度超过了劳动生产率。大多数国家报告，保护区管理部门的就业人数出现增长。鉴于林业的就业率大部分来自非正规林业部门，因此对于农村生计和国民经济而言，森林工作无疑要比报告数据所显示的更为重要。

根据《2011 年世界森林状况》，2005 年，全球范围内从事初级林产品生产的就业人数为 1066.5 万人（全日制当量）。其中，亚太区域从事初级林产品生产的就业人员高达 817.2 万人，相当于欧洲从事初级林产品生产的就业人员的七倍以上（图 2-2），然而该区域用作生产的森林面积不足欧洲的 1/2，这主要是由于相对于欧洲而言，亚太地区总体上林业机械化程度低，生产技术落后，且主要以初级林产品为主。

总之，森林的功能和服务是内容丰富、不可替代的。近年来，以林业生物质材料、生物质能源和林源化学制品为代表的林业生物产业的悄然兴起，有力地拉动了木质、非木质森林产品与生态服务的发展。竹藤花卉、木本粮油、森林食品、林果、林药、食用菌等非木质林产品利用和森林生态旅游、森林休闲服务等林业

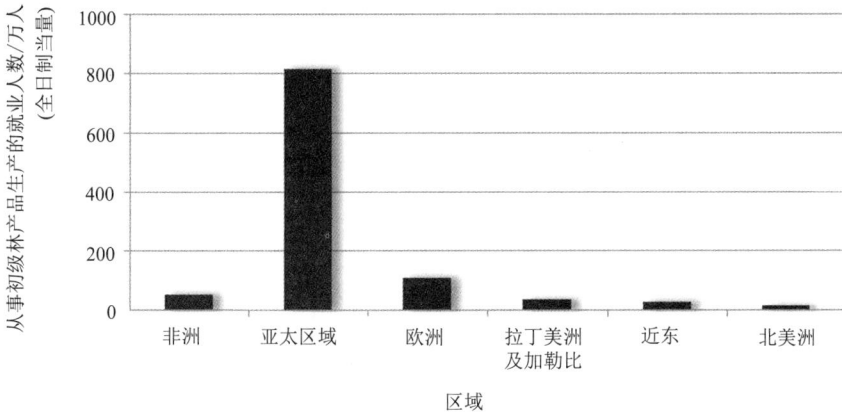

图 2-2 2005 年六大区域从事初级林产品生产的就业人数

资料来源于《2011 年世界森林状况》（联合国粮食及农业组织，2011）

新兴产业，前景广阔，方兴未艾，必将成为引领未来发展的产业。对促进经济发展，社会和谐，尤其是山区、林区、沙区经济发展，减贫扶困发挥着越来越重要的作用。

第二节　全球森林概况

自 20 世纪 50 年代以来，联合国粮食及农业组织（FAO）致力于开展以"获取全球森林信息"为目标的森林资源定期评估工作，得到了各国政府的积极参与。FAO 最新开展的 2009 年全球森林资源评估，以掌握世界森林可持续经营的进程为目的，对全球森林资源及其功能效益变化趋势进行了监测与评估。并通过联合国森林论坛发布了《2009 年全球森林资源评估报告》，公布了 2009 年全球森林资源评估结果。

一、　全球森林资源现状

《2010 年全球森林资源评估》（简称：FRA 2010）由粮农组织与其成员国及森林评估专家共同撰写，评估范围涵盖了可持续森林管理的所有 7 项主题，囊括 90 多项参数和 233 个国家和地区所有类型森林的现状及最新趋势，是迄今为止针对全球森林资源最为全面的一次评估。FRA 2010 显示，全球范围内，世界森林总面积仅略超过 40 亿 hm²，森林覆盖土地总面积的 31%，人均森林面积 0.6hm²。森林资源最丰富的 5 个国家（俄罗斯、巴西、加拿大、美国和中国）占有森林总面积的一半以上。10 个国家或地区根本没有森林，而另外 54 个国家的森林不足其土地总面积的 10%（图 2-3）。

为便于从区域层面探讨涉及森林可持续管理的 7 个要点的评估结果，《2011 年世界森林状况》根据区域相关特点将全球划分为 6 个区域（表 2-1）。

　　FRA 2010 显示，1990~2000 年，全球森林面积从 41.68 亿 hm² 减少至 40.85 亿 hm²，每年有大约 1600 万 hm² 的森林被转作其他用途或因自然原因消失。其中，毁林现象集中位于非洲、拉丁美洲及加勒比地区，森林净损失率最高的是巴西和印度尼西亚（图 2-4）。2000~2010 年，全球范围内的森林砍伐（主要是将热带森林转变为农业用地）速度出现减缓迹象，但在一些国家，速度仍很高，每年大约 1300 万 hm² 的森林被转作其他用途或因自然原因消失。同时，由于造林、景观恢复和自然更新每年增加 570 万 hm²，其结果是全世界每年净减少 731.7 万 hm²。2010 年，全球森林面积增加至 40.32 亿 hm²。非洲和拉丁美洲仍是森林净损失最大的地区；北美洲的森林面积基本保持稳定；欧洲和近东的森林面积持续扩大；亚太地区中，大洋洲表现为森林净损失，自 2000 年以来澳大利亚严重的干旱和森林火灾致使森林损失情况恶化，亚洲在 20 世纪 90 年代显示为净损失，而在 2000~2010 年，尽管南亚和东南亚许多国家的净损失率依然很高，但由于中国大规模的植树造林，森林面积出现净增长。

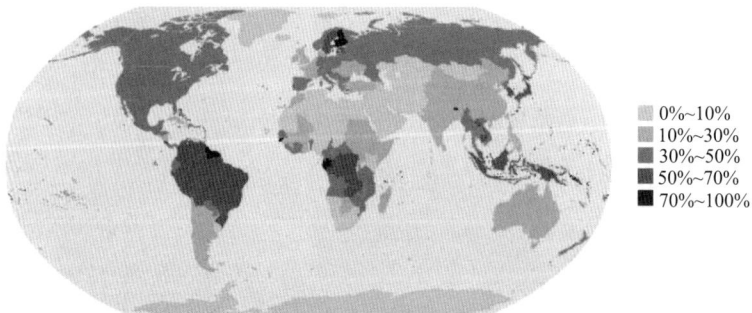

图 2-3 按国家列出的 2010 年森林面积占土地总面积的百分比

资料来源于 FRA 2010（联合国粮食及农业组织，2011）

表 2-1 2011 年世界森林状况——分区域划分及其定义

区域	所含地区
非洲	北部非洲、西部非洲、中部非洲、东部非洲、南部非洲
亚太地区	东亚、南亚、东南亚、大洋洲
欧洲	欧洲、俄罗斯
拉丁美洲和加勒比地区	中美洲、加勒比、南美洲
近东	北部非洲、西亚、中亚
北美洲	北美洲

注：资料来源于 FRA 2010（联合国粮食及农业组织，2011）。

　　大规模植树使全球森林面积净损失明显减少。尤其是在亚太地区和欧洲，人工林面积维持在较高水平，且持续增高（图 2-5）。

　　2010 年，欧洲所占全球森林面积比例高达 25.10%，拉丁美洲及加勒比地区（22.24%）、北美洲（16.95%）、亚太地区（18.49%）、非洲（16.84%）、近东（0.38%）所占比例依次降低（图 2-6）。

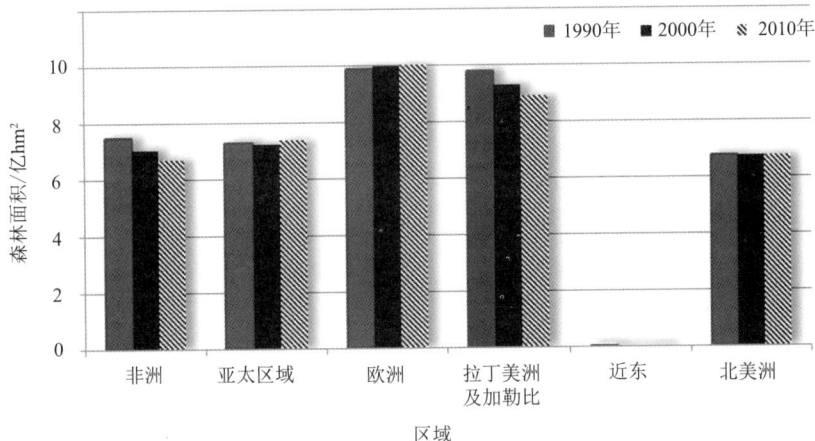

图 2-4 1990～2010 年六大区域的森林面积

资料来源于 FRA 2010（联合国粮食及农业组织，2011）

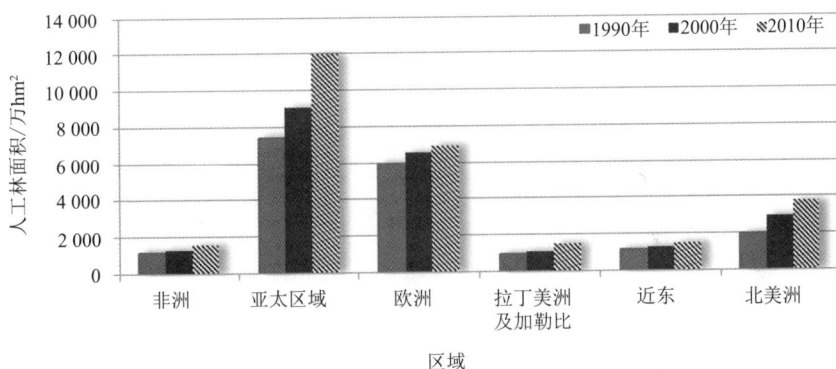

图 2-5 1990～2010 年六大区域的人工林面积

资料来源于 FRA 2010（联合国粮食及农业组织，2011）

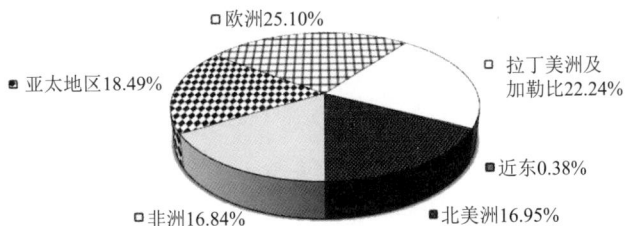

图 2-6 2010 年六大区域占全球森林面积比例

资料来源于 FRA 2010（联合国粮食及农业组织，2011）

从森林覆盖率来看，2009 年，南美洲和欧洲的覆盖率最高，达到 45%以上，其次为中美洲、北美洲，亚洲和非洲最低，亚洲的森林覆盖率仅为 18.54%，比全世界平均的森林覆盖率低 11%（图 2-7）。

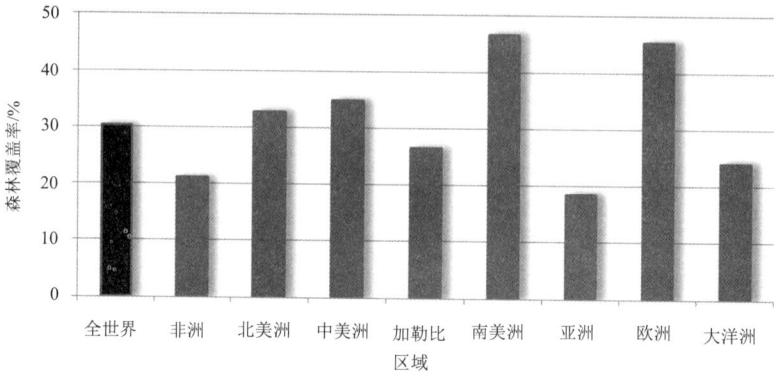

图 2-7　主要区域森林覆盖率

世界森林蓄积量平均每公顷为 111m³，其中有 14 个国家和地区超过 200m³，部分国家和地区甚至达到 350m³ 左右（图 2-8）。

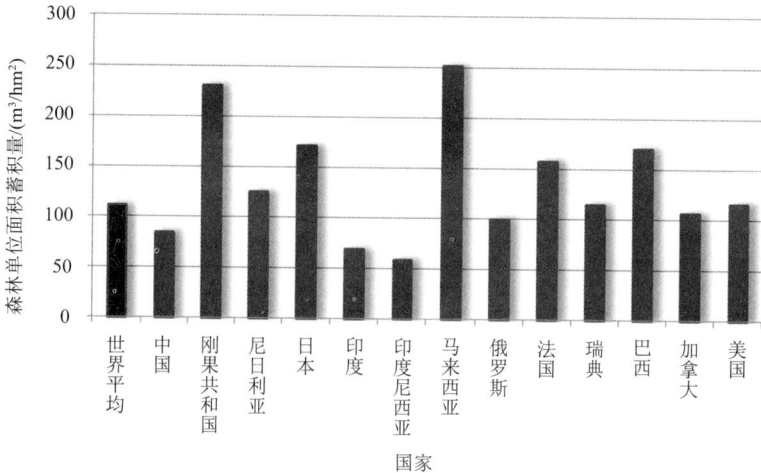

图 2-8　世界主要林业国家森林单位面积蓄积量

资料来源于《2009 年世界森林状况》（联合国粮食及农业组织，2009）

二、　全球森林实物产品供给

根据 FRA 2010，全球 30％的森林主要用于木材和非木材产品的生产。将近 12 亿 hm² 的森林以生产木材和非木材林产品为主要经营目的。另外 9.49 亿 hm²（24％）的森林则指定用于多种用途，这些用途包括木材和非木材林产品两类。自 1990 年以来，主要用于生产目的的森林面积估计减少了 5000 多万公顷，其原因是森林被指定用于其他用途。同期指定用于多种用途的森林面积增加了 1000 万 hm²。根据《2011 年世界森林状况》，全球范围内，2000 年，主要用于生产的森林面积从 1990 年的 11.81 亿 hm² 降至 11.60 亿 hm²。2010 年，全球主要用于生产的森林面积进一步降至 11.31 亿 hm²。在国家层面,非洲和欧洲主要用于生产的森林面积有大幅度下降,其他区域主要用作该用途的森林面积保持稳定(图 2-9)。

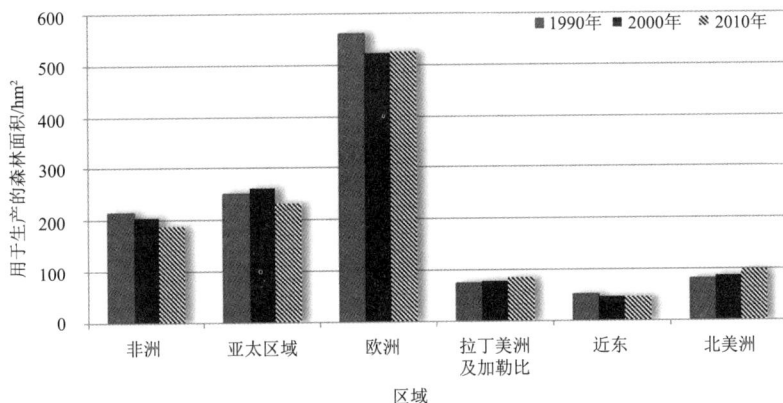

图 2-9 1990～2010 年六大区域主要用于生产的森林面积

资料来源于 FRA 2010(联合国粮食及农业组织,2010)

2007 年,全世界木材收获量为 35.9 亿 m³,从原木生产中获利 640 亿美元,从业人员超过 1000 万人。1999～2007 年,世界木材总产量呈增长态势,其中主要为原木、锯材、人造板、木浆、纸浆(表 2-2)。

表 2-2 2007 年世界主要林产品的生产总量

林产品种类	世界	非洲	北美洲	中美洲	南美洲	亚洲	欧洲	大洋洲
原木/亿 m³	35.91	6.72	6.40	0.0656	3.66	10.27	7.29	0.62
锯材/亿 m³	4.31	0.09	1.37	0.0049	0.40	0.82	1.49	0.10
薪材/亿 m³	18.86	6.03	0.54	0.0518	1.94	7.87	1.53	0.11
人造板/亿 m³	2.66	0.03	0.56	0.0015	0.15	1.05	0.84	0.04
纸浆/亿 t	1.92	0.03	0.74	0.0000	0.18	0.44	0.51	0.03

注:数据来源于《2010 年 FAO 年鉴》(联合国粮食及农业组织,2010)。

世界上林产品分工的格局已经初步显现,各个地区的林业产品结构已经基本形成,老牌的资本主义国家聚集的欧洲和北美洲地区在原木、锯材、人造板等的产量方面均较强,由于其在森林经营、林产品加工、产品贸易等方面的均衡发展,在林产品的总体结构上表现出初级林产品与加工产品按比例布局的形势,而对于亚洲、非洲、拉丁美洲等地区,保持大比例的生产初级林产品的同时,在加工产品的生产上也出现了一定的提升,特别是亚洲的林产品加工业的发展,对于改变世界林产品产业格局起到了至关重要的作用。

世界林产品进出口贸易总额呈增长态势,全世界的林产品出口额由 1998 年的

1290 亿美元增加到 2007 年的 2280 亿美元，增幅达 80%。1999～2007 年，世界原木、工业用原木、锯材、人造板、木浆、废纸、纸和纸板的进出口贸易量和贸易额均呈增长态势，其中，中密度纤维板（MDF）的出口贸易额增长最高，人造板（纤维板尤其是 MDF、刨花板和胶合板）的出口贸易增长最大，其次是木浆和原木、纸和纸板、木质家具。

在世界林产品生产、消费和进出口贸易中，欧洲、亚洲和北美洲占世界林产品国际贸易额的 80%，其中，欧洲的贸易主要在内部的各个国家之间，而亚洲的巨大贸易逆差主要表现为木材的大量进口（图 2-10）。欧洲、北美洲保持了较大的贸易顺差，得益于其林产品加工业的优势。由于亚洲和南美洲的林产品加工业发展，出口量有一定的增加。世界的林业产业格局有一定改变，发达国家林业跨国公司的资本不断向发展中国家流动；发展中林业大国的大型企业也不断增加海外投资，进行海外森林开发。

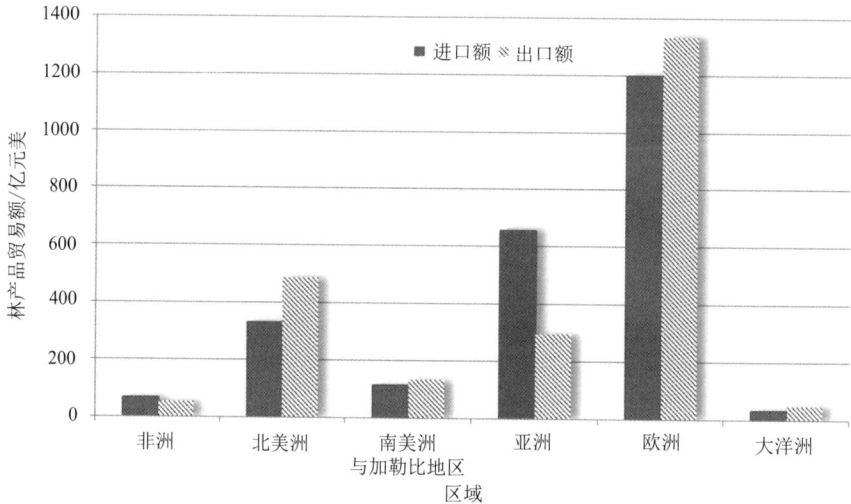

图 2-10 2007 年世界各地区的林产品贸易额

资料来源于《2010 年 FAO 年鉴》（联合国粮食及农业组织，2010）

从国家角度看，除中国外，林产品贸易主要集中在美国、加拿大等经济发达国家。在进口方面，美国是世界第一大林产品进口国，占据世界林产品进口总额的 17%，中国、德国、日本和英国依次排在美国之后，这 5 个国家的进口总额占据世界进口总额的 46.2%。从出口额看，加拿大为世界第一大林产品出口国，占据世界林产品进口总额的 16%，美国、德国、瑞典和芬兰位居其后，5 个国家的出口额共占全球出口额总的 47.2%。可见，世界林产品贸易的大户基本上是欧美的主要先进国家，他们控制了世界林产品贸易的一半。

林业生物质能源受到重视。能源资源问题和能源环境问题已经成为全球经济发展面临的最重要问题。世界煤炭、石油和天然气资源随着经济的发展，消耗量持续上升，其不可再生的特性促使人们急需找到一种替代能源，以解决能源匮乏所带来的一系列问题。而开发利用可再生能源特别是发展林业生物质能源是解决全球能源问题、维护能源安全、调整能源结构、缓解能源资源矛盾的一项重要的战略举措。发展林业生物质能源，主要是利用宜林荒山荒地，以及不适宜种植粮食作物的沙地、盐碱地等边际性土地进行开发建设，不与粮争地、不与人争粮，既可增加能源资源、减缓气候变化，又能加快造林绿化建设、提高森林质量。林业生物质能源的品种十分丰富，资源分布广，可再生，能够持续利用，发展潜力巨大。有关专家预测，生物质能源将成为 21 世纪主要新能源之一；到 21 世纪中叶，生物质能源替代燃料将占全球总能耗的 40%以上。随着林业生物质能源开发利用的不断深入，林业生物质能源在应对能源发展战略转型、解决能源与环境突出问题、维护国家能源安全、改善生态环境中的作用越来越重要，越来越突出。

发展中国家认识到木本粮油产业的重要性及巨大的潜力。各国政府在提供制度和财政支持的时候应当给予木本粮油生产与农业同等的地位。制订发展规划，建立健全发展机制。国际组织和许多国家也非常重视保护和开发利用木本粮油林。20 世纪 90 年代初，联合国粮食及农业组织公布的《1961～1991 年森林资源报告》首次将非木材林产品问题纳入了报告，随后又召开了多次有关非木材林产品的会议。1995 年，联合国粮食及农业组织根据联合国环境与发展大会文件的要求，在总结过去 40 年经验的基础上，制订了《关于非木材林产品资源开发与利用的未来行动计划》。许多国家也都在制订非木材林产品的发展计划，使全球木本粮油呈现迅速发展的趋势

三、　全球森林生态供给和文化服务

（一）　固碳

FRA 2010 指出，全球各区域中森林生物量普遍增加，其中包括俄罗斯在内的欧洲拥有的生物量最大。《2011 年世界森林状况》中显示，在全球层面上，政府间气候变化专门委员会（IPCC，2007）第 4 次评估报告指出，全球森林植被生物量中含 2830 亿 t（Gt）的碳，枯死木中含 380 亿 t 的碳，土壤（土地表层 30cm）和枯枝落叶中含 3170 亿 t 的碳。森林生态系统总碳量估计为 6380 亿 t，超过了大气中的碳量。虽然可持续的管理、植树和森林恢复等措施能够保持或增加森林碳储量，但是森林砍伐、退化和管理不善则导致碳储量减少。从整个世界来看，2005～2010 年，森林生物质中的碳储量每年减少约 5 亿 t，其主要原因是全球森林面积减少。根据《2011 年世界森林状况》，2006～2007 年，全球林产品产业价值链中估计的排放量和固碳量为 4.47 亿 t 二氧化碳当量/年（表 2-3）。

表 2-3 2006～2007 年全球林产品产业价值链中估计的排放量和固碳量

过程	排放量/（亿 t 二氧化碳当量/年）
生产中直接排放	2.97
燃料燃烧：纸浆和造纸	2.07
燃料燃烧：木制品	0.26
燃料燃烧：转换过程	0.39
工业废污产生的甲烷	0.26
与电力采购相关的排放	1.93
纸浆和纸张	1.06
木制品	0.49
转换过程	0.39
木材生产	0.18
与化学品和化石燃料相关的上游排放	0.92
非纤维投入：纸浆和造纸	0.35
非纤维投入：木制品	0.22
化石燃料：纸浆和造纸	0.31
化石燃料：木制品	0.05
运输	0.51
从摇篮到大门	0.21
从大门到消费者	0.27
从消费者到坟墓	0.04
产品用途	−2.63
排放	0
增加纸制品使用对碳储量的影响	−0.20
增加木制品使用对碳储量的影响	−2.43
使用寿命终止	0.77
焚烧废旧产品	0.03
纸中产生的甲烷	1.76
垃圾填埋中纸制品碳储量增加的影响	−0.67
木材中产生的甲烷	0.59
垃圾填埋中木制品碳储量增加的影响	−0.94

注：资料来源于 FAO（2010）。

（二）　保护生物多样性

根据 FRA 2010，全球 12%的森林被指定用于生物多样性的保护。自 1990 年以来，将保护生物多样性指定为其主要功能的森林面积增加了 9500 多万公顷，其中 2000～2005 年的指定面积最大（46%）。这些森林目前占森林总面积的 12%，即超过 4.6 亿 hm^2。它们中的大部分位于保护区内。在多数国家和地区，国家公园、狩猎动物保护区、荒野地区和其他依法设立的保护区覆盖了森林总面积的 10%以上。这些森林的主要功能可能是保护生物多样性，保护土壤和水资源，或保护文化遗产。自 1990 年以来，保护区系统内的森林面积增加了 9400 万 hm²。这一增量的 2/3 是 2000 年之后出现的。

根据《2011 年世界森林状况》，全球 12% 的森林面积主要用于生物多样性保护。全球范围内，2000 年，主要用于生物多样性保护的森林面积从 1990 年的 27 041.3 万 hm² 增至 30 291.6 万 hm²。2010 年，全球主要用于生物多样性保护的森林面积进一步增至 36 625.5 万 hm²。20 年间，亚太地区、欧洲、拉丁美洲及加勒比地区主要用作生物多样性保护的森林面积快速增加，近东主要用作该用途的森林面积保持稳定（图 2-11）。此外，北美洲指定 15% 的森林用于生物多样性保护。然而，通常并未对生物多样性保护的有效性进行评估，并且保护区的位置常常没有反映出对森林生物多样性而言非常重要的区域。

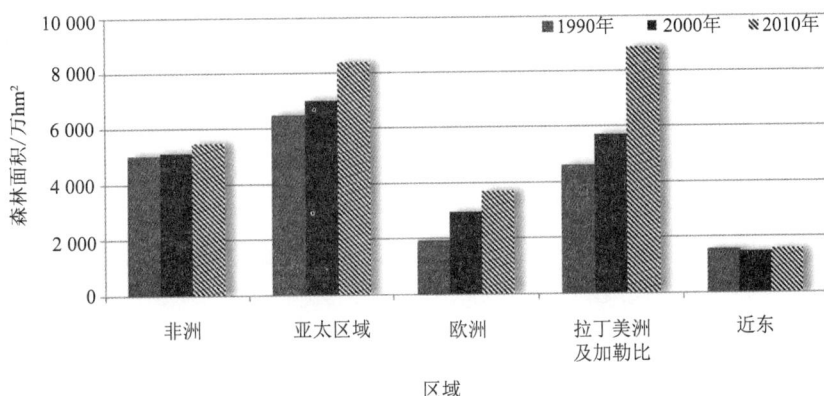

图 2-11 1990～2010 年五大区域指定主要用于生物多样性保护的森林面积

（三） 水土保持

根据 FRA 2010，世界 8% 的森林以水土保持为主要目的，大约 3.3 亿 hm² 的森林被指定用于水土保持、雪崩控制、沙丘固定、荒漠化防治或海岸保护等防护功能。1990～2010 年，指定用于防护目的的森林面积增加了 5900 万 hm²，主要归功于是中国为防治荒漠化、水土保持和其他保护目的而开展了大规模植树造林活动。

根据《2011 年世界森林状况》，全球 12% 的森林面积主要用于水土保持。全球范围内，2000 年，主要用于水土保持的森林面积从 1990 年的 24 043.3 万 hm² 增至 27 169.9 万 hm²。2010 年，全球主要用于水土保持的森林面积进一步增至 29 937.8 万 hm²。20 年间，亚太地区、欧洲、北美洲主要用作水土保持的森林面积都维持在较高水平，且都有所增加；其中，亚太地区增幅最高。其他区域用作该用途的森林面积保持稳定（图 2-12）。

（四） 服务城市环境

发展城市林业和建设城市森林已经成为当今世界城市建设和林业发展的重要

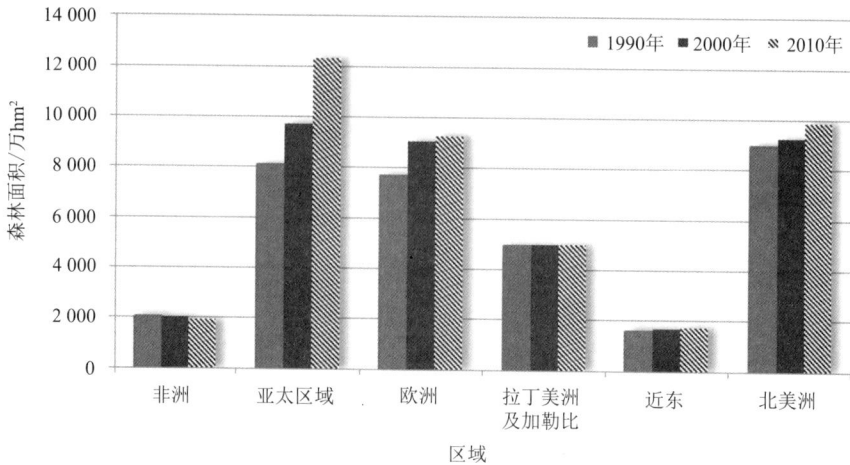

图 2-12 1990～2010 年六大区域主要用于水土保持的森林面积

任务。充分发挥森林和树木在改善城市光、热、气、水、土等方面的巨大功能，对于保障城市居民喝上干净的水、呼吸上清洁的空气、吃上放心的食物、享受舒适的环境、建设和谐城市，具有不可替代的作用，与城市居民的健康福祉密切相关，城市森林建设将成为改善人居环境的重要因素，大力发展城市森林，将会取信于民，公众会对城市森林给予一种文化层面的赞誉。发展城市林业和建设城市森林，已经成为当今世界城市建设和林业发展的重要趋势。美国纽约市的中央公园，就是一个"把森林引入城市"的典型；澳大利亚首都堪培拉，被誉为"森林中的首都"；瑞典首都斯德哥尔摩是"林网与水网一体化"的典范；日本东京市的绿化覆盖率达到了 64.5%（包括草地）；莫斯科也是一个建在茂密森林之中的城市，莫斯科市区有 100 条林荫大道，98 个市、区级林木繁茂的公园，800 多个街心花园，郊外的 18 万 hm² 的防护林带及森林公园从 8 个方向楔入城市，将城市公园与周围的森林公园相连，构成了城市森林的基本格局。

（五） 森林旅游

森林旅游业稳步发展。随着人们生活水平的提高，参与森林游憩活动已成为现代生活方式的一个重要特征。森林旅游是以良好的森林景观和生态环境为主要旅游资源，利用森林及其环境的多种功能开展的旅游活动，如观光、度假、避暑、保健疗养、登山、漫步健身、森林浴、露营、烧烤、探奇等，森林旅游业与林业产业体系一、二、三产业之间具有较强的聚合能力。能与林业科技试验、示范区联系起来，能与社会生态公益林结合，国外许多地区都把森林旅游经济培育为新的经济增长点。

（六） 社会文化服务

随着时代发展，森林文化呈多元发展的趋势，除传统的竹文化、茶文化、花文化外，森林文化还渗透到饮食、建筑、园林、宗教、音乐、旅游、休闲、游憩、医疗保健等方面，成为生态文化的有机组成部分。用来提供社会和文化功能的森林不断增加，但很难对其面积进行量化。东亚和欧洲是唯一能指定森林用于休闲、旅游和教育或文化精神遗产保护功能的区域。根据其报告，将提供社会服务作为主要管理目标的森林面积分别占这两个地区森林总面积的 3% 和 2%。巴西指定用于保护林区人民文化和生活方式的面积超过该国森林面积的 1/5。就全球而言，世界 4% 的森林用来提供社会服务。2005 年，纳米比亚、尼日尔、尼日利亚、苏丹、突尼斯、乌干达、坦桑尼亚和赞比亚的政府当局和非政府组织探讨了国家森林计划及其他部门的进程与减少贫困战略或类似战略框架间的联系程度；在吸取了林业和农业、能源、健康和教育等其他部门的经验和教训的基础上，明确了建立有效联系的最佳方式、约束条件和时机。森林行动纲领（PROFOR）通过与世界自然保护联盟、海外开发协会、国际林业研究中心（CIFOR）和温洛克国际中心合作，正试图展现可持续森林管理是如何提高农村生计水平、保护生物多样性和帮助实现联合国《千年发展目标》的。按照该伙伴关系，在几内亚、洪都拉斯、印度、印度尼西亚、老挝人民民主共和国、墨西哥、尼泊尔和坦桑尼亚联合共和国进行了个案研究。此外，还建立了一个贫困-森林联系网站。根据 FRA 2010，用来提供社会和文化功能的森林不断增加，但很难对其面积进行量化。

第三节　全球关注的森林热点问题

1992 年，联合国环境与发展大会在巴西里约热内卢召开，世界 183 个国家和地区的领导人一致通过了《21 世纪行动议程》（简称《21 世纪议程》）和《关于环境与发展的里约热内卢宣言》（简称《里约环境与发展宣言》，又称《里约宣言》《地球宪章》），号召世界各国制订本国的"可持续发展"战略和政策，并加强国际间的合作，之后，国际社会为保护全球森林生态环境，相继缔结了一系列国际环境公约，其中与森林问题密切相关的公约主要有《生物多样性公约》（CBD）、《联合国气候变化框架公约》（UNFCCC，简称《气候变化框架公约》）、《联合国气候变化框架公约京都议定书》（KP，简称《京都议定书》）、《联合国防治荒漠化公约》（CCD）、《濒危野生动植物种国际贸易公约》（CITES）、《湿地公约》、《国际植物新品种保护公约》（UPOV）和《迁徙物种公约》等。国际社会讨论的问题主要包括资金和技术转让、贸易与环境、毁林和森林退化的根本原因、沙漠化产生的原因和治理责任、森林资源的主权问题、森林认证和标签与可持续经营的关系问题、应对气候变化及传统林业知识等。在国际层面上，联合国相继成立了可持续发展委员会下的政府间森林工作组和政府间森林论坛，就森林问题进行持续讨论；在区域层面上，关于森林可持续经营的标准和指标体系已有 20 多个进程和倡议，而且仍在继续讨论；在国家层面上，各国积极参与各种国际、区域、多边与双边谈判，制订相应的国家行动方案，认真履行国际义务。这也为能源林的发展提供了很好的国际合作平台。保护和发展森林资源对解决全球面临的环境问题至关重要，国际社会明确认识到这一点并基本达成共识。森林保护与可持续经营问题，进一步引起社会的广泛关注和重视，极大地促进了国际社会对森林价值和作用的再认识，以及人们生态与环境价值观、思想和意识的转变。森林这个貌似平静的自然物实际上承担了大量的经济、社会和生态责任，正是全球政治、经济、社会的发展集中体现在林业发展中，这是一个推进与适应的过程，使得世界森林和林业发展中不断出现新的热点问题。

一、 森林与应对气候变化

气候变化是国际社会普遍关心的重大全球性问题，已经不是单纯的经济或是技术问题，而是牵涉经济、社会、技术乃至政治等方方面面。由于森林在应对气候变化中的独特作用，森林问题受到国际社会的广泛关注，成为发达国家和发展中国家对世界原材料资源、市场争夺战中的重要组成部分，甚至成为国家政治、外交领域的重要筹码。

森林作为碳的"储存器"或"吸碳物"，对气候变化的影响主要表现在3个方面。首先，森林被砍伐时要释放碳，Harris等（2012）指出，全球范围内，毁林导致了 10%～20% 的温室气体排放。其次，在森林可持续经营条件下，用森林生物量作为能源替代化石燃料，不仅可以减少温室气体的排放（Niles and Schwarze，2001），而且可以减少在生产过程中产生的其他工业废弃物和污染（Petersen and Solberg，2005；Gustavsson et al.，2006）。最后，森林有潜力将全球碳排放量的大约 1/10 吸收到其生物体、土壤和产品中，并在原则上永远储存起来。例如，建筑材料、纸类、家具等采伐木质林产品（HWP）的寿命周期可达数十年，在具备到收藏、文化价值等特殊情况下甚至上百年（Jandi et al.，2007）；部分固体废物处置场（SWDS）的 HWP 废弃被填埋后，在缺氧情况下衰减极其缓慢且不充分，强化了其延缓排放的作用；被填埋的 HWP 处于几乎无氧的理想条件下，不进行分解或碳排放，故被看作一个永久性碳库（Micales and Skog，1997）。

森林问题在气候变化谈判中一直备受关注，特别是近年来在关于气候变化问题的讨论中，森林问题受到了更多重视，这不仅是因为森林在减缓和适应气候变化方面的作用，而且还由于对排放量大且不断增加的发展中国家因毁林和森林退化产生的排放有了越来越多的关注（Pan et al.，2011）。毁林产生的排放量占发展中国家排放量的 35%，在最不发达国家，这一比例更高达 65%。早期的研究认为，全球森林是一个排放源，IPCC 的历次评估报告都证实，毁林排放的温室气体约占全球温室气体总排放量的 20%，超过了全球交通部门的总排放量。IPCC 历次评估报告同时也认为，发展林业是未来 30～50 年成本较低、经济可行、具有多种效益，且可以和适应措施相结合的减缓气候变暖的措施之一（Stern and Nicholas，2007）。土地利用、土地利用变化及林业（LULUCF）和减少毁林、森林退化所致排放量（REDD）问题成为国际谈判和公共讨论的焦点。2011 年 7 月，《科学》（*Science*）杂志以速报方式发表了由我国碳循环研究专家方精云院士领衔撰写的《全球森林是一个巨大和持续的碳汇》一文。该研究认为，过去近 20 年里，全球森林每年可固碳约 40 亿 t（折合为 147 亿 t 的 CO_2），相当于同期化石燃料碳排放的一半。但热带毁林等人为活动导致约 29 亿 t 碳排放，因此，全球森林每年实际净固碳约 11 亿 t。这项研究改变了"热带森林是巨大的碳释放源"的早期观点，认为热带森林由早期的净排放已经转变为"碳固定与碳排放基本达到平衡"的碳中性状态。因此，森林在气候变化中的地位更加引人注目（中国碳汇网，2011）。

2001 年，《波恩政治协议》和《马拉喀什协定》已同意将造林、再造林项目作为第一承诺期合格的清洁发展机制（CDM）项目，这意味着发达国家可以通过在发展中国家实施林业碳汇项目，抵消其部分温室气体排放量。林业 CDM 碳汇项可以使发达国家低成本获得减排量，且为发展中国家林业和社区发展引入大量的国际资金，促进社区林业发展，有助于改善项目所在地的生态环境和保护生物多样性。因此，林业 CDM 碳汇试点项目已全面开展起来，项目所在地包括印度、马来西亚、捷克、阿根廷、伯利兹、哥斯达黎加、墨西哥、巴拿马、巴西、中国等国家。由于联合国《气候变化框架公约》附件 I 缔约方国家可以通过碳汇项目完成 20%的减排任务，这就意味着发达国家每年可通过造林碳汇项目完成约 3500 万 t碳的减排额度，按 10～15 美元/t 的市场价格计算，发达国家每年将在发展中国家投资 3 亿～5 亿美元开展造林碳汇项目（叶绍明和郑小贤，2006）。

2008 年，森林合作伙伴关系提出的《森林与气候变化战略框架》有力地说明了可持续森林管理在实现长期气候变化减缓方面可以发挥战略作用，并且为有效适应气候变化提供了一个稳健而灵活的框架。2009 年 10 月召开的第十三届世界林业大会也注意到气候变化对森林的影响，并强调森林在气候变化减缓与适应，以及提供关键生态系统服务等方面的重要作用。大会呼吁对一些主要问题采取紧急行动，并向 UNFCCC 第十五次缔约方大会递交了由超过 7000 个大会参与者广泛接受的咨文。大会还支持将森林退化导致的排放，以及森林保护、可持续经营和森林存量增加（REDD+）纳入 UNFCCC 的长期合作行动协议，包括增强发展中国家森林保护、森林可持续经营，以及增加森林碳储量的经济激励；并呼吁进一步支持森林部门的适应行动。

随着国际气候变化谈判的深入，国际社会应对气候变化的行动对林业提出了更高的要求，从 CDM 下的造林与再造林活动，逐步扩展到关注发展中国家的 REDD、REDD+，以及林业部门之外的导致毁林和森林退化的活动（REDD++）。许多迹象表明，发展中国家和发达国家都希望在后京都时代充分发挥林业在应对气候变化中的作用，并希望将林业减缓气候变化纳入应对气候变化的国际进程中来，以促进解决林业发展中面临的突出问题、或是以更多的土地与林业活动来帮助完成减排任务以便减轻工业、能源领域的减排压力。

二、 森林可持续经营

1992 年，联合国环境与发展大会以后，有关国际组织召开了一系列国际会议，对森林保护与可持续经营问题进行了讨论。其中主要是提出了森林可持续经营的一系列的标准与指标体系框架，积极开展了森林可持续经营认证工作。可持续森林经营是指对森林、林地进行经营和利用时，以特定方式、特定速度，在现在和将来保持生物多样性、保护森林或林地生产力、更新能力、活力、实现自我恢复的能力，在地区、国家和全球水平上保持森林的生态、经济和社会功能，同时又不损害其他生态系统。森林可持续经营的宗旨是保证森林连续有效地满足当代人的物质生活、文化精神生活和无形的利益需求，而且有利于长期的经济与社会发展（Bernhard et al.，2005）。

目前，全球与森林可持续经营有关的进程共有 9 个，除了赫尔辛基进程、蒙特利尔进程、热带天然林保护进程外，还有由联合国粮食及农业组织和联合国环境规划署倡议的干旱非洲进程、亚马孙合作组织倡议的亚马逊进程、联合国粮食及农业组织倡议的近东进程、联合国粮食及农业组织倡议的加勒比进程、由欧洲森林保护部长级会议倡议的泛欧进程，以及中国也参与的由联合国粮食及农业组织等牵头的干旱亚洲进程，这 9 个进程共有 150 多个国家正式参与。

鉴于各进程的相互联系与交叉，FAO 与国际热带木材组织（ITTO）多次努力，共同组织协调全球森林可持续经营行动的专家会议，确定由联合国粮食及农业组织负责对全球森林的可持续经营进行协调，以形成全球性的标准与指标框架。联合国粮食及农业组织和国际热带木材组织于 1995 年 2 月在罗马联合召开的国际森林可持续经营标准指标进程协调会，总结了世界各个进程，比较分析了各个进程的发展，提出标准与指标应当具有明确性、弹性、方便性和应用性等重要特征。1995 年 3 月，联合国粮食及农业组织林业委员会在罗马召开了规模较大的第 12 次会议，会议强调了联合国粮食及农业组织在推动森林可持续经营标准指标进程中的作用，随后的林业部长会议发表了《罗马林业声明》，肯定了通过国家林业计划、活动和国际合作等方式在各个层次上的进展，号召加快森林可持续经营标准指标进程的国际合作与协调进程。

根据最近的几次国际会议议题，联合国粮食及农业组织总结了 7 个可持续森林管理专题要点（表 2-4）。这些主题要素是基于关于可持续性森林管理标准和指标的 9 项持续区域/国际进程制订的标准，已经联合国森林论坛（UNFF）认可，并为 2003 年 2 月在危地马拉召开的国际标准及指标会议(CICI 2003)和联合国粮食及农业组织林业委员会 2003 年会议所认可。2004 年 2 月，联合国粮食及农业组织/国际热带木材组织的标准及指标专家磋商会认识到，这些要素对于促进有关森林问题的国际交流至关重要。主题要素还用于粮农组织领导的全球森林资源评估（FRA），作为报告框架。

表 2-4 7 个可持续森林管理专题要点

可持续森林管理专题	内容
森林资源的范围	本主题表示要拥有大量森林覆盖和立木材积的总愿望，包括森林外树木，以支持林业的社会、经济和环境作用。例如，特殊森林类型的存在和范围作为保存工作的基础至关重要。本主题包含减少毁林及恢复、复壮退化的森林景观的宏伟目标。本主题还包括森林和森林外树木的重要功能：储碳，从而促进调节全球气候
生物多样性	本主题关注生态系统（景观）、品种和遗传三级的生物多样性保存和管理。此类保存，包括保护脆弱生态系统地区，确保生物多样性得到保持，并为今后提供开发新产品的机会，如医药。基因改良亦是提高森林生产力的一种手段，如确保集约管理的森林提供高木材产量
森林健康和活力	森林需要管理，以尽量减少不良干扰的风险和影响，包括野火、空气污染、风暴倒林、入侵品种、害虫、病害和昆虫。此类干扰可影响林业的社会、经济及环境作用
森林资源的生产功能	森林和森林以外的树木提供种类广泛的木材和非木材林产品。本主题表达了保持大量有价值初级林产品的宏愿，同时确保可持续生产和采伐，不应危害今后时代的管理选择
森林资源的保护功能	本主题包括森林及森林外树木帮助调节土壤、水文及水生系统的作用。这包括保持清洁水源，如健康鱼群，还包括降低洪水、雪崩、水土流失、干旱的风险或影响。森林资源的保护功能亦有利于生态系统保护努力。森林资源的保护功能具有很强的跨部门特点，对农业和农村生活有很高的价值
社会经济功能	本主题强调森林资源对整个经济的贡献，例如，通过林产品和能源加工及销售、贸易，以及投资森林部门，创造就业和价值。本主题还包括森林下述重要功能：作为和保护具有高度文化、精神或者公共游憩价值的场所和景观，因此还包括土地保有权、本土及社区管理系统、传统知识等方面
法律、政策和体制框架	本主题包括支持上述 6 项主题所需要的法律、政策及机构安排，包括公众参与决策、治理与执法、进展的监测与评估。本主题还处理更广的社会问题，包括公平、公正利用森林资源，科学研究和教育，支持林业部门的基础设施安排、技术转让和能力建设、公共信息和交流

　　目前，包括我国在内的一些国家，在制订了国家水平的森林可持续经营标准指标体系以后，还在制订了地区水平和森林经营单位水平的标准指标，以更加科学地指导森林可持续经营的实践。

三、 土地荒漠化

　　荒漠化是指包括气候变异和人类活动在内的多种因素造成的干旱、半干旱和亚湿润干旱地区的土地退化，荒漠化的核心是指一种土地退化，这些退化只有发生在干旱、半干旱及亚湿润干旱区，才是荒漠化，这清楚地揭示了荒漠化是干旱地区的产物。人们常常将荒漠比作地球肌体上的"恶性肿瘤"，它一点一点吞噬着肥沃的农田、广袤的草牧场和成片的林地，甚至人类的生命。目前，全世界 2/3 的国家和地区、1/4 的陆地、近 10 亿人口受其危害。据估计，全世界每年有 5 万～7 万 km² 的土地沦为荒漠化土地，由于荒漠化，每年将损失耕地 600 万 hm²。全球由于荒漠化所造成的经济损失，估计每年 423 亿美元。荒漠化已经成为严重的全球性生态、社会和民族问题，直接影响人们的生活生存环境、国土安全、民族团结、社会稳定。

造成土地荒漠化的原因既有气候因素，更有人为因素。造成荒漠化的主要人为因素是人口快速增长、土地过度耕种、草原过度放牧和乱砍滥伐森林，使土地变得贫瘠，植被遭到破坏，水土流失严重。国际社会对荒漠化的严重后果及扩张趋势给予了极大关注。早在 1977 年联合国在肯尼亚首都内罗毕召开世界荒漠化问题会议，就提出了全球防治荒漠化行动纲领。1992 年，联合国环境与发展大会将防治荒漠化作为全球环境治理的国际优先行动领域列入《21 世纪议程》，要求世界各国把防治荒漠化列入国家环境与发展计划，共同采取行动，防治土地的荒漠化，以求得可持续发展。1994 年 10 月 14 日，包括中国在内的 112 个国家在巴黎签署了《国际防治荒漠化公约》，要求世界各国"动员足够的资金开展防沙化斗争"。该公约的宗旨在于在发生严重干旱和/或荒漠化的国家，尤其是在非洲，防治荒漠化，减少干旱的影响，协助受影响的国家和地区改善民生条件，实现可持续发展。1995 年 12 月，第 49 届联合国大会正式通过决议，将每年的 6 月 17 日定为"世界防治荒漠化和干旱日"，这标志着人类共同采取行动与荒漠化斗争揭开了新的篇章。

世界各国面对荒漠化肆虐的严峻形势，纷纷采取各种措施进行荒漠化防治。虽然结果并不尽如人意，如荒漠化问题严重的非洲国家由于缺乏资金和技术，荒漠化治理几乎没有什么成效，但是仍然有许多国家取得了较大的成就，如以色列、美国、中国等。以色列政府和人民几十年来一直非常重视对荒漠的开发和治理，根据本国荒漠化特点，采取了稀树草原化、内盖夫行动计划、水资源开发利用、太阳能利用、植物资源的引种、发展资源效用型农业及治沙造林等措施，使荒漠化防治工作取得了令世人瞩目的业绩。美国自 20 世纪 30 年代发生大范围的黑风暴以来，对荒漠化和土地退化十分重视，通过天然封育、保护当地植被种类，采取了许多生态恢复和生态重建的措施，实行开放式经营、封闭式管理，将自然规律和市场规律有机结合，发展荒漠旅游，建设荒漠新型城市，基本遏制了荒漠化的蔓延。在中国，以重点林业生态工程建设为核心的荒漠化防治成效显著。截至 2000 年年底，三北防护林累计完成造林 2375.7 万 hm²，防沙治沙工程累计完成治理任务 890 万 hm²，三北地区森林覆盖率已由 20 世纪 70 年代末的 5.05%提高到 2000 年年底的近 10%，有效地减缓了沙化扩展，并涌现出了一大批如内蒙古赤峰、通辽，陕西榆林，甘肃河西走廊和新疆和田等防沙治沙先进典型。

四、 生物多样性保护

生物多样性的概念最早是于 1987 年由联合国环境规划署正式引用的。生物多样性是指地球上一切生命形式的总和，包括数以百万计的植物、动物、微生物种类和它们拥有的遗传基因，以及由这些生命物质组成的极为复杂的生态系统的总称。其内涵包括生物物种多样性、生态系统多样性和种内基因多样性。随着人口的迅速增长，人类活动对生物多样性造成严重威胁，也影响到其自身的生存。人们吃惊地发现，目前物种数量的灭绝速率高出自然灭绝率的 1000 倍以上。

大自然的多样性是人类社会生物学财富的源泉和物质财富的基础。首先，它是工业、农业和医药行业的原始输入和基因材料，这些作用的价值每年就有上亿美元。其次，它是美学、娱乐、文化和精神灵感，以及知识的源泉，是人类创造力的基础，人们每年通过旅游欣赏大自然及其多样性的花费就达几十亿美元。以上仅仅是生物多样性的经济利用价值，而生物多样性最重要的价值却是其生态价值，它是人类赖以生存的最重要的物质基础。森林生物多样性是生物多样性的重要组成部分，是森林可持续经营的基础和保证，它的破坏给森林可持续经营带来了一系列的生态灾难，如森林病虫害日益加剧、森林生产力下降、林地地力衰退、水土流失加剧等。

同时，林业的发展与生物多样性保护息息相关。森林是最宝贵的生物资源，是生物多样性宝库，它蕴藏着丰富的物种，森林是地球上 50%以上的植物和动物的生境。由于掠夺式的开发，森林面积不断锐减，致使动植物赖以生存的空间和生活气息、繁衍的环境遭到破坏，导致物种大量丧失，森林的破坏使生物多样性降低。因此，林业要持续发展，必须保护森林，保护生物多样性。森林生物多样性保护和持续利用已经成为当代林业发展的趋势。

保护生物多样性可以促进一个国家、一个地区乃至全球的发展和经济繁荣，因此它引起了国际社会广泛关注，成为全球环境问题的热点。1992 年，联合国在内罗毕最终谈判会议上通过《生物多样性公约》。公约的核心内容就是要求各缔约国采取一切可能的措施保护日益严峻的生物多样性，包括提高意识、加强包括研究和培训在内的能力建设、合理分享遗传资源和相关技术、制订国家保护战略、促进国际合作等。《生物多样性公约》的宗旨在于按照本公约有关条款从事保护生物多样性、持续利用其组成部分，以及公平合理分享由利用遗传资源而产生的惠益；实施手段包括遗传资源的适当取得及有关技术的适当转让，以及提供适当资金。具体包括：①保护生物多样性；②对生物多样性进行可持续的利用；③确保对使用遗传资源产生的收益分配公平。此外，《湿地公约》、《濒危野生动植物种国际贸易公约》、《国际热带木材协定》(ITTA) 及有关森林的各种进程都将生物多样性保护作为重要内容。

森林是大多数陆地物种的家园，并且热带森林是世界上生态系统最丰富的地区之一。热带生物群落涵盖了世界森林的 46%，平均每公顷生长着 100 种树种，并且据估计所有陆地物种的 50%～90% 也生活在其中。所有森林生物群落中的森林生态系统、物种和基因提供了许多的基本服务，例如，储存和净化水资源，过滤空气，储存碳，提供食物、饲料、药物、庇护所，供休闲娱乐，具有宗教和精神价值。据估计，70% 的世界陆地植物和动物物种在森林生态系统中皆有发现。

然而，森林生物多样性正在以惊人的速度丧失。如《千年生态系统评估报告》和《濒临灭绝的物种危急清单》等重要出版物指出，由于森林生境的丧失和退化，全球许多的森林生态系统、种群和物种受到了威胁而且受威胁数量还在不断扩大，同时，气候变化的影响也将加剧森林生物多样性的丧失。热带湿润森林中生存着所有生物群落中数量最多的濒危物种。据推测，目前有许多的物种正在与其热带森林生境一同消失，但是这一说法尚未得到科学的描述。全球一半以上的温带阔叶和混交林生物群落和近 1/4 的热带雨林生物群落已经被人类瓦解或迁移。首先，农业用地和牧场的扩张是砍伐森林的主要原因之一。《千年生态系统评估报告》称，约 70% 的被审查国家农业用地正在扩张。农业扩张的影响在热带森林地区尤其严重，预计在今后 30～50 年那里的牧场和耕地仍将继续扩大。如原始林和整理过的天然林被转做他用，这是森林生物多样性丧失的一个主要原因。其次，入侵物种已成为全球生物多样性丧失的一个主要原因。在全世界，许多植物、昆虫、细菌、真菌、鸟类和哺乳动物物种已经入侵到了森林生态系统中，给生物多样性造成了非常严重的后果，例如，本土物种的消失或灭绝，对土壤质量（包括土壤水分的水有效性）产生了负面影响。它们还给国家经济造成了很高的经济成本，甚至在某些情况下威胁到了人类健康。

1998 年，《生物多样性公约》通过了首个在森林生态系统内开展的工作计划。2002 年，通过了一个更广泛的注重行动的工作计划，以下 3 方面为工作重点：①保护森林生物多样性并对其进行可持续的利用，惠益共享；②解除制度约束，改善社会经济条件；③增加森林生物多样性的相关知识。然而，2008 年公约秘书处的评估结果表明计划的实施过程中还存在不足，需加强与其他涉林国际机构的合作（KSLA，2010）。

五、 森林认证

目前全球有 3 个层次的森林认证体系：全球体系、区域体系和国家认证体系。全球体系包括森林管理委员会（FSC）体系和森林认证认可计划体系（PEFC，原名为泛欧森林认证体系）；区域体系有泛非森林认证体系和泛东盟森林认证体系（但未正式运作）；国家体系有美国可持续林业倡议（SFI）体系、加拿大标准化协会（CSA）体系、马来西亚木材认证委员会（MTCC）体系、印度尼西亚生态标签研究所（LEI）体系、英国的森林保护计划（UKWAS）等。全球的森林认证发展到今天有了巨大的飞跃，发展现状和趋势主要表现为 3 方面。

第一，截至 2009 年 5 月，国际体系认证的森林面积达到 3.252 亿 hm²，约占全球森林总量的 8%，但认证面积分布不均。世界上认证森林的 80%～90% 都位于北半球，其中西欧国家认证面积占到认证总面积的 54%，北美洲占 38%，大洋洲占 5%，而非洲、亚洲和拉丁美洲仅各认证了 1%。全球认证森林面积从 2006 年后增长缓慢，到 2009 年仅增长了 1.3%。

第二，森林认证范围不断扩大。截至 2009 年 5 月，全世界产销监管链认证证书的数量达到 17 800 个，比 2008 年增长了 41%。但是产销监管链认证仍集中在少数的国家和高端市场，大部分的市场还没有被认证林产品所占据。

第三，FSC 和 PEFC 的影响继续加大，世界上初步形成了 FSC 和 PEFC 两大阵营的竞争与对立。一方面，很多国家还在积极发展自己的认证体系，对森林可持续经营、非法采伐和非法木材贸易等相关问题日益关注。另一方面，国家体系都在寻求国际体系的认可与合作，或体系间的相互认可。绝大部分国家认证体系都已成为 PEFC 的会员，部分已得到其认可，而部分国家体系也在寻求与 FSC 的合作，如马来西亚和印度尼西亚等。

认证林产品受到了越来越多的消费者、企业和政府的支持。对认证林产品的需求主要集中在欧洲（英国、荷兰、德国和比利时）和北美洲（美国和加拿大等）所谓的"环境敏感市场"，购买商比较重视产品的环境性能，承诺优先购买经销认证的林产品。而中国、日本等木材消费大国的态度对全球森林认证的发展也将产生重要的影响。总体来说，目前认证林产品的消费需求和供给在全球林产品贸易中所占的比例还较小，但市场对认证产品的需求还在不断增长之中。

六、　生物安全

《生物多样性公约》对外来生物入侵、转基因生物安全管理、生物遗传资源惠益分享问题做出了原则性的规定。国际上新的国家安全观认为，威胁国家安全的不只是外敌入侵，诸如外来物种的入侵、转基因生物的污染、生物多样性的锐减等生物安全问题也危及人类的未来和发展，直接影响着国家安全。许多国家，特别是欧美等发达国家，已对外来物种入侵性和转基因植物安全性管理进行了大量的系统研究，为了降低引种带来的潜在风险，陆续制订了外来物种入侵性分级标准及评价和风险分析方法；美国、日本、欧盟等发达国家和地区对转基因生物实施安全评价，对产品的生产、流转和销售均有明确的规定；许多生物遗传资源丰富的国家相继制订了生物遗传资源惠益分享管理制度，对本国的生物遗传资源加强了保护和管理。

近 10 年来，世界各国纷纷加大了对生物安全研究的投资力度，力争在 21 世纪生物安全技术发展和国际竞争中占据主动和有利地位。生物安全技术水平已成为反映综合国力的关键因素之一，并直接关系到未来整个生命科学技术、生物产业和生物经济及其相关产业与经济的发展。因此，生物安全的地位在整个社会经济和政治发展中具有较高地位，受到了多数国家的高度重视。同时，保护林业生物安全是全社会的一项重要公益事业，是实现我国林业可持续发展的重要保证，在维护国土生态安全、公共安全，保障国民经济与社会可持续发展中发挥着不可替代的作用，具有十分重要的战略意义。

从当前全球林业生物安全的发展现状来看，入侵生物、转基因生物、野生动物疫病及森林遗传资源丧失严重威胁着林业生物安全。

一是生物入侵不仅引起重大的经济损失，而且还严重破坏当地的生态环境和生物多样性，对林业生物安全已经造成破坏或构成潜在威胁，是自然生态系统面临的最严重的全球性问题之一，引起了世界的高度重视。以美国为例，2001～2005年，林业有害生物引起的经济损失为 140 亿美元/年，其中因外来有害生物损失 42 亿美元，占总损失的 32.3%；此外，美国每年有 70 万 hm^2 的野生动物栖息地被外来杂草侵占；在美国受威胁和濒危的 958 个本地种中，有约 400 种主要由于外来种的竞争或危害而导致濒危。

二是转基因生物给人类健康和生态环境带来潜在的不良影响。林业转基因生物对生态系统及生态系统内的生物可能存在着长期而复杂的影响，但由于人类知识和技术水平的限制，对林业转基因生物的负面影响目前尚不能做出明确的判断，具有较强的风险性。

三是野生动物疫病威胁人类健康问题日益显著，成为国际性的新问题。流行已久的动物疫病尚未根除，新的疫病又不断出现。据世界动物卫生组织（OIE）的报告，60% 的人类传染病病原体来自动物，75% 的人类新发传染病病原体来自动物，特别是野生动物。目前世界上已证实的人兽共患病在 200 种以上，其中对人类有严重危害的约有 90 种。

四是森林遗传资源丧失加剧。随着全球人口的增加，森林被大量砍伐，许多珍贵物种和遗传资源遭到毁灭。一方面人类对森林的砍伐和破坏，使野生生物栖息地丧失、破碎和斑块化，导致生物多样性丧失和物种灭绝；另一方面，人类的乱捕滥猎和非法贸易导致了野生动物的灭绝。据统计，澳大利亚和北美洲，44kg 以上的大型动物 74%～86% 因人类捕猎而灭绝。

随着全球林业生物安全形势的日益严峻，迅速提高生物安全技术、提升林业生物安全水平已成为当务之急。世界各国已普遍认识到，生物技术在解决人口、健康、环境、能源等诸方面的社会经济重大问题中发挥着越来越重要的作用。近10 年来，世界各国纷纷加大了对生物安全研究的投资力度，力争在 21 世纪生物安全技术发展和国际竞争中占据主动和有利地位。生物安全技术水平已成为反映综合国力的关键因素之一，并直接关系到未来整个生命科学技术、生物产业和生物经济及其相关产业的发展。

七、 木材非法贸易

非法采伐及相关贸易问题的提出始于 20 世纪 90 年代中后叶，伴随着世界环保理念日益深入人心，1998 年，八国集团会议首次把非法采伐作为重要的国际问题提出来，并正式讨论通过了打击非法采伐的《森林行动计划》。进入 21 世纪，打击木材非法采伐及相关贸易行动已被各国政府列为重点议程，已成为国际社会、各国政府、环保组织、林业工作者及社会公众共同关注的热点问题。

非法采伐及相关贸易问题之所以受到国际社会的普遍关注，主要是因为它违反了资源国有关森林和贸易法规、侵占了当地政府和社区财政收入、加剧了地区贫困和利益冲突、损害了合法经营者利益、扭曲了国际林产品贸易、导致森林资源破坏、诱发气候变化、危害森林的生态服务功能，严重影响了生态、经济、社会的可持续发展。世界银行估计，发展中国家每年因非法采伐及相关贸易导致的经济损失达 150 亿美元，占全球贸易总额的 1/10。

由于经济全球化的出现，世界各国进入了合作与竞争的全球化时代，林产品国际贸易在此背景下蓬勃发展。由于国际分工的不同，形成了东南亚、俄罗斯等国为原料供给国，我国为中间加工厂，北美洲和欧洲为进口消费国的世界林产品生产与贸易格局。随着世界林产品消费量的日益增加，林产品需求的增长与森林资源大幅度减少所引起的林产品供求矛盾更加突出。非法采伐及相关贸易问题在全球范围内存在，各国发生的轻重程度不同、危害大小不同，目前涉及全球木材非法采伐及相关贸易较为明显的国家和地区主要有印度尼西亚、俄罗斯、英国等欧盟国家，南美洲、非洲等地区。

在打击非法采伐及相关贸易问题方面，发达国家出于自身利益的考虑，始终站在引领者的位置。欧盟 2003 年开始实施森林执法、施政与贸易行动计划（FLEGT），目的是通过与生产国自愿签订合作伙伴关系（VPA）协议，将非法采伐木材拒之门外，并支持生产国强化这一对策，这是欧盟针对全球非法采伐和相关木质林产品贸易问题的回应。目前欧盟正在就一份关于非法采伐木材进口到欧洲市场的立法草案进行讨论，并通过建立健全"尽职调查"（due diligence system）将使用非法木材的风险降到最低。该法案涉及的木材及木制品范围很广，包括原木、锯材、胶合板、单板，以及纸和纸浆（不含竹材及再生制品）、木制家具、木制建材、燃料用材、木片、刨花板、定向刨花板（OSB）、纤维板、木框、包装材、酒桶等，这表明欧盟在应对非法采伐问题上又向前迈进了一步。

美国于 2008 年 5 月出台了以禁止非法采伐木材及其制品进口为目的的《雷斯法案》修正案。其中规定要求申报的产品种类非常广泛，特别是涉及一些合法性证明，如出口木制品涉及从第三方进口的木材，这些规定都对中国林产品的出口带来了障碍。对此，我们应意识到，发达国家在主导打击木材非法采伐及相关贸易的同时，也充斥着贸易保护的色彩。未来如何趋利避害，将合理的利用森林与保护生态结合起来是摆在我们面前的重要问题。

发达国家以环境保护和公平贸易的名义，不顾不同国家之间的经济技术水平的差距，以发展中国家的贸易出口损害环境为由，实施限制或制裁，设置贸易壁垒，保护本国环境，伴随而来的反倾销、反补贴、反侵权等国际贸易纠纷频发，标准、认证、检疫等技术性贸易措施层出不穷，使发展中国家蒙受巨大的经济损失。这种歧视性措施既严重损害了发展中国家的经济发展，又保护了自己的生态环境和安全。

随着我国林产品国际贸易快速发展和在国际市场中份额的逐步扩大，2004年年底以来，先是美国商务部发起木制卧室家具倾销调查；尔后来自意大利和西班牙等5家国际家具业巨擘代表，50家欧美顶级家具制造、出口企业，跨洋过海来华打假；接着荷兰木地板锁扣专利发明及美国地板锁扣专利持有企业，联合向美国贸委会提出调查申请，指控中国17家知名强化木地板生产企业侵权锁扣专利；之后，来自欧洲古典超一流家具制造企业的代表又一次来华，联手请我国政府工商等部门直接介入屡禁不止的仿冒洋家具的打击制裁行动。一时间，我国的林产工业企业，在陷入无休止的国际贸易纷争之中的同时，不仅损失大量的经济利益，更使一些外向型企业的竞争力遭受致命打击。此外，发达国家以非法木材为切入点，对我国横加指责，声称非法采伐和贸易问题已成为全球森林资源发展中的一个突出问题，有关国家政府、国际机构、非政府组织鼓动打击非法木材采伐，实际上是借生态保护名义控制我国林产品加工业发展。

从2008年开始，金融危机席卷全球，欧洲债务危机又接踵而至。国际流动性过剩，货币制度扭曲，实体经济不景气，石油、房地产泡沫等问题，对木材行业是一个严重打击。美国新房开工量从2006年年初的约210万套下降到2008年10月的不足80万套。其他一些国家，特别是在西欧，虽然程度不同但也经历了楼市的下降。楼市下降已导致对木材的需求减少。预计仅北美洲2009年对木材纤维的需求将减少2000多万吨。几乎所有国家从原木、锯木到人造板、纸浆、纸张和家具生产都普遍出现生产缩减，从而导致工厂关闭和工人失业。事实表明，高度依赖美国市场的巴西和加拿大已经受到严重影响。在森林生态服务市场中，受影响最大的是碳市场。由于一些参与碳交易的主要投资银行倒闭，碳市场也受到了金融危机的冲击。与石油和其他商品价格一样，碳价格已经暴跌。根据欧洲气候交易所资料，碳价格已从2008年7月初的每吨约29欧元跌至2009年4月的每吨约12欧元。

世界经济发展正以全球金融危机为机会探索更加优化的经济发展方式，调整经济结构，并且出台经济刺激方案，同时开发新技术，探索新的投资方向，林业作为重要的产业部门，兼具生态和经济功能，劳动力吸纳能力强、并且是生物质能源的重要来源，美国在2009年初的经济刺激方案中，将林业投资作为重要的领域，并且对林业生物质能源的生产给予各种优惠。在金融危机的大环境下，林业成为国家投资的重要目标，对增加政府的财政投入渠道、解决就业、生产替代能源等方面具有重要作用。

八、 全球森林景观恢复活动

森林景观恢复是在多元土地利用模式下，由人们共同决定、商议和开展的那些重新获得森林和林木的生态、社会、文化和经济效益间最佳平衡的实践活动。森林景观恢复采取实用性原则，不必进行过去原有森林的重建；但要按照整体性原则恢复森林和林木的功能，加大森林和林木对可持续生计和土地利用的贡献。"森林景观恢复全球合作伙伴关系"是一个世界性的网络组织，有 25 个以上的政府和组织参加，目的在于努力加强全球的森林景观恢复。该计划的合作伙伴与其他参与者、政府、社区和企业共享其专业建议。森林合作伙伴关系（CPF）的几个成员也积极参与其中。全球合作伙伴关系第一阶段（2003~2005 年）的工作主要集中在提高森林景观恢复的知名度和对森林景观恢复的认识；建立国家工作组；为发起者提供资金保证和技术支持等方面。国际森林景观恢复实施研讨会于 2005 年 4 月 4~8 日在巴西的彼得罗波利斯市举行。第二阶段（2005~2009 年）的目标是增加合作伙伴关系；扩大网络的学习站点，以促进人们对森林景观恢复的理解和实践；鼓励多方利益相关者更广泛地参与；强化森林景观恢复的法律、政策、管理和体制框架；为森林景观恢复的稳步发展提供重要信息和工具；森林景观恢复既体现出对森林、生物多样性、气候变化和荒漠化问题的重视，又有助于实现联合国《千年发展目标》。它采用多学科方法把跨部门的政策、计划和措施整合进国家发展进程中，包括消除饥饿、减少贫困及按照可持续原则管理自然资源等。当然，它也包括把国家森林计划、政策和规划纳入到国家发展计划中。

九、　反贫困

FAO 推行的作为森林解决贫困问题的"国家森林计划"，以其跨部门和参与性的特点，成为利用广泛的渠道收集和共享有关国家议题、优先发展重点及林业部门内外行动的理想机制，对于解决贫困具有重要的推动作用。2005 年，纳米比亚、尼日尔、尼日利亚、苏丹、突尼斯、乌干达、坦桑尼亚和赞比亚的政府当局和非政府组织探讨了国家森林计划及其他部门的进程与减少贫困战略或类似战略框架间的联系程度；在吸取了林业和农业、能源、健康和教育等其他部门的经验和教训的基础上，明确了建立有效联系的最佳方式、约束条件和时机。森林行动纲领（PROFOR）通过与世界自然保护联盟、海外开发协会、国际林业研究中心（CIFOR）和温洛克国际中心合作，正试图展现可持续森林管理是如何提高农村生计水平、保护生物多样性和帮助实现联合国《千年发展目标》的。按照该伙伴关系，在几内亚、洪都拉斯、印度、印度尼西亚、老挝人民民主共和国、墨西哥、尼泊尔和坦桑尼亚联合共和国进行了个案研究。

第四节　持续进行的森林国际行动

森林和湿地的消失，以及荒漠化增加等问题引起了一系列全球性生态问题，越来越受到国际社会的关注。以 1992 年联合国环境与发展大会的胜利召开为标志，全球气候变化、生物多样性、荒漠化防治等一些新的与森林相关的国际公约相继缔结，表达了国际社会致力于改善全球生态环境的决心，体现了全球致力于"拯救地球"的强烈忧患意识和行动，然而，这一进程仍然艰难曲折。

一、 保护森林行动

1972 年，联合国人类环境大会后，世界环境恶化的趋势并未得到扭转，环境与发展问题成为全球最为关注的重大问题。1992 年，世界环发大会通过了《里约环境与发展宣言》、《21 世纪议程》和《关于所有类型森林的管理、保存和可持续开发的无法律约束力的全球协商一致意见权威性原则声明》(简称《关于森林问题的原则声明》)，签署了《生物多样性公约》和《联合国气候变化框架公约》。1994年，又通过了《关于在发生严重干旱和/或荒漠化国家特别是在非洲防治荒漠化的公约》(简称《联合国防治荒漠化公约》)。至此，国际社会在环境与发展问题上达成了许多共识。

多项评估表明，全球 10%～20%的温室气体排放由毁林引起（Harris et al.，2012）。20 世纪上叶，毁林导致的排放占据人为排放的 7%～15%，这在发展中国家和热带地区尤为明显（Pan et al.，2011；Vanderwerf et al.，2009）。自 2005 年在加拿大蒙特利尔召开的公约第十一次缔约方大会（COP 11）之后，减少毁林和森林退化所致排放量（REDD）引发了国际社会的持续关注。一方面，发展中国家也希望通过不砍伐森林获取生态效益，但指望从发达国家得到补偿；另一方面，全球希望减少毁林作为成本最低的减缓气候变化方式逐步成为共识。(Richards and Stokes，2004；Stern and Nicholas，2007）。

《气候变化框架公约》及其补充条款《京东议定书》强调了森林作为温室气体汇和库在遏制全球气候变暖方面的重要作用，并要求以可持续管理方式，维护和加强森林作为温室气体汇和库的能力。日益严重的土地荒漠化，不仅导致了严重的环境问题，还引发了其他社会、经济、文化乃至政治问题。《防治荒漠化公约》要求以可持续方式管理土地和水资源，同时，将森林植被的退化、林地生产力下降所引起的荒漠化问题作为重要内容，在荒漠化防治工作中，加强森林资源的保护和管理。

在森林问题的共识中，最重要的是充分突出了森林毁坏和减少后对全球环境带来的严重影响和危害，强调了保护和发展森林的重要性，指出了林业可持续发展在全球可持续发展中的重要性和它的战略地位，要求以可持续方式保护和发展森林。《21 世纪议程》有关森林问题的章节和《关于森林问题的原则声明》正是基于这一共识而形成的。由于各国对森林有关的诸多问题还存在一定分歧，会议没能形成一份国际森林公约，而《关于森林问题的原则声明》虽然不具有法律约束力，但它维护了发展中国家的主权，仍具有重要意义。

1992 年 6 月 3～14 日，在巴西里约热内卢召开的联合国环境与发展大会，又名地球首脑会议，是国际环境发展史上一次空前的盛会。全世界 180 多个国家和地区、60 多个国际组织的代表共 1.5 万人参加了此次大会。大会通过了《里约环境与发展宣言》、《21 世纪议程》和《关于森林问题的原则声明》3 份文件，并签署了《联合国气候变化框架公约》和《生物多样性公约》。其中，《关于森林问题的原则声明》之外的 4 项文件具有法律约束力。它们重申了人类环境宣言所阐明的国际环境法原则，并产生了新的基本原则。

全球生态系统的持续恶化，要求采取均衡、综合的处理方法来解决环境和发展问题，以满足人类的基本需要，提高所有人的生活水平。改进对生态系统的保护和管理，创造更安全、更繁荣的未来，是一项浩大的系统工程，没有任何一个国家有能力单独实现这个目标，必须建立促进可持续发展的全球伙伴关系，《21 世纪议程》应运而生。《21 世纪议程》论述了与当前国际社会发展密切相关的各方案领域的紧迫问题和行动依据，并依此为各领域制订了明确的目标、活动和实施手段。这个议程反映了关于发展与环境合作的全球共识和最高级别的政治承诺。同时，该议程也是一个能动的方案，各国和各地区可根据不同情况、能力和优先次序，在充分尊重《里约环境与发展宣言》总体原则的前提下，根据各自的特点制订相应的执行计划，即《21 世纪议程》将根据发展的需要和全球情况的变动而不断修订和完善。

《21 世纪议程》描述了进入 21 世纪以后，人类可持续发展的行动计划，提出了防止土地和水资源退化、空气污染，保护森林和生物多样性的行动方案，强调可持续发展一定会战胜贫困和环境退化。在其第十一章中以"防止毁林"为题专门论述了森林问题，包括 4 个方案领域：①实现所有类型的森林、林地和树木的多种作用和功能的可持续；②加强森林的防护、可持续经营和保护，以及通过森林恢复、造林、更新和其他恢复措施使退化的地区实现绿化；③促进森林的高效利用与评价，以恢复森林、林地和树木提供的全部产品和服务价值；④建立和/或加强森林及其有关的方案、项目和活动，包括商贸往来的计划、评价和系统考核的能力。《防治荒漠化公约》和《生物多样性公约》也都指出了全球森林的破坏、森林面积的减少是导致生物多样性衰退和土地荒漠化的主要原因，恢复和发展森林是保护生物多样性和防治土地荒漠化的重要措施。《全球气候变化框架公约》也指出，森林面积的减少使全球大气二氧化碳浓度增加，是导致温室效应造成全球气候变暖过程中仅次于应用化石燃料的第二个原因等。

在 1992 年联合国环境与发展大会上，发达国家曾主张签订森林公约，而大多数发展中国家明确表示反对。由于各国的分歧太大，大会只签署了《关于森林问题的原则声明》这样一个没有约束力的文件。《关于森林问题的原则声明》主要是促进各类森林的管理、保存和可持续开发，并使它们具有多种多样和互相配合的功能和用途。《关于森林问题的原则声明》虽不具有法律约束力，但它维护了发展中国家的主权，而且对当时和随后一段时间内全球森林问题的讨论也具有一定的指导作用。

《关于森林问题的原则声明》阐明了关于保护、经营和可持续地开发所有类型森林的要求，并且尊重各国利用其森林资源的主权。这一原则声明在一开始就指出"森林与所有的环境与发展问题和机会有关，承认各国在可持续的基础上发展社会经济的权力"，并且指出"森林对于经济发展和维持所有的生命形式都是必要的"，"森林资源和林地应以可持续的方式管理，以满足当代人和子孙后代在社会、经济、生态、文化和精神方面的需要，这些需要包括森林产品和服务功能。如木材和木材产品、水、食物、饲料、药材、燃料、住所、就业、游憩、野生动物生境、景观多样性、碳的汇与库及其他森林产品"。同时强调"应当认识到各种森林在当地、国家、区域和全球水平上维持生态过程和生态平衡方面所起的关键作用，尤其是在保护脆弱生态系统、集水区和淡水资源方面的作用，以及作为生物多样性和生物资源的丰富储库、生物技术产品的遗传材料来源和光合作用的源泉等的重要作用"。还指出"各国政策和战略应当为增加各方面的努力提供一个框架，包括建立和加强各种体制、制订各种方案以便管理、保育和可持续地开发森林和林地"。《关于森林问题的原则声明》还系统全面地论述了森林在人类可持续发展中的关键作用，以及世界各国为了保护和可持续地利用森林和林地所应采取的措施、国际技术资金援助与合作和国际林产品贸易等领域的重大问题。其主要共识为以下内容。

1992年，联合国环境与发展大会以后，国际社会积极响应《里约环境与发展宣言》，执行《21世纪议程》，履行相关国际公约。虽然联合国环境与发展大会没有在缔结国际森林公约方面达成一致，而仅仅通过了没有法律约束力的《关于森林问题的原则声明》，国际社会仍然一直在努力推进国际森林问题的进程，继续国际森林的政策对话。联合国于1992年成立了可持续发展委员会，并于1995年成立了政府间森林问题工作组，1997年成立了后续的政府间森林问题论坛，2000年成立了隶属于联合国经社理事会的联合国森林论坛。1992年，联合国环境与发展大会呼吁加快《联合国防治荒漠化公约》的谈判，促进了该公约在1994年得以缔结。2001年，《气候变化框架公约》第6次缔约方会议续会（即波恩会议），通过了《京都议定书》关于森林折算二氧化碳排放的协议，加强了森林在该公约及其议定书的履行中将发挥的重要作用。

二、　恢复森林植被

1992～2013年，国际上召开了无数次讨论森林可持续发展问题的会议，从政府高官会到专家级会议等不同层次的都有，但分歧点仍然很多。

一是关于森林公约。直至2013年，世界上还没有一个以森林为主的国际法律文书，也没有一个涵盖森林生态系统环境、社会和经济功能的国际公约。

但是，与森林相关的国际公约还是有几个，主要有《气候变化框架公约》及《京都议定书》、《联合国防治荒漠化公约》、《生物多样性公约》、《濒危野生动植物种国际贸易公约》、《湿地公约》和《国际热带木材协定》。其中，与森林联系最为密切，并且我国以林业部门为主参与活动的是《联合国防治荒漠化公约》、《濒危野生动植物种国际贸易公约》、《湿地公约》和《国际热带木材协定》。欧盟和加拿大提出希望考虑制订森林公约，并在确定 IPF 的职责时，一方面要求确定制订公约的可能性，另一方面又要求确定公约的内容。发展中国家则一致认为时机尚不成熟，当务之急是尽快执行好已有的公约、声明、协定，并履行各方已经做出的承诺。

二是森林资源的主权。鉴于森林环境功能的无国界性和整体性，西方国家因此强调森林是全人类的共同财产，各国都有义务保护森林，特别是热带林，任何改变森林状况的活动都应得到国际社会的认可。这个观点受到发展中国家，特别是拥有丰富热带林资源国家的强烈反对，如巴西、马来西亚等。热带国家坚持认为森林资源是国家主权的一部分，如何保护和使用，是各国的内部事务，别国无权干涉。1992 年，中国总理李鹏在联合国环境与发展大会上发言说："解决全球环境与发展问题必须在尊重各国的独立和主权的基础上进行。各国对其自然资源和生物物种享有主权，有权根据本国国情决定自己的环境保护和发展战略，并采取相应的政策和措施。"

三是毁林和森林退化的原因。联合国粮食及农业组织估测，全球森林面积的减少速度达每年 1500 万 hm^2 以上，并有大面积森林出现退化现象。退化的原因是什么？发达国家认为，导致森林资源退化的主要原因是人们环境意识淡薄、人口压力增加、技术落后、环境污染等。发展中国家认为森林的退化是多种原因造成的，有历史的原因，也有现实的经济和社会的原因。发达国家主要是靠掠夺发展中国家的资源完成了自身的资本积累，目前在贸易上仍然对发展中国家采取歧视政策，低价进口初级产品，高价出口技术产品。发展中国家不得不超量使用初级资源，包括采伐森林，以维持国民经济的发展，因此贫困是基本原因。在联合国森林问题工作组和森林论坛的每次会议上都有关于这个问题的激烈争论，但始终未能取得共识。

四是国际社会一直致力于加强生态环境保护的努力。特别是 1972 年斯德哥尔摩联合国人类环境会议和 1992 年联合国环境与发展大会以来，国际社会缔结了许多多边环境协议，即所谓的国际环境公约，旨在通过国际多边合作，优先解决与人类生存密切相关的环境问题。作为联合国的常设机构，联合国森林论坛的主要任务是，在为期 5 年的时间内，各国就国际森林问题的各个议题继续开展对话、辩论和谈判，届时进行评估以决定是否进行缔结国际森林公约的谈判。联合国森林论坛第一次实质性会议于 2001 年 6 月在纽约召开，主要讨论并通过了联合国森林论坛为期 5 年的多年工作计划、执行森林工作组/森林论坛行动建议的行动计划和关于联合国森林论坛与森林合作伙伴机制组织的关系。尽管各国在是否缔结国际森林公约问题上分歧较大，但都愿意在联合国多边框架下，开展国际森林政策对话，而在这方面，联合国森林论坛发挥着越来越重要的作用。

三、 防治土地荒漠化

荒漠化指的是干旱、半干旱和干旱的亚湿润地区的土地退化，其中包括植被的退化、草场退化、土壤干旱化、旱地农作物生产力衰退、土壤水渍和盐渍化、水土流失和沙漠化。森林具有防止地力衰退、防止水土流失、有效遏止沙漠化等生态效益，这对脆弱的干旱生态系统尤为突出。同时，提倡对其进行可持续利用，木材和其他林产品可以为当地居民提供可观的社会经济价值。

联合国《防治荒漠化公约》制订了区域性行动方案，以确保对包括干旱区域森林在内的土地进行综合地可持续化利用，将森林植被的退化、草场退化、水土流失、林地生产力下降等森林问题纳入荒漠化问题，因而在进行防治荒漠化和缓解干旱影响的工作中，要求以可持续方式保护和管理森林资源和其他自然资源；提倡利用替代能源，开发和高效率地使用各种能源，特别是减少能源消费对木材的依赖；以创新方式促进林区群众另谋生计，包括新技能的培训，以缓解对林木及林产品的需求压力；应特别注意尚未退化或仅轻微退化的森林及林地，并实行预防措施；加强对森林问题中荒漠化原因和影响的探索研究和该领域的国际交流与合作。

然而，尽管近年来各国努力推动可持续森林管理和关于森林的全球目标，但是，砍伐森林的现象依然令人震惊。2000～2005 年，每天丧失的森林覆盖面积约为 $200km^2$。在过去 25 年中，退化的土地面积有 25%是阔叶林，17%是北方针叶林。这一时期内，受土地退化影响的农地和森林是大约 10 亿人口(占世界人口 15%)的家园。砍伐森林、土地退化和荒漠化的速度惊人，加剧了长期存在的贫困现象，对各国，特别是发展中国家实现可持续森林管理、全球森林目标和千年发展目标构成严重威胁。在这方面，森林覆盖率低的国家最为脆弱，土地特别容易退化，从而导致荒漠化。

四、 保护热带木材

《国际热带木材协定》（ITTA）是在联合国贸易和发展会议（UNCTAD）的框架下谈定的国际商品协定之一，但未包含直接的贸易管制，并非严格意义上的国际商品协定。该协定的签订旨在通过建立高效的国际磋商、合作和决策机制，促进初级产品为主的热带木材合法贸易和热带林的可持续经营管理，促进来自可持续管理森林和合法采伐的热带木材的国际贸易并使之多样化。具体而言，协定目标在于促进和支持木材方面研究与开发、提高国际木材市场信息的充分性；促进在生产成员内热带木材的深加工；鼓励缔约方支持和发展热带木材森林的再造、森林管理活动及恢复退化的森林土地；提高热带木材从可持续有管理的资源中出口的营销与分销水平；促进木材加工技术的获得、交换和技术合作；鼓励分享国际木材市场的信息；改善市场准入；促进和支持研究与发展，争取改善森林经营和木材利用效率并提高养护能力、增进热带产材森林的其他森林价值；制订有关机制并为之做出贡献，以便提供所需新的和额外的资金及专门知识，加强生产成员实现本协定目标的能力；改善市场情报工作，以求确保提高国际木材市场的透明度，包括收集、汇集和散发与贸易有关的数据，其中也包括与买卖的物种有关的数据；促进生产成员国取自永续经营的热带木材的更多和更深度的加工，以求促进它们的工业化，从而增加它们的就业机会和出口收入；鼓励成员支持和发展工业用热带木材的更新造林和森林经营活动及退化林地的恢复，对依赖森林资源的当地社区的利益给予应有的注意；改善取自永续经营的热带木材出口的销售和经销；鼓励成员制订旨在永续利用和养护产材森林及其遗传资源和在热带木材贸易方面保持有关区域生态平衡的国家政策；为执行本协定目标促进获取和转让技术及技术合作，包括相互商定减让和优惠条件；以及鼓励国际木材市场信息交流等。在《ITTA 1994》的基础上，《ITTA 2006》新增加了处理非法采伐问题、通过热带林的可持续管理减少贫困、促进非木材林产品及环境服务对可持续森林管理贡献的认识、国家和私营企业等可以参与到可持续热带林管理当中的不同主题项目的新制度等内容。目前，打击非法采伐、气候变化对策、依靠原住民发展林业和林产企业、促进贸易增加市场透明度、发展林产业和提高效率成为协定的主题。ITTA 设立了国际热带木材组织（ITTO）作为其实施与管理机构。

制订森林可持续经营的标准和指标体系。这是执行联合国环境与发展大会《21世纪议程》和《关于森林问题的原则声明》的重要步骤，而且与生物多样性保护、防止气候变化和荒漠化密切相关。目前，国际上有近 10 个标准和指标进程，主要有蒙特利尔进程、赫尔辛基进程、国际热带木材组织进程，另外还有亚马孙进程、干旱非洲进程、近东进程、加勒比进程、干旱亚洲进程等。每个进程往往分若干个标准、几十个指标。

中国是国际社会的重要成员，积极参与森林相关的国际公约，认证履行公约的义务。中国是蒙特利尔进程和国际热带木材组织进程的成员国。作为一个受荒漠化严重威胁的发展中国家，中国政府在履行《联合国防治荒漠化公约》方面的努力是举世瞩目的。在履行与森林相关的国际公约的同时，中国政府还积极制订有关行动计划，促进了林业相关领域的建设和发展。作为联合国环境与发展大会《21 世纪议程》和相关国际公约的呼应，中国政府制订了《中国 21 世纪议程——中国 21 世纪人口、资源、环境白皮书》和《中国 21 世纪议程林业行动计划》、《中国生物多样性行动计划》、《中国执行联合国防治荒漠化公约国家行动方案》和《中国湿地保护行动计划》等。2001 年，颁布了《中华人民共和国防沙治沙法》，法律的出台将进一步加大中国政府的履约力度，成为依法治沙、发展沙区可持续发展战略的重要法律保障。

五、 发挥森林在应对气候变化中的作用

气候变化对全世界的森林和在不同程度上以森林为生的数百万人带来了非常严重的威胁。从全球来看，2005 年，森林生态系统储存了 6380 亿 t 碳，其中约一半（3210 亿 t）储存在森林生物量和枯木中。森林中的碳含量高于现有大气中的碳含量。森林砍伐和退化是森林碳排放的主要原因，2004 年，其排放量占人类产生的 CO_2 总量的 17.4%（KSLA，2010）。降低因森林砍伐和退化所产生的排放，以及确保可持续管理和养护森林可大大有助于减缓气候变化。同时，气候变化促使森林退化和破坏，也加剧了 CO_2 的释放，并进一步加剧全球变暖。总之，大气 CO_2 浓度的升高及温度和降水的变化，一方面可影响森林的能流和物流过程，施肥效应、高温胁迫、生长期延长、干旱或湿润化，以及其他生理效应，使森林初级生产力发生变化；另一方面，还可能影响森林的地理分布格局、森林生态系统组成结构和生物多样性，以及生态脆弱带和特殊生态系统的变化等。例如，据估计，由于气温升高，2000～2020 年，加拿大西部山地松树甲虫所造成的森林毁坏的累积影响将达到 2.70 亿 t 碳，相当于加拿大根据《京都议定书》承诺的到 2012 年气体排放量的减少量（Zahabu，2008）。

各国已就林业在应对气候变化中的重要而独特的作用达成广泛共识，这也引发了全球政治关注，促成了《气候变化框架公约》的签署。该公约的首要目标在于根据本公约的各项有关规定，将大气中温室气体的浓度稳定在防止气候系统受到危险的人为干扰的水平上。这一水平应当在足以使生态系统能够自然地适应气候变化、确保粮食生产免受威胁并使经济发展能够可持续地进行的时间范围内实现。为实现公约的目标和顺利履行其各项规定，公约制订了多项原则，包括在公平的基础上，各缔约方应当且根据它们共同但有区别的责任和各自的能力，为人类当代和后代的利益保护气候系统，作为发达国家的缔约方应当率先对付气候变化及其不利影响。

《气候变化框架公约》强调了森林作为温室气体汇和库的作用和重要性，并要求以可持续方式管理森林，以维护和提高其作为温室气体汇和库的能力。根据该公约第 4 条第 1 款，各缔约方，考虑到它们共同但有区别的责任，以及各自具体的国家和区域发展优先级、目标和情况，应"在所有有关部门，包括能源、运输、工业、农业、林业和废物管理部门，促进和合作发展、应用和传播（包括转换）各种用来控制、减少或防止《蒙特利尔议定书》未予管制的温室气体的人为排放的技术、做法和过程"，"促进可持续地管理，并促进和合作酌情维护与加强《蒙特利尔议定书》未予管制的所有温室气体的汇和库，包括生物质、森林和海洋及其他陆地、沿海和海洋生态系统"。此外，根据该公约第 4 条第 8 款，"在履行本

条各项承诺时，各缔约方应充分考虑按照本公约需要采取哪些行动，包括与提供资金、保险和技术转换有关的行动，以满足发展中国家缔约方由于气候变化的不利影响和/或执行应对措施所造成的影响，特别是对下列各类国家的影响，而产生的具体需要和关注：c.有干旱和半干旱地区、森林地区和容易发生森林退化的地区的国家；d.有易遭自然灾害地区的国家；e.有容易发生旱灾和沙漠化的地区的国家；f.有城市大气严重污染的地区的国家；g.有脆弱生态系统包括山区生态系统的国家。"

2005 年，在蒙特利尔举行的公约第十一次缔约方大会（COP 11）就"减少森林砍伐和退化所造成的排放问题"进行了讨论。2007 年，缔约方会议通过了《巴厘行动计划》。预期缔约方会议第十五届会议将达成一项协议，与此同时，已经启动了由大量财政资源资助的一些活动，以实现自缔约方会议第十三届会议以来与降低因森林砍伐和退化所产生的排放有关的目标。

2007 年，在巴厘岛举行的公约第十三次缔约方大会（COP 13）上，挪威政府宣布愿意每年为在发展中国家减少因森林砍伐和退化所产生的二氧化碳排放提供6 亿美元。联合国环境规划署(环境署)、联合国开发计划署(开发署)和联合国粮食及农业组织(粮农组织)制订了联合国降低发展中国家因森林砍伐和退化所产生的排放合作方案，其短期目标是与各国一道制定国家战略，以建立监测、报告和核查能力。预计协作方案将提供有关《联合国气候变化框架公约》的谈判所取得的经验，包括就制定一项关于减少森林砍伐和退化所致排放的协定进行谈判，这一谈判应当在拟于 2009 年 12 月在哥本哈根举行的缔约方会议第十五届会议上完成。联合国关于降低发展中国家因森林砍伐和退化所产生的排放的合作方案正在 6 个发展中国家（在非洲、亚洲和拉丁美洲各有两个国家）发起试点项目快速启动行动。

作为一个框架公约，《气候变化框架公约》并未对工业化国家采取减排行动的量化指标和时间期限做详细规定。因此，借公约第三次缔约方大会（COP 3）之机，规定强制减排义务的《京都议定书》(KP)于 1997 年 12 月 11 日在日本东京通过，并于 2005 年 2 月 16 日生效。2001 年，在第七次缔约方大会（COP 7）上通过了关于实施该议定书的详细条款，即《马拉喀什协定》，并明确指出第一承诺期自2008 年开始，到 2012 年结束。该议定书第 2 条第 1 款指出，"附件一缔约方，在实现第三条所述关于其量化的限制和减少排放的承诺时，为促进可持续发展，应根据本国情况执行和/或进一步制定政策和措施，例如，①增强本国经济有关部门的能源效率；②保护和增强《蒙特利尔议定书》未予管制的温室气体的汇和库，同时考虑到其依有关的国际环境协议作出的承诺；促进可持续森林管理的做法、造林和再造林；③在考虑到气候变化的情况下促进可持续农业方式；④研究、促进、开发和增加使用新能源和可再生的能源、二氧化碳固碳技术和有益于环境的先进的创新技术"。具体而言，《京都议定书》要求公约的附件一缔约方应个别地或共同地确保其在附件 A 中所列温室气体的人为 CO_2 当量排放总量不超过按照附件 B 中所载其量化的限制和减少排放的承诺及根据本条的规定所计算的其分配数量，以使其在第一承诺期（2008～2012 年）内这些气体的全部排放量从 1990 年水平至少减少 5%。此处，温室气体包括二氧化碳（CO_2）、甲烷（CH_4）、氧化亚氮（N_2O）、氢氟碳化物（HFC）、全氟化碳（PFC）和六氟化硫（SF_6）6 种。2010 年，《京都议定书》附件二的缔约国提交了其 2008 年温室气体排放的年度数据。这些数据明确显示了森林在碳循环中的作用，以及森林在碳市场中拥有的新的经济价值。2012 年，公约第十八次缔约方大会暨议定书第八届缔约方会议（COP18/CMP8）在卡塔尔多哈召开。大会通过了"对《京都议定书》的多哈修正"，新增温室气体清单三氟化氮（NF_3），仅自第二个承诺期开始起适用，各国同意《京都议定书》第二承诺期自 2013 年 1 月 3 日起，有效期为 8 年，并拟在 2015 年，通过一项 2020 年后对所有国家都具有约束力的国际气候变化公约。

此外，为了促使工业化国家履约，在国家层面实现减排目标并节约减排成本，《京都议定书》提供了 3 种灵活履约机制，即可选用清洁发展机制（CDM）、联合履行（JI）和排放权交易。其中，清洁发展机制，即允许附件一缔约方（通常是发达的工业化国家，负有量化的减排责任）与非附件一缔约方（通常是发展中国家，不承担量化的减排责任）进行项目级的减排量抵消额的转让与获得。一方面，附件一缔约方在非附件一缔约方实施温室气体减排项目，使得工业和能源部门从工业化国家向 CDM 项目所在国转移，将有利于其经济发展和可持续化发展。另一方面，附件一缔约方可以利用通过此种项目活动获得的经证明的减少排放，实现遵守其量化的限制和减少排放的承诺。需要指出的是，每一 CDM 项目活动所产生的减少排放，需经作为本议定书缔约方会议的《公约》缔约方会议指定的经营实体根据专项规定作出证明。联合履行，即经有关缔约方批准，任一附件一缔约方可以向任何其他此类缔约方转让，或从它们获得由任何经济部门旨在减少温室气体的各种源的人为排放，或增强各种汇的人为清除的项目所产生的减少排放单位。排放权交易，即在一定范围内满足环境质量要求的条件下，授予排污单位以一定数量合法的污染物排放权，允许对排放权视同商品进行买卖，调剂余缺，实现污染物排放总量控制。政府之间的排放权交易使得减排效率更高的国家能够对其盈余的排放权进行更为有效的配置，以此实现减排中环境效益和经济效益的统一。自 2005 年启动的欧盟碳排放交易体系（EUETS）就是应用以上规则以排放配额为核心的交易体系。此外，允许在 EUETS 体系内的公司通过交易，向完成的 CDM 项目和 JI 项目获得其所产生的减少排放单位。

然而，近来也有科学家指出不能过分依赖森林吸收二氧化碳的功能。他们认为，这不是解决全球气候变化的有效途径。来自欧洲和美国等多个地区的 30 名科学家认为，地球植被的碳汇效果并不稳定，因而仅仅依靠植被无法遏制全球气候变暖。该议定书第 3 条第 1 款和第 3 款，公约缔约方有义务在《土地利用、土地利用变化和林业》（LULUCF）部分以透明且可核查的方式对"自 1990 年以来直接由人引起的土地利用变化和林业活动——限于造林、重新造林和砍伐森林——产生的温室气体源的排放和汇的清除方面的净变化"进行报告。根据《京都议定书》第 3 条第 4 款，可自愿对森林的再生、森林管理、农田管理和牧地管理进行报告。根据《京都议定书》，已经对 LULUCF 进行报告的缔约方可将一些碳库作为碳排放信用。

有科学家认为，地球植被的碳汇效果并不稳定，陆地生物圈在 20 世纪 80 年代期间吸收和排放的二氧化碳数量基本相当，没有出现碳汇。20 世纪 90 年代则有一定的沉降效果。他们研究认为，20 世纪 90 年代的碳汇效应主要出现在北半球的非热带地区，包括北美洲、中国、欧洲等。他们认为，出现碳汇的主要原因可能是上述地区的退耕还林。此外，森林和草场火灾减少，使植被释放的碳减少，对碳汇也有帮助。光合作用、呼吸作用、虫灾等其他因素的变化可能导致树叶、枯死植物和土壤微生物释放的碳减少。对此认为，大气中二氧化碳浓度升高，可以提高植物生长速度，从而吸收更多的碳，暂时增强碳汇效果，但这一效应终将达到饱和。全球陆地生物圈并不一定能够持续起到碳汇的作用，特别是在温暖而干燥的年份。另外，植被吸收二氧化碳在一段时间内虽有助于减少大气层中的温室气体含量，但相对于燃烧矿物质燃料所释放的二氧化碳，它们吸收的只是一小部分，在大气二氧化碳浓度升高的情况下，森林吸收二氧化碳的能力比预期的要低，且随着温度的变化，植物本身也可能成为二氧化碳的释放源。他们认为，不能过分依靠森林的"碳汇"来减少大气中二氧化碳。

解决全球气候变暖问题重点还应采用减少使用矿物质燃料、提高能源效率和向发展中国家进行技术转让等办法。但是，最近研究的情况表明，全球森林的碳汇作用是明显的，2011 年 7 月 15 日，《科学》(Science)杂志以速报方式在线发表了由我国碳循环研究专家方精云院士领衔撰写的《全球森林是一个巨大和持续的碳汇》一文。该研究是迄今为止对全球森林碳收支最全面系统的一次评估，不仅阐明了森林在稳定大气 CO_2 中的作用，也影响着全球碳减排政策的设计和实施。该研究揭示，过去近 20 年里，全球森林每年可固碳约 40 亿 t(折合 147 亿 t CO_2)，相当于同期化石燃料碳排放的一半。但热带毁林等人为活动导致约 29 亿 t 碳排放，因此，全球森林每年实际净固碳约 11 亿 t。这项研究改变了"热带森林是巨大的碳释放源"的早期观点，认为热带森林由早期的净排放已经转变为"碳固定与碳排放基本达到平衡"的碳中性状态。方精云认为，全球变化等因素显著加速了热带原始森林的生长，从而吸收了相当多的二氧化碳，加之毁林后的森林快速恢复，基本抵消了热带毁林导致的碳排放。因此，热带森林整体上处于碳中性状态。从这个意义上讲，全球森林的二氧化碳净吸收主要由北方森林和温带森林所产生。该研究由全球 19 位科学家参与，研究成果表明，我国森林蕴藏着巨大的碳汇能力。经过 20 年的发展，其年平均碳汇量已由 20 世纪 90 年代的 1.3 亿 t，增加到近期的 1.8 亿 t；平均单位面积的碳汇量也由每年每公顷的 0.96t 增加到 1.22t。

2007 年 2 月 2 日，IPCC 发布了《第四次气候变化评估报告》。报告综合了数千份研究成果，是迄今为止对全球变暖问题最权威的科学报告。报告称人类活动是过去 50 年来全球变暖的罪魁祸首，其中人类燃烧矿物燃料危害最大。报告指出，2005 年的大气温室气体浓度为 379ppm，远远超过工业革命之前的 280ppm。报告预计未来 20 年每 10 年全球平均增温 0.2℃，如温室气体排放稳定在 2000 年水平，每 10 年仍会继续增温 0.1℃；如以等于或高于当前速率继续排放，21 世纪将增温 1.1～6.4℃，海平面将上升 0.18～0.59m。这种以变暖为主要特征的气候变化对全球的社会经济发展产生了深刻影响。气候变暖导致了水资源短缺，加剧了土壤侵蚀，恶化了地区干旱，扰动了种植周期，破坏了生态平衡，传播了新型疾病，危害了人类健康，不仅影响全球社会经济的可持续发展，而且直接影响到人类的生存，成为当前人类社会共同面临的危机和挑战。

我国气候变化观测数据表明，近百年来我国年平均气温升高了 0.5～0.8℃，略高于同期全球增温平均值。气候变暖对我国农业、森林及其他生态系统、海岸带等产生了较大影响。同时，气候变暖伴随的极端气候事件及其引发的气象灾害增多，增加了心血管病、疟疾、登革热等疾病的发生和传播机会。由于我国气候条件相对较差、生态环境比较脆弱、能源结构以煤为主、经济发展水平较低，气候变暖对我国现有经济发展模式和森林资源保护及发展等都提出了许多挑战，迫切需要提高我国应对气候变化的综合能力。

为应对全球气候变化，国际社会积极行动，先后签订了《联合国气候变化框架公约》和《京都议定书》。鉴于发达国家在工业化进程中已排放大量温室气体的历史事实，《京都议定书》要求发达国家在 2008～2012 年的第一个承诺期内，将其温室气体排放量在 1990 年基础上平均减少 5.2%。2005 年 2 月 16 日，《京都议定书》正式生效。

中国政府已于 2002 年 8 月正式核准了《京都议定书》。作为发展中国家，根据《京都议定书》的规定，中国目前不承担减排义务。但是作为仅次于美国的第二大温室气体排放国，面临减排的国际压力正越来越大。中国政府正在为减少温室气体排放，缓解全球气候变暖进行不懈努力。通过大力推进植树造林、保护森林和改善生态环境，增加碳汇能力，是中国政府应对全球气候变化的一项重要措施。

据 2007 年中华人民共和国国家发展和改革委员会公布的《应对气候变化国家方案》，1980～2005 年，中国通过持续不断地开展造林和森林管理等活动，净吸收 CO_2 46.8 亿 t，通过控制毁林减少 CO_2 排放达 4.3 亿 t，两项合计为 51.1 亿 t。随着中国森林资源的增长，年吸收 CO_2 的能力将逐年增加。

我国现有 5700 万 hm^2 无林地和大量的"边际性"土地（如沙地、盐碱地和矿山复垦地等），增加森林面积和碳汇能力具有很大潜力。按照《中国林业发展战略研究》，到 2050 年我国森林覆盖率将达到 26%以上，届时全国森林年净吸收 CO_2 的能力预计将在 1990 年的基础上增加 90.4%。

六、 强化森林在绿色发展中的作用

从人类走过的历史轨迹可以清晰地看到，从渔猎到农耕，从农业到工业，人类对自然生态环境的破坏不断加剧。特别是步入工业文明时代后，随着科学技术的发展和社会生产力的提高，人类创造出巨大物质财富，极大地推动了物质文明的进步，同时也加剧了生态环境的恶化和资源的危机。工业文明积累的环境代价足以造成人类某种文明的衰落，资源耗竭、环境污染、生态失衡、人口膨胀等一系列问题不仅严重威胁着人类的生存和发展，而且制约着人类文明发展的进程。

在全球化之前，资本主义大工业生产所造成的环境污染主要局限在本国。20世纪末，经济全球化为发达国家提供了广阔的经济活动空间，资本流向各地，企业遍地开花，环境破坏显著扩大。由于资本贪欲的支配，在不改变现有的经济增长方式情况下，经济发展必然大量消耗能源和环境，这构成了资本与生态之间不可调和的矛盾，借助全球化的契机，投资者不顾一切地发展经济，使全球在生态危机中愈陷愈深。不合理经济结构全球化影响生态环境。发达国家是经济全球化最大的受益者。一是利用产业结构调整机会，将资源型经济转移到发展中国家。二是依靠雄厚的资本，侵吞发展中国家资源。三是直接出口公害，制造"污染转嫁"。发达国家的"高产出、高消耗"模式，除了消耗大量的生态资源外，还产生数亿吨的垃圾及危险废物。发展中国家在世界体系分工中是原材料产地，在环境问题中必然处于"被污染"、"被破坏"的境地，因而造成环境发展的不平衡性。

2005年，联合国发布了《千年生态系统评估报告》指出，半个世纪以来，人类以前所未有的方式，迅速而广泛地改变了自然生态系统。由于人口急剧增长，人类过度开发和使用地球资源，一些生态系统所遭受的破坏已经无法得到逆转。报告指出，地球自然资源每年提供价值15万亿英镑的物产，但是人类活动破坏了大约2/3的生态环境，包括湿地、森林、河流和海岸等。地球上10%～30%的珍稀野生动物濒临灭绝；24个生态系统中的15个正在持续恶化。大约60%的人类赖以生存的生态服务行业，如饮用水供应、渔业、区域性气候调节，以及自然灾害和病虫害控制等退化或以非理性方式开发，无法进行可持续性生产。森林被大量砍伐，许多珍贵物种和遗传资源遭到毁灭。世界自然保护联盟（IUCN）2009年报告指出，全世界共有800种动植物在最近500年灭绝，目前大约有1.7万个物种濒于灭绝。生物安全的破坏对人类健康造成威胁，由重大突发动物疫病引发的公共卫生事件不断发生，让人们感到动物疫病危机四伏，不仅对野生动物资源造成危害，而且威胁人类健康与安全、社会的和谐与稳定。

近两个世纪以来，人类不断燃烧石油产品、天然气和煤炭，部分地区的森林遭到了过度砍伐。自1750年以来，地球大气中的二氧化碳浓度总共增加了约1/3，而在近20年来大气中的二氧化碳浓度提高了近2/3，达到了近42万年以来的最高值。地球气候也正经历以全球变暖为特征的显著变化。近100年来，地球表面的年平均气温上升了约0.6℃，北半球的气温升高趋势为1000年来所罕见。未来100年全球平均气温将再升高1.4～5.8℃，并导致海平面上升0.09～0.88m。全球气候变暖对全球许多地区的自然生态系统已经产生了影响，如海平面升高、冰川退缩、冻土融化、河（湖）封冻期缩短、中高纬生长季节延长、动植物分布范围向南、北极区和高海拔区延伸、某些动植物数量减少、一些植物开花期提前、温室效应正在加强。

严峻的现实表明，人类必须选择一条既满足当代人需求又不至于对后代人生存与发展构成威胁的可持续发展的文明道路。为此，国际社会先后提出了可持续发展、绿色发展等概念。可持续发展是人们在对传统发展带来的危机进行深刻反思后提出的全新的发展观，反映了当代人类新的价值观、伦理观和文明观。它是从环境与自然资源角度提出的关于人类长期发展的战略与模式，其核心思想就是经济的健康发展应该建立在生态持续能力、社会公正和人民积极参与的基础之上。绿色发展思想则更为超前，它是对于消费驱动、资源高消耗、污染高排放的黑色发展道路的彻底否定，也不同于"既能满足当代人的需要，又不对后代人满足其需要的能力构成危害的发展"的可持续发展模式，是对于修正主义的可持续发展观念的全面超越。

目前，森林在自然界生态系统的功能日益凸显，国际社会对绿色发展、绿色增长、绿色经济的讨论越来越热烈，这必将促使人类进一步认识森林在保障人类安全、增进人类福祉方面的重要作用，包括森林所提供的支持服务（养分循环、土壤形成等）、供给服务（食物、淡水、木材、燃料等）、调节服务（调节气候、洪水、疾病、水质等）和文化服务（美学、精神、教育、休闲价值）。增加森林面积、扩大人类的绿色资本，成为大势所趋。

1960～2000 年，世界人口总量从 30 亿人增加到 60 亿人，全球经济总量翻了6 番，食品生产和饮用水供应增长了 1 倍，木材产品的消耗量上升了 50%。尽管许多国家和地区人们的生活水平都有稳步增长，但世界上还有至少 10 亿人在每天不足 1 美元及食物短缺的情况下煎熬，约 11 亿人缺乏最基本的水供给，至少 26 亿人没有基本的卫生条件。人类社会已认识到，森林是人类的无价之宝，为几十亿人口提供生计，帮助实现环境可持续性，并为民众、社区和国家提供具有社会和精神价值的服务。在气候变化的大背景下，通过可持续经营，森林能为消灭贫困、保护生物多样性做出贡献，并为当今和未来人口提供一系列商品和服务。国际社会相信，森林可持续经营有助于实现人与自然间至关重要的平衡，这种平衡是人类社会可持续发展的根本。经济、社会和环境条件变化的速度和广度要求立即采取措施，在全球、区域、国家和地方层面上发起综合性、跨部门行动，以应对气候变化、生物能源、水、生物多样性、粮食安全、消除贫困等主要问题，从而减轻对森林的不利影响。

第三章 中国森林现状与国家规划

森林是自然界复杂的生态系统，对地球生物圈的物质循环和能量流动有巨大的影响。据专家推测，地球上森林面积最多时约为 72 亿 hm²，占陆地面积的 2/3，覆盖率为 60%。根据 FAO 发布的《世界森林状况 2009》显示，2005 年，全球森林面积为 39.52 亿 hm²，占陆地面积的 30.27%。我国历史上的森林资源十分丰富，西周时期仅黄土高原的森林覆盖率就高达 53%。经过历史上长时期的开垦和破坏，到 1949 年森林覆盖率下降到 8.6%（不完全统计）。新中国成立以后，森林植被得到恢复增长。经过改革开放 30 多年的努力，我国成为世界上森林增长最快的国家。然而，我国森林的恢复重建，是一个长期努力的历史过程，需要几代人持续不断地奋斗。

第一节 中国森林的历史演变

据考古研究，古生代，包括从寒武纪到二叠纪，距今 5.7 亿～2.5 亿年，植物界还没有产生分区现象。世界各地的森林成分都基本相同，树木也比较矮小。石炭纪和二叠纪，是地球上蕨类植物大发展的时代。石炭纪晚期，地球上出现了大面积的气候分带和植物分区，那时地球有 4 个植物区，我国主要属于华夏植物区。此区林木高大茂密，树干不显年轮，属四季不分的热带-亚热带类型（表 3-1）。

表 3-1 地质年代表（年代地层表）

宙（宇）	代（界）	纪（系）	世（统）	距今年龄/亿年	生物演化
显生宙（宇）PH	新生代（界）Kz	第四纪（系）Q	全新世（统）Qh	0.0164	人类出现
			更新世（统）Qp		
		新近纪（系）N	上新世（统）N₂	0.233	近代哺乳动物出现
			中新世（统）N₁		
		古近纪（系）E	渐新世（统）E₃	0.65	
			始新世（统）E₂		
			古新世（统）E₁		
	中生代（界）Mz	白垩纪（系）K	晚（上）白垩世（统）K₂	1.35	被子植物出现
			早（下）白垩世（统）K₁		
		侏罗纪（系）J	晚（上）侏罗世（统）J₃	2.08	鸟类、哺乳动物出现
			中（中）侏罗世（统）J₂		

续表

宙（字）	代（界）	纪（系）	世（统）	距今年龄/亿年	生物演化
显生宙（字）PH	中生代（界）M_z	侏罗纪（系）J	早（下）侏罗世（统）J_1		
		三叠纪（系）T	晚（上）三叠世（统）T_3	2.5	
			中（中）三叠世（统）T_2		
			早（下）三叠世（统）T_1		
	古生代（界）P_z	晚古生代（界）P_{z2} 二叠纪（系）P	晚（上）二叠世（统）P_2	2.9	裸子植物、爬行动物出现
			早（下）二叠世（统）P_1		
		石炭纪（系）C	早（上）石炭世（统）C_2	3.62	
			晚（下）石炭世（统）C_1		
		泥盆纪（系）D	晚（上）泥盆世（统）D_3	4.09	节蕨植物、鱼类出现
			中（中）泥盆世（统）D_2		
			早（下）泥盆世（统）D_1		
		早古生代（界）P_{z1} 志留纪（系）S	晚（上）志留世（统）S_3	4.39	裸蕨植物出现
			中（中）志留世（统）S_2		
			早（下）志留世（统）S_1		
		奥陶纪（系）O	晚（上）奥陶世（统）O_3	5.1	无颌类出现
			中（中）奥陶世（统）O_2		
			早（下）奥陶世（统）O_1		
		寒武纪（系）Є	晚（上）寒武世（统）	5.7	硬壳动物出现
			中（中）寒武世（统）		
			早（下）寒武世（统）		
元古宙（字）PT	新元古代（界）P_{t3}	震旦纪（系）Z		8	裸露动物出现
				10	
	中元古代（界）P_{t2}			18	真核细胞出现
	古元古代（界）P_{t1}			25	
太古宙（字）AR				38	后期出现生命和叠层石
冥古宙（字）HD					

中生代，包括从三叠纪到白垩纪，距今 2.9 亿~1.3 亿年，我国南方普遍被海水淹没，北方气候干旱，故森林稀疏、树种单调。局部出现的一些森林，主要由

裸子植物组成。经过印支运动后，淹没华南的海水全部退出，气候转趋湿润，森林蓬勃兴起，到三叠纪晚期，在我国出现 2 个植物区。以昆仑—秦岭—大别山为界，分为南方沿海区和北方内陆区。前者属热带或热带-亚热带海洋性气候，后者属亚热带大陆性气候。到侏罗纪时，南方热而偏旱，北方温暖湿润，森林主要由苏铁类、银杏类和松柏类树种组成。在白垩纪时，华北北部和东北地区气候暖湿，森林茂密。其余除了靠近海洋的一些地区有较多森林分布外，我国大部分地区由于气候干旱，而森林稀疏。

新生代，包括从古近纪、新近纪和第四纪，距今 6500 万～1 万年。被子植物大发展的时代。我国森林形成了多种类型格局：①东北、华北、内蒙古大部分和新疆最北部的阿勒泰地区的暖温带亚热带针阔叶混交林；②南京至杭州一线，东近日本的古海岸地带的沿海亚热带落叶常绿阔叶混交林；③长江、淮河流域，以及新疆、甘肃、青海的大部分地区形成了亚热带干旱、半干旱疏林；④云南和西藏的大部分地区形成了热带南亚热带常绿阔叶林；⑤广东、广西、海南及北部湾形成了南亚热带常绿落叶阔叶混交林和热带红树林。

到了距今 2500 万～200 万年的新三纪，我国森林类型格局又产生新的变化：①西界大兴安岭、南界秦岭和黄河，具体包括东北全部、华北北部和黄土高原的东南部形成了温带暖温带落叶阔叶林和森林草原；②南界南岭、西界乌蒙山和邛崃山，具体包括黄淮平原和长江流域的亚热带常绿落叶阔叶混交林；③昆仑山以北、大兴安岭至六盘山以西的新疆、内蒙古和青海北部、甘肃西部的温带和暖温带疏林、草原、荒漠草原、山地针叶林；④青藏高原、云南北部和四川西部形成了亚热带常绿落叶阔叶林；⑤南岭和武夷山以南，包括广东、广西和福建大部分、浙江东部、云南南部、台湾及海南形成了南亚热带常绿阔叶林和滨海红树林。

到全新世，气候的变化已引起了植被带的南北迁移，自然植被的水平分布已经与现在水平分布大致相似，即从东南向西北分为森林、草原和荒漠 3 个区域，东南部当时基本上为森林所覆盖。因此，距今 1 万年左右的全新世时期，森林发展到稳定而未受人类破坏的状况，是今天森林资源合理配置的自然基础。

在太古和石器时期，森林是人类摘取野果和狩猎的场所。远古先民的衣、食、住、行的需要，多数取之于森林。人类使用火以后，情况发生了变化，火可以用于照明、取暖、烧熟食物、驱逐野兽，使人类吃上熟肉和煮熟的食品，结束了茹毛饮血的时代。人们最初是从自然因素引起的森林火灾中，意外地得到很多因烧烤或窒息而死伤的禽兽而受到启发，于是就有了火猎。《管子·揆度》中就有"烧山林、破增薮、焚沛泽、逐禽兽"等有关火猎的记载。由于人类食熟肉，大脑得到了飞速进化，人类的智力得到飞跃性的发展，推动了人类文明的进步。然而，火猎导致了森林破坏。从学会用火，到原始农业兴起，森林成为扩耕的障碍。

　　大约在1万年以前，人类开始有意识地从事谷物栽培。先民们开辟农田，驯化野生的可食用植物，标志着人类史上一个崭新的文明时代的开始。由于农耕极大地提高了社会生产力，此后才缓慢出现了阶级分化和城市、国家。因此，农耕的出现是人类文明的极大进步，是人类史上划时代的事件。人类为扩展农业用地，就必须有意识地毁灭森林，永久性地占用大量林地。在"杖耕火种"、"刀耕火种"过程中，人类是以不断破坏森林而获得谷物的。

　　中华文明是四大文明古国中唯一没有衰亡并延续至今的文明，在其他古文明衰亡之时，中华文明的发展却进入夏商周巅峰时期，并一直发展延续至今。森林为文明的发展提供了支持，但也以森林的毁坏减少为代价。古代的黄土高原林木蔽天、水草茂盛，森林覆盖率在50%以上，成为中华民族的发祥地和农业发源地。春秋战国时代的山西，中条山、太行山、吕梁山诸山脉及低山、川丘地带，森林十分茂盛，森林覆盖率在60%以上，自然生态条件良好，汾河水量充沛，可行舟船，可运木材。"河东殷富"为"都国诸侯的聚合之地"，曾出现过称霸诸侯的晋国。七雄之三的赵、魏、韩，为当时黄河流域社会经济最发达的区域。然而随着森林不断被破坏，现代黄土高原森林覆盖率下降到了不足6%，严重的水土流失、水旱灾害接踵而至，黄土高原变成了千疮百孔、千沟万壑的破碎地貌，成为我国环境脆弱、生产力水平低下、人民生活贫困的最落后地区之一。与黄土高原的恶变同步，山西也逐步丧失了其良好的环境条件及先进地位，成为生态脆弱、经济落后之地。

　　据专家估算，在四五千年前的史前时期，我国森林覆盖率达60%，但分布很不均匀。在湿润的东南地区可达80%～90%；在半湿润半干旱的中部地区达40%～50%，包括河南、山西、陕西、内蒙古、甘肃、宁夏、青海等地共289个县（旗）；而在干旱半干旱的大西北地区及高寒的青藏高原只有10%～20%。由于大规模农业垦殖、过度砍伐及战乱毁林等，到2000多年前的西汉时期，我国森林覆盖率下降到50%以下；到约1000年前的唐宋时期，由于人口剧增、屯垦戍边，森林覆盖率下降到40%以下；到明末清初，森林覆盖率进一步降至15%～17%；到1948年，我国森林覆盖率仅为8.6%～15%；到20世纪末我国森林覆盖率已恢复到16.55%，但仅占世界平均水平的61%，人均占有量仅为世界的21.3%，人均蓄积量仅为世界的1/8（秦大河等，2005）。

　　多数专家认为，新中国成立以后，我国森林资源发展经历了3个不同的阶段。20世纪50年代到70年代末，是以木材利用为中心、森林资源过量消耗的第一阶段；20世纪80年代到20世纪末，是以森林培育与利用并重，逐步扭转森林蓄积长期下降的第二阶段；21世纪以来，我国森林资源进入了以生态建设为主的第三阶段。

　　中国共产党十一届三中全会以后，我国造林绿化事业和国家其他事业一样，焕发了新的生机和活力，取得了举世瞩目的成就。党和国家从中华民族生存发展的长远大计出发，组织开展了规模浩大的植树造林运动。1978年11月，我国决定在西部、华北北部、东北西部延绵 4480km 的风沙线上，实施"三北"防护林体系建设工程，开创了我国生态工程建设的先河，也成为世界上最大的生态建设工程。1979 年，第五届全国人民代表大会第六次会议通过了《中华人民共和国森林法（试行）》，并根据国务院的提议，确定 3 月 12 日为中国植树节。1980 年，中共中央、国务院发布《关于大力开展植树造林的指示》。1981 年，中共中央、国务院发布《关于保护森林发展林业若干问题的决定》，同年 12 月在邓小平的倡导下，第五届全国人民代表大会第四次会议作出了《关于开展全民义务植树运动的决议》。为加快国土绿化进程，邓小平写下了"绿化祖国，造福万代"的题词，并高瞻远瞩地指出："植树造林，绿化祖国，是建设社会主义、造福子孙后代的伟大事业，要坚持二十年，坚持一百年，坚持一千年，要一代一代永远干下去。"从此，从中国最高领导人到亿万民众持续 27 年，年年履行植树义务，参加义务植树人数达 104 亿人次，义务植树 492 亿株。

20 世纪 70 年代末期以来，我国林业步入快速发展时期。先后有广东、福建、湖南、安徽、湖北、江西、浙江、山东、广西、吉林、海南、江苏等 12 个省（自治区）实现了基本消灭宜林荒山。到 20 世纪 80 年代末，覆盖率上升到 12.98%。第二次（1977～1981 年）全国森林资源清查统计，中国森林面积共 11 528 万 hm²，立木总蓄积量 102.6 亿 m³，第四次全国森林清查（1989～1993 年）统计资料分析，我国有林业用地 25 677 万 hm²，占国土总面积的 26.7%，其中有林地面积占 12 850 万 hm²，占林业用地的 50.1%。

1998 年，国家先后实施了天然林保护、退耕还林等重大生态工程，我国生态建设大规模加速，森林资源呈现快速恢复增长的势头。2000 年 6 月，国家林业局公布的第五次全国森林资源清查结果表明，我国人工林面积居世界首位，森林资源继续保持了面积、蓄积"双增长"的良好势头。根据本次清查结果，全国森林资源现状为：林业用地面积 26 329.5 万 hm²，森林面积 15 894.1 万 hm²，全国森林覆盖率为 16.55%；活立木总蓄积量 124.9 亿 m³，森林蓄积量 112.7 亿 m³。我国除香港、澳门、台湾地区外，人工林面积 4666.7 万 hm²，这一数额目前在世界排名第一，人工林蓄积 10.1 亿 m³。

进入 21 世纪以来，国家加快推进可持续发展战略，我国人工造林、飞播造林和封山育林分别以年均约 420 万 hm²、60 万 hm² 和 400 万 hm² 的速度推进。森林资源增长、结构改善的势头继续发展（表 3-2）。根据国家林业局公布的第八次全国森林资源清查（2009～2013 年）结果报告，全国森林面积 20 769 万 hm²，森林覆盖率 21.63%。活立木总蓄积 164.33 亿 m³，森林蓄积 151.37 亿 m³。根据《2010 全球森林资源评估报告》分析，我国森林面积占世界森林面积的 5.15%，居俄罗斯、巴西、加拿大、美国之后，列第 5 位；森林蓄积居巴西、俄罗斯、美国、刚果民主共和国、加拿大之后，列第 6 位；人工林面积 6933 万 hm²，位居世界首位。我国人均森林面积 0.15 hm²，相当于世界人均占有量的 25%；人均森林蓄积 10.98 m³，相当于世界人均占有量的 14%。我国森林资源总量位居世界前列,但人均占有量少。

表 3-2 历次森林资源清查的统计

历次清查	清查时间	活立木蓄积量/亿 m³	森林面积/亿 hm²	森林蓄积/亿 m³	森林覆盖/%
第一次	1973～1976 年	95.32	1.22	86.85	12.7
第二次	1977～1981 年	102.61	1.15	90.48	12
第三次	1984～1988 年	105.72	1.25	91.41	12.98
第四次	1989～1993 年	117.85	1.34	101.37	13.92
第五次	1994～1998 年	124.88	1.59	116.7	16.55
第六次	1999～2003 年	132.59	1.75	120.7	18.21
第七次	2004～2008 年	149.13	1.95	137.21	20.36
第八次	2009～2013 年	164.33	2.08	151.37	21.63

注: 资料来源于国家林业局 (2010b; 2014)。

第二节 中国森林资源现状分析

《2012 年世界森林状况》指出,战争和殖民掠夺是决定中国森林砍伐历史模式的重要因素。19 世纪及 20 世纪初,地区及全球冲突导致了木材资源的过度开采、森林破坏及退化、大面积水土流失,以及燃料和建材的持续短缺。在过去 60 年中,为了进行木材生产和防止土地荒漠化,中国增加了人工林投资,使人工林增加了约 8000 万 hm²,有效地弥补了 18 世纪、19 世纪的森林面积损失。然而,即使取得了上述成绩,目前中国森林占总陆地面积的比例也仅为 22%,与全球平均水平 31% 相比,尚有差距。除此之外,中国对进口木材的依赖也明显增强。

国家林业局组织完成的第八次全国森林资源清查于 2009 年开始,历时 5 年,清查面积 957.67 万 km²,实测固定样地 41.50 万个,判读遥感样地 284.44 万个。此次清查对森林资源数量、质量、结构、分布的现状和动态,以及森林生态状况和功能效益等方面进行了家底调查。清查结果显示,全国森林面积 20 769 万 hm²,森林覆盖率 21.63%。活立木总蓄积 164.33 亿 m³,森林蓄积 151.37 亿 m³,人工林面积继续保持世界首位。森林面积中,乔木林 16 460 万 hm²,占 80%;经济林 2056 万 hm²,占 10%;竹林 601 万 hm²,占 3%;国家特别规定的灌木林面积 1438 万 hm²,占 7%(图 3-1)。内蒙古、黑龙江、云南、四川、西藏、广西、湖南、江西森林面积较大(占全国森林面积比例 5% 以上),8 省(自治区)合计 10 882 万 hm²,占全国的 48%。西藏、云南、四川、黑龙江、内蒙古、吉林森林蓄积较大(占全国森林蓄积比例 5% 以上),6 省(自治区)合计 95.48 亿 m³,占全国的 65%。全国各省(自治区、直辖市)森林覆盖率超过 60% 的有福建、江西两省，50%～60% 的有浙江、台湾、广西、海南、广东、云南 6 省（自治区），30%～50% 的有 11 个省，10%～30% 的有 12 个省，不足 10% 的有天津、青海、新疆 3 省（自治区）（表 3-3）。

全国森林植被总生物量 170.02 亿 t，总碳储量达 84.27 亿 t。森林年涵养水源量 5807.09 亿 m³，年固土量 81.91 亿 t，年保肥量 4.30 亿 t，年吸收大气污染物量 0.38 亿 t，年滞尘量 58.45 亿 t。

表 3-3　全国各省森林覆盖率

森林覆盖率分级	省份数	森林覆盖率
≥60%	2	福建 65.95%、江西 60.01%
50%～60%	6	浙江 59.07%、台湾 58.79%、广西 56.51%、海南 55.38%、广东 51.26%、云南 50.03%
40%～50%	4	湖南 47.77%、黑龙江 43.16%、陕西 41.42%、吉林 40.38%
30%～40%	7	重庆 38.43%、湖北 38.40%、辽宁 38.24%、贵州 37.09%、北京 35.84%、四川 35.22%、澳门 30.00%
20%～30%	5	安徽 27.53%、河北 23.41%、香港 22.55%、河南 21.50%、内蒙古 21.03%
10%～20%	7	山西 18.03%、山东 16.73%、江苏 15.80%、西藏 11.98%、宁夏 11.89%、甘肃 11.28%、上海 10.74%
<10%	3	天津 9.87%、青海 5.63%、新疆 4.24%

注：资料来源于国家林业局（2014）。

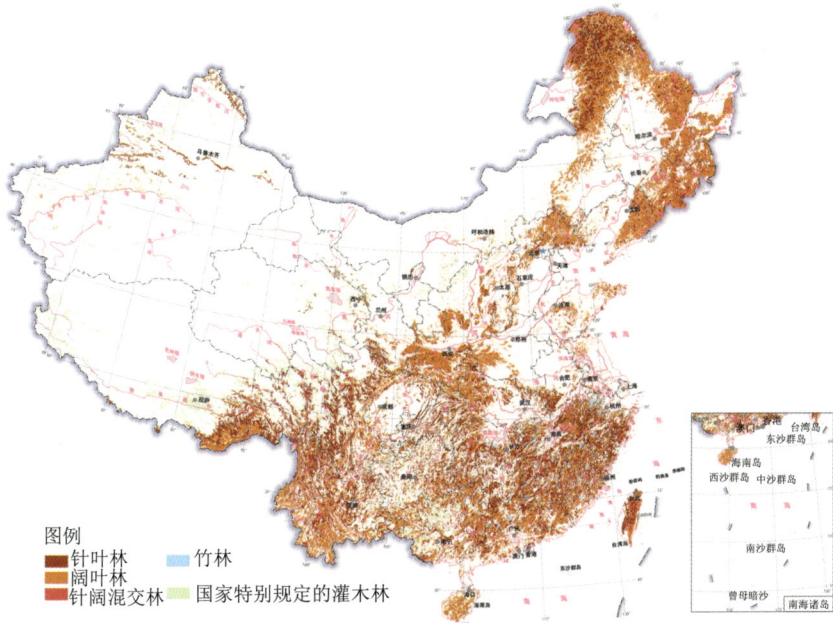

图 3-1　全国森林分布图

资料来源于《中国森林资源图集》（肖兴威，2005）

一、 森林资源数量现状

（一）林地面积

林地是用于培育、恢复和发展森林植被的土地，包括有林地、疏林地、灌木林地、未成林造林地、苗圃地、无立木林地、宜林地和其他林地。全国第八次森林资源清查结果报告显示，全国林地面积 31 046 万 hm^2。其中，有林地 19 117 万 hm^2，疏林地 401 万 hm^2，灌木林地 5590 万 hm^2，未成林地 711 万 hm^2，宜林地 3958 万 hm^2，其他林地（包括苗圃地、无立木林地和林业辅助生产用地）面积 1269 万 hm^2（图 3-2）。

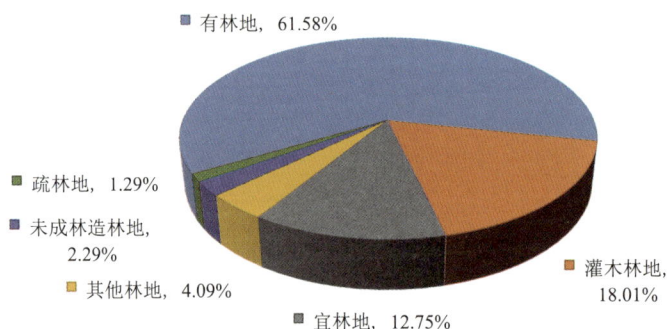

图 3-2 各类林地面积比例图

天然林面积 12 184 万 hm^2，占有林地面积的 64%；蓄积 122.96 亿 m^3，占森林蓄积的 83%。天然林中，乔木林 11 753 万 hm^2，占 96%；经济林 71 万 hm^2，占 1%；竹林 360 万 hm^2，占 3%。黑龙江、内蒙古、云南、四川、西藏、江西、吉林等省（自治区）天然林较多，7 省（自治区）面积合计占全国的 61%，蓄积合计占全国的 75%。天然乔木林中，中幼龄林面积占 62%，蓄积占 36%；近成过熟林面积占 38%；蓄积占 64%。西藏、黑龙江、内蒙古、四川、云南、吉林等省（自治区）近成过熟林面积较大，6 省（自治区）合计面积 3361 万 hm^2，占全国的 75%；6 省（自治区）合计蓄积 64.34 亿 m^3，占全国的 82%。

人工林面积 6933 万 hm^2，占有林地面积的 36%；人工林蓄积 24.83 亿 m^3，占森林蓄积的 17%。人工林面积净增 764 万 hm^2（乔木林净增 707 万 hm^2，经济林净增 37 万 hm^2，竹林净增 20 万 hm^2），增幅约 12%；人工林蓄积净增 5.23 亿 m^3，增幅 27%。人工林中，乔木林 4707 万 hm^2，占 68%；经济林 1985 万 hm^2，占 29%；竹林 241 万 hm^2，占 3%。人工林面积较多（面积占全国的 5% 以上）的省（自治区）有广西、广东、湖南、四川、云南、福建，6 省（自治区）人工林面积、蓄积合计均占全国的 42%。广西人工林面积最大，占全国的 9%；福建人工林蓄积最多，占全国的 10%。

（二）林木蓄积

林木蓄积是一定范围土地上现存活立木材积的总量，也称为活立木总蓄积，包括森林蓄积、疏林蓄积、散生木蓄积和四旁树蓄积。全国活立木总蓄积164.33亿m^3。其中，森林蓄积151.37亿m^3，疏林蓄积1.06亿m^3，散生木蓄积7.89亿m^3，四旁树蓄积4.01亿m^3（图3-3）。森林蓄积主要分布在西南和东北省份，其中，西藏22.62亿m^3、云南16.93亿m^3、四川16.80亿m^3、黑龙江16.45亿m^3、内蒙古13.45亿m^3、吉林9.23亿m^3，6省（自治区）合计占全国的65%。

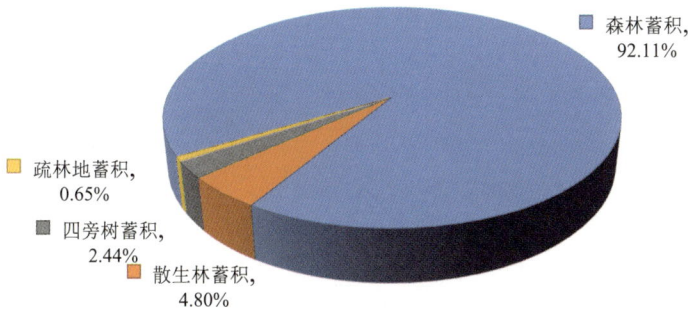

图3-3　各类林木蓄积比例

二、　森林资源结构

林种结构、龄组结构和树种结构分别反映了森林资源的用途、年龄分布和树种组成，在一定程度上体现出森林资源的质量、功能和经营状况。

（一）林种结构

森林面积按林种分，防护林9967万hm^2，占48%；特用林1631万hm^2，占8%；用材林6724万hm^2，占33%；薪炭林177万hm^2，占1%；经济林2056万hm^2，占10%。

森林蓄积按林种分，防护林79.48亿m^3，占54%；特用林21.70亿m^3，占14%；用材林46.02亿m^3，占31%；薪炭林0.59亿m^3，占1%。按照森林主要用途的不同，将防护林和特用林归为公益林，将用材林、经济林和薪炭林归为商品林，公益林与商品林的面积分别占56%和44%，蓄积分别占68%和32%（图3-4）。

乔木林按林种分，防护林面积8570万hm^2，蓄积79.48亿m^3；特用林面积1420万hm^2，蓄积21.70亿m^3；用材林面积6293万hm^2，蓄积46.02亿m^3；薪炭林面积177万hm^2，蓄积0.59亿m^3。乔木林中，防护林与用材林的比例较大，面积分别占52%和38%，蓄积分别占54%和31%（图3-5）。

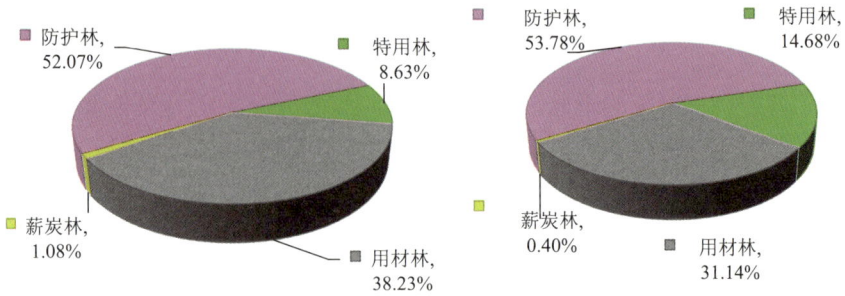

图 3-4　全国森林按照森林面积（左）和蓄积量（右）统计的林种构成

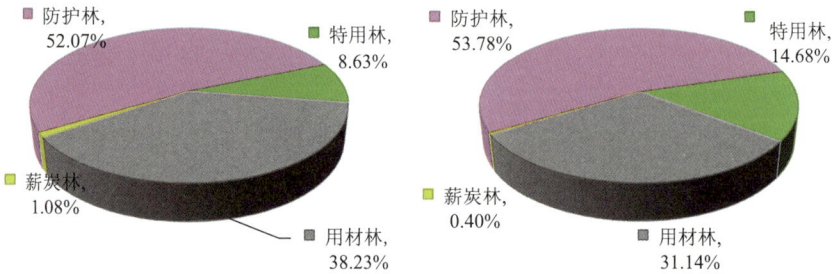

图 3-5　乔木林按照森林面积（左）和蓄积量（右）统计的林种构成

（二）龄组结构

根据树种生物学特性、生长过程及经营利用方向的不同，按年龄大小将乔木林划分为幼龄林、中龄林、近熟林、成熟林和过熟林。全国乔木林面积 16 460 万 hm²，蓄积 147.79 亿 m³。幼龄林面积 5332 万 hm²，蓄积 16.30 亿 m³；中龄林面积 5311 万 hm²，蓄积 41.06 亿 m³；近熟林面积 2583 万 hm²，蓄积 30.34 亿 m³；成熟林面积 2176 万 hm²，蓄积 35.64 亿 m³；过熟林面积 1058 万 hm²，蓄积 24.45 亿 m³（图 3-6）。乔木林面积中，中幼龄林比例较大，占 65%。近成过熟林面积仅占 35%，主要分布在内蒙古、西藏、黑龙江、四川、云南、吉林（占全国面积比例 5% 以上），6 省（自治区）合计 3752 万 hm²，占全国的 65%。

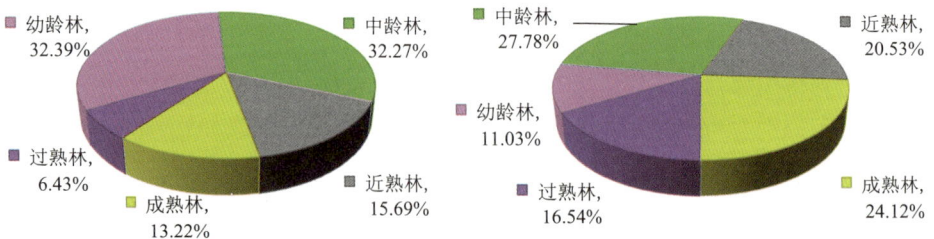

图 3-6　乔木林各龄组面积（左）和蓄积（右）比例

（三）树种结构

我国树种资源极其丰富，有木本植物 8000 余种，约占世界的 54%。其中，乔木树种 2000 余种。从优势树种（组）看，面积比重排名前 10 位的优势树种（组）为栎类、桦木、杉木、落叶松、马尾松、杨树、云南松、桉树、云杉、柏木，面积合计 8649 万 hm²，占全国的 53%；蓄积合计 70.15 亿 m³，占全国的 47%（表 3-4）。

表 3-4 乔木林主要优势树种（组）面积和蓄积

主要优势树种（组）	面积/万 hm²	面积比例/%	蓄积/万 m³	蓄积比例/%
栎类	1672	10.15	12.94	8.76
桦木	1126	6.84	9.18	6.21
杉木	1096	6.66	7.26	4.91
落叶松	1069	6.50	10.01	6.77
马尾松	1001	6.08	5.91	4.00
杨树	997	6.06	6.24	4.22
云南松	455	2.76	5.02	3.40
桉树	446	2.71	1.60	1.09
云杉	421	2.56	9.99	6.76
柏木	366	2.22	2.00	1.35
10 个树种合计	8649	52.54	70.15	47.47

（四）权属结构

按照林地权属来划分，林地面积中，国有 12 416 万 hm²，占 40%；集体所有 18 630 万 hm²，占 60%。有林地面积中，集体所有的比例较大，约占 60%；天然林中国有略多于集体，人工林中以集体所有的占优势。集体所有的林地中，农户家庭承包经营的面积 11 147 万 hm²，占 60%；集体经济组织经营的 7115 万 hm²，占 38%；联户合作经营的面积 368 万 hm²，占 2%（表 3-5）。

表 3-5 森林资源的土地权属构成

项目	国有	集体		
		合 计	农户家庭承包经营	联户合作经营	集体经济组织经营
林地面积/万 hm²	12 416	18 630	11 147	368	7 115
所占比例/%	39.99	60.01	35.90	1.19	22.92
有林地面积/万 hm²	7 377	11 740	7 770	224	3 746
所占比例/%	38.59	61.41	40.65	1.17	19.59
天然林面积/万 hm²	6 382	5 802	3 403	117	2 282
所占比例/%	52.38	47.62	27.93	0.96	18.73
人工林面积/万 hm²	995	5 938	4 367	107	1 464
所占比例/%	14.35	85.65	62.99	1.54	21.12

按照林木权属来划分，有林地面积中，国有 7244 万 hm²，占 38%；集体经营的 3500 万 hm²，占 18%；个体经营的 8373 万 hm²，占 44%。森林蓄积中，国有的 93.09 亿 m³，占 63%；集体所有的 22.36 亿 m³，占 15%；个体所有的 32.34 亿 m³，占 22%。乔木林面积国有的比例较大，占 43%；经济林和竹林面积以个体经营的比例较大，分别达 90% 和 84%（表 3-6）。

天然林中，国有的比例较大，面积占 52%，蓄积占 71%。人工林中，个体的比例较高，面积占 70%，蓄积占 55%。未成林造林地中，个体的比例较大，占 69%。

表 3-6　森林资源的林木权属构成

项目		合计	国 有		集 体		个 体	
			量	比例	量	比例	量	比例
有林地面积		19 117	7 244	37.89	3 500	18.31	8 373	43.80
乔木林面积		16 460	7 134	43.34	3 303	20.07	6 023	36.59
经济林面积		2 056	87	4.28	125	6.07	1 844	89.65
竹林面积		601	23	3.74	72	11.99	506	84.27
森林蓄积		147.79	93.09	62.99	22.36	15.13	32.34	21.88
天然林	面积	12 184	6 348	52.10	2347	19.26	3 489	28.64
	蓄积	122.96	87.17	70.89	17.10	13.91	18.69	15.20
人工林	面积	6 933	896	12.93	1 153	16.63	4 884	70.44
	蓄积	24.83	5.92	23.85	5.26	21.19	13.65	54.96
未成林造林地面积		650	72	11.05	130	20.03	448	68.92

注：表中面积的单位是万 hm²，蓄积的单位是亿 m³，比例的单位是%。

三、　特点分析

我国森林资源保持着面积和蓄积双增长的趋势，但随着经济社会发展、人口增长和人们对环境质量要求的提高，现有森林资源还远远不能适应生态建设和国民经济社会可持续发展的要求。我国森林资源的特点可以概括为资源增长较快、结构得到改善，成为世界森林增长的引擎，但人均总量不足，分布不均，质量不高，保护管理压力较大（图 3-7）。

（一）森林资源增长迅速

从历次清查的结果看，自 20 世纪 90 年代初实现森林面积、蓄积双增长以来，我国森林资源总量一直保持稳步增长态势。第八次清查结果显示，中国森林资源步入了快速发展时期。

一是总量增长较快，全国森林总面积从 19 545 万 hm²，增长至 20 769 万 hm²，净增 1224 万 hm²，增长了 6.26%；森林蓄积量从 137.21 亿 m³，增长至 151.37 亿 m³，净增 14.16 亿 m³，增长了 10.32%；森林覆盖率由 20.36% 提高到 21.63%，上升了 1.27个百分点。

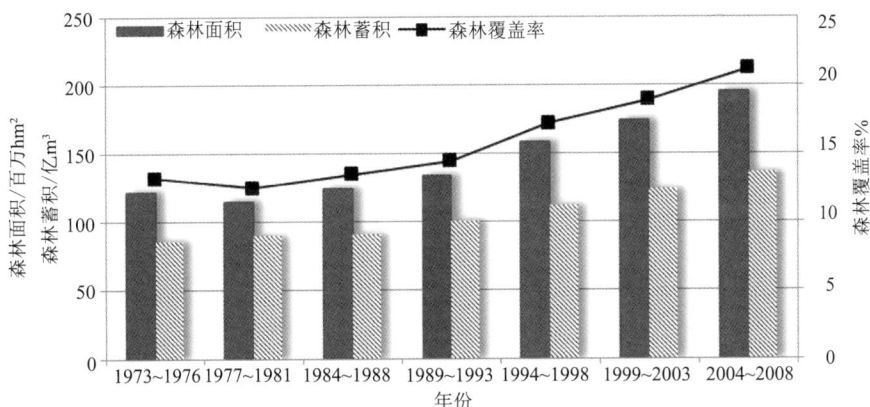

图 3-7　历次全国森林资源清查结果主要指标变化

　　二是天然林面积继续增加，天保工程区贡献较大；天然林蓄积保持快速增长，天保工程区尤为明显。我国天然林面积经历了十多年的快速发展后，开始进入平稳发展阶段。全国天然林面积净增 215 万 hm^2（乔木林净增 194 万 hm^2，经济林净减 21 万 hm^2，竹林净增 42 万 hm^2），增幅约 2%，比第七次清查少 178 万 hm^2，增速有所减缓；天然林蓄积净增 8.94 亿 m^3，增幅约 8%。天然林蓄积净增 8.94 亿 m^3（增幅约 8%），比第七次清查净增量 6.76 亿 m^3 多 2.18 亿 m^3，增幅为 32%。天保工程区天然林蓄积净增 5.46 亿 m^3，占全国天然林蓄积净增量的 61%。

　　三是工林面积持续增长，但增长速度有所放缓；人工林蓄积持续增加，且增长幅度有所提高。全国人工造林和封山育林新成林面积 2898 万 hm^2，营造林成效显著。人工林面积净增 764 万 hm^2，比第七次清查的 843 万 hm^2 减少 79 万 hm^2，减少约 9%。人工林蓄积净增 5.22 亿 m^3，增幅 27%，比第七次清查净增量 4.47 亿 m^3 多 0.75 亿 m^3。人工林蓄积净增量占森林蓄积净增量的 37%，人工林蓄积在森林蓄积中的比重由第七次清查的 15% 上升到本次清查的 17%，提高了 2 个百分点。

　　四是林地面积持续增加，但增长速度有所放缓。清查间隔期内，由非林地转入林地面积 1474 万 hm^2，林地转出非林地面积 806 万 hm^2，林地面积净增 668 万 hm^2，林地总量达到 31 046 万 hm^2。林地面积净增量是第七次清查 2098 万 hm^2 的 1/3，增长幅度由 7% 下降为 2%，增幅下降明显。从历次清查结果看，上世纪 70 年代以来，我国的林地面积总体上呈增加趋势，世纪之交有一个快速增长期，近 5 年来林地增长趋势开始趋于平缓。

　　我国森林资源总量已位居世界前列，（图 3-8）森林面积占世界森林面积的 4.95%，居俄罗斯、巴西、加拿大、美国之后，列第 5 位；森林蓄积居巴西、俄罗斯、美国、加拿大、刚果民主共和国之后，列第 6 位；人工林面积继续位居世界首位。

（二）世界森林资源增长的主要贡献国

　　从世界范围看，目前世界森林覆盖率约为 31%，我国约为世界平均水平的 66%；

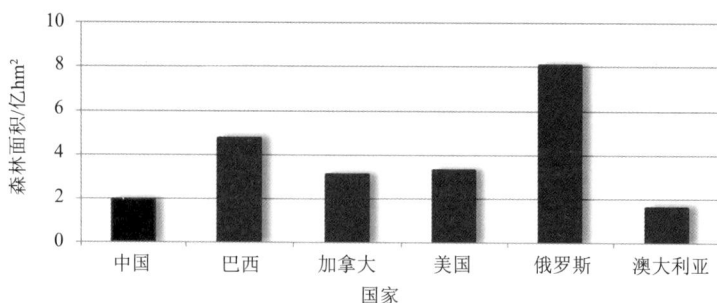

图 3-8　森林面积排名前 6 位的国家

世界森林面积为 40 亿 hm²，相当于人均 0.6hm²，我国森林面积约占世界的 1/20，森林面积排名世界第 5，人均森林面积约为世界平均水平的 26%，历年森林面积中国占世界比例总体呈"U"型趋势，1990～2010 年，世界森林面积的增长率为 -3.25%，中国为 31.64%，是世界森林面积增长率的 30 倍。如果不包括中国，世界的森林增长率会下降得更多，为 -4.61%，中国森林对世界森林增长速度的贡献率为 1.36%。世界森林蓄积量 5270 亿 m³，每公顷蓄积约为 131m³，我国森林蓄积约为世界的 2.6%，每公顷蓄积约为世界平均水平的 53%。就森林资源变化而言，1990～2010 年，世界年均森林面积减少 830 万 hm²，年均增长率为 -0.2%。而中国森林面积则持续增加，1990～2000 年，增长率为 1.2%（同期低收入和中等收入国家为 -0.3%，高收入国家为 0.1%）；2000～2005 年，增长率为 2.2%（同期低收入和中等收入国家为 -0.3%，高收入国家为 0.1%），在所有森林增加国家中是增长率最快的国家；2005～2010 年，增长率为 1.39%（世界同期为 -0.14%）。世界主要 9 大国的森林面积、蓄积变化，中国在 1990～2000 年和 2000～2010 年两个时期都是稳居第一（表 3-7）。就森林结构而言，世界原始林面积占 36%、次生林面积占 57%、人工林面积占 7%，中国人工林面积达 6168.84 万 hm²，居世界第一位，占全球人工林面积的 1/3，而原始天然林面积则不在世界前 10 位。

表 3-7　中国占世界森林面积比例变化（1949～2010 年）

年份	中国/亿 hm²	世界/亿 hm²	中国占世界森林面积比例/%	中国排序
1949	1.20	26.12	4.6	
1963	0.96	37.79	2.6	
1980	1.15	45.00	2.6	
1990	1.57	41.68	3.8	6
2000	1.77	40.85	4.3	5
2005	1.93	40.61	4.8	5
2010	2.07	40.33	5.1	5

注：资料来源于《全球森林资源评估（2005、2010）》整理计算而得，中国数据 1949 年采用国内统计数据，1963 年采用《全球森林资源评估数据》（国内统计数据为 11 335 万 hm²）、1980 年采用中国森林清查数据，1990、2000、2005 年均采用《全球森林资源评估》数据。

（三）森林资源人均总量不足

我国森林覆盖率只有全球平均水平的2/3，排在世界第139位；人均森林面积只有0.145hm²，不足世界人均占有量的1/4；人均森林蓄积10.15m³，只有世界人均占有量的1/7。全国乔木林生态功能指数0.54，生态功能好的仅占11.31%，生态脆弱状况没有根本扭转。我国仍属于森林资源贫乏的国家。例如，与邻国相比，据统计除蒙古、巴基斯坦和阿富汗3国外，其余国家的森林资源在上述3项指标上都高于我国。从另一个方面来讲，我国用占世界3%~4%的森林资源，既要满足世界22%的人口的生产、生活和国家经济建设所需，又要维护和改善生态条件，很显然我国现有的森林资源还远远达不到社会的需求。生态问题依然是制约我国可持续发展的最突出问题之一，生态产品依然是当今社会最短缺的产品之一，生态差距依然是我国与发达国家之间最主要的差距之一。

（四）森林分布不均匀

我国地域辽阔，地貌类型齐全，气候的地域地带分异极大，自然条件复杂多样，从而形成了我国森林类型多样，植物种类繁多的特色，但也导致森林资源分布不均衡。主要表现为东南部多，西北部少。在东北、西南边远省（自治区）及东南、华南丘陵山地森林资源分布多，辽阔的西北地区、内蒙古中西部、西南、西藏中西部，以及人口稠密、经济发达的华北、中原及长江、黄河下游地区，森林资源分布少。西部地区包括重庆、四川、贵州、云南、西藏、陕西、甘肃、青海、宁夏、新疆、内蒙古、广西12个省（自治区、直辖市），土地面积约占国土面积的七成，森林覆盖率17.05%。该区域战略位置和生态区位十分重要，蕴藏着丰富的自然资源，是长江、黄河、澜沧江等许多大江大河的发源地，汇集着森林、草原、沙漠、湿地等自然景观，但由于自然、历史、社会等原因，经济发展相对落后，林草植被稀少，局部地区水土流失比较严重，生态环境十分脆弱。

（五）可采伐资源不足

可采伐资源指的是用材林中的成过熟林。目前我国森林中，幼中龄林面积大，成熟林和过熟林少。全国乔木林面积16 460万hm²，蓄积147.79亿m³。幼龄林面积5332万hm²，蓄积16.30亿m³；中龄林面积5311万hm²，蓄积41.06亿m³；近熟林面积2583万hm²，蓄积30.34亿m³；成熟林面积2176万hm²，蓄积35.64亿m³；过熟林面积1058万hm²，蓄积24.45亿m³。在乔木林面积中，幼中龄林比例较大，占67.25%。成熟林和过熟林占17.93%。近成过熟林主要分布在西藏、内蒙古、四川、黑龙江、云南、吉林、陕西等省（自治区），7省（自治区）合计占全国的72.11%。森林可采资源少，木材供需矛盾尖锐，森林资源不能满足经济社会发展对木材需求的增长。

（六）林地生产力较低

　　林地生产力主要指单位林地面积的产出。通过乔木林单位面积蓄积量、单位面积生长量、单位面积株数、平均郁闭度、平均胸径、群落结构、树种结构、森林灾害、自然度和森林健康状况等指标来看，均低于世界林业发达国家水平。全国乔木林每公顷蓄积量为 85.88m³，发达国家一般达到 120m³ 以上；每公顷年均生长量为 3.85m³，每公顷株数为 916 株，平均郁闭度为 0.56，平均胸径为 13.3cm。乔木林群落结构完整的面积占 58.02%，较完整和简单结构的占 41.98%，说明乔木林结构需要大力优化。乔木纯林占 62.59%，混交林占 37.41%，说明乔木林的稳定性和健康水平需要提高。人为干扰较大、处于次生状态或人工类型的面积占 94.99%，说明乔木林近自然林少。

　　对乔木林生态功能状况评定为好、中、差 3 个等级。乔木林生态功能等级为好的面积占 11.31%。中等的面积占 79.74%，差的面积占 8.95%。全国乔木林生态功能指数平均为 0.54，乔木林生态功能处于中等水平。

　　根据与森林植被生长密切相关的水热条件、地貌特征和土壤环境等因素，对林地质量进行综合评定，划分为好、中、差 3 个等级。林地质量好的 12 449 万 hm²，占 40%，主要分布在南方和东北东部；质量中等的 11 698 万 hm²，占 38%，主要分布在中部和东北西部；质量差的 6899 万 hm²，占 22%，主要分布在西北、华北干旱地区和青藏高原。宜林地质量好的占 10%，质量中等的占 36%，质量差的占 54%。此外，67% 的宜林地分布在干旱、半干旱地区的内蒙古、陕西、甘肃、山西、青海、新疆 6 省（自治区），质量较差。

（七）人工林质量有待提高

　　经过多年努力，我国人工林建设取得了巨大成绩。现保存人工林面积 6933 万 hm²，居世界第一，占全国有林地面积的 36%；蓄积量为 24.83 亿 m³，占森林蓄积的 17%。人工乔木林以中幼龄林为主，面积占 72%，蓄积占 52%。近成过熟林面积仅占人工乔木林的 28%。内蒙古、广东、福建、四川、湖南、广西、黑龙江近成过熟林面积较大（占全国面积比例 5% 以上），7 省（自治区）合计 684 万 hm²，占全国的 52%。人工林面积、蓄积在有林地中的比重均提高了 2 个百分点，达到 36% 和 17%。人工乔木林龄组结构有所改善，近成过熟林比例上升。我国西部地区未成林造林地面积占全国的 53%，西部地区是我国目前人工造林的重点区域。由于缺乏科学经营管理，人工林质量不高，同时人工林大部分还处于幼龄和中龄林阶段，人工林每公顷年生长量为 5.13m³，人工乔木林每公顷蓄积量为 49.01m³，仅相当于全国林分乔木平均每公顷蓄积量 85.88m³ 的 57%；同时，许多地方人工林树种单一，纯林比例较大，因而抗病能力差（图 3-9）。

（八）资源保护压力较大

清查间隔期内，有林地转为非林地的面积减少，而征收占用林地有所增加，毁林开垦现象依然存在。林地转为非林地面积 806 万 hm^2，比第七次清查的 832 万 hm^2，减少 3%；其中有林地转为非林地面积 343 万 hm^2，比第七次清查的 377 万 hm^2，减少 9%。林地转为非林地的面积中，征收占用林地面积 152 万 hm^2（其中占用征收有林地面积 85 万 hm^2），比第七次清查的 126 万 hm^2，增加 21%，内蒙古、云南、江西、新疆 4 省（自治区）面积较大，均超过 10 万 hm^2，分别占全国总量的 10%、8%、8% 和 7%。毁林开垦面积 67 万 hm^2，比第七次清查的 71 万 hm^2，略有减少，主要集中在新疆、云南、广西、黑龙江，4 省（自治区）合计占 80%。宜林地面积继续减少，减少的宜林地面积中有 64% 形成了有林地、灌木林地和未成林地。宜林地由第七次清查的 4404 万 hm^2，减少到本次清查的 3958 万 hm^2，减少 446 万 hm^2，减幅 10%。宜林地减少面积中，经人工造林转为有林地、灌木林地和未成林造林地的面积占 27%，经封山育林转为有林地、灌木林地和未成林封育地的面积占 47%，其他因素减少的面积占 26%。转出的宜林地质量差的占 43%，转入的宜林地质量差的多达 56%，现有宜林地质量好的仅占 10%，质量差的多达 54%，剩下的宜林地质量越来越差，营造林难度更大。总体来看，经济高速增长和庞大的人口基数，使我国的森林资源面临消耗的巨大压力。供需之间的矛盾将长期存在。

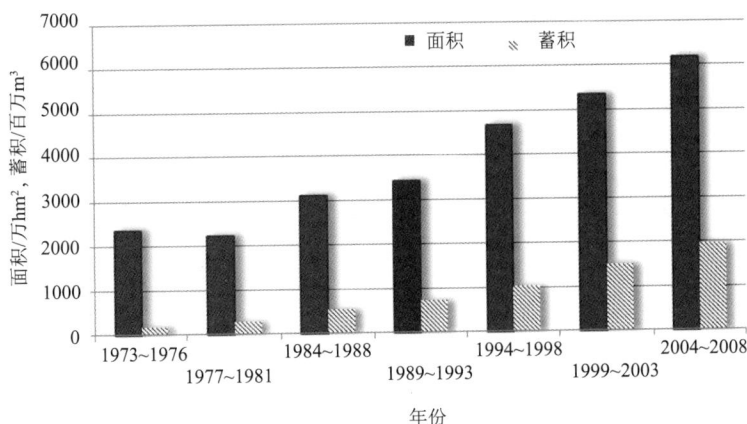

图 3-9 历次全国森林资源清查人工林面积和蓄积

第三节 中国森林发展国家规划

2011 年 9 月 6 日，在北京举行的首届亚太经合组织林业部长级会议上，中国国家主席胡锦涛主席发表了题为《加强区域合作，实现绿色增长》的讲话。阐述了森林在推动绿色增长、维护生态安全、应对气候变化中的功能，表达了加强林业建设、发挥森林多种功能、深化区域合作的重要主张，再次强调了大力增加中国森林面积和蓄积的"双增"目标。即到 2020 年中国森林面积比 2005 年增加 4000 万 hm²、森林蓄积量比 2005 年增加 13 亿 m³。胡锦涛主席在讲话中指出，森林在推动绿色增长中具有重要功能，应该把林业发展纳入经济社会发展总体布局，完善林业政策，增加资金投入，充分发挥森林在经济、社会、生态、文化等方面的多种效益，实现平衡发展。

根据国民经济和社会发展规划，2010 年，国家林业局制定颁发了《林业发展"十二五"规划》；2011 年 6 月，国家林业局颁发《全国造林绿化规划纲要（2011～2020 年)》，2013 年 9 月，国家林业局颁发《推进生态文明建设规划纲要》。这些规划确定了森林发展目标，使今后林业发展的主要任务目标和今后 10 年造林绿化的任务与目标得到已明确。。

一、 规划的主要目标

1．到 2015 年的目标

规划 5 年完成新造林 3000 万 hm²、森林抚育经营（含低效林改造）3500 万 hm²，全民义务植树 120 亿株。到 2015 年，森林覆盖率达到 21.66%，森林蓄积量达到 143 亿 m³ 以上，森林植被总碳储量力争达到 84 亿 t，重点区域生态治理取得显著成效，国土生态安全屏障初步形成，林业产业总产值达到 3.5 万亿元，特色产业和新兴产业在林业产业中的比例大幅度提高，产业结构和生产力布局更趋合理，生态文化体系初步构成，生态文明观念广泛传播（表 3-8）。

表 3-8 林业"十二五"时期发展的主要指标

指标	2015 年	属 性
森林覆盖率 / %	21.66	约束性
森林蓄积量 / 亿 m³	143 以上	约束性
新增沙化土地治理面积 / 万 hm²	1000	约束性
自然湿地保护率 / %	55	约束性
林业自然保护区面积占国土面积 / %	13	约束性
国家级公益林保护面积 / 亿 hm²	1.13	约束性
林地保有量 / 亿 hm²	3.09	预期性
义务植树尽责率 / %	65	预期性
科技进步贡献率 / %	50	预期性
良种使用率 / %	65	预期性
林业产业总产值 / 万亿元	3.5	预期性

此外，具体目标还包括以下几方面。

（1）林地保有量达到 3.09 亿 hm²。

（2）国家级公益林保护面积达到 1.13 亿 hm²。

（3）新增沙化土地治理面积达到 1000 万 hm² 以上。

（4）湿地面积达到 4248 万 hm²，自然湿地保护率达到 55%以上。

（5）林业自然保护区面积占国土面积比例稳定在 13%左右，林业系统国家级自然保护区面积达到 7200 万 hm² 以上。

（6）90%以上国家重点保护野生动物和 80%以上极小种群野生植物种类得到有效保护。

（7）义务植树尽责率达到 65%，城市建成区绿化覆盖率达到 39%，人均公园绿地面积达到 11.2m²，村屯建成区绿化覆盖率达到 25%。

（8）商品材年产量达到 1 亿 m³ 左右，人工林商品材供应率达到 70%左右。

（9）主要经济林产品总产量达到 2 亿 t，产值 7000 亿元。

（10）林业生物质能源占我国可再生能源比例达到 2%。

（11）主要造林树种种子全部实现基地供种，良种使用率达到 65%。

（12）森林火灾受害率稳定控制在 1‰以下。

（13）林业有害生物成灾率控制在 4.5‰以下。

（14）科技进步贡献率达到 50%。

（15）集体林地确权率和林权证发放率达到 90%以上。

（16）林业生产累计直接提供就业机会 100 亿个工日。

（17）森林公园总数达到 3000 个，面积达到 1800 万 hm²，森林旅游累计接待游客 18 亿人次，产值 7000 亿元。

2. 到 2020 年的目标

森林面积、蓄积稳步增加，区域分布更加合理，林种树种结构趋于优化，森林质量明显提高，森林碳汇显著增加，森林功能大大增强，草原退化趋势得到遏制，全国生态状况明显改善。木材及其他林产品有效供给稳步增长，林业主导产业快速发展。城乡绿化覆盖面积大幅度提高，人居环境总体达到全面建设小康社会的要求。生态文化体系基本形成，全民生态意识明显增强。具体有以下几方面内容。

（1）森林面积达到 2.23 亿 hm²，森林覆盖率达到 23%以上，林木绿化率达到 29%以上。

（2）森林蓄积量增加到 150 亿 m³ 以上，通过实施森林经营、控制消耗等措施，力争达到 158 亿 m³。

（3）城市建成区绿化覆盖率达到 39.5%，人均公园绿地面积达到 11.7m²。

（4）乡镇建成区绿化覆盖率达到 30%，村屯建成区绿化覆盖率达到 25%，校园绿化覆盖率达到 35%，军事管理区绿化覆盖率达到 65.6%。

（5）公路宜绿化路段绿化率达到 90%，铁路宜绿化路段绿化率达到 90%。

（6）全民义务植树尽责率达到 70%。

（7）造林全部实现基地供种，人工造林良种使用率达到 75%。

（8）改良草原面积累计达到 6000 万 hm²，草原围栏面积达到 15 000 万 hm²，人工种草保留面积累计达到 3000 万 hm²。

二、 总体布局

综合考虑《全国主体功能区规划》、《中国可持续发展林业战略研究》和《全国林业发展区划》成果，继续按照"西治、东扩、北休、南用"优化配置林业生产力布局，充分挖掘林业五大功能，紧密结合现代林业三大体系建设，重点突出"十大生态屏障、十大主导产业、重点生态文化基地"。

1. 构筑十大国土生态安全屏障

按照国家推进形成主体功能区的要求，以重点工程为依托，加快在东北森林区、西北风沙区、沿海区、西部高原区、长江、黄河、珠江、中小河流及库区、平原农区、城市区等构筑十大生态屏障，形成维护国土生态安全的保障体系。

1）东北森林屏障

东北森林屏障，包括长白山、张广才岭、小兴安岭、大兴安岭及三江平原地区。以天然林保育为重点，加强天然林保护；开展森林抚育和低效林改造，提高森林生态系统整体功能；加强自然保护区和森林公园建设；保护高纬度湿地资源，遏制湿地围垦和改造，加强自然湿地保护；加强森林防火，提高预警监测、火情快速处置能力；保护该区域高纬度永久冻土资源。

2）北方防风固沙屏障

北方防风固沙屏障，包括内蒙古中西部、辽宁西部、吉林西部、河北北部、北京北部、山西、陕西、甘肃西部及东北部、青海北部、新疆和宁夏。以治理风沙危害和水土流失为重点，在保护现有植被和生物多样性，加大防控鼠、兔害基础上，坚持封飞造并举、乔灌草相结合，因地制宜，开展植树造林、退耕还林等生态修复；在条件合适的地区建设沙化土地封禁保护区；加强自然保护区和森林公园建设；实施生态补水，维护湿地生态功能。

3）沿海防护林屏障

沿海防护林屏障，包括我国东南沿海地区。以营造沿海防护林为重点，建设以消浪林带、海岸基干林带、纵深防护林为主的综合防护林体系，形成多层次海岸保护带；加强自然保护区和森林公园建设；保护滨海湿地。

4）西部高原生态屏障

西部高原生态屏障，包括青藏高原及东南缘和黄土—云贵高原地区。在青藏高原及东南缘地区，以保护修复为重点，全面加强对天然林、原生植被、生物多样性和三江源头高寒湿地及祁连山水源涵养区、甘南重要水源补给区等生态系统的保护，以及川西北沙化治理；在黄土—云贵高原地区，突出水土流失综合治理、退耕还林、退化森林修复和石漠化综合治理，建设以林草植被为主体、布局合理、结构稳定、功能完善的防护林体系。

5）长江流域生态屏障

长江流域生态屏障，包括青海、西藏、甘肃、四川、云南、贵州、重庆、陕西、湖北、湖南、河南、安徽、江西、江苏、山东、浙江、福建、上海等18个省（自治区、直辖市）。以长江防护林、天然林保护、退耕还林和石漠化综合治理等工程为依托，以突出涵养水源、防治水土流失为主要目的，积极推进植树造林、森林抚育和低效林改造，加快森林生态系统功能恢复的步伐；加强流域内自然保护区、森林公园建设和湿地保护与恢复；突出长江上中游和洞庭湖、鄱阳湖地区和三峡库区、丹江口库区及沿线的治理，重点构筑三峡库区周边和南水北调源头及沿线生态屏障。

6）黄河流域生态屏障

黄河流域生态屏障，包括青海、四川、甘肃、宁夏、内蒙古、陕西、山西、河南、山东等9个省（自治区）。依托天然林资源保护、退耕还林、三北防护林体系建设等重点工程，以突出涵养水源、防治水土流失为主要目的，积极推进植树造林、森林抚育经营，加快森林生态系统功能恢复的步伐，加强流域内自然保护区、森林公园建设和湿地保护与恢复。

7）珠江流域生态屏障

珠江流域生态屏障，包括江西、湖南、云南、贵州、广西和广东6个省（自治区）。依托珠江防护林、天然林保护、退耕还林和石漠化综合治理等重点工程，加强水源涵养林建设，治理水土流失及石漠化；保护浅海湿地滩涂，修复湿地生态功能；加强自然保护区和森林公园建设，保护珍稀野生动植物资源。

8）中小河流及库区生态屏障

中小河流及库区生态屏障，包括流域面积200km^{2}以上有防洪任务的中小河流重点河段，以及重要水库。以防护林体系建设、天然林资源保护、退耕还林等工程为依托，以植树造林、保护和恢复湿地等生物措施积极防治水土流失，涵养水源和净化水质。加强自然保护区和森林公园建设，提高中小河流及库区周边生态系统稳定性。

9）平原农区生态屏障

平原农区生态屏障，在广大平原农区，特别是粮食主产区，大力建设农田防护林，以保障粮食增产和改善农村生产生活环境为目标，将东北平原、黄淮海平原、华北平原等作为重点建设区域，加快建设农田林网，大力开展村屯绿化美化。

10）城市森林生态屏障

城市森林生态屏障，包括全国大中小城市和乡镇。以推动身边增绿，加强森林公园建设，以广大城乡居民共享生态建设成果为目标，发展城市森林，构建远山、近郊和城区相联结，水网、路网和林网相融合，以森林为主体，城市和乡村一体化的生态系统。

2. 培育十大主导产业

依托森林资源优势，以市场需求为导向，通过制定产业政策和相关标准引导扶持和规范产业发展，促进林业产业转型升级，重点培育十大主导产业，在全国建立起一大批布局科学合理、主导优势明显、产业特色突出、市场竞争力强的用材林基地县、油茶县、核桃县、红枣县、板栗县、花卉县、竹子县等林业产业集群，逐步形成能够在农民增收致富和县域经济发展中发挥主导性、支柱性作用的产业。同时，各地要按照区域比较优势，因地制宜地引导发展富有特色的林业产业。

1）林产工业

在东北、内蒙古地区，加强木材加工企业技术改造，提升加工水平；在东部沿海地区，发展壮大以生产家具、地板和木门等高附加值、高科技含量产品的产业集群；在黄河及长江中游地区，培植龙头企业，促进产品升级换代；在南方地区，加快发展外向型林产品加工业；在西南地区，大力发展松香类产品精深加工、天然植物香料等林产化工业，并适度建设一批木（竹）浆造纸和纤维利用项目；在西北地区，适当发展木材加工业。

2）木材及其他原料林培育

立足于各省（自治区、直辖市）的光热水土优势，大力推动林板、林纸、林油、林电（热）一体化进程，加快建立一批优质、高效的木材生产、林业生物质能源和后备战略资源储备基地。

3）木本粮油和特色经济林产业

在浙江、安徽、福建、江西、河南、湖北、湖南、广东、广西、重庆、四川、贵州、云南、山西、山东、内蒙古、河北、陕西、新疆、甘肃、西藏等地区，大力发展以油茶、核桃、油橄榄、仁用杏为重点的木本油料产业基地；在北京、河北、山西、辽宁、安徽、广西、山东、河南、湖北、陕西、宁夏、新疆等地区，发展以板栗、枣、柿子为重点的木本粮食产业基地；在长江中上游地区发展茶叶、花椒、杜仲、厚朴、黄柏为主的特色经济林产业基地。各省（自治区、直辖市）要根据比较优势，大力发展区域特色经济林产业基地。

4）森林旅游

充分利用林业旅游资源，逐步培育和形成以国家级森林公园为主，自然保护区、湿地公园为辅的森林旅游分布和发展格局。

5）林下经济

充分利用林地资源，发展具有地方特色的种植业、养殖业、非木质产品采集业。东北、西南等国有林区重点发展以北药和南药为主导的森林中药材、森林食品等产业基地。

6）竹产业

在华东、华南、华中、西南等竹子主要分布区，重点发展竹笋、竹板、竹胶、竹炭、竹家具、竹纤维、竹浆造纸等竹产业基地。

7）花卉苗木产业

结合区域优势和发展现状，重点发展花卉苗木的种子（种籽、种苗、种球）生产基地建设，引导切花切叶、盆花、盆栽观叶植物、盆景、花坛植物、绿化苗木中心产区基地建设。

8）林业生物产业

大力发展以生物农药、生物肥料、植物生长调节剂等为主的绿色生物产品，以生物基材料、森林中药材、生物制药等为主的生物制造产业基地。

9）野生动植物繁育利用产业

在东北、西北和华北地区，发展毛皮野生动物繁育利用产业基地；在大中型城市等高密度人口区，发展野生动物园；在东北、华中、西南等地区，发展以药用和观赏为主的野生动植物繁育利用产业基地。

10）沙产业

在干旱沙漠、戈壁和绿洲区，培育具有当地特色的经济林、干鲜果品、花卉苗木、饲料、中药材和沙漠旅游等产业基地；在半干旱沙地区，积极发展工业原料林、生物质能源林、人造板、造纸、饲料、中药材等产业基地；在青藏高原高寒荒漠区，积极发展高原特有的中药材培育、加工、饲料等产业基地；在黄淮海平原和南方湿润沙地区，大力发展木材、木本粮油、果品、饲料、药材、种苗花卉等产业基地。

3. 建设一批重点生态文明、生态文化教育基地

与全国主体功能区规划相衔接，以自然保护区、森林公园、湿地公园、植物园、学校、博物馆等生态景观或教育资源丰富的单位为基础，创建一批重点生态文明、生态文化教育基地。逐步使我国每个地级市建设 1 个国家级生态文明或生态文化教育基地，每个县有 1 个地方级生态文明或生态文化教育基地，各个地区的生态文化教育基地要突出地方特色。

三、 战略重点

充分发挥林业在生态保护与建设中的主体功能，以保护建设森林、湿地、荒漠生态系统和维护生物多样性为核心，以林业重点生态工程为依托，以防范和减轻风沙、山洪、泥石流等灾害为重点，加快实施国土生态安全屏障战略。

1. 保护和建设森林生态系统

实施林业重点生态工程，全面加快国土绿化步伐。加强森林资源管护，切实

保护天然林和原始森林。大力开展植树造林，巩固和扩大退耕还林成果，建设"三北"、长江和沿海等重点防护林体系，推进全民义务植树，促进森林生态系统的自然恢复和人工修复，努力建设以林草植被为主、布局合理、结构稳定、功能完善的绿色生态屏障。

2．保护和恢复湿地生态系统

实施湿地保护工程，全面加强对湿地的抢救性保护和对自然湿地的保护监管，对退化或面临威胁的重要湿地进行生态补水、污染治理、限养限用、保育结合等综合治理，重点建设国际和国家重要湿地、各级湿地保护区、国家湿地公园，以及滨海湿地、高原湿地、鸟类迁飞网络和跨流域、跨地区湿地，有效保护和恢复湿地功能。

3．治理和修复荒漠生态系统

坚持科学防治、综合防治、依法防治的方针，统筹规划全国防沙治沙工作，加大《防沙治沙法》宣传和执法力度，全面落实防沙治沙目标责任制，启动实施沙化土地封禁保护区建设，建设重点地区防沙治沙工程和全国防沙治沙综合示范区，恢复林草植被，构建以林为主、林草结合的防风固沙体系。

4．维护和发展生物多样性

大力推进野生动植物保护及自然保护区建设工程，保护和改善珍稀、濒危野生动植物栖息地，建立健全野生动植物救护、驯养繁殖（培植）、基因保护体系，提高野生动植物保护能力和自然保护区管理水平。加强野生动植物种进出口管理，推动我国野生动植物保护事业再上新台阶。

四、 重点生态工程

1．天然林资源保护二期工程

1）长江上游、黄河上中游地区天然林资源保护工程区

实施范围为长江上游地区（以三峡库区为界）的云南、四川、贵州、重庆、湖北、西藏 6 省（自治区、直辖市）和黄河上中游地区的陕西、甘肃、青海、宁夏、内蒙古、山西、河南 7 省（自治区）的 750 个县（市、区）、61 个国有林业企事业单位，共 811 个实施单位。"十二五"期间主要任务是继续停止天然林商品性采伐，加强森林管护、中幼林抚育和公益林建设等。

2）东北、内蒙古等重点国有林区天然林资源保护工程区

实施范围为内蒙古、吉林、黑龙江（含大兴安岭）、海南、新疆（含新疆生产建设兵团）共 5 个省（自治区）境内的 84 个国有重点森工企业、16 个地方森工企业、3 个国有林管理局、3 个旗（市）及 27 个县级林业局（场）。"十二五"期间主要任务是进一步调减木材产量，加强森林管护、中幼林抚育和后备资源培育等（图 3-10）。

2. 退耕还林工程

实施范围为重点水源涵养区、黄土高原水土流失区、严重岩溶石漠化地区和重点风沙区等 4 个类型区，建设重点为西南岩溶石漠化地区、三峡库区、南水北调中线工程水源涵养区、黄土高原丘陵沟壑区、地震和特大泥石流重灾区等重点生态脆弱区和重要生态区位。"十二五"期间主要任务是巩固已有退耕还林成果，并开展一定规模的退耕地造林、宜林荒山荒地人工造林和封山育林等（图 3-11）。

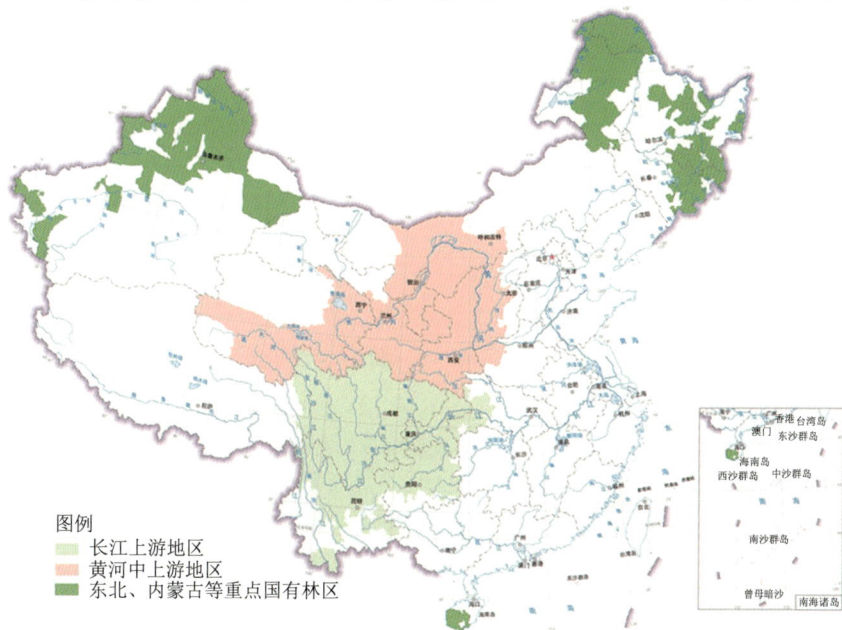

图 3-10　天然林保护工程示意图

资料来源于《中国森林资源图集》（肖兴威，2005）

3. 三北防护林体系建设五期工程

根据总体规划，三北工程建设范围包括北京、天津、河北、山西、内蒙古、辽宁、吉林、黑龙江、陕西、甘肃、宁夏、青海、新疆等 13 个省（自治区、直辖市）的 551 个县（旗、市、区）和新疆生产建设兵团。工程区面积 406.9 万 km²，占我国陆地总面积的 42.4%。工程建设期为 73 年，从 1978 年开始到 2050 年结束，分八期进行建设。其中，四期工程规划造林 950.0 万 hm²。在第一时段，即"十五"期间造林 518.6 万 hm²，第二时段造林 431.4 万 hm²。按省份划分：陕西 84.0 万 hm²、甘肃 80.7 万 hm²、宁夏 40.0 万 hm²、青海 86.0 万 hm²、新疆 144.0 万 hm²、新疆兵团 40.0 万 hm²、山西 42.4 万 hm²、河北 53.0 万 hm²、北京 3.0 万 hm²、天津 3.0 万 hm²、内蒙古 157.5 万 hm²、辽宁 67.4 万 hm²、吉林 71.5 万 hm²、黑龙江 77.5 万 hm²（图 3-12）。

第五期工程，在风沙区构建乔灌草相结合的防风固沙防护林体系，在西北荒漠区构建以沙生灌木为主的荒漠绿洲防护林体系，在黄土高原丘陵沟壑区构建生态经济型防护林体系，在东北华北平原农区构建高效农业防护林体系。同时，在

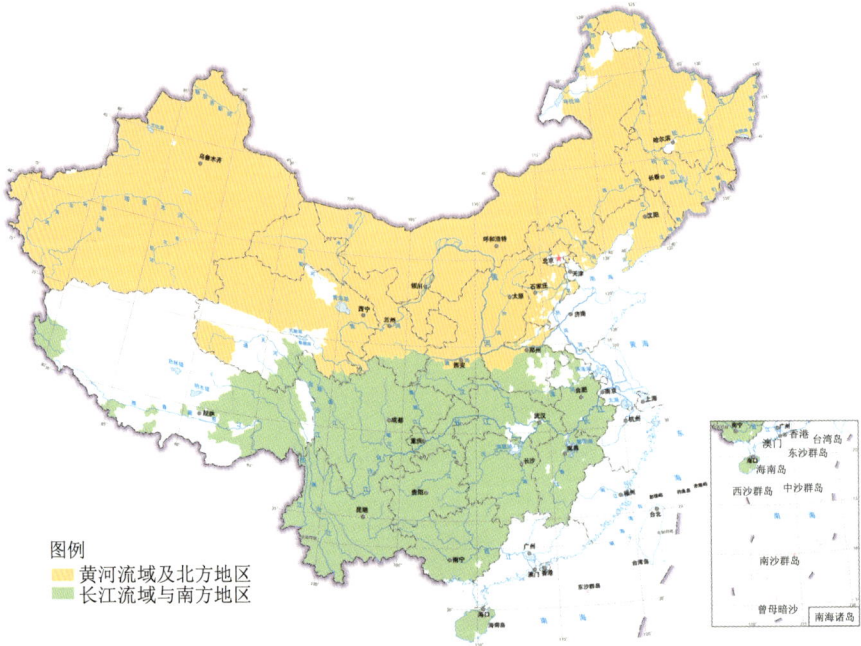

图 3-11 退耕还林工程示意图

资料来源于《中国森林资源图集》（肖兴威，2005）

科尔沁沙地、毛乌素沙地、呼伦贝尔沙地、晋西北、河西走廊、柴达木盆地、天山北坡谷地、塔里木盆地周边、准噶尔盆地南缘、阿拉善地区、晋陕峡谷、陇东丘陵、渭河流域、湟水河流域、三江平原、松辽平原、长白山、海河流域、乌兰布和沙漠周边等区域内，组织实施一批重点建设项目。"十二五"期间主要任务是开展人工造林、封山育林和飞播造林等。

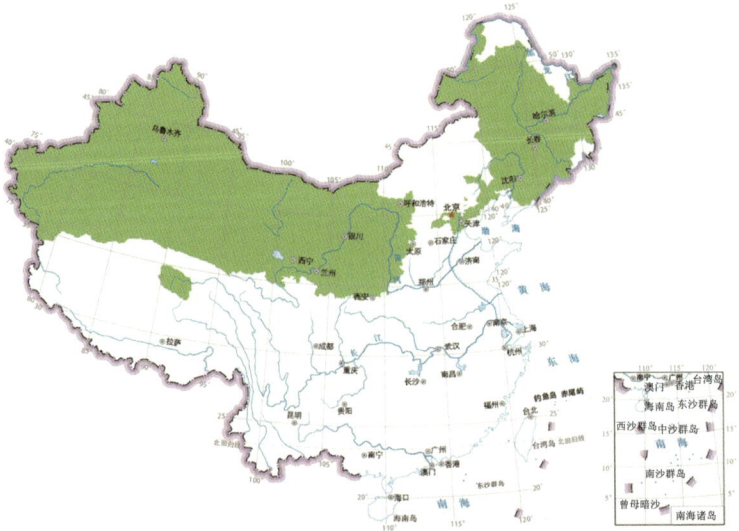

图 3-12 三北防护林体系建设五期工程示意图

资料来源于《中国森林资源图集》（肖兴威，2005）

4. 全国沿海防护林体系建设工程

实施范围为辽宁、河北、天津、山东、江苏、上海、浙江、福建、广东、广西、海南等沿海 11 省（自治区、直辖市）和大连、青岛、宁波、深圳、厦门 5 个计划单列市中受海洋性灾害严重危害的 261 个县（市、市辖区）。从浅海水域向内陆地区延伸建设以红树林为主的消浪林带、海岸基干林带和沿海纵深防护林。"十二五"期间主要任务是开展人工造林、封山封滩育林、低效防护林改造（基干林带修复）等（图 3-13）。

5. 长江流域防护林体系建设三期工程

实施范围为青海、西藏、甘肃、四川、云南、贵州、重庆、陕西、湖北、湖南、河南、安徽、江西、江苏、山东、浙江、福建、上海等 18 个省（自治区、直辖市）。管理培育好现有 3000 万 hm² 防护林，加强中幼龄林抚育，改造低效林；在生态脆弱区加大水源涵养林、水土保持林、护堤岸林建设力度，完善防护林体系基本骨架，提高整体防护功能。"十二五"期间主要任务是开展人工造林、封山育林、中幼林抚育和低效林改造等。

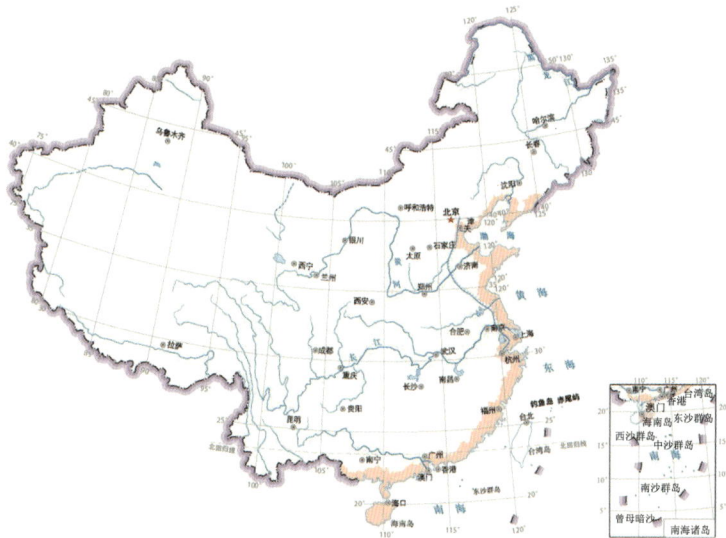

图 3-13 全国沿海防护林体系建设工程示意图

资料来源于《中国森林资源图集》（肖兴威，2005）

6. 珠江流域防护林体系建设三期工程

实施范围为江西、湖南、云南、贵州、广西和广东 6 个省（自治区）。依据珠江干流各河段及一级支流集水区范围，在南、北盘江流域，左、右江流域，红水河流域，珠江中下游流域和东、北江流域开展水源涵养林建设和水土流失及石漠化治理。"十二五"期间主要任务是开展人工造林、封山育林和低效林改造等。

7. 太行山绿化三期工程

实施范围为河北、山西、河南、北京 4 省（直辖市）。在桑干河、大清河、滹沱河、滏阳河、漳河、卫河、沁河等 7 个流域营造水源涵养林和水土保持林，并加强五台山周围、桑干河中上游、滹沱河上游、西柏坡周围、大清河上中游、滏阳河上中游、沁河中游、太岳山山地、漳河上游、卫河上游等重点区域治理。"十二五"期间主要任务开展人工造林、封山育林和低效林改造等（图 3-14、图 3-15、图 3-16）。

图 3-14 长江珠江流域防护林体系建设及太行山绿化工程示意图

资料来源于《中国森林资源图集》（肖兴威，2005）

图 3-15 珠江流域防护林体系建设示意图

资料来源于《中国森林资源图集》（肖兴威，2005）

图 3-16　太行山绿化工程示意图

资料来源于《中国森林资源图集》（肖兴威，2005）

8. 平原绿化三期工程

实施范围为北京、天津、河北、山西、内蒙古、辽宁、吉林、黑龙江、上海、江苏、浙江、安徽、福建、江西、山东、河南、湖北、湖南、广东、广西、海南、四川、陕西、甘肃、宁夏、新疆等 26 个省（自治区、直辖市）和新疆生产建设兵团。以全国粮食主产省和粮食主产县为重点区域，以农田防护林带建设为重点内容。"十二五"期间主要任务是开展人工造林、现有林网改造等高标准农田林网建设（图 3-17）。

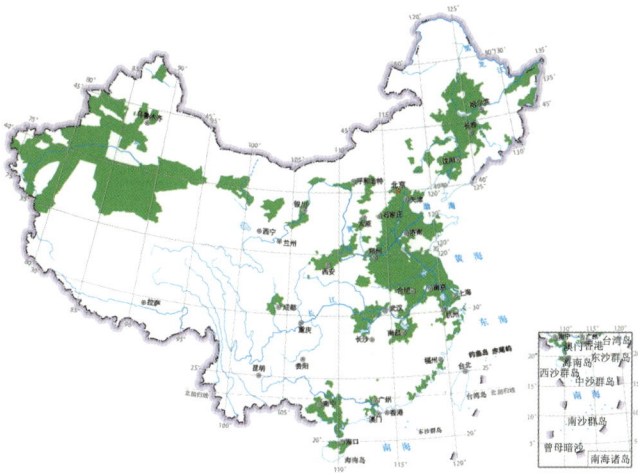

图 3-17　全国平原绿化工程示意图

资料来源于《中国森林资源图集》（肖兴威，2005）

9. 京津风沙源治理二期工程

实施范围将在一期的北京、天津、河北、内蒙古、山西 5 个省（自治区、直辖市）的 75 个县（市、区、旗）的基础上，适当科学合理地调整扩大。巩固一期工程建设成果，在总体推进的同时，强化治理区域和植被恢复方式的针对性。"十二五"期间主要任务是开展退耕还林（均为一期规划剩余任务）、人工造林、封山育林和飞播造林等（图 3-18）。

10. 国家级沙化土地封禁保护区建设

建设范围为内蒙古、西藏、青海、甘肃、宁夏、陕西和新疆等 7 个省（自治区）。在主要沙尘源和沙尘暴主要路径区的西北干旱区和部分半干旱区依法划建一批国家级沙化土地封禁保护区，封禁保护面积近 30 万 km²，通过对封禁保护区农牧民转产安置、加强封禁保护区管护设施建设和封禁及监管能力建设，促进区内植被的自然恢复，减轻沙尘暴危害。

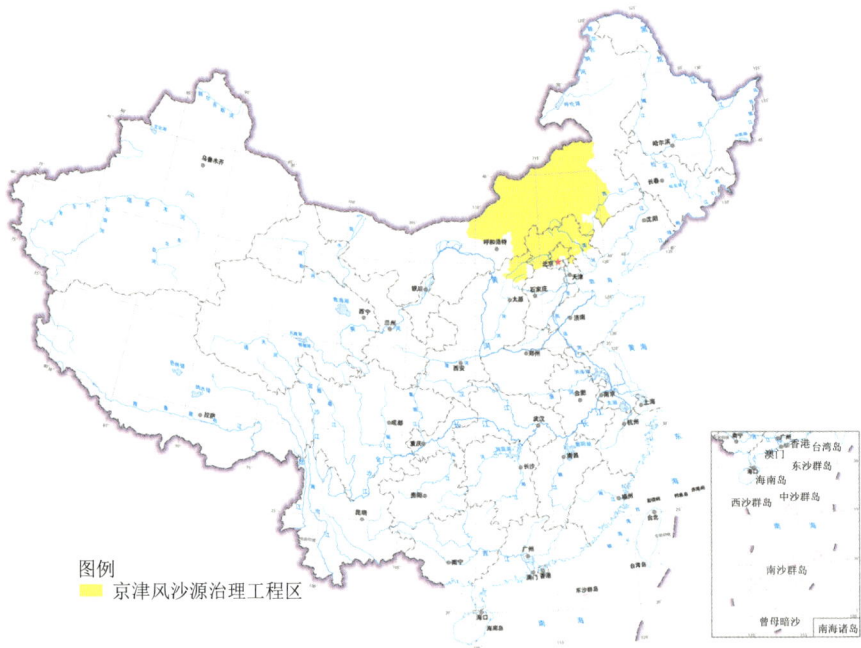

图 3-18 京津风沙源治理工程示意图

资料来源于《中国森林资源图集》（肖兴威，2005）

11. 野生动植物保护及自然保护区建设工程

实施《全国野生动植物保护及自然保护区建设工程总体规划》，拯救大熊猫、朱鹮、华南虎、金丝猴、藏羚羊、亚洲象、长臂猿、麝、野生雉类、苏铁、兰科植物等 15 种珍稀濒危野生动植物种；拯救和恢复极度濒危的 40 种野生动物和 120 种极小种群野生植物及其栖息地，强化就地、迁地和种质资源保护，对人工繁育成功的 30 种野生动物和 20 种极小种群野生植物实施野外回归，加强野生动植物科研、种质资源收集保存、救护繁育。实施《全国林业自然保护区发展规划》，加强重点地区自然保护区、自然保护小区和保护点建设，进一步完善自然保护区网络，继续推进51处全国示范自然保护区和自然保护区示范省建设，加强国家级自然保护区基础设施及能力建设，加强野生动植物调查监测体系和保护管理体系建设。

12．林业血防工程

实施范围为江苏、安徽、江西、湖北、湖南、四川、云南等7个省。把植树造林、退耕还林、重点防护林工程、湿地保护工程等与抑螺防病结合起来，实行兴林、抑螺、防病综合治理，从根本上改变钉螺孳生环境，降低钉螺密度，有效压缩钉螺面积。"十二五"期间主要任务是营造抑螺防病林。

13．全国湿地保护工程

根据《全国湿地保护工程规划（2002～2030年）》的总体部署，实施《全国湿地保护工程实施规划（2011～2015年）》，全面加强对湿地的抢救性保护和对自然湿地的保护监管。重点建设国际和国家重要湿地、各级湿地保护区、国家湿地公园及相关的流域湿地生态系统，并对滨海湿地、高原湿地、鸟类迁飞网络和跨流域、跨地区湿地给予优先考虑，形成国家层次示范效果。加强对一些生态退化严重湿地采取水资源调配与管理、污染治理、生态恢复与修复、有害生物防治等综合治理。加强湿地资源监测、管理等支撑体系建设。

14．岩溶地区石漠化综合治理工程

实施范围为贵州、云南、广西、湖南、湖北、四川、重庆、广东8个省（自治区、直辖市）的451个县（市、区），在"十一五"试点的基础上全面启动实施。一是对南方石漠化土地通过封山育林（草）、退耕还林（草）、人工造林种草等措施进行综合治理，逐步恢复林草植被。二是加强石漠化地区基本农田建设和农村能源及人畜饮水工程建设，并在石漠化危害极其严重地区有计划、有步骤地开展生态移民。三是在不破坏生态的前提下，积极发展经济林、中药材等生态经济型特色产业和岩溶地区生态旅游，增加农民收入。"十二五"期间林业主要任务是开展人工造林、封山育林育草等。

五、　技术策略

我国地域辽阔，各地自然和社会条件差异极大，可造林地资源分布极不均衡，林业主导功能和发展方向不尽相同，草原类型多样，要充分尊重各地的客观实际和资源特点，科学制定发展战略，才能确保造林绿化稳步发展。根据各地特点，综合考虑地理环境、降水差异、造林绿化难易程度、森林经营习惯和草原利用方式等因素，将全国划分为东北地区、北方干旱半干旱地区、黄土高原和太行山燕山地区、华北与长江下游丘陵平原地区、南方山地丘陵地区、东南沿海及热带地区、西南高山峡谷地区、青藏高原地区等八大区域。依据分类指导、分区施策的原则，明确各区域功能定位，分区制订造林绿化发展战略，确定各地造林绿化重点和主攻方向。

1. 东北地区

黑龙江大部、内蒙古东北部、吉林大部和辽宁等地区，是我国木材的重要产区和战略储备基地，是松嫩平原和呼伦贝尔大草原的天然生态屏障，是东北地区主要江河的发源地与水源涵养地，也是我国东北粮仓的天然"保护伞"。森林植被以天然林为主，可采林木资源濒临枯竭，林分质量较差。重点是保护现有天然林资源，积极营造公益林，大力发展农田防护林，优化森林结构，构筑东北森林生态屏障。大力营造速生丰产用材林等商品林，加大低产林改造力度，积极培育水曲柳、胡桃秋、黄菠萝、椴树、栎类、红松等珍贵树种，发展工业原料林、能源林、特色经济林，重构林区产业体系，建设我国用材林资源储备基地。加强城市、乡镇、村屯绿化，改善农村人居环境。加强天然草原保护，加大盐渍化草原的治理改良力度，恢复草原植被。

2. 北方干旱半干旱地区

吉林西部、黑龙江西部、辽宁西部、山西北部、陕西北部、宁夏北部、甘肃西北部、青海西北部、内蒙古大部和新疆地区，降水稀少，大部分地区年均降水量在400mm以下，森林植被以灌木林为主，荒漠化草原分布广泛。区内集中了我国所有的沙漠和主要沙地，生态系统十分脆弱、水土流失和风沙危害严重，是我国主要的沙尘源，也是我国森林草原主要的高火险区。重点是以防沙治沙为主攻方向，通过封山（沙）育林（草）、飞播造林、人工造林种草等方式，大力营造防风固沙林、水土保持林等公益林，支持百万亩人工林基地建设，有计划地对陡坡耕地和严重沙化耕地实施退耕还林，对沙化严重牧场实施退牧还草。因地制宜地选择造林树种和植被恢复方式，优先选择沙棘、沙柳、柽柳、白刺、柠条、杨柴、梭梭、花棒、刺槐、沙枣、文冠果、山杏、榆树、胡杨等耐旱树种，科学合理地发展杨树、油松、樟子松等树种，积极实施封山育林，坚持封、飞、造相结合，乔、灌、草合理搭配，尽快恢复和增加林草植被，遏制沙化扩展趋势，构筑北方防风固沙生态屏障。在条件适宜地区，大力发展核桃、枣、无花果、苹果、香梨、巴旦杏、枸杞等特色经济林，稳步推进沙产业。在人口聚居地区加大造林绿化力度，巩固和扩大绿洲面积。加快治理退化草原，恢复草原植被，改善草原生态，提高草原生产能力，促进农牧民脱贫致富。

3. 黄土高原和太行山、燕山地区

山西大部、青海东北部、甘肃中东部、内蒙古西南部、宁夏南部、陕西中部、河南西部、河北西北部、北京西北部，生态脆弱，水土流失严重，立地条件差，森林草原植被较少，宜林宜草荒山荒地多，造林绿化潜力大。重点是加强黄河中上游森林和草原植被的恢复与保护，对陡坡耕地有计划地退耕还林还草，实行封、飞、造相结合，大力发展刺槐、黄连木、文冠果、栎类、油松、柏树、山桃、山杏等乔木及柠条、沙棘等灌木，重点营造水土保持林、水源涵养林和防风固沙林等公益林，发展核桃、苹果、枣、杏、花椒等特色经济林，稳步推进森林经营，采取围栏、补播、禁牧、休牧、轮牧等措施，重点实施退牧还草、风沙源草原治理、草业良种等工程，治理退化草原，恢复草原植被，逐步形成完善的林草植被体系，推动黄河流域生态屏障建设，提高维护黄河中下游及华北平原生态安全的能力。

4．华北与长江下游丘陵平原地区。

天津、山东、江苏、上海、北京大部、河北大部、河南中东部、安徽北部、浙江北部，这些地区地处平原地区和东部沿海，经济发达，林产加工业发展较快，是我国重要的果品生产基地和木材加工业基地。农田防护林、经济林发展基础较好。草原植被覆盖度较高、天然草原品质较好，草地畜牧业较为发达的地区，发展人工种草和草产品加工潜力很大。重点是建设和完善沿海基干防护林带、高标准农田防护林网，构筑沿海和平原地区生态屏障。加快水系、荒山和黄河故道沙区造林绿化，大力发展楸树、黄连木、银杏等珍贵树种，稳步推进杨树、泡桐等速生丰产林基地建设，加强以核桃、枣、板栗、苹果、桃、樱桃等干鲜果为主的特色经济林建设。合理布局木荷等森林防火树种，强化生物防火林带建设。加强森林经营，优化森林结构，提高森林质量。加快城市森林生态屏障建设，加强乡村绿化，推进城乡绿化一体化。大力推广人工种草，积极发展草产业，拓展农牧民增收渠道。

5．南方山地丘陵地区

重庆、湖北、贵州、湖南、江西全部及陕西秦岭以南、四川东部、云南东北部、广西北部、广东北部、福建西北部、浙江中南部、安徽南部、河南南部，该区以山地、丘陵为主，光、热、水、气条件优越，森林植被丰富，森林覆盖率较高，是我国重要的集体林区和商品林基地。草资源丰富，牧草生长期长，产草量高。目前草资源开发利用不足，垦草问题突出。局部地区石漠化严重，水土流失加剧。重点是在强化公益林保护，提高公益林综合效能的同时，积极调整林种树种结构，加强低产林改造，加大中幼林抚育力度，提高林地生产力，稳步推进各类商品林基地建设。继续推进杉木、松类等用材林和竹林基地建设，加快培育樟树、楠木、桦木、花榈木、银杏、红豆杉等珍贵树种，大力发展油茶等木本油料林，积极发展厚朴、杜仲、黄柏、板栗、锥栗、山核桃、核桃、香榧、柑橘、李子等特色经济林。积极营造麻疯树、光皮树、油桐、无患子、山苍子等生物质能源林。合理布局木荷等森林防火树种。江河两岸、湖库周围及石漠化严重地区以退耕还林和封山育林为主，在营造水土保持林和水源涵养林的同时，实施岩溶地区石漠草地植被恢复工程和草地开发利用工程，合理开发林果和草地资源，发展草地农业和畜牧业，加快岩溶地区石漠化综合治理，恢复林草植被，构筑长江、珠江中上游生态屏障。

6. 东南沿海及热带地区

福建东南部、广东大部、海南及南海诸岛、广西南部、云南思茅以南热带地区，属典型的热带、南亚热带常绿阔叶林区和季雨林区，自然条件优越，生物多样性丰富，十分适合林木生长。重点是建设和完善沿海防护林基干林带，条件适宜区域恢复红树林，构筑以防护林为主体的东部沿海绿色生态屏障。加强森林抚育经营，优化森林结构，大力发展降香黄檀、紫檀、青檀、格木等红木类及柚木、桂花、红椎、土沉香、铁力木、西南桦等常绿阔叶珍贵树种。因地制宜、科学发展桉树、相思等短轮伐期工业原料林。稳步建设龙眼、荔枝、芒果、澳洲坚果、腰果、开心果等热带优质林果基地。

7. 西南高山峡谷地区

西藏东南部、云南西北部、四川西部、甘肃南部地区，山高谷深，是我国和东南亚几条主要江河的上游区和交汇带。人烟稀少、经济落后、交通不便，天然林多、人工林少，大面积原始林主要集中于此。重点是保护和发展原生植被，对陡坡耕地有计划地退耕还林还草，在江河两岸、湖库周围、高山陡坡、干热河谷地带，大力营造水土保持林和水源涵养林，构筑长江上游生态屏障。在立地条件适宜区域积极培育云杉、冷杉、红豆杉、松类、桦木、桤木等适生树种，适度发展用材林和工业原料林，有计划地开展森林经营活动，提高森林质量。适度发展人工种草。

8. 青藏高原地区

青海南部、四川西北部和西藏大部分地区，具有独特的高原地理环境和特殊的气候条件，自然环境恶劣，生态系统极度脆弱，植物生长期短，乔木生长困难。植被以高寒草原为主，森林植被主要是高山稀疏灌木林和灌丛。目前，该地区植被盖度降低，草原退化明显，涵养水源等生态功能减弱，大量泥沙流失，直接影响江河中下游生态安全。重点是以封山育林（草）为主，最大限度地保护和恢复林草植被，遏制荒漠化扩展。在河谷地区种植杨树、柳树、榆树、沙棘等适生树种，积极发展防护林和薪炭林。加快实施西藏生态安全屏障和"三江源"生态保护和建设规划，修复草原生态系统，恢复草原植被，增加森林面积，增强保持水土和涵养水源能力，保护生物多样性，构筑江河源头生态屏障，改善农牧民生产生活环境，维护下游生态安全。

六、 主要政策

根据《推进生态文明建设规划纲要》和相关规划，未来10～15年，国家林业部门将为生态文明建设"构筑三大体系"、开展"十项行动"、提供"五项政策支持"。"三大体系"就是要构筑坚实的生态安全体系、高效的生态经济体系和繁荣的生态文化体系。"十项行动"主要包括生态红线保护行动、重点生态功能区建设行动、森林保育和木材储备行动、湿地修复行动、沙化土地封禁行动、物种拯救行动、城市林业建设行动、美丽乡村建设行动、木本粮油发展行动、生态文明宣教和林业信息化行动等。"五项政策支持"包括实施严格的林地保护政策、健全和完善公共财政支持政策、完善基础设施投入政策、完善金融和税收扶持政策、加大林业能力建设等。

1. 加强生态红线保

生态红线是保障和维护国土生态安全、人居环境安全、生物多样性安全的生态用地和物种数量底线。要划定 4 条红线。一是林地和森林红线：全国林地面积不低于 46.8 亿亩[①]，森林面积不低于 37.4 亿亩，森林蓄积量不低于 200 亿 m^3。二是维护国土生态安全。湿地红线：全国湿地面积不少于 8 亿亩，维护国家淡水安全。三是沙区植被红线：全国治理和保护恢复植被的沙化土地面积 不少于 56 万 km^2，拓展国土生态空间。四是物种红线：确保各级各类自然保护区严禁开发，确保现有濒危野生动植物得到全面保护，维护国家物种安全。

严格守住生态红线。制定最严格的生态红线管理办法。确定生态红线区划技术规范和管制原则与措施，将林地、湿地、荒漠生态空间保护和治理，以及生物多样性保护纳入政府责任制考核，坚决打击破坏红线行为。运用法律手段严守生态红线。已经具有法律法规保障的生态红线，如森林、自然保护区、野生动植物、宜林宜草沙化土地等红线，必须强化依法、守法、执法力度，确保达到和守住红线。没有法律保障的生态红线，如湿地，要尽快完成立法，切实依法保护红线。推进生态用地可持续增长。适度保障国家基础设施及公共建设使用生态用地，控制城乡建设使用生态用地，限制工矿开发占用生态用地，规范商业性经营使用生态用地，制定出台征占用生态用地项目禁限目录。通过生态自我修复和加大对石漠化和沙化土地、工矿废弃地、退化湿地治理等，有效补充生态用地数量，确保全国生态用地资源适度增长。

2. 加强重点生态功能区建设

实施区域性生态保护和修复，使重点生态功能区成为保障国家生态安全的主体和人与自然和谐相处的示范区域。编制重点生态功能区生态保护与建设规划。根据国家主体功能区战略，按照《全国主体功能区规划》要求，编制 25 个国家重点生态功能区生态保护与建设规划，强化各功能区的生态主体功能，逐步形成适应各类主体功能区要求的生态空间格局，指导和规范各功能区的生态保护和建设工作。加快推进生态功能区生态保护和修复。严格按照各区生态保护与建设规划，全面推进天然林保护、退耕还林和围栏封育，治理水土流失，维护或重建湿地、

[①] 1 亩≈666.7m^2，下同。

森林等生态系统。严格保护区域自然植被，禁止过度放牧、无序采矿、毁林开荒等行为。加强大江大河源头及上游地区的水源涵养保育，对主要沙尘源区、沙尘暴频发区实行封禁管理。禁止对野生动植物进行滥捕乱猎、滥挖乱采，保持并恢复野生动植物物种和种群平衡，保护自然生态系统与重要物种栖息地。促进生态与产业融合发展，在保护优先和不影响主体功能定位的前提下，因地制宜地发展特色优势生态产业，解决农民长远生计。加强林业禁止开发区保护和管理。严格禁止工业化和城镇化开发。加强林业自然保护区、自然保护小区和保护点建设，进一步完善自然保护区网络，继续推进全国示范自然保护区和自然保护区示范省建设，加强国家级自然保护区基础设施及能力建设。加强森林公园内森林景观的保护、培育、修复、选择一批具有珍贵国家自然文化遗产资源的森林公园，强化基础设施、公共服务和管理能力建设。

3. 加强森林保育和木材储备

加强重点林木良种基地建设和种质资源保护。开展全国林木种质资源调查，建设国家和省级林木种质资源保存库，实现全国造林良种使用率达到75%以上。建设和完善国家重点林木良种基地，实现全国造林全部由基地供种。建立和完善国家、省、市、县四级林木种苗管理机构和质量检验机构。加强森林经营。推进造林绿化和森林抚育经营，增加森林面积，提高森林质量和效益。推进全国森林抚育经营样板基地建设。加快推进依据森林经营方案编制采伐限额的改革进程，鼓励各类经营主体按照森林经营方案开展森林经营活动。加强森林经营基础能力建设，推进森林立地分类和相关数表体系建设，建立和完善森林经营技术标准体系，开展森林认证，全面提升森林经营水平。加快国家木材战略储备基地建设。在东南沿海地区、长江中下游地区、黄淮海地区、东北内蒙古地区、西南适宜地区和其他适宜地区，着力培育和保护乡土珍贵树种资源，大力营造和发展珍贵树种、大径材和短周期工业原料林、中长周期用材林。划定国家储备林，研究国家储备林运行、动用、轮换模式和管理机制，逐步构建起总量平衡、树种多样、结构稳定和可持续经营的木材安全保障体系。

4. 强化沙化土地封禁

对暂不具备治理条件的，以及因保护生态需要不宜开发利用的连片沙化土地实行封禁保护，促进荒漠植被自然修复。划建沙化土地封禁保护区。对干旱沙漠边缘及绿洲类型区内的沙漠与绿洲过渡带、严重风蚀沙（砾）化地区等沙尘源区及沙尘路径区，半干旱沙化土地类型区内的四大沙地中暂不具备治理条件且人为对生态干扰较大地区，高原高寒沙化土地类型区内的柴达木盆地中部、西北部天然荒漠地区及西藏西部荒漠地区，划建封禁保护区，严格管控各类开发建设活动，禁止破坏植被，保护生态系统。开展封禁设施建设。主要在人畜活动频繁的重点地段设置必要的网围栏，防止人畜进入。对一些重点和必要地段的流动沙地，扎设沙障，固定流沙。建设简易的管护用房和必要的生活设施等，满足管护人员的基本生活需要。建设瞭望塔，修筑必要的巡护道路，配备瞭望设备和交通、通信设备，建设固定界碑（桩）和警示宣传标牌。在适宜地区实施必要的人工促进措施，加快植被恢复。开展监管能力建设。建立封禁保护区管护队伍，安排专职管护人员。开展生态效益监测，制订封禁保护区生态效益评价与监测技术规范。妥善安置农牧民生产生活。对封禁保护区内的农牧民，坚持统一规划、集中安置、稳定持久的原则，通过就近易地安置，使一部分农牧民从事生态农业和现代畜牧业生产经营；通过转产安置，将一部分农牧民就地转为封禁保护区管护人员，妥善解决生产和生活问题。

5．加强城市林业建设

通过创建森林城市，增加城市绿色元素，绿化、美化、净化城市环境，打造宜居城市，提升人民生活品质，保障城镇化绿色发展。大力开展森林城市创建活动。积极倡导"让森林走进城市、让城市拥抱森林"的理念，加大城市森林建设力度。加大对地方积极性高、生态区位重要地区城市森林建设的扶持力度，在一些省会城市和有条件的地级、县级城市取得突破，全面带动城市森林建设。完善国家森林城市评价指标、申报和审批办法，深入开展国家和省级森林城市创建活动。积极推进绿色城镇化。更加重视人居生态建设，将森林、湿地等作为城市建设的重要基础设施。结合城镇化规划，以"身边增绿"为目标，积极创建绿色家园，提高城镇居民义务植树尽责率。大力建设森林乡镇、校园和城市型森林公园，继续抓好铁路、公路等通道绿化，使绿色更加贴近人们的生产生活。

6．开展美丽乡村建设

大力开展村庄绿化美化活动。按照道路林荫化、农民庭院花果化等要求，开展进村道路绿化和庭院绿，建设环村绿化带，大力发展乔木、乡土、珍贵树种和特色林果、花卉苗木，形成道路与河岸乔木林、房前屋后果木林、公园绿地休憩林、村庄周围护村林的村庄绿化格局。积极推进兴林惠民。深化集体林权制度改革，积极引导分山到户后的农民实施"兴林富民工程"，促进农民脱贫致富。加强林地承包经营权流转监管，切实维护农民合法权益。

7．实施严格的林地保护政策

制定和完善林地保护相关政策与法规。坚持节约集约用地，完善和实行林地管理制度。与城镇规划和土地利用规划相衔接，严格控制非林建设占用林地，强化林地占补平衡管理，探索建立林地储备制度。完善林地占用税、林地出让金、新增建设用地有偿使用费征缴和使用政策。进一步完善林地征占用审批制度，实行严格的林地征占用限额管理。落实林地保护利用目标考核责任制。严格林地保护和监管执法，落实监管责任。

8．健全和完善公共财政支持政策

完善生态补偿制度，多渠道筹集生态补偿基金，探索按照森林生态服务功能高低和重要程度，实行分类、分级的差别化补偿。探索制定非国有公益林国家赎买政策。扩大湿地保护补助范围，提高补助标准，提高补助资金的使用效率，逐步建立湿地生态补偿制度。健全林业补贴制度，加大对林木良种、造林、森林抚育、保护、林业机具购置等补贴力度，探索出台对木本粮油、珍贵树种培育、木材战略储备、生物质能源等专项补贴政策。加大对重大生态修复工程建设的投入力度，加大对林业灾害监测和防治的投入。加强资金监管，推进林业专项财政投入的制度化和长效化。加大中央财政对国家重点生态功能区财政转移支付力度。

9．完善基础设施投入政策

扩大林业基本建设投资规模，完善各类基础设施建设规划，修订以物价联动机制为依据的投资标准，争取形成多元化的投入机制。加强林业灾害防控和林区基础设施建设的公共财政支持，加大对基层林业站（所）基本建设的投入。重点支持林区的道路、供水、供电、供暖、通信、广播电视等民生林业基础设施建设，推进国有林区、国有林场棚户区和危旧房改造。加强对森林公园、自然保护区、湿地公园、生态文化博物馆、科技馆、标本馆等文化性林业基础设施建设支持力度。加大对林区医疗卫生、教育等社会保障性林业基础设施建设投入。

10．完善金融和税收扶持政策

积极开展包括林权抵押贷款在内的符合林业特点的多种信贷融资业务，创新担保机制，探索建立面向林农、林业专业合作组织和中小企业的小额贷款与贴息扶持政策。增加中国绿化基金和中国绿色碳汇基金总量，鼓励企业捐资造林志愿减排，吸引社会资金参与碳汇林业建设。探索发行生态彩票，对林业重大生态修复工程发行生态债券，降低民间资本参与林业建设的门槛，吸引多元投资主体参与建设。对林业生态产品、林农、林业企业、林业重大生态修复工程实施单位及捐资主体实行税收优惠政策，对劳动密集型和高附加值林产品争取实行出口退税优惠政策。提高中央财政政策性森林保险保费的补贴规模、范围和标准，鼓励推进生态文明建设的重大行动形成政策性保险与商业保险相结合的森林保险体系。

11．加大林业能力建设支持力度

加强林业科技创新、成果转化推广、产品质量标准检验检测、林业防灾减灾、林业信息化、基层林业公共服务等能力建设。加强各级各类人才队伍建设，增加对林业教育和培训的资金投入，培养创新型专业人才。深化干部人事制度改革，建立健全人才选拔培养使用制度。探索建立林业生态文明建设投入保障制度和增长机制。

第四章　森林供给问题的理论分析

森林供给问题既涉及自然生态系统，又涉及社会经济系统。我们尝试着眼于当代理论的新发展，从经济学、生态学、社会学、管理学、政治学和其他交叉领域的范畴来研究森林对于经济、社会和文化的功能、贡献与潜能。试图多视觉、多方位地考察森林作为自然生态系统和经济社会与文化资源在全球化背景下的发展和运行规律。

第一节　可持续发展理论

可持续发展源于 20 世纪 80 年代的绿色运动，最早出现于 1980 年国际自然及自然资源保护联盟的《世界自然资源保护大纲》："必须研究自然的、社会的、生态的、经济的，以及利用自然资源过程中的基本关系，以确保全球的可持续发展"。1981 年，美国布朗（Lester R. Brown）出版了《建设一个可持续发展的社会》，提出以控制人口增长、保护资源基础和开发再生能源来实现可持续发展。1987 年，世界环境与发展委员会出版了《我们共同的未来》报告，将可持续发展定义为："既能满足当代人的需要，又不对后代人满足其需要的能力构成危害的发展"。它系统阐述了可持续发展的思想。1992 年 6 月，联合国在里约热内卢召开的环境与发展大会，通过了以可持续发展为核心的《里约环境与发展宣言》、《21 世纪议程》等文件。呼吁各国政府和人民为全体人民和子孙后代的利益作出共同努力，宣言包含会议形成的以指导世界各国人民保护和改善人类环境的 26 项原则。可持续发展强调实现代际公正、经济与社会的发展要符合地球生态系统的动态平衡和资源可持续利用的原则，强调改变不合理的资源消耗式的消费模式。

一、可持续发展理论要义

可持续发展理论强调三大原则，即公平性原则、持续性原则和共同性原则。其中，公平性原则强调可持续发展是一种机会、利益均等的发展，既包括同代内区际的均衡发展，即一个地区的发展不应以损害其他地区的发展为代价，也包括代际的均衡发展，即既满足当代人的需要，又不损害后代的发展能力。持续性原则强调人类经济和社会的发展不能超越资源和环境的承载能力，即在满足需要的同时必须有限制因素，主要限制因素有人口数量、环境、资源，以及技术状况和社会组织对环境满足眼前和将来需要能力施加的限制。共同性原则强调由于地球的整体性和相互依存性，必须全球联合起来认识我们共同的家园，可持续发展是超越文化与历史的障碍来看待全球问题，它所讨论的问题关系到全人类，所要达到的目标是全人类的共同目标。

可持续发展理论强调三方面内容，即生态可持续、经济可持续和社会可持续。其中，生态可持续强调人与自然的协调共生，人类必须建立新的道德观念和价值标准，学会尊重自然、师法自然、保护自然，与之和谐相处。经济可持续强调人类的经济和社会的发展不能超越资源和环境的承载能力。社会可持续强调人与人关系的公平性，当代人在发展与消费时应努力做到使后代人有同样的发展机会，同一代人中一部分人的发展不应当损害另一部分人的利益。

自从可持续发展的概念被确认之后，很多研究机构为寻求它的测量指标做出了不懈的努力。1994 年，联合国可持续发展委员会（UNCSD）召开的国际会议上着重鼓励世界各国为制定指标体系做出自己的贡献，国内外已经研究出了一些可持续发展的评价模型。

人类活动强度指标（HM$_2$D）。这是由以色列希伯来大学所建，并已应用于全球的评价与预测，但其理论基础和方法论均存在某些缺陷，因此尚未得到广泛承认。

人文发展指数（HDI）。这是联合国开发计划署（UNDP）所创立的著名指标，它是一项以预期寿命，教育水准和生活质量三项基础变量所组成的综合指标，并得到了世界各国的赞同，但对指标变量的选择与计算，仍有较多的争议。此外，人文发展指数更多地偏重于现状的描述和历史序列的分析，预测和预报的功能还有待改善。

持续发展经济福利模型（WMDS）。这是世界银行直接资助、由资深经济学家代尔（Daly）和库伯（Cobb）所制定。该模型考虑的因素相当全面，计算也比较复杂，但目前仅适用于发达国家，尤其是美国，广大的发展中国家尚无法使用。

调节国民经济模型（ANP）。这是由莱依帕（Leipert）提出，旨在将原先单一的国民生产总值（GNP）衡量贫富标准，转换到考虑更多调整因素后再去对国民经济加以分析，并且更多地涉及所产生的社会效果。目前该模型引起了不少人的兴趣，但仍未进入实用化阶段。

环境经济持续发展模型（EESD）。该模型由加拿大国际持续发展研究所（IISD）提出，以科玛纳尔（Commoner）的环境经济模型和穆恩（Munn）的持续发展框架为依据，发展了一类综合性的可持续发展指标体系，目前正在试用中。

"可持续发展度"模型（DSD）。该模型 1993 年由中国的牛文元（Nia）、美国的约纳森（Jonathan）和阿伯杜拉（Ahdullah）共同提出，建造了独立的理论框架，扩展了重要的附加因素和计算程序，并特别考虑了发展中国家的特点。该模型的理论体系较完备，但目前的实用程度还有待改进。

2001 年 7 月～2003 年 9 月，由时任国务院副总理的温家宝亲自提议，组织由近 60 位院士和资深专家领衔，开展了"中国可持续发展林业战略研究"，旨在以可持续发展理论为指导，通过总结林业发展的历程，揭示全球生态环境发展的现状与趋势，分析林业在我国经济社会发展中所面临的机遇与挑战，明确林业在我国可持续发展中的地位和作用，研究提出 21 世纪上半叶我国林业发展的战略思想、战略方针、战略目标、战略途径、战略布局、战略重点和战略对策。经过近两年的深入研究，项目取得了重要成果。项目研究指出，实现可持续发展，是当今世界各国普遍关注的重大问题。林业是经济和社会可持续发展的重要基础，是生态建设最根本、最长期的措施。在可持续发展中，应该赋予林业重要地位；在生态建设中，应该赋予林业首要地位；在西部大开发中，应该赋予林业基础地位。研究提出的 21 世纪上半叶中国林业发展的总体战略思想是确立以生态建设为主的林业可持续发展道路；建立以森林植被为主体的国土生态安全体系；建设山川秀美的生态文明社会。核心就是生态建设、生态安全、生态文明，简称为"三生态"林业战略思想。

围绕林业发展总体布局和地区布局、天然林保育、退耕还林、荒漠化防治、野生动植物保护及自然保护区建设、湿地保护、林业科技、农村林业、城市林业、森林植被建设和水资源配置、森林灾害防治、现代林业产业等新时期林业发展亟待解决的 12 个重大战略问题研究的结果，认为实现未来可持续发展的林业战略，应采取以下六大方面的战略措施。

一是增加森林资源总量，实现国家生态盈余。改善生态环境，实现生态盈余，必须建立在森林资源总量保证、布局均衡、结构合理的基础上，以区域林业的协调发展促进全国林业的可持续发展。首先，森林资源总量要达到一定面积；其次，提高森林植被的质量；再次，充分发挥森林天然群落特有的生态效能；最后，以林业重点工程为框架，构建"点、线、面"结合的森林生态网络体系，实现森林资源在空间布局上的均衡、合理配置。

二是恢复和重建退化生态系统，保障国土生态安全。我国生态系统的退化主要表现为天然林资源减少和质量下降、荒漠化扩大、水土流失加剧、湿地萎缩等。退化生态系统的恢复和重建是一项长期而艰巨的工作，事关国土生态安全。天然林退化生态系统的恢复和重建，要严格保护，积极培育，保育结合，休养生息，实现资源有效保护与合理利用的良性循环。荒漠化防治要以防为主，保护优先，积极治理，合理利用，恢复植被，协调发展。保护和恢复退化湿地资源，要重点实施退田、退牧、还湖、还泽、还滩、还草。

三是保护生物多样性，维持生态平衡。建立和完善各级各类自然保护区是保护生物多样性的重要手段。对湿地类自然保护区，要以保护自然湿地为主，辅以对湿地进行示范性生态恢复、重建，建立健全相关法律制度，保护和恢复湿地生物多样性及栖息地；对野生动植物类保护区，要加强野生动植物栖息地的保护、恢复和扩大，实现濒危重要种质资源的充分保存与典型生态系统的有效保护，维护和丰富森林生物多样性。

四是发挥森林植被水文功能，合理配置生态建设用水。充分发挥森林植被在涵养水源、调节水量、改善水质中的重要作用，将林业生态建设用水纳入国家水资源配置计划，结合全国水资源综合规划，合理调整国家用水结构，分区安排生态用水规模，保证生态用水占全国水资源总量的比例达到 30%以上，特别是西北等生态环境脆弱地区，生态用水的比例应达到 50%以上。同时，要建设为森林植被生态用水需求提供生态服务的水利配套设施。

五是加快农村林业发展，有效解决"三农"问题。发展农村林业是解决"三农"问题的有效途径，实施退耕还林还草将极大地促进农村林业的发展。退耕还林还草要以恢复林草植被、治理水土流失为重点，与生态移民、能源建设、农业产业结构调整、乡村发展相结合，完善相关政策，逐步建立长期稳定的生态效益价值补偿机制，确保"退得下，还得上，稳得住，不反弹"。林业区域布局与农业区划相结合，发展区域间优势互补的农林复合经营和特色林业，发挥林业的产业功能效益。

六是发展现代林业产业，增强林业综合实力。力争以商品林的大发展促进林业产业的大发展，以林产工业的大发展带动资源培育业的大发展，以森林旅游业的大发展带动森林服务业的大发展，加强用材林、名特优新经济林、竹藤、花卉等以森林资源培育为基础的第一产业；调整、巩固和提高以木竹加工、木浆造纸、林产化工和森林食品精深加工等为重点的第二产业；积极发展以森林旅游为重点的第三产业及林区多种经营，重点加强森林公园、自然保护区及国有林区、国有林场内的旅游基础设施建设与服务。

二、基于理论对森林供给的问题分析

从可持续发展理论的基本观点出发分析，可持续的森林供给应具备以下特征：①从时间维度上，保障可持续的森林产品和服务供给。可持续发展讲求人与人关系的公平性，当代人在发展与消费时应努力做到使后代人有同样的发展机会，同一代人中一部分人的发展不应当损害另一部分人的利益；森林和林地应采用可持续方式进行经营管理，能够持续地提供产品和服务，以满足当代和子孙后代在经济、社会、生态等产品和服务上的需要。②从空间维度上，保障全球范围的森林产品和服务供给。可持续的森林产品供给是全球同步发展的供给，可持续发展讲求在平等公正和尊重国家主权的提前下解决国际争端，目的是解决全球的生态问题，同时保证发展机会平等。从区域、国家和全球尺度上公平地满足人类当代和未来世代对森林的生态、经济和社会功能的需要，森林的供给同样要满足在本国需要的同时满足全球发展的需要。③从功能维度上，保障发展可持续和社会发展可持续。可持续发展突出发展的主题，发展与经济增长有根本区别，发展是集社会、科技、文化、环境等多项因素于一体的完整现象，是人类共同的和普遍的权利，发达国家和发展中国家都享有平等的、不容剥夺的发展权利；森林产品和服务的可持续同样要照顾到多种群体、多个领域的需求。

为研究在大的环境背景下，可持续的生态系统服务，中国环境与发展国际合作委员会（2010）发布的《中国生态系统服务与管理战略》研究分析了一切照常情景、规划情景和优化情景 3 种情景下可持续的森林供给。其中，在"一切照常情景"下，预测主要是根据 1995 年的土地利用状态推断 2000 年全国生态恢复工程启动之前的土地利用变化状态。该情景分析用数据评估了如果保持现有的土地利用模式，到 2050 年中国的土地利用将如何变化。在"规划情景"下，预测是基于中国政府部门（林业和农业部门）为森林、草地和湿地制订的发展目标，以及青海三江源保护区的建立。与"一切照常情景"相比，"规划情景"用以评估国家有关部门规划文件的土地利用对生态系统服务的影响。"优化情景"的提出是基于"一切照常情景"和"规划情景"比较的结果，以及各部门政策咨询的结果（基于部门的发展规划存在矛盾之处、部门发展目标之间存在空隙）。该情景包含了一个补充策略，它可以弥补部门生态系统发展规划的缺陷。根据生态系统服务的时空特征，为全国生态恢复投资设定了优先领域。这将使得生态系统发展目标更具有可持续性，更符合实际情况，更有生态效益。

研究结果表明，在"一切照常情景"下，由于低中密度森林面积减少了 5.6%，高密度森林面积仅有 1.0%的增长，森林面积总体上减少了 1.4%，建设用地和耕地分别有 2.8%和 3.0%的增长。在西北地区，1995～2000 年，未利用土地面积减少了 5.2%，不可利用的土地增长了 1.4%。在"规划情景"下，依据中国政府各部门所设定的目标来确定土地利用需求，相关的土地利用限制政策包括：2005 年后耕地总面积相对维持稳定；为了实现经济和社会发展战略目标，建设用地以同样的速率继续增长。该情景模拟结果表明，在"一切照常情景"中，所研究的森林、草地和湿地生态系统均呈减少趋势，尤其是西北干旱区的高密度草地减少最明显。例外的是，高密度森林相对于基准年而言将有 10%的增长，但是总体的森林覆盖率将下降 42.5%。在"规划情景"下，所关注的森林、草地和湿地生态系统面积都会有所增加，质量明显改善。到 2050 年，森林总面积将超过 300 万 km^2，比基准年增加了 30%；其中，高密度森林增长了 80%，低密度森林增长了 50%。在"一切照常情景"中，到 2050 年，建设用地和耕地将分别有 22%和 31%的增长。在"规划情景"中，与"一切照常情景"相比，耕地面积将保持不变，而建设用地面积将增长 28.5%，比"一切照常情景"增速要快。在"规划情景"中，未利用地将急剧减少，而不可利用的土地面积在两种情景中均保持不变。为此，提出"优化情景"，与其他情景相比最大的不同在于森林面积的变化。到 2050 年，在"优化情景"中低密度森林要比"规划情景"高 24%，高密度森林要比"规划情景"低 20%。到 2050 年，"一切照常情景"中的 44%的未利用地将转化为其他土地利用类型，而在"规划情景"中这一数字高达 80%。"优化情景"中的建设用地要比"规划情景"低 2%，而耕地面积无明显差别。

该研究对可持续的森林供给提出了"优化情景"下的对策建议。认为，按"一切照常情景"的发展模式，会导致中国生态系统服务能力偏低；即使是"规划情景"的生态保护与恢复，往往也只是偏重某类生态系统服务，如粮食生产、木材供给或水土保持功能等，而忽视了生物多样性、碳汇等多种服务。全国森林、草地和湿地等生态系统的服务能力不强，主要表现在：中幼龄林在森林生态系统中占主导地位，森林单位面积蓄积量和生产力低，远远低于世界平均水平，天然林和次生林面临退化的压力和威胁依然存在。情景分析结果显示，2010 年，中国森林、草地、湿地面积占国土面积的 55.6%，农田、建设用地和未利用地占 44.4%，而在这 44.4% 的土地中，改造成生态用地的空间非常有限。伴随着快速城市化过程，建设用地不但不会减少，而且无疑会大幅度增加；为了保障国家粮食安全，中国已经确定了保护 18 亿亩耕地的红线，确保耕地面积相对稳定；而近一半的未利用地为青藏高原高寒荒漠、高山冰川、塔克拉玛干沙漠、蒙古高原戈壁等，根本不可能改造成森林或草原。因此，仅有 11% 的未利用地尚有转变为森林、草地或湿地的可能，但这些地方是野生动物的栖息地，改造不仅需要巨额投资，困难很大，而且还可能会威胁野生动物的生存。我国政府承诺，到 2020 年森林面积增加 4000 万 hm^2，有关部门也制订了生态保护与建设规划，确立了大幅度增加森林覆盖率，确保天然湿地得到有效保护等目标。但就土地利用而言，增加一类生态系统面积，势必要减少其他生态系统的面积。目前，草地和湿地仍然面临着不断增加的压力和威胁，如把优质草地开垦为农田和建设用地的活动并未完全停止。因此，我国森林生态系统管理的目标必须尽快实现从"以增加面积为主"向"以提高单位面积生态系统服务能力为主"的战略转变（图 4-1）。

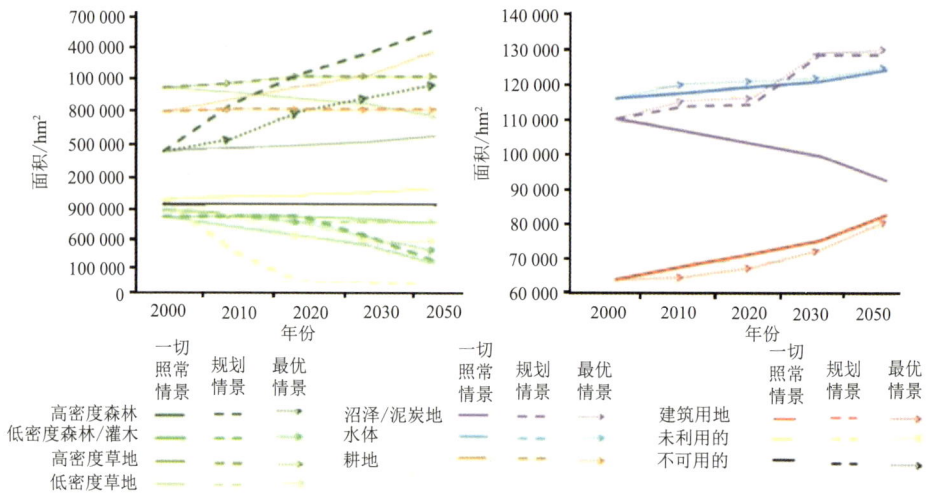

图 4-1 3 种情形下土地的利用变化

资料来源于《中国生态系统服务与管理战略》（中国环境与发展国际合作委员会，2010）

第二节　资源价值论

20 世纪 60 年代后期创建的生态经济学，是研究生态系统和经济系统的复合系统的结构、功能及其运动规律的学科。1962 年，美国海洋学家莱切尔卡逊(Rachel

Carson)出版了《寂静的春天》一书，首次针对经济社会问题开展生态学研究。几年后，美国经济学家肯尼斯·鲍尔丁(Kenneth Ewert Boulding)在《一门科学——生态经济学》一书中正式提出"生态经济学"的概念及"太空船经济理论"。生态经济学研究的主要内容是生态经济基本理论。包括社会经济发展同自然资源和生态环境的关系，人类的生存、发展条件与生态需求，生态价值理论，生态经济效益，生态经济协同发展等。生态经济学将自然资源划分为非生物和生物资源两个大类。前者包括化石燃料、矿物、水、土地、太阳能 5 个类型，后者包括可更新资源、生态系统服务、废物吸收 3 个类型。生态经济学统称它们为经济增长的自然资本。生态经济学建立的自然资本理论体系，推动了生态系统的价值化研究。

一、应用资源价值论对森林资源进行价值核算

　　研究森林对市场的供给，就涉及森林资源的价值核算问题。20 世纪 60 年代后，经济迅猛发展的同时，自然资源枯竭、环境恶化的问题出现了，使得一些经济学家开始意识到，环境也是一种资本、一种财富。因此，环境资本、生态资本、自然资本等概念开始出现在经济学理论中。欧美及日本等发达地区针对 GDP 衡量经济增长的弊端，提出了"绿色 GDP"核算的设想，即把环境要素纳入到传统 GDP 核算中。森林的生态和社会服务价值的核算研究逐步兴起，各国学者开始尝试性地对森林生态系统服务进行货币计量。从涵养水源、保持水土、防洪蓄洪、防风固沙、固碳制氧、森林游憩、生物多样性保护等方面开展了研究，提出了一些相应的价值评估方法与模型。1993 年，联合国会同世界银行和国际货币基金组织提出了"综合环境经济核算体系（SEEA）"。2003 年，联合国再次修订了 SEEA，使其更具有操作性。欧盟统计局、联合国粮食及农业组织等也编写了环境经济核算相关体系，为开展森林核算指导性文件提供了基本理论和方法依据；世界上的许多国家和地区都根据各自的算法计量了森林的生态功能的经济价值，提出了森林核算的方法，并做了核算实践研究。

　　目前，森林价值核算在森林生态价值的存在性上具有一定共识，在森林价值核算账目设定和指标选取上趋于完备，这为森林福利效益的研究提供了途径上的便捷。但国内外森林价值核算研究还存在许多不足，对森林社会效益评价方法没有给出科学的方法，在森林生态价值核算中从林业生产部门出发，虽列举了大量指标，但使用直线思维，在核算中采取只加不减、简单相加的方法，没有在大的经济循环中来考虑林业的效益，更没有从居民的福利角度来考虑问题，经济理论依据略显不足，使得评价结果的有用性也受到质疑。这也是为什么所有这些核算结果大多被当作新闻，而没有成为政府统计和财政部门决策依据的原因之一。森林价值核算研究的不足使得这一理论的研究逐步转向实际，联合国千年生态系统评估的研究就是放弃了森林的经济价值核算，转而关注人的福利。

　　鉴于森林在资源环境生态服务方面的重要性及其对可持续发展的重要意义，国际上美国、加拿大、英国、德国、挪威、荷兰、意大利、西班牙、瑞典、澳大利亚、日本、哥斯达黎加、海地、萨尔瓦多、菲律宾、中国、印度尼西亚、世界资源研究所、联合国开发计划署、联合国欧洲经济委员会、世界银行、国际货币基金组织、世界观察研究所等国家与国际组织均开展了森林资源价值评估研究。早期的研究主要是一些定性化的描述，到 20 世纪 80 年代以后，各国学者开始尝试性地对森林生态系统服务进行货币计量。根据森林生态系统服务的多样性，国内外主要从涵养水源、保持水土、防洪蓄洪、防风固沙、固碳制氧、森林游憩、生物多样性保护等方面开展了研究，提出了一些相应的价值评估方法与模型。20世纪 90 年代以后，以 Daily（1997）主编的《自然服务：对自然生态系统的社会依赖》一书为标志，研究生态系统服务及其价值的热潮在西方兴起，森林生态系统服务的价值评估与核算成为林学、生态学与环境经济学等学科的前沿课题。

　　国外在 20 世纪六七年代就开始了这方面的研究，到 20 世纪 80 年代后，我国的学者开始运用经济评价的方法来分析我国各地森林的生态效益，由于理论基础的不同，在评价方法和结果上表现为一定的差异性。国内外对森林生态效益进行经济评价的实践很多。

　　Constanza 等（1997）和 Lubchenco（1998）首次系统地设计的"生态服务指标体系"（ESI），将全球生态系统提供给人类的"生态服务"功能分为 17 种类型，把全球生态系统分为 20 个生物群落区（表 4-1）。由此，得出"生态服务"价值与全球国民产生总值（GDP）之间比例关系为 1：1.18。该指标体系的提出对更加深刻理解人与自然之间的关系，揭示可持续发展的本质内涵，具有较高的科学价值。

表 4-1　全球生态系统服务的年度平均价值（按生态系统类型）

生态系统	面积/亿 hm²	每公顷年价值/[美元/（hm².a）]	全球价值/（10^{12} 美元/a）
大洋	332	252	8.4
海岸	31.02	4 052	12.6
热带森林	19	2 007	3.8
其他森林	29.55	302	0.9
草地	38.99	232	0.9
湿地	3.3	14 785	4.9
湖泊与河流	2	8 498	1.7
耕地	14	92	0.1
全球	469.86	707	33.3

注：未计沙漠、冻土、冰/岩石等生态系统。资料来源于 Costanza 等（1997）。

　　日本在 20 世纪 70 年代对本国的森林生态价值进行了核算，其结果为 910 万亿日元，超过了该国当年的经济预算。丹麦、加拿大、美国、英国的学者也都对本国的森林环境价值做过核算。我国的许多学者在不同地点运用相同的方法做过这方面的工作：顾云春和郭玉文（1987）对福建省森林，李忠魁和周冰冰（2001）、王树林和李静仁（2001）分别对北京市森林，李照霞等（2002）对黑龙江森林，张旭东（2001）对长江流域的森林，郎奎健等（2000）对四大林业工程，张晓珊等（2001）对贵州省森林，段绍光等（2002）对河南省防护林，王志新等（2002）对吉林省森林，李忠孝等（2002）对内蒙古大兴安岭森林，林俊钦等（2002）对澳门海岛森林，杜亚军等（2003）对川渝 77 县防护林，张颖（2006）对黑龙江大兴安岭森林，赵同谦（2004a）对全中国森林生态效益进行了价值核算。张颖（2003）综合借鉴了已取得的成果，计算出了我国基于森林的绿色 GDP 数值。

国外开展森林资源核算案例的有亚洲、非洲、拉丁美洲、欧洲等数十个国家，对森林核算进行了不同程度的尝试。其中，森林资源核算在发达国家更加普遍，欧盟统计局自 1995 年起就开始在其成员国中开展森林资源核算项目，所开展的核算内容已经比较广泛，不仅涉及较多的森林核算内容，还在相当大程度上覆盖了与森林相关的其他内容的核算。另外，所有开展森林资源核算的国家都无一例外地包括了林木资产实物和价值核算，尽管所包括的林木范围可能有所不同，例如，有些发展中国家可能仅限于人工林甚至其中的商品用材林的核算；林产品和服务价值也是得到普遍核算的内容，在关于非木材产品与服务的核算中，得到比较广泛认可的是固碳，尤其在发达国家，普遍进行了核算。

二、森林生态系统的价值评价体系

如果将森林作为生态系统服务来研究其对人类社会的供给，那么也涉及森林生态系统的价值评价问题。目前世界上还没有任何一个国家全面建立绿色国民经济核算体系。通过对森林资源核算进行的多方面探索与实践，一些国际组织都做了大量工作，形成的比较突出的指导性文件有联合国统计署等单位编写的《综合环境经济核算》（SEEA）、欧盟统计局编写的《欧洲森林环境与经济核算框架》（IEEAF）、联合国粮食及农业组织编写的《森林环境与经济核算指南》（简称 FAO 指南）。这些指导性文件为开展森林核算提供了基本理论和方法依据，其中，SEEA 是关于绿色国民经济核算理论方法的指导文献，虽然不是专门针对森林核算的文本，但其所阐述的环境与经济核算原理为搭建一个森林核算框架奠定了基础。IEEAF 是针对森林核算提出的第一个版本，作为国民核算的森林卫星账户，为森林核算构造了一个相对完整的框架。FAO 指南在一定程度上可视为欧盟版本的进一步修订，其理论方法的基本思路更加明确，并且特别强调将森林核算体系作为一个跨部门政策分析工具予以开发，为森林核算结果的应用特别是政策分析提供了指导。

（一）联合国统计署等单位 2003 年《综合环境与经济核算手册》的评价体系

2003 年《综合环境与经济核算手册》（SEEA-2003）建议的绿色 GDP 的森林

核算的内容主要包括林地、林木林产品、森林管理与保护活动支出和其他如森林生态植物、自然保护区、森林固碳能力、森林年龄结构、森林健康状况和生物多样性等。SEEA-2003 所设计的 4 组核算账户包括实物型和混合型流量账户、与资源环境相关的经济交易账户、资源环境资产存量账户、总量调整账户，在内容上覆盖了资源环境与经济体系之间的多重关系，在方法上考虑了核算的不同手段和不同目的，为各个领域进行绿色国民经济核算研究实践提供了框架和规范。SEEA-2003 是在全面讨论综合环境经济核算的原理中涉及森林核算，虽然不是专门针对森林核算的文本，但其所阐述的环境经济核算原理为搭建一个森林核算框架奠定了基础；

（二）欧盟统计局 2002 年《欧洲森林环境与经济核算框架》的评价体系

2002 年《欧洲森林环境与经济核算框架》（IEEAF-2002）明确指出，其目标是以实物单位和价值单位将森林资产负债表与林地、林木、有关森林的经济活动，以及经济活动中木材供给使用等流量账户联系起来，进一步将森林提供的非市场性环境与保护功能、生物多样性、森林健康状况等实物和价值资料整合在内。为实现该目的，IEEAF-2002 总结了国民经济核算体系/国民经济账户体系（SNA/ESA，ESA 是 SNA 的欧洲版本）对森林的处理方法，以 SEEA-1993 核算框架为基础，提出了进行森林环境与经济综合核算的框架。

该框架涵盖的内容包括：①与森林有关的资产、木质品及相关产业的核心分类；②结合资产变化，分别以货币和实物单位表示的与森林有关的资产负债表；③涉及森林活动和交易（育林、采伐等）的货币账户；④分别以货币和实物单位表示的供给使用表；⑤以实物单位表示的残余物账户和物质平衡流量表。对这些内容予以归纳。

IEEAF-2002 是针对森林核算提出的第一个版本，作为国民核算的"森林卫星账户"，力图解决与森林有关的资产（主要是林地和立木）存量的实物和货币描述、与森林有关的活动（主要是育林和采伐）的货币账户、与木材和木制品的实物和货币供应使用表，以及残余物的物质平衡表和流量表的描述，为森林核算构造了一个相对比较完整的框架。

（三）联合国粮食及农业组织《林业环境与经济核算指南》的评价体系

2004 年，联合国粮食及农业组织林业司组织编写了《林业环境与经济核算指南——跨部门政策分析工具》，旨在帮助成员国开展林业环境与经济核算，并将林业环境与经济核算作为一种政策分析工具，特别是运用于跨部门的政策分析，以促进林业与相关部门之间的信息交流，制定有效的国家林业政策和林业发展规划，实现森林的可持续经营。该文件指出核算内容包括资产核算和流量核算及备忘项目（表4-2），并首次提出核算森林年产出，分列了市场化、近市场化和非市场化的产出，并且量化分析森林年产出的受益者及对其经济贡献，这为制定可持续森林经营政策提供操作性强的参考依据。

表 4-2 FAO 指南森林核算内容框架

核算内容	主要指标
森林资产核算	林地：按土地面积和经济价值核算
	林木：按蓄积量和货币价值核算
流量核算	林业和采伐业产品、非木质林产品、森林服务、木材产品、林业和相关产业供给使用表、森林退化、环境退化
森林管理和保护支出	政府支出，私营部门支出
宏观经济总量	森林耗减和退化价值、国民财富的计量
备忘项目	就业、收入、非木质林产品和服务出口、依靠非木质林产品的家庭户数、森林开发经营权、立木费和其他税，林业和相关产业的补贴、投入资产：用于为林业、采伐、旅游和其他林业用途修建的道路、建筑和设备

FAO 指南在一定程度上可视为欧盟版本的进一步修订，其理论方法的基本思路更加明确，除了理论方法之外，其贡献是将森林核算体作为一个跨部门分析工具予以开发，正像该文本所声称的，其目的在于填补森林核算文献方面的主要空白：如何将森林核算应用于政策分析，特别是用于评估部门间政策联系；如何阐明发展中国家在构建森林核算时所面临的特殊问题。以下对这 3 份国际方法文献予以介绍，同时简要介绍各国森林核算的实践，以便总结对中国建立森林核算体系所具有的借鉴意义。

（四）联合国千年生态系统评估的评价体系

自 2000 年起，联合国组织开展了历时 5 年的千年生态系统评估（MEA），提出了生态系统具有 4 类服务，即支持服务、供给服务、调节服务和文化服务，并分别从区域和全球尺度对各类生态系统进行了评估，其目的是为 21 世纪有效地管理地球生态系统提供决策信息。联合国千年生态系统评估研究项目，针对全球生态系统开展的多尺度、综合性的评估，提出了生态系统与人类福利之间的关系框架，并建立了多项方法，将森林的生态服务分为支持服务（养分循环、土壤形成等）、供给服务（食物、淡水、木材、燃料等）、调节服务（调节气候、洪水、疾病、水质等）、和文化服务（美学、精神、教育、休闲价值）。其宗旨是针对生态系统变化与人类福利之间的关系，整合了现有的科研数据。其中安全包括人身安全、资源安全和免于灾难。物质需求主要包括食品、住所及其他商品的获取，健康包括体力和精神的舒畅，社会关系包括社会凝聚力、相互尊重、帮助别人等。MEA 的实施推进了全球生态系统服务评价研究的发展，由此向更深与更广泛的领域拓展。

三、我国森林价值核算的探索与实践

森林资源总价值由直接使用价值和间接使用价值构成。通常认为，其直接使用价值指林地、林木价值，间接使用价值指森林环境服务功能价值，如涵养水源、保养土壤、固碳释氧、净化环境、森林防护、森林游憩、生物多样性等。SEEA-2003 建议的绿色 GDP 的森林核算的内容主要包括林地、林木林产品、森林管理与保护活动支出和其他（森林生态植物、自然保护区、森林固碳能力、森林年龄结构、森林健康状况和生物多样性等）。侯元兆等（2002）认为，森林资源核算应包括 4 部分：林业用地核算；林木核算；森林生态资源核算，包括涵养水源、保育土壤、固碳制氧、调节环境、生物多样性、防护效能；森林社会效能核算，包括景观游憩机能、社会就业效能、国防效能、科学文化价值、改善投资环境价值、防灾减灾价值（表4-3）。

表 4-3 绿色 GDP 森林核算的价值体系

核算项目	备注
林地价值	收益
+林木价值	收益
+森林生态价值*	包括涵养水源、保育土壤、固碳制氧、调节环境、生物多样性、防护效能
+森林社会价值*	包括景观游憩机能、社会就业效能、国防效能、科学文化价值、改善投资环境价值、防灾减灾价值
一森林资源损耗价值*	
一森林资源降级价值*	
一森林资源恢复费用	
一防止生态环境降级费用	
绿色 GDP 森林价值	

*核算的难点。

关于森林资源核算的理论，张颖（2003）认为主要依据劳动价值论、效用价值论、生态补偿论。针对森林环境服务价值评价问题，为实现森林生态效益货币的内部化和科学化，郎奎建（2003）构建了森林生态效益的"市场逼近理论"，根据森林生态效益和它的替代商品效能的相似性和价格的可替代度等，采用数值逼近的方法，确定森林生态效益市场逼近系数的基本法则和数学模型。

森林生态、社会效益的经济评价是建立在自然资源有价论、环境资源有价论和森林多价论及西方经济学效用论、福利经济学基础上的，评价的方法主要有支付意愿法、替代工程法、生产率变动法、成本费用法和影子价格法等。

支付意愿法是直接向消费者调查，提出条件让消费者选择在此条件下的行为，以掌握消费者对生态服务的支付意愿和其他倾向，推算消费者剩余，对森林环境价值进行核算。

生产率变动法是指用森林生态效益的实际效果来评价其价值，用有林和无林时所造成的外界的生产率的变动来评价。

成本费用法是用以达到森林涵养水源生态效益的森林培育、经营、管理等措施所发生的实际费用来推算。

替代工程法又称影子工程法、等效益替代法。以市场价进行施工，达到与森林生态效益同样的效果的工程为影子工程，按照工程的造价来核算森林环境价值。

影子价格法是指将森林生态效益的结果，如涵养水源的数量，以市场上同种商品的价格为其影子价格来进行核算，影子价格的推算以修正的柯布-道格拉斯生产函数来计算。

森林环境服务价值主要包括保养土壤、涵养水源、固碳释氧、净化环境、森林防护、森林游憩、生物多样性，下面根据现有的文献对其进行分述（表4-4）。

表4-4 绿色 GDP 森林核算的文献综述

核算类型	文献	基本核算内容
森林保育土壤价值核算	聂华（2001，2002）	森林保育土壤价值应包括：①森林保育土壤，减少土壤侵蚀的价值；②森林防止泥沙滞留与淤积的价值；③森林减少土壤肥力流失的价值；④森林防止水与空气质量下降的价值；⑤森林培育土壤的价值；⑥森林防沙治沙的价值；⑦森林减少自然灾害损失的价值
森林涵养水源价值核算	姜文来（2003）	森林涵养水源价值包括森林蓄水价值、森林调节径流价值和森林净化水质价值：①森林蓄水价值（土壤蓄水估算法）等于森林的降水储存量乘以单位蓄水费用；②森林调节径流价值等于（替代工程法）森林的拦洪量，相当库容的水库修建费
森林固碳释氧价值核算	刘璨（2003）	估计出固碳的总量，并采用效益转移方法确定森林固碳和释氧的支付意愿，以此评价森林固碳的价值
森林净化环境价值核算	黄艺（2002）	森林净化环境价值主要包括净化空气、阻滞粉尘、杀灭病菌、降低噪声等。采用人力资本法、健康费用方法对森林净化大气价值进行估算
森林防护价值核算	孟祥江（2011）	森林的防护功能主要体现在改善小气候、抵御狂风和防止沙漠化上。对一定区域森林的防护价值进行估算，具体包括：①农田防护林防护价值；②防风固沙防护价值；③牧场防护林防护价值；④沿海防护林防护价值；主要估算方法有生产函数法、生态因子回归法、防护费用法等
森林游憩价值核算	陈海和康慕谊（2003）	森林游憩常用的估价方法：①费用支出法。以游客为获得森林游憩服务而实际支出的各种费用为森林游憩价值；②旅行费用法。利用旅游者的旅游成本来反映游憩地的价格，借以推算出对游憩地的需求价值；③条件价值法。应用模拟市场技术，先向被调查者提出一个假设存在的"森林游憩效益"交换市场，获取人们对于该游憩效益市场的平均支付意愿
森林生物多样性价值核算	张颖（2003）	森林生物多样性价值评价方法主要有机会成本法和支付意愿法

四、研究的难点与问题

在国家环保局和国家统计局等开展的绿色 GDP 核算研究中已经开始了对森林环境价值的核算，但在 2006 年发布的报告中没有将这部分价值纳入，只纳入了污染造成的损失的价值。与我国政府绿色 GDP 核算的"只减不加"不同，国外森林的绿色 GDP 核算主要表现为"只加不减"，即很少核算森林环境衰退等造成整个森林生态和社会效益退化而减少的价值，仅有的是对森林火灾和病虫害造成的随机损失的估计，这种损失存在较大的偶然性和年度波动。大多数的研究人员核算了当前森林发挥的正的效益价值，其中森林的生态效益和社会效益的货币评价是热点。

问题一：森林生态、社会效益的物理量的计量较难。一方面，森林资源是有生命力的，在不断生长繁育中，其发挥的生态和社会效益在动态变化中；另一方面森林资源的生态效益发挥存在区域差异、林种差异、树种差异，而且受到社会经济因素的影响。于是造成森林生态、社会效益物理量的计量非常繁杂，甚至有的效益用现有的人类技术无法计量，从而制约了对其货币核算。

问题二：绿色 GDP 森林核算方法未标准化。表现为：①森林生态、社会价值的核算方法没有统一；②尚未建立统计意义上可行的绿色 GDP 森林核算的指标体系。联合国粮食及农业组织的《林业环境与经济核算指南——跨部门政策分析工具》可用于参考，但当前我国对 SEEA 的掌握和利用还不扎实，要让 SEEA 和我国的统计体系对接，建立我国绿色 GDP 森林核算体系还需要一段时日。

问题三：绿色 GDP 森林核算制度不健全，限制了核算的应用。森林绿色 GDP 概念提出至今，之所以没有从理论到实践取得突破性进展，除了森林绿色 GDP 核算技术与方法的复杂性之外，森林绿色 GDP 核算的相关法规制度不健全也在一定程度度上阻碍了森林绿色 GDP 核算的进一步发展，这主要体现在与森林相关的环境、统计法规不健全，森林核算的成果的应用机制还没有建立。于是就出现了有的地区盼望绿色 GDP 森林核算，有的地区却对核算不积极。

森林的公益机能包括许多方面，所起的作用也是错综复杂的。定量评价起来就带来了极大的难度。从定性到定量，研究开发适当的评价手法备受世人关注。另外，森林本身就是环境的重要组成部分，应该考虑动态的、非常交叉综合的评价手法，这是极其困难的，加上有些指标不能用货币价值衡量，而且，光是货币经济价值本身不能表现出生态系统的全貌和森林的整体作用。这些多对森林供给的产品的定量评价提供了可探索的空间。

第三节　公共经济学理论与政府调控理论

西方经济学把所有经济主体分为两大类，公共部门、私人部门，前者是指政府及其附属物，后者是指企业和家庭。无论是政府还是企业和家庭，都以各自的方式参与国民经济的运行，影响着国民经济的发展。市场由于信息不对称、公共产品、垄断、外部性等原因，会出现失灵的现象。如何弥补市场失灵的重担自然就落到了政府的身上，政府可以弥补市场的失灵与不足。在市场经济的作用下，政府的作用主要表现在提供公共服务、维护市场秩序、影响收入分配、优化资源配置、稳定宏观经济等方面。公共经济学就是专门研究政府经济行为规律的科学，它是经济学的分支学科，论述各级政府部门和公共组织的存在意义和行为，回答政府需要做什么，以及应该怎么做的学科。公共经济学是政府调控的理论基础。

森林生态效益具有无竞争性和无排他性，也无法分割，无法按任何比例划分给社会成员，因此这种公共产品的供给存在市场失灵的现状。尤其是这种公共产品与一般的公共产品不同的是，它还突破了地域和国家的界限，成为全球性公共产品。特别是从森林中分离出来的生态公益林，是以生态功能利用为主要经营目的森林，更是典型的公共物品。关于全球性质的公共产品供给的理论，是近些年来新出现的事物，目前开展研究的见之不多，应用公共产品理论分析森林供给问题，是考察森林供给最有效的理论工具之一。

一、公共产品理论对森林供给问题的分析

公共物品是指公共使用或消费的物品。公共产品是指公共物品的具体形态。经济学界公共服务行为时，通常以公共产品理论来研究。这里我们以通常意义的公共产品理论来分析。

按照保罗·萨缪尔逊（Paul A Samuelson）在《公共支出的纯理论》中的定义，纯粹的公共产品或劳务是这样的产品或劳务，即每个人消费这种物品或劳务不会导致别人对该种产品或劳务消费的减少。而且公共产品或劳务具有与私人产品或劳务显著不同的 3 个特征：效用的不可分割性、消费的非竞争性和受益的非排他性。而凡是可以由个别消费者所占有和享用，具有敌对性、排他性和可分性的产品就是私人产品。介于二者之间的产品称为准公共产品。

既然市场机制在提供公共物品方面是失灵的，政府的介入就成为必要。但是政府介入公共物品的供给，并不等于政府生产所有的公共物品，更不等于政府完全取代公共物品的市场。政府可以通过直接生产公共物品来实现，也可以通过某种方式委托私人企业的间接生产方式来实现。前者包括中央政府直接经营、地方政府直接经营和地方公共团体经营等 3 种情形；后者包括签订合同、授予经营权、经济资助、政府参股、法律保护私人进入、社会资源服务等 6 种情形。此外，BOT（build-operate-transfer）方式作为一种新兴的公共物品提供方式，是指政府通过契约授予私营企业（包括外国企业）一定期限的特许专营权，许可其融资建设和经营特定的公用基础设施，并准许其通过向用户收取费用或出售产品以清偿贷款，回收投资并赚取利润；特许权期限届满时，该基础设施无偿移交给政府。

在对准公共产品的消费中，存在一个"拥挤点"。即当消费者的数目增加到该拥挤点之前，每增加一个消费者的边际成本是零；而达到该点之后，每增加一个消费者的边际成本开始上升；当达到容量的最大限制时，增加额外消费者的边际成本趋于无穷大。"俱乐部经济理论"对准公共产品的拥挤性进行了分析。该理论认为消费同一社区的公共产品的消费者为同一俱乐部的"成员"，其中每个成员对于该俱乐部范围内的既定数量与质量的公共产品的消费效用都是其他成员消费该公共产品的函数。帕累托最优条件要求：俱乐部的任何成员在其消费公共产品时所获得的收益必须大于或至少等于它使用其他成员所负担的边际成本总额。

由于人们对于公共产品的购买方式异于私人产品，在自利原则驱使下，消费者总是希望不断地扩大公共产品的范围，以便免费或者少付费来享受更多的社会福利。这种搭便车的消费心理，造成了对公共产品消费的一种福利"刚性"。这种福利刚性在福利国家和社会主义国家普遍存在。由于公共产品的特殊性，导致市场机制决定的公共产品供给量远远小于帕累托最优状态。先后出现庇古均衡、林达尔均衡、萨缪尔逊均衡和马斯格雷夫均衡等4种主要的公共物品均衡模型对公共产品的供给问题进行研究。最终可以得出如下结论：区别于私人产品的帕累托最优要求个人边际替代率等于个人边际转换率，公共产品的帕累托最优要求所有人的"公共"边际替代率总合等于边际转换率。

我们来分析森林所能提供的产品情况。

（1）私人产品是具有竞争性和排他性的物品，竞争性指增加一个消费者，需要减少任何其他消费者对这种产品的消费。排他性指产品一旦生产出来，付费才可以使用。私人物品可以完全商品化，全部进行市场交易。私人产品可以分成两类，即纯私人产品和俱乐部产品。纯私人产品是指那些同时具备排他性、竞争性特征的产品，包括大多数私人产品。此外，还有一类称为"俱乐部产品"，这是指在某一范围内由个人出资，并在此范围内的所有个人都可以获得利益的产品，如消费合作社等。森林供给的木材及非木材林产品是私人产品，人们需要在市场中进行购买才能享用。

（2）纯公共产品是指那些为整个社会共同消费的产品。严格地讲，它是在消费过程中具有非竞争性和非排他性的产品，是任何一个人对该产品的消费都不减少别人对它进行同样消费的物品与劳务。此类产品增加消费者不会减少任何一个消费者的消费量，增加消费者不增加该产品的成本耗费。它在消费上没有竞争性，属于利益共享的产品。纯公共产品还具有非分割性，它的消费是在保持其完整性的前提下，由众多的消费者共同享用的。广义的公共产品既包括物质方面的公共产品，又包括精神方面的公共产品。纯公共产品一般由政府提供。森林大多的生态效益都属于纯生态产品，现阶段无市场交易，效益全部为外部性。它带给人民生态安全，公民享用生态环境不需花钱。公益林所发挥的生态效益是一种无形效用，不能储藏和移动，生产者难以对其进行控制，因此无法迫使受益者偿付了补偿费后才享用其生态效用。

（3）准公共产品是指具有有限的非竞争性或有限的非排他性的公共产品，它介于纯公共产品和私人产品之间，如教育、政府兴建的公园、拥挤的公路等都属于准公共产品。准公共产品具有公共物品性质，外部性极大，极小部分可以进行回报。对于准公共产品的供给，在理论上应采取政府和市场共同分担的原则。森林中的准公共产品包括森林生态供给，效益显著，但仅有少量回报，获得生态效益补偿。因此，获得了补偿的公益林属于准公共物品。

（4）混合产品是介于私人产品和公共产品之间的，即具有公共产品性质，可以进行商品化的产品。如森林提供的一些社会服务，包括医疗保健、林业科学研究、教育科普等，有的可以进行市场交易。例如，野生动物园提供的公众观览，可以售出门票等；但同时也有的不进行市场交易，提供免费服务，因此又具有公共产品性质，以上产品是混合产品，可能根据不同的政策和条件偏向私人产品或公共产品，这取决于不同的条件。准公共产品与混合产品的区别在于，前者在市场充分发育条件下也只能部分进行交易，而后者则是在市场发育充分和规则清晰的条件下可以进行交易（图4-2）。

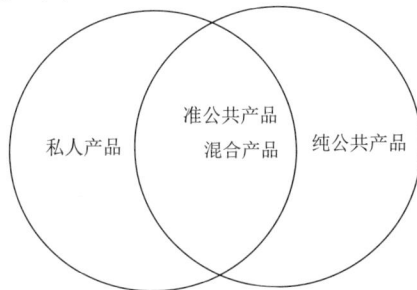

图4-2　森林供给性质分类图

根据以上分析，把森林供给的产品类型，分为有私人产品、纯公共产品、准公共产品、混合公共产品四大类。设想在完全理想化的条件下，对森林的供给产品进行如下分类（表4-5）

表4-5　森林的供给产品分类

供给类别	产品与服务	功能描述	产品性质	备注
经济	木材生产	木材	私人产品	完全理想条件下
	非木产品生产	森林食品、松香等	混合产品	
生态	水源涵养	调节水量	纯公共产品	
		净化水质	纯公共产品	
	土壤保育	固土	纯公共产品	
		保肥	纯公共产品	
		减少泥淤积	纯公共产品	
	固碳制氧	固碳	纯公共产品	碳交易市场的形成，说明纯公共产品也可能进行市场交易
		制氧	纯公共产品	

续表

供给类别	产品与服务	功能描述	产品性质	备注
生态	生物多样性	野生动植物保护	纯公共产品	无法市场交易
	防风固沙	农业防护	纯公共产品	
		灾害防护	纯公共产品	
	调节气候	降温节能	纯公共产品	
		增温节能	纯公共产品	
		控制风速	纯公共产品	
		控制降水	纯公共产品	
	环境净化	提供负离子	准公共产品	
		吸附污染物	准公共产品	
		滞尘	准公共产品	
		挥发性有机物（VOC）释放	准公共产品	
		杀菌	准公共产品	
	降低噪声		纯公共产品	
	减少光污染		纯公共产品	
社会服务	创造就业		混合产品	收益内部化、外部化均有
	科学研究		混合产品	
	教育科普		混合产品	
	医疗保健		混合产品	
	促进投资消费		混合产品	
	精神文化		纯公共产品	难以计量交易。宗教、习俗、文艺、地方特色
	景观游憩		混合产品	

　　从以上分析可看出，森林供给真正能做到完全私人产品的，微乎其微；完全补偿也很难实施。倒是以政策刺激私人供给森林（公共物品），或虽由政府提供，但建立合理的私人经营机制，是较可行的思路。这主要是由于森林生态经济复合系统的开放性和整个系统对于人类供给的无弹性所决定的。鉴于此，经济、生态、社会系统的理论工作者和管理者应有清醒的认识，那种认为单纯从某一角度出发，凭借单一方面的力量就能够保护人类生存的生态系统是完全理想化的。

二、外部性理论对森林供给问题的分析

　　市场机制无法保障公益林的最佳供给，必须由政府干预对于具有外部经济性的物品，西方新古典经济学家认为外部性问题是市场失灵的原因之一。解决外部性的基本思路是让外部性内部化（internalize the externalities），即通过制度安排经

济主体经济活动所产生的社会收益或社会成本，转为私人收益或私人成本，是技术上的外部性转为金钱上的外部性，在某种程度上强制实现原来并不存在的货币转让。典型的办法有：①征税与补贴。对负的外部性征收税负，正的外部性给予补贴。征税可以抑制产生负的外部性的经济活动；补贴可以激励产生正的外部性的经济活动。这种用于消除负外部性的税收被称作庇古税（pigovian tax）。②科斯定理。如果存在产权划分，交易成本较低且参与人数较少的时候，人们可以通过私下谈判来解决外部性问题。③企业合并，使外部效益变为企业内部的问题。当前我国解决森林生态外部性的具体措施就是生态效益补偿。

目前，国际上对建立森林生态效益补偿制度已经有比较成熟的理论基础和现实行动。如美国较早就选择由政府购买生态效益，提供补偿资金来提高生态效益。日本的一些组织也建立了森林保护基金，以保护具有明显生态效益的森林。我国对森林生态效益进行补偿作为林业改革进程中的一项重要举措已被列入 1998 年《中华人民共和国森林法》，2001 年起设立"森林生态效益补助资金"，在全国 11 个省份开展森林生态效益资金补助试点，这标志着我国长期无偿使用森林资源生态价值的历史已经结束，开始进入一个有偿使用森林资源生态价值的新阶段，意味着我国森林生态效益补偿制度开始建立。2005 年，森林生态效益补偿工作在全国全面开展。森林生态效益的补偿实践对于林业生产起到了一定的促进作用，建立森林生态效益补偿制度不仅可以解决"公众受益，由少数人负担"的问题，也会改变"公益林受益对象不明确，无人投资，建设缓慢"的状况，有利于形成"谁受益、谁补偿、全社会受益、政府统筹、社会投入"的新型机制，使林业生态建设资金有一个较为可靠的来源保障。

国内关于森林生态效益补偿问题的研究自 20 世纪 90 年代中叶开始，到 21 世纪初该理论研究达到高潮。张耀启（1997）、宁哲和孙恒（2000）、陈钦等（2000）研究了补偿制度的必要性与可行性，王永安（1995）、周晓峰和蒋敏元（1999）研究了补偿的复杂性，刘璨（1999）、谢利玉（2000）、石德金和余建辉（2001）、杜小惠（2001）分析了补偿的标准，刘璨（1999）、石德金和余建辉（2001）讨论了补偿途径，徐益良（1999）研究了补偿资金的管理和使用，刘安兴（1997）、赵彤堂和李继武（1998）、吴水荣（2000）、杜小惠（2001）从区域或森林类型出发讨论其生态效益补偿，周国逸和闫俊华（2000）编著的《生态公益林补偿理论上实践》从总体上概述了生态效益补偿问题（陈勇和支玲，2005）。总的说来，现有研究多侧重于从外部性、公共产品的特性出发讨论森林的公益特性，从现实情况出发探讨森林生态效益补偿制度，达成了一定共识，取得了一定成果。

在森林生态效益补偿制度建立的同时还存在一定问题，我国森林生态效益的补偿主要依靠政府对林场的财政拨付，资金的来源为生态效益补偿基金，当然还有一些贷款贴息、发行彩票、市场补偿等方式尚在研究。目前，我国的市场经济体系和法律体系还处在进一步完善的过程中，建立完全成熟的森林多效益市场交换机制的条件还不具备，森林生态效益补偿还处于负补偿阶段，还没有形成适合我国国情的森林多效益市场交换的一揽子解决方案。在森林生态效益补偿工作过程中也存在一些问题，如森林生态效益补助资金的补助标准相对偏低、补偿额度较小；生态公益林补偿资金来源尚未理顺；补偿的范围还有局限，还未包括集体林和私人林，也未包括用材林；补偿资金在使用过程中监管方面的法律法规还不完善。另外，还存在公益林分类界定和保护补助政策相脱节、不同补助标准增加了操作上的难度、缺乏统一规范的会计核算和财务管理办法、个别地方配套政策难以到位等问题。

三、公共财政理论对森林供给的分析

西方经济学的开山鼻祖亚当·斯密（Adam Smith）于1776年发表了他的奠基之作《国富论》。基本上确立了公共财政理论的框架。恩格斯曾指出："他在1776年发表了自己关于国家财富的本质和成因的著作，从而创立了财政学。"自此之后先后经历了"历史学派"、"凯恩斯主义"、"货币主义"、"理性预期"、"公共选择"的兴衰。

在西方，国家与市场的关系是经济学的一个十分古老但又永新的话题。虽说公共财政就是市场经济下的财政，但财政是何时进入公共财政这个形态的，并不明确。从欧洲的经验看，所谓公共财政就是资产阶级革命之后，由以公共权力为基础，以法律为依托的财政取代了原来的王室财政之后所产生的一种理财形态，它是在"形态"这个层次上，作为王室财政的对立物而产生的。因此，可以理解，公共财政实际上所体现的是一种资产阶级民主制度、依法治国框架下的理财，而法制化的社会，规范的公共选择制度的形成则是公共财政赖以存在的基本依托。

在国内，随着社会主义市场经济体制的建立，对公共财政理论的研究和实践，基本形成了中国特色的主要理论观点。

（1）公共财政是与私人财务对应的概念，是对政府财政的客观要求。公共财政是与私人财务（财政）对应的概念，它是代表社会公共利益，为满足社会公共需要而进行的收支活动。这里的公共利益和公共需要是指广大民众的利益和需要。公共财政行为目的的社会公共性，是公共财政与私人财务的区别所在。从行为特征上看，公共财政是一种收入和支出活动，这构成公共财政与其他公共行为的本质区别。

（2）公共性是政府财政的一般性质。按照传统观点，公共财政是政府为社会提供公共产品的行为，它的产生和存在是市场机制天然存在的缺陷使然，也就是说，由于市场机制在配置资源方面有一些自身无法弥补的缺陷，因而需要政府出面通过提供公共产品的方式来对市场缺陷加以弥补。显然，这里是将市场经济当作公共财政存在的必要条件，也就是说公共财政是市场经济体制下政府财政的表现形式。

（3）公共财政的意义在于对政府财政职能进行了合理定位。它明确了政府财政的职责范围和主要功能，政强调纳入政府财政范围的应该是具有公共利益和公共需要的事务，对那些私人利益和个别需要，政府只能为其正常实现提供外部条件，而不必直接参与其实现过程。因为私人利益和个别需要有其自身的实现机制，个人对自身利益的追求使私人利益和个别需要的实现具备了充足的微观动力，因而政府不必直接介入其实现过程；同时，个别需要所体现出的千差万别的个体偏好，使政府不能直接参与其实现过程；此外，个别需要的实现完全可以按照等价交换的原则在个人之间进行，这种等价交换的过程一方面满足了购买者对商品物质形态的个别需要，另一方面则满足了售卖者对商品价值实现的追求。

根据以上 3 点，在公共财政理论框架下分析森林供给问题，应注意以下 3 点。

（1）公共财政体制下林业投入性质和机制转变。森林供给具有产业和生态的双重属性，具体经营活动归结为林业行业行为。因此，必然涉及公共财政体制下对林业投入性质和机制问题。林业投入是指投入林业的各种资财和要素的价值量。林业投资具有产业性和生态性的双重属性，因此，林业投入主要包含森工产业和林业服务业的资金投入的产业性投资，以及林业生态建设的营林资金投入，即生态性投资。广义上说，林业投入机制是林业建设发展和发展基金的运行管理模式及机制规划化形成的驱动力。具有包括林业投入的筹措机制、分配机制和投入方向形成机制。从资金筹集角度来看，我国林业投入来源主要依赖于中央和地方财政、银行贷款、相关企业、林业部门和单位，以及个人和国内外援助等，包含了政府和市场的两个投资主体。在不同的历史和发展阶段，我国对林业投入的规模、速度和方向需符合林业的发展规律。公共财政体制下分析林业投入的政府机制和投入方向的形成路径对林业发展的影响深远。随着我国社会主义市场经济体制的确立，林业投入方向也发生了深刻的变化，其中最为突出的表现是，生态性投资日益成为我国政府财政支出的重点领域之一，且支持力度逐渐加大。林业生态性投资财政机制的转变。为我国林业主导功能由产业型向公益事业型转变提供了相对宽松的发展环境。同时，受国家财政总量供给结构非均衡性影响，生态林业建设资金面临来自不同行业和不同领域的竞争，林业生态性资金总量需求和结构性供给矛盾突出，林业生态性财政资金投入占国家公共财政投入总量比例增长乏力。因此，在公共财政支出体制下，我国林业生态投入资金筹措关系到整体的森林供给问题。

（2）林业财政预算体系的建立。以森林经营为对象的林业，具有商品性和公共性的双重特征，必须根据具体项目进行公共部门的职能划分，划分好各级政府的事权，确定相应的财权，从而实现优化财政支出结构，提高财政支出效率。从林业财政支出的实践来看，林业的公益性发展和可持续性发展要求政府对林业进行干预。但这种干预是有一定范围的，即在林业市场失灵的领域进行干预。这就要求林业公共部门的职责是清晰的，且有规范的职能，否则在林业发展和建设实际运行中，林业财政支出效率责任主体的职能将会失效。政府职能的定位主要体现在两个方面，一是维护好市场正常运行机制，在市场失灵领域加以弥补，实现资源配置的平衡。二是规范政府公共部门的行为活动，建立一套直接约束机制，督促其履行好公共职能的组织目标，避免出现权力寻租行为。

（3）林业财政资源配置手段的运用。为了提高林业的资源配置效率，旧福利经济学主张利用税收来实现森林资源外部效益的内部化，解决财政资金的投入问题，以达到资源配置最大效率化；认为通过财政机制建立森林生态效益税，解决生态效益生产中所需的资金投入是最佳选择，即通过政府财政的积累和再分配替代具有外部性的生态林业的生产资金积累机制，从而形成资源的有效配置。这种通过财政机制以经济手段补偿或征税方式解决外部性的方式被称为庇古税。而新制度经济学派则坚持认为，市场机制在一定条件下可以解决一切问题，即在产权明晰的基础上通过市场交易就可以解决外部性问题。科斯的环境产权理论认为，如果森林资源的权属明确，则森林资源的培育可以获得额外的补偿，森林环境资源的受益者有义务对所获得的良好的生态环境进行补偿。在产权明确的前提下，森林生态效益量化的基础上可以通过市场交换实现其生产成本的弥补，保证资金通过市场形成资源配置的最佳效率。从广泛的公共财政理论看来，无论是哪种手段，都是财政配置资源的机制手段的运用，从现实情况看，应该采用多种手段综合运用。

第五章　中国森林供给的政策环境

森林不仅具有生态、经济、社会、文化和碳汇功能，而且是经济社会可持续发展的基础资源，是发展战略性新兴产业的未来制高点。由于森林提供的产品多样性、复杂性和不可替代性，加上其生态产品的公共性及外部性等特点，决定了森林产品供给不同于普通商品供给，完全依靠市场机制自发供给，必然会导致"公地悲剧"等缺失。实际上，任何一个国家和政府，对森林这种关系自然和社会经济平衡的重要资源，都有强力干预行为。运用法律和政策工具，在财政、货币、信贷、汇率等政策方面，纠补市场机制失灵，是各国的普遍做法。下面围绕我国未来5～20年森林供给的政策环境进行探讨。

第一节　有利环境

我国作为世界上最大的发展中国家，未来5～20年，要走和平发展之路，继续推进现代化建设，为实现到21世纪中叶的奋斗目标奠定基础。未来20年间，我国的工业化、信息化、城镇化、国际化将深入发展，人均国民收入将进一步增加，经济结构转型将加快，科技创新能力进一步增强，农业基础将进一步夯实，城乡区域发展将趋于协调，加之市场需求潜力巨大，资金供给充裕，劳动力素质得到改善，基础设施日益完善，体制活力得到增强，政府宏观调控能力较强，我国森林供给的经济社会环境将进一步改善。

纵观未来5～20年，有利的政策环境主要体现在以下几方面。

一、推动绿色增长和可持续发展

2012年11月召开的中国共产党第十八次全国代表大会提出了建设生态文明的部署，强调把生态文明建设放在突出地位，融入经济建设、政治建设、文化建设、社会建设各方面和全过程。这将对推动绿色增长，实施可持续发展战略，增加森林供给提供根本的政策保证和战略支持。中国政府明确林业"在贯彻可持续发展战略中具有重要地位，在生态建设中具有首要地位，在西部大开发中具有基础地位，在应对气候变化中具有特殊地位"。同时指出："实现科学发展必须把发展林业作为重大举措，建设生态文明必须把发展林业作为首要任务，应对气候变化必须把发展林业作为战略选择，解决'三农'问题必须把发展林业作为重要途径。"这"四大地位"和"四大使命"从根本上确立了林业在经济社会发展全局中的新地位，为加快林业改革发展，发挥林业的多种功能，增加森林供给，更好地为国家重大战略的实施提供政策保证和战略支持。

2013 年 11 月在北京举行的中国共产党十八届三次会议审议通过了《中共中央关于全面深化改革若干重大问题的决定》，提出全面深化改革的总目标是完善和发展中国特色社会主义制度，推进国家治理体系和治理能力现代化。更加注重改革的系统性、整体性、协同性，加快发展社会主义市场经济、民主政治、先进文化、和谐社会、生态文明。建立系统完整的生态文明制度体制，用制度保护生态环境。要健全自然资源资产产权制度和用途管制制度，划定生态保护红线，实行资源有偿使用制度和生态补偿制度，改革生态环境保护管理体制。这就使生态文明得到长期长期战略支撑。

从决策支持上看，政府和决策层面树立了绿色发展理念和可持续发展战略，推动绿色发展，促进人口、资源、环境协调发展，要求加快森林培育，增强森林的多种功能，进一步提升促进绿色增长的能力和水平。国家"十二五"规划、即将颁发的"十三五"规划提出了保护生态、遏制生态环境恶化的目标，使生态建设上升为党和国家的决策。

从政策支持上看，2002 年颁发的《中共中央国务院关于加快林业发展的决定》和 2008 年颁发的《关于全面推进集体林权制度改革的意见》明确了新时期加快林业发展、发展森林的若干重大政策，是扩大森林供给最重要的政策保证，将对生态建设的长期稳定健康发展，确保今后几十年森林资源供给和林业发展，最终实现秀美山川的宏伟目标提供根本保证。

从发展目标看，2011 年，中国国家主席胡锦涛在首届亚太经合组织林业部长级会议上再次重申，中国将继续加快林业发展，力争到 2020 年森林面积比 2005 年增加 4000 万 hm^2、森林蓄积量比 2005 年增加 13 亿 m^3，为绿色增长和可持续发展做出新贡献，这是对国际社会的庄严承诺。国家已将"十二五"时期的森林覆盖率、森林蓄积量列为约束性指标，明确提出，到 2015 年森林覆盖率达到 21.66%，森林蓄积增加 6 亿 m^3，达到 143 亿 m^3 以上，这是从总体数量和质量上提高森林供给的主要指标。国家林业发展"十二五"规划明确，到 2015 年新增沙化土地治理面积 1000 万 hm^2，国家级公益林保护面积达到 1.13 亿 hm^2，林地保有量达 3.09 亿 hm^2。

二、综合国力和财力的增强

综合国力和财力的增强，将为增加森林供给提供有力的资金投入和雄厚的物质基础。以 1978 年中国共产党的十一届三中全会为标志，我国进入了改革开放的历史新时期。30 多年来，我国经济社会的面貌发生了翻天覆地的历史性变化。国家统计局公布，30 年间我国经济实现了世界罕见的年均 9.8%的增长速度，经济总量由 1978 年的第 10 位上升到 2010 年的第 2 位。1978 年，我国 GDP 仅为 3645

亿元，人均国民总收入仅 190 美元，位居全世界最不发达的低收入国家行列。而 30 多年间，我国 GDP 年均实际增长 9.8%，大大高于同期世界经济年平均增长 3.0% 的速度。30 年多来，我国 GDP 居世界的位次由 1978 年的第 10 位上升到 2011 年的第 2 位，在世界上仅次于美国。

"十一五"时期和进入"十二五"以来，我国社会生产力快速发展，综合国力大幅提升，经济增长速度在 2003 年一举跃上 9%的平台后，一直沿着经济增长周期的上升轨道稳健前行。2003～2011 年，GDP 年均实际增长 10.7%，其中有 6 年实现了 10%以上的增长速度，在受国际金融危机冲击最严重的 2009 年依然实现了 9.2%的增速（图 5-1）。这一时期的年均增速不仅远高于同期世界经济 3.9%的年均增速，而且高于改革开放以来 9.9%的年均增速。经济总量连续跨越新台阶。2011 年，我国 GDP 达到 47.2 万亿元，扣除价格因素，比 2002 年增长 1.5 倍。经济总量居世界位次稳步提升。2008 年，GDP 超过德国，居世界第 3 位；2010 年，超过日本，居世界第 2 位，成为仅次于美国的世界第二大经济体。我国经济增长对世界经济的贡献不断提高。特别是 2008 年下半年国际金融危机暴发以来，在世界主要经济体增长明显放缓甚至面临衰退时，我国经济依然保持了相当高的增速并率先回升，成为带动世界经济复苏的重要引擎。我国经济总量占世界的份额由 2002 年的 4.4%提高到 2011 年的 10%左右，对世界经济增长的贡献率超过 20%。根据国务院发展研究中心的分析，未来 10 年我国经济可望保持年均增长 6.5%～7.5%。

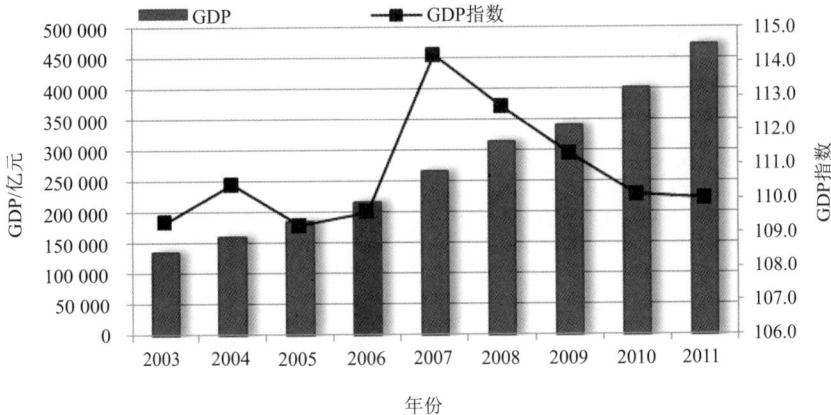

图 5-1 2003～2011 年我国的 GDP 及其 GDP 指数（上年=100）
数据来源于国家统计局（2012）

伴随着国民经济的快速增长，我国国家财政收入持续增加。全国营林投资额从 1990 年的 10.1 亿元增长到 2008 年的 836.6 亿元，年均增长 27.8%；其中，2008 年国家投资营林固定资产达 501.4 亿元，是 1990 年的 109 倍。自 1994 年税制改革以来，年均税收 1400 多亿元，税收持续增长，2005 年，我国税收收入首次突破 3 万亿元。"十五"时期我国财政收入不断取得新突破。到 2010 年，财政收入达 83 080 亿元，其中，税收收入 73 202 亿元，增加 13 680 亿元，增长 23.0%（图 5-2）。

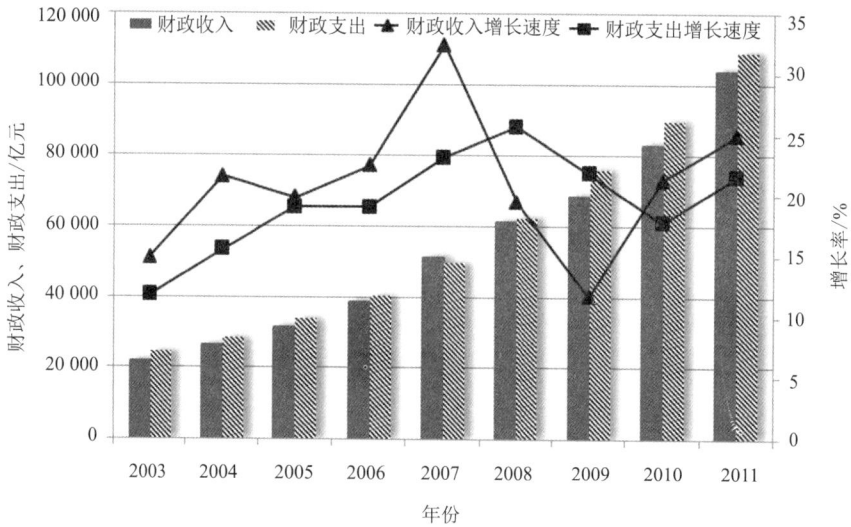

图 5-2 2003～2011 年我国的财政收入/财政支出及其增长速度

数据来源于国家统计局（2012）

　　国家财政收入的快速增加，为扩大政府公共投资，加大森林供给，扩大生态建设投入提供了可能。公共财政对林业的投入逐年增加（表 5-1）。据统计，1949～1999 年，中央对林业的投资为 243 亿元，年均约 5 亿元；近 10 年来，国家财政对林业投入大幅度增加，国家对林业投入 2979 亿元，其中，中央基本建设投资 479 亿元，中央财政专项资金 2500 亿元；地方政府投入林业资金达到 1900 亿元。林业利用外资总规模为 39.13 亿美元，林产品对外贸易总额 3549 亿美元。

表 5-1 林业总投资及重点工程投资情况（1950～2008）

时期	林业总投资/亿元	林业总投资中中央投资比重/%	林业重点生态工程投资/亿元	林业重点工程投资占林业总投资比例/%	林业重点工程中中央投资比例/%
三年恢复时期	0.82	1.00	—	—	—
"一五"时期	7.69	1.00	—	—	—
"二五"时期	25.17	0.87	—	—	—
三年调整时期	22.57	0.85	—	—	—
"三五"时期	30.57	0.73	—	—	—
"四五"时期	45.78	0.64	—	—	—
"五五"时期	51.71	0.62	—	—	—
"六五"时期	83.73	0.43	—	—	—
"七五"时期	128.44	0.40	—	—	—
"八五"时期	278.18	0.36	50.57	0.18	0.31
"九五"时期	749.90	0.46	281.18	0.37	0.64
"十五"时期	2164.82	0.73	1481.95	0.68	0.86
"十一五"时期	2431.34	0.67	1483.24	0.61	0.67

注："—"表示无该数据。数据来源于 2009 年中国林业发展报告（国家林业局，2009）。

最为关键的是，随着社会主义市场经济的深化和政府职能的转变，国家财政投资已从生产经营性领域逐步退出，而向社会公益事业、国家基础建设设施、非盈利的社会发展长远项目上转移，对生态的投入纳入公共财政体制，为确保森林供给具有长期稳定的投入政策奠定了基础。

一是初步建立了一套职责权利划分明确、资金多方来源的体制。按照事权、财权划分的原则，明确了中央政府与地方政府之间的职责、权限、收支划分，明确了哪些建设内容应该进入中央公共财政体系，哪些应该进入地方公共财政体系。国家预算内基本建设资金、财政资金、农业综合开发资金、扶贫资金、以工代赈及外资等资金的使用，都把加强森林植被建设、治理水土流失、防治荒漠化、生态保护作为重要内容，优先安排，并逐步增加各项资金投入比重，国家投资用于林业的比例大幅增加；森林资源管护、野生动植物资源保护、森林病虫害及火灾的防治、中龄林抚育等方面的经费列为财政经常性预算项目。

二是建立了分类经营的投入机制。国家从 2001 年起，建立生态补偿制度。按照分类经营的要求，根据森林多种功能和主导利用的不同，将森林划分为公益林和商品林两大类，对生态公益林实行生态补偿。并在此基础上分别对公益林和商品林的建设和管理建立不同的体制和实施不同的政策。把生态公益林落实到地块和每个经营主体。作为公共产品供给者的政府，从中央和各级地方财政中拿出专项基金，设立森林生态补偿基金，并分别纳入中央和地方财政预算，逐步增加资金规模。根据财政部和国家林业局联合发布的《中央财政森林生态效益补偿基金管理办法》（财农字〔2007〕7 号）的规定，截至 2007 年，中央财政对 4453 万 hm^2 重点公益林实施了补偿，每年投入中央补偿基金 33.4 亿元，累计投入 133.4 亿元。2009 年，国家进一步提高对国家公益林的补助标准，决定从 2010 年起对属集体林的国家级公益林，中央财政补偿基金补偿标准由每年每亩 5 元提高到 10 元。中央财政森林生态效益补偿政策的实施，带动了地方公益林建设和地方森林生态效益补偿基金制度的建立，截至 2008 年年底，全国共有 26 个省（自治区、直辖市）建立了地方森林生态效益补偿制度。

三是减轻林业税费负担，促进林业的自我积累和发展。根据"多予、少取、放活"的方针，国家对森林资源有关的培育事业实行经济扶持政策，实行一定程度的税费减免优惠。主要有取消林产品的农业特产税；对林区"三剩物"和次小薪材为原料生产的加工产品，实行增值税即征即退；对林业初加工产品按初加工农产品对待，实行同步抵扣；对进口种子、种畜、鱼种和非盈利性野生动植物免征进口环节增值税；由农民投资营造的生态公益林，国家除给予必要的管护补贴外，通过卫生伐和更新伐所取得的收入全部归投资者所有，并免征一切税收；改革育林基金征收使用办法，国家对现在育林基金负担的公共支出，予以保证。这些政策从根本上减轻了森林产品供给者和经营者的负担，有利于林业的持续增长和长期发展。

"十一五"期间的 5 年来，中央对林业建设总投资达 2538 亿元，平均每年投入约 508 亿元。2010 年，中央投入林业资金 944.96 亿元，林业系统实际到位各类建设资金 1662.56 亿元，其中，中央林业资金以工程资金形式投入天然林资源保护工程、退耕还林工程、重点防护林体系建设工程、京津风沙源治理工程、野生动植物保护及自然保护区工程等五大林业重点生态工程占全部中央林业资金的47.08%。

三、法律体系和执法体系不断完善

法律体系和执法体系的不断完善，将为巩固扩大森林资源成果提供强大的法制保障。改革开放以来，我国颁发了《中华人民共和国农业法》、《中华人民共和国森林法》、《中华人民共和国草原法》、《中华人们共和国环境保护法》、《中华人民共和国野生动物保护法》、《中华人民共和国矿产资源保护法》、《中华人民共和国防沙治沙法》、《中华人民共和国农村土地承包法》等 13 部生态环境方面的法律。同时，国务院发布实施了《关于开展全民义务植树运动的实施办法》、《森林和野生动物类型自然保护区管理办法》、《森林法实施细则》、《森林采伐更新管理办法》、《森林防火条例》、《森林病虫害防治条例》、《陆生野生动物保护实施条例》、《植物检疫条例》、《自然保护区条例》、《野生植物保护条例》、《植物新品种保护条例》、《森林法实施条例》、《退耕还林条例》等。地方性相关法规和规章达 300 多件，形成了比较完善的法律法规体系。近年来，根据新的情况，国家对这些法律又重新进行了修改、补充和完善。这将为巩固森林资源成果提供强大的法制保障。

我国的林政管理、森林公安、野生动植物保护、森林防火、植物检疫等方面的执法机构和队伍也不断完善。截至 2008 年，全国森林公安机构达 7000 多个、公安干警 6 万多名、森林病虫害防治检疫机构 3000 多个、林业植物检疫员 2 万多人，还建有 3 万多个乡镇林业工作站、4300 多个木材检查站、850 多个检疫检查站等行政执法机构，共有执法人员约 20 万人（国家林业局，2008）。通过把好入门关，经常不断地抓好执法人员的学习和培训，建立激励机制，奖优罚劣，强化考核机制等，促进执法水平提高。

严肃执法、严格监管，将为保护森林资源提供有力保障。近些年来，林业主管部门加强与公安、工商、海关、监察、环保和检法部门的合作，坚决做到有法可依、有法必依、执法必严、违法必究，形成依法治林的强大合力。随着依法治国进程的推进，严肃执法、严格监管成为健全法制体系的必然要求。例如，森林公安实行案件报告制度和案件督办制度，对影响重大的案件，实行重点对象挂牌治理，领导挂牌督办，限期查结，有力地打击了各种犯罪活动。再如规定，对所辖区域发生的破坏森林资源案件，及时发现、上报。对查处林业案件不力的，下达督办通知书，案件管辖单位在限定时间内办理完毕并报告处理情况。实行错案追究和赔偿责任制度，对不负责任，造成有法不依、执法不严的，追究执法人员的责任；对违法办案造成侵犯当事人合法权益的，依法承担赔偿责任和其他法律责任。这些措施的推进提高，将使"执法不严、违法难究"的现象得到根本改观，森林资源的成果将得到更加有效的保护。

四、建设社会主义新农村和城市化进程的加快

建设社会主义新农村和城市化进程的加快，将为增加森林供给、改善城乡生态环境提供重要机遇。建设社会主义新农村，是我国现代化进程中的重大历史任务，也是落实科学发展观、统筹城乡发展的重大战略举措。按照"生产发展、生活富裕、乡风文明、村容整洁、管理民主"的要求，推进新农村建设，国家将加大各级政府对农业和农村的投入，扩大公共财政覆盖农村的范围，为加强村镇绿化、平原绿化，实施绿色通道工程，加快生态村镇建设，搞好农村生态经济、循环经济，加快乡村生态建设和林业发展步伐提供了难得的机遇和重要条件。

加强新农村建设，将进一步加大农村生态建设力度。新农村建设包括新房舍、新设施、新环境、新农民、新风尚等方面，要求因地制宜地建设各具民族和地域风情的居住房，房屋建设符合节约型社会要求；完善基础设施，道路、水电、广播、电信等配套设施要俱全；生态环境良好、生活环境优美，尤其在环境卫生处理能力上要体现出新的时代特征；新农民、新风尚就是要移风易俗，提倡科学、文明、法治的生活观，加强农村的社会主义精神文明建设。农村要改变面貌，除了政府加大投入以外，也需要农村提高自身发展的能力，这就必须提高农业的综合生产能力，特别是要提高农业的附加值、科技含量。需要加大生态建设的力度，充分发挥森林在保障粮食增产、农民增收、人居环境改善方面的功能。

据国家统计局数据，2009 年我国城镇人口达 62 186 万人，城镇人口占全国总人口的比例为 46.6%。城市规模进一步扩大，城市经济实力进一步增强，经济效益提高，经济增长动力强劲。据综合分析经济增长潜力和人口增长，可以预测 20 年内城市化水平将提高到 60%左右。城市化进程的加快，将为林业开辟更加广阔的空间。纵观一些工业化国家发展的历程，在工业化初始阶段，农业支持工业、为工业提供积累是带有普遍性的趋向。但在工业化达到相当程度以后，工业反哺农业、城市支持农村，实现工业与农业、城市与农村协调发展，也是带有普遍性的趋向。国家合理调整国民收入分配格局，实行工业反哺农业，城市支持农村的方针。将给林业发展带来更大的发展空间。各地种粮农民首次享受到直接补贴，全面放开了主产区的粮食购销和价格，在全国范围内形成了粮食购销市场化和经营主体多元化的格局；明确将部分土地出让金用于农业土地开发；中央财政安排专项资金，对产粮大县实行转移支付。到 2011 年，我国实现粮食连续 8 年增产，年均增长 2.5%左右，2010 年，粮食产量达 54 641 万 t。国家又出台了进一步促进

农业科技创新的政策，保证粮食稳定增产、农民持续增收的政策，随着工业化、城市化的发展，通过城市对农村的反哺，工业对农业的反哺，使农业得到可持续发展的基础，林农将直接从中受益。

"十一五"以来，农、林、牧、渔各业在全面发展的同时，结构调整也不断深化，农产品优质率、生产集中度和加工转化水平明显提高。2010 年与 2006 年相比，农、林、牧、渔各业增加值中，种植业的主业地位得到进一步增强，农业所占比例由 56.4%上升到 58.2%，提高了 1.8 个百分点（全国绿化委员会，2011），这些都为加快农村生态建设提供了条件支持。

五、集体林权制度改革的深化

集体林权改革将进一步激发林农发展林业的积极性，为增加森林供给注入强劲的动力。我国现有林地 30 378.19 万 hm²，其中国有 12 131.58 万 hm²，占 39.94%，集体 18 246.61 万 hm²，占 60.06%，集体林权区域的森林、林地占全国资源状况的 60%。为深化集体林权制度改革，2008 年 6 月，中央和国务院出台了《关于全面推进集体林权制度改革的意见》（中发〔2008〕10 号文件）。2009 年 6 月，中央召开了新中国成立以来的首次中央林业工作会议，对集体林权制度改革做出全面部署，这项改革在全国范围内全面推开。改革的主要内容是"明晰产权、放活经营、减轻赋税、规范流转"。在明晰产权方面，以均山到户为主，把林地使用权和林木所有权承包到农户，组织勘界发证，在勘验"四至"（指某块地与四周相邻土地的界限）的基础上，核发全国统一式样的林权证，做到图表册一致、人地证相符。在放活经营方面，对商品林，农民可依法自主决定经营方向和经营模式；对公益林，在不破坏生态功能的前提下，可依法合理利用林地资源。落实处置权，在不改变集体林地所有权和林地用途的前提下，允许林木所有权和林地使用权依法出租、入股、抵押和转让；保障收益权，承包经营的收益，除按国家规定和合同约定交纳的费用外，归农户和经营者所有。

集体林改作为农村土地经营制度的又一轮改革，促进了资本向农村流动，带动了非公有制林业的发展，将为扩大森林供给和林业建设注入持久的动力。截至 2010 年底，已有 20 个省（自治区、直辖市）基本完成明晰产权、承包到户的改革任务，全国承包到户的集体林地 24.31 亿亩（林木蓄积 40 亿 m³），占总面积的 88.6%，发证面积 20.1 亿亩，占总面积的 73.4%，给 7260 万农户颁发了林权证。通过林改，一是激发了农民造林育林护林的热情，森林资源得到有效保护和发展，特别是集体林权制度改革与退耕还林、天然林保护等林业重点工程建设相结合，进一步提高了工程建设质量和效益。二是促进了林业产业的快速发展，社会就业渠道得到拓宽，林业成为新的投资热点，种苗培育、经济林果、竹藤花卉等产业不断壮大，森林旅游、木本粮油，以及林下种菌、种菇、种药、种菜等种植业和林下经济迅速兴起。三是增加了农民的财产和收入，农民群众得到巨大实惠。分山到户后，户均拥有森林资源资产近 10 万元。同时，林改促进农民开辟了新的致富门路，增加了生产性收入。四是调解了大量林权纠纷，农村不稳定因素得到有效改善。据统计，全国累计调解山林权属纠纷 80 多万起，调解率达 97%。

集体林权改革被誉为"农村土地改革的第二次革命"。改革的深化将进一步激发林农发展林业的积极性。一是明确规定林地承包经营权为用益物权，农民经营权、处置权、收益权的保护和落实，从法律上、根本上保证财产权的稳定性。二是明确规定林地承包期为 70 年，承包期届满还可继续承包，从而确保物权的长期性，实现"山定权、树定根、人定心"。三是明确不改变林地用途和依法自愿有偿的前提下，林地承包经营权人对林地经营权和林木所有权可采取多种方式流转，依法进行转包、出租，使林地经营权和林木所有权具有资本功能，可作为入股、抵押或出资、合作的条件，从而刺激资产的盘活和优化配置，提高资产的经营效益。

六、林业重大生态工程建设的加速推进

林业重大生态工程将继续发挥森林资源供给"航空母舰"的作用，成为增加森林覆盖的巨大载体。国家在 21 世纪前后实施了旨在维护国家生态安全、保证可持续发展的天然林资源保护工程、退耕还林工程、三北和长江中下游防护林工程、京津风沙源治理工程、野生动植物和自然保护区建设工程、重点地区速生丰产用材林等六大工程，经过"十五"、"十一五"计划两个国民经济和社会发展计划的实施，对整个国家生态建设的格局产生了历史性的影响，成为中国林业建设从以木材生产为主转向以生态建设为主的新时代的标志。六大工程实施范围涵盖了我国严重水土流失、风沙危害、物种丰富和生物多样性脆弱等生态建设的各个重点区域，覆盖了全国 97%以上的县，工程范围之广，规模之大为历史所罕见，构成了一个整治国土的整体架构。据统计，1999～2009 年，上述重点工程已完成造林 4167 万 hm²。2005～2009 年，人工林新增面积中 74.13%来源于林业重点工程。"十一五"期间，全国共完成造林面积 2529 万 hm²，其中，林业重点工程完成造林面积 1699 万 hm²（全国绿化委员会，2011），占 67.2%。

"十一五"期间，通过重大生态工程的实施，工程治理区域森林覆盖率大幅提高。天然林资源保护工程有效管护森林 1.03 亿 hm²，完成公益林建设任务 550 万 hm²。退耕还林工程完成造林任务 542 万 hm²。三北防护林体系建设工程完成造林任务 334 万 hm²，长江、珠江、沿海等防护林体系建设工程累计造林 200 万 hm²。无林少林的广大平原地区森林覆盖率提高到 15.8%，农田林网控制率达到 74%。全国完成沙化土地治理面积 1081.41 万 hm²，沙化土地由 20 世纪末的年均扩展 3436km² 变为目前的年均减少 1717km²，土地沙化趋势总体上得到初步遏制。对多种珍稀濒危野生动植物实施野外巡护、栖息地恢复、原生地和迁地保护、人工繁育和放

（回）归自然等措施，我国濒危野生动植物野外种群稳中有升。新建各级各类自然保护区 336 处，面积 364.22 万 hm²，全国林业系统已累计建立森林生态、湿地、荒漠、野生动植物等各级各类自然保护区 2035 处，总面积 12 352.76 万 hm²。新增国有林场 41 个、森林公园 530 个，全国已累计建立国有林场 4507 个、各级森林公园 2583 个（全国绿化委员会，2011）。

根据《国民经济和社会发展第十二个五年规划》，国家从总体上将继续实施林业重大生态工程。《林业发展十二五规划》确定 14 项林业重大生态工程。力求通过这些重点工程，改善生态状况，提高森林覆盖率和森林蓄积。森林资源发展的总体目标是，到 2015 年，完成新造林 3000 万 hm²、森林抚育经营（含低效林改造）3500 万 hm²（全国绿化委员会，2011）。根据"十五"、"十一五"的 10 年实施情况估计，重点工程一般完成总体任务的 70% 左右，则林业重点工程新造林将达 2100 万 hm²，森林抚育经营达 2450 万 hm² 左右。可见，生态工程仍是林业建设的主战场，是实现森林增长的主要载体。

天然林资源保护二期工程，将在长江上游、黄河上中游地区继续停止天然林商品性采伐，加强森林管护、中幼林抚育和公益林建设等；在东北、内蒙古等重点国有林区，进一步调减木材产量，加强森林管护、中幼林抚育和后备资源培育等。

退耕还林工程，将继续巩固已有退耕还林成果，并开展一定规模的退耕地造林、宜林荒山荒地人工造林和封山育林。

三北防护林体系建设五期工程，将按照不同区域功能定位，对重点建设区进行集中连片治理，规模推进，大力推进造林育林、封禁保护、更新改造、巩固提高，着力构建高效农田防护林体系、生态经济型防护林体系、防风固沙防护林体系和荒漠绿洲生态体系，构建北方防风固沙屏障。

全国沿海防护林体系建设工程将对重点区域消浪林带、海岸基干带、沿海纵深防护林进行重点建设和集中治理，构建沿海绿色生态屏障。

长江流域防护林体系建设三期工程将加大水源涵养林、水土保持林、护堤岸林建设力度，完善防护林体系基本骨架，提高整体防护功能。

珠江流域防护林体系建设三期工程将在南、北盘江流域，左、右江流域，红水河流域，珠江中下游流域和东、北江流域开展水源涵养林建设和水土流失及石漠化治理。

太行山绿化三期工程将在桑干河、大清河、滹沱河等 7 个流域营造水源涵养林和水土保持林，并加强五台山周围等重点区域治理。

平原绿化三期工程将以全国粮食主产省和粮食主产县为重点，加强农田防护林带建设为重点内容，开展人工造林、现有林网改造等高标准农田林网建设。

京津风沙源治理二期工程将强化治理区域和植被恢复，开展退耕还林、人工造林、封山育林和飞播造林等。

国家级沙化土地封禁保护区建设将在主要沙尘源和沙尘暴主要路径区，加强封禁保护，促进区内植被的自然恢复，减轻沙尘暴危害。

野生动植物保护及自然保护区建设工程，将加强重点地区自然保护区、自然保护小区和保护点建设，进一步完善自然保护区网络。

岩溶地区石漠化综合治理工程，将对南方石漠化土地进行综合治理，逐步恢复林草植被，开展生态移民，并发展经济林、中药材等生态经济型特色产业。

林业血防工程，将营造抑螺防病林，实行兴林、抑螺、防病综合治理，从根本上改变钉螺孳生环境，降低钉螺密度，有效压缩钉螺面积。

以上重大生态工程的实施，将大大增加森林供给总量，对改变中国生态脆弱的状况起到巨大的作用。

七、林地等资源保护和管理服务工作的进一步完善

林地等资源保护和管理服务工作的进一步完善，为森林供给和林业建设持续稳定快速发展提供可靠保障。保护林地，加强林地利用管理，是提升森林资源承载力，确保森林赖以生存和发展的根基。国家编制实施了《全国林地保护利用规划纲要（2010～2020 年）》，提出了确保到 2015 年森林保有量达到 20 795 万 hm² 以上的具体目标，同时正在分级编制省、县林地保护利用规划，明确林地范围、性质和权属并进行功能区划，落实林地保护各项目标、任务、措施和管理政策。要求严格保护林地，确保林地规模适度增加。严格保护森林，统筹区域林地保护利用，分区、分类、分级确定林地保护利用方向，合理调整天然林地和人工林地结构，对不同区域、不同类别林地实行差别化保护利用政策。科学经营林地，建立林地质量等级评价制度，确定适宜的森林经营目标和经营利用程度。加强规划实施动态监管，地方各级人民政府要对本行政区域的林地保护利用规划和林地用途管理负全责。到 2015 年，国家级公益林地达到 12 050 万 hm² 以上，重点商品林地达到 4200 万 hm² 以上。

在林地管理方面，未来将进一步加强和完善林地保护利用制度和政策。健全占用征收林地补偿和安置机制，严格林地用途管制，限制林地转为建设用地，对占用征收林地的依法办理审核手续；严格控制林地转为其他农用土地，禁止毁林开垦、挖塘等将林地转化为其他农用土地，在农业综合开发、耕地占补平衡、土地整理过程中，不得挤占林地。严格保护公益林地。临时占用林地期满后必须按要求恢复林业生产条件。经国务院批准的《全国林地保护利用规划纲要》提出，"十二五"期间，年均占用征收林地定额控制在 11.4 万 hm² 以内（国家林业局，2011a），同时引导节约用地，适度保障国家基础设施及公共建设用地，引导建设项目节约使用林地，控制城乡建设使用林地，限制独立选址的工业、矿产资源开发项目使用公益林地、天然林地和重点商品林地，规范商业性经营使用林地；制订禁止和限制使用林地项目目录。落实林地保护利用目标责任制，建立重点国有林区和国

有林场森林资源资产产权变动管理制度。

在资源管理方面，将建立健全保障森林可持续经营的采伐管理机制。严格实施"十二五"森林采伐限额；深化森林采伐管理改革，编制与实施森林经营方案，建立以森林经营方案为基础的森林采伐限额管理机制，控制天然林转化为人工林，打击木材非法采伐及相关贸易和超限额采伐等违法犯罪行为。优化完善国家级公益林政策体系，加强对国家级公益林政策执行和落实、动态调整及管护效果等情况的监管，确保国家级公益林在我国国土生态安全中发挥主导性作用。建立国家级公益林地籍管理体系、管理成效核查考评体系等。

在森林资源监督和林政稽查方面，全国网络化的监督稽查体系已经形成。经过多年建设，森林资源监督网络基本形成，能有效地依法对森林资源保护管理进行全过程、全方位监督，促进国家有关法律、法规和方针政策的贯彻实施；规范森林资源经营管理行为，遏制森林资源过量消耗，从而确保林业生态建设快速健康推进。自 1989 年以来，经中央机构编制委员会办公室批准，原林业部和国家林业局先后向全国派驻了 14 个森林资源监督机构，此后又新增派驻机构 7 个，实现了全国除香港、澳门、台湾之外的全覆盖。实行地方政府保护发展森林资源目标责任制，运用高新技术手段，提高森林资源执法检查的准确度和权威性；建立营造林综合核查、限额、林地、三总量（包括林木采伐总量、木材销售总量、木材运输总量）等常规检查和专项打击相结合的森林资源执法检查机制，建立和完善森林及野生动植物资源林政案件的举报查处制度和责任追究制度，加大林政执法力度，切实履行对森林资源、湿地资源、野生动植物资源、古树名木及自然保护区管理的监督职责。森林资源监管体系的健全将确保林业生态建设健康稳定发展。

在各级管理服务机构的建立方面，为管理提供基础支撑。各地相继建立了森林资产评估中心、伐区调查设计中心、科技法律服务中心等，为林业发展提供配套服务；引导经营者组建形式多样的权益自我保护、互利互助的民间机构；建立森林培育协会、林产品营销协会、护林防火协会等，构筑政府与经营者、经营者与市场之间的桥梁和纽带。地方林业管理和服务机构日趋完善。截至 2007 年年底，全国有乡镇林业工作站 30 851 个，其中，作为县级林业行政主管部门派出机构的工作站 8658 个，县、乡双重管理的工作站 12 012 个，乡镇管理的工作站 10 181 个。这些机构将为地方在培育森林资源，改善生态环境中发挥越来越重要的作用。

八、科学技术的进步和自主创新能力的提高

科学技术的进步和自主创新能力的提高，将为森林供给和林业实现新飞跃提供强大动力。当前，世界科技发展迅猛，新科技革命孕育着新的突破。我国已经明确了增强自主创新能力的战略，正在加快建设国家创新体系。就林业领域而言，科技主导未来林业发展的趋势已经明朗，林业科技革命将推动新一轮林业的飞跃。

具体而言，营林科技的进步，将显著改善我国造林水平，提高森林资源数量和单位面积蓄积量；育种技术的进步，将提高树种的适应能力和困难立地条件下的成活率；信息技术的应用，将提高我国森林监测的准确度，提高林业科学决策的能力；木材加工技术的进步，将降低资源消耗，提高产出水平。尤其是生物技术和信息技术、新材料技术的推广和应用，将使生态治理产生革命性的变化。

根据《现代林业科技发展"十二五"专项规划》，未来5～15年，林业将进一步实施科技兴林战略，提升创新能力，强化推广应用，以完善科技创新平台，突破核心关键技术，提高技术集成配套，加快建立国家林业科技创新体系，加大林业科技成果转化和推广应用力度，争取在新品种创制、森林经营、林业生物产业、信息技术、生态环境改善与治理、应对气候变化、区域林业等研究领域取得重大突破（科学技术部，2012）。

林业关键领域核心技术的突破将促进林业的科技进步，提高森林供给总量。我国已确定未来要在森林生态系统建设和保护、荒漠生态系统改善与治理、生物多样性维护和发展，以及林业碳汇等生态建设关键技术方面加强研究，其成果将大幅度提高林业生态服务功能。森林可持续经营、林业重大灾害防控、生态系统监测评价等森林经营与保护技术的成果，将提高森林质量和管理水平，增加林地经济产出效益。林木长期育种、商品林定向培育、木竹材深加工等用材林培育与加工利用关键技术研究，将有利于增加木材供给能力，维护国家木材安全。

林业基础科研的进步将促进林业原始创新能力，原始创新提高森林的利用效率。陆地生态系统过程与服务功能、森林植被与区域生态环境关系、森林灾害生态调控等研究成果，将突破林业生态重大基础理论，推进林业生态科技原始创新。木材生物学合成、生物质热裂解调控、生物降解与生物炼制等研究，将突破生物质能源高效转化基础理论与方法，推进生物质能源科技原始创新。林木基因组学、植物学、植物生理学、森林土壤学等研究，将揭示树木生长发育、木材形成、抗逆性、林果营养物质形成和林地退化等机制，推进林业基础科学领域原始创新。同时，现代林业建设重大理论、发展模式和相关政策研究，国土生态安全，国家木材安全等宏观战略研究，林业科技体制机制创新研究，将提升林业科学决策水平。在科技创新平台建设方面，将强化生态定位研究站网建设，以推进生态效益监测、服务功能评估和重大科学问题研究；强化研究实验平台建设，以推进重点实验室、工程（技术）研究中心、永久性综合实验基地和林业生物基因库建设；现代信息技术，建设数字化、网络化、智能化和可视化的信息共享平台也将提速，将大幅度提升林业自主创新能力。

林业科技成果的推广、转化和产业化，将成为林业发展的不竭动力。在未来的5～20年，将深入探索政、产、学、研、用相结合的新机制，构建产业技术创新战略联盟等创新服务平台，加大行业关键技术的推广力度。为应对气候变化、培育战略性新兴产业和林权改革后林农增收等对技术的需求，将加快重大关键技术的组装,新品种新技术的推广应用步伐;通过建立科技推广示范县、示范基地、示范点等,提高林农的感性认识;创新林业科技推广形式。科技下乡、技术咨询、技术培训和科学普及等活动将提高科技转化的周期,提高转化效率。

九、社会公众生态意识的不断增强

社会公众的生态意识和消费能力的提高,将为增加森林供给提供持久的动力。随着经济的发展,社会的进步,文明的提升,社会公众的生态意识有很大的提高,保护生态越来越成为人们的自觉行动。每个公民、家庭和社会成员的生态意识、社会责任感的增强,是扩大森林供给和生态建设持久的发展动力。

据 2008 年中国生态道德教育促进会和北京大学生态文明研究中心委托北京奥丁市场调查有限公司的调查形成的《中国城市居民生态需求调查报告》显示,随着我国城市化进程的加快,城市居民生活质量、品位及生态环境意识的逐步提高,城市生态环境问题已成为城市居民时刻关注的热点(全国绿化委员会,2011)。调查发现,关注生态环境的城市居民总体比例为75%。城市居民对生态环境问题关注程度不同,有67%的居民关注森林被砍伐问题,说明在森林保护方面的群众意识较强,64%的城市居民关注沙尘暴严重的问题,地处南部的广州居民普遍关注全球气候变暖问题,达到78%的比例(全国绿化委员会,2011)。

人们逐渐认识到,爱林育林、植林护林是改善生存环境最根本、最长久的措施,随着我国城市化水平的不断提高,"把森林引入城市、让城市拥抱森林"成为大多数居民的生活取向。据全国绿化委员会办公室统计,2011 年,全国城市建成区绿化覆盖面积 149.45 万 hm^2,绿化覆盖率 38.22%,城市人均公园绿地面积 10.66m^2(全国绿化委员会,2011),还没有达到城市最佳居住环境对人均占有公共绿地的标准(世界城市建成区平均绿化覆盖率为 30%~40%,人均公共绿地面积 30~40m^2;据联合国生物圈生态与环境组织提出的最佳居住环境标准,按人均对绿地的正常需求,城市人均占有公共绿地不应少于 50m^2)。开展全民义务植树运动以来,全社会生态文明意识显著增强。坚持开展形式多样、内容丰富的植树活动,群众自觉履行法定义务,义务植树尽责率明显提高。据全国绿化委员会的统计,从开展义务植树到 2012 年的 30 年间,全国累计 127 亿人次参加义务植树,植树 589 亿株。义务植树走入城镇、村屯、道路、校园、工厂、营区,建成森林城市、森林村庄,森林人家等,开展了公共绿地认建认养、古树名木保护、以资代劳等多种履行义务形式,为每个公民投身造林创造宽松环境。全国人民踊跃参与绿色行动的氛围将为增加森林供给提供充足的动力。

21 世纪人类对生存环境的总体需求是返璞归真,回归自然。因此,开发森林旅游和游憩休闲,将为增加森林提供难得的契机。近年来,我国森林公园发展迅速,截至 2010 年年底,我国共建立各级森林公园 2583 处,其中国家级森林公园

746 处，遍布全国。以国家级森林公园为龙头、省级和县（市）级森林公园协同发展的森林公园保护管理体系初步形成并日趋完善。"十一五"期间森林公园年接待游客人数占国内旅游总人数的近 1/5，年均增长率达 18%，高出国内旅游年均增长率 6 百分点。各地利用丰富的自然资源、独特的生态类型、多样的民族风情和良好的文化习俗，挖掘特色生态文化资源，带动了一批富有特色、充满活力的生态文化产业。

生态消费的观念深入人心，使森林生态保护和建设的氛围更加浓郁。融入森林生态环境，观赏自然生态风光，开展生态休闲活动，在森林、海滩、草原、高原、湿地等自然生态环境中游憩，成为人们向往的高层次消费需求。未来我国在发展森林旅游、观光和自然保护科普等方面的潜力巨大。我国历史悠久，地域辽阔，蕴藏着极其丰富的自然与人文资源。其中有的是世界历史文化的遗产，有的是国家和民族的象征，有的是人类艺术的瑰宝，有的是自然造化的结晶。这些特殊的、珍贵的资源，与森林景观相结合，蕴藏着独特、重要的自然生态，历史文化和科教审美内涵，为人们的生态消费创造了广阔的空间。

走进大森林，回归大自然将成为新时期人们最理想的休闲方式和生活时尚。在我国人均 GDP 达到 1000 美元后，走进森林、回归自然的户外游憩将成为消费热点。据国家旅游局统计，2011 年，我国国内旅游人数达 26.4 亿人次，居民出游率近 2 次/人。国内旅游收入 1.93 万亿元，入境旅游人数 1.35 亿人次，旅游外汇收入 470 亿美元，全国旅游业总收入 2.25 万亿元，比上年增长 20.8%，新增旅游直接就业约 50 万人。但与发达国家相比，我国居民年均出游次数依然较少，旅游业未来发展空间巨大。据预测，到 2015 年，我国国内旅游人数将达到 33 亿人次，到 2020 年，我国将成为世界最大的旅游目的地国家，旅游总收入将超过 3.3 万亿元。到 2050 年将达到 50 亿人次。同时，旅游方式也将从"走马观灯"式向探索自然奥秘转变，发展为真正感受生态文化魅力的"知性之旅"。在保护生态逐步成为全社会共识的前提下，将为生态建设凝聚强大的力量，推动着生产方式、生活方式、消费观念发生根本性的变革。在旅游产业中，森林旅游和游憩备受青睐。2011 年，全国森林公园旅游人数超过 4.2 亿人次，实现社会总产值 2400 多亿元（全国绿化委员会，2011）。世界旅游组织预计，国际森林旅游的人数将以每年两位数百分比持续增长，全球旅游人数中将有一半以上的人走进森林。未来要进一步满足人们生态消费和绿色消费的需求，为社会提供"空气清新、环境优美、生态良好、人居和谐"的生态消费的场所和环境，按照人与自然和谐相处的理念，加强引导，促进人们生产方式、消费方式、生活方式向生态文明转变。可见，森林生态意识的增强、森林生态知识的普及、人们对森林休憩服务功能的需求，以及人们生产生活方式的转变，都将为扩大森林资源存量、增加森林供给注入长久不衰的动力。

综上所述，我国现阶段有利于扩大森林供给的因素很多，关键是要把握和利用好各种有利条件和因素，努力形成增加森林供给的良好政策环境。

第二节 挑战与困境

总体来看，虽然有利于增加森林供给的因素很多，但人们对生态改善的愿望与森林的现状，经济发展的需求与森林的供给，文明发展的需要与森林的支撑还不协调、不适应、不相称，森林供给的压力居高不下，挑战与困境突出。

一、人口基数的压力

庞大的人口基数对森林资源的需求造成森林负载过重，甚至不可恢复的破坏。我国是世界上人口最多的国家，人口基数庞大，虽然具有规模宏大的经济总量并在高速发展，但其成果被庞大的人口基数所吞噬。自 20 世纪 70 年代我国政府大力实施计划生育以来，在人口数量增长的控制方面，取得了举世瞩目的成绩。从出生率与自然增长率的指标来看，我国目前已经进入了人口增长率较低的国家行列。但是与此同时，由于经济文化的发展、医疗卫生条件的改善、人们生活水平的提高，我国人口死亡率出现下降，平均寿命延长，人口规模一直居高不下。迄今为止，我国仍是世界上第一人口大国，全国总人口约占全球人口的 21%。年出生人口约为 2100 万，自然增长约为 1350 万，20 世纪 90 年代，每年净增人口仍在 1700 万左右，相当于一个中等国家的人口。人口众多仍然是我国长期面临的首要问题。尽管我国人口已经进入低增长时期，未来 20 年人口增长速度还将进一步减慢，但由于庞大的人口基数和增长的惯性作用，人口总量在相当长的时期内仍将保持增长态势。按目前生育水平预测，到 2020 年，人口总量将达到 14.3 亿；人口总量高峰将出现在 2032 年前后，达 14.7 亿左右。到 2050 年控制在 16 亿左右，之后出现负增长。未来 50 年我国人口还将增长 4 亿。以单位面积人口数量计算，我国仍是世界上人口密度最高的国家之一（表 5-2）。可见，我国人口对国土的压力比其他国家要大许多。

表 5-2 世界主要大国人口密度表（单位：人/km²）

国家	俄罗斯	加拿大	中国	美国	巴西	澳大利亚
单位面积人口数	8.51	3.06	130.58	29.18	19.43	2.47

人口规模过大对我国全面实现现代化，促进经济社会可持续发展是一个巨大的挑战。巨大的人口规模，带来了一系列问题，给社会、经济、资源、生态、环境带来严重的后果。

首先，人口膨胀给土地带来了巨大的压力。土地是人类赖以生存和发展的基础条件。从土地资源条件看，我国土地面积虽然广阔，但约有 1/3 的土地是难以被利用的沙漠、戈壁、沙川、石山、高寒荒漠等，加上水土资源配置欠佳等原因，造成我国耕地资源非常短缺。随着人口增加，人均耕地日益减少。在一定的生产技术条件下，不断减少的耕地难以维持新增人口的生存。开垦土地，增加可耕地面积，成为了社会的内在动力和迫切要求。而扩大耕地面积最有效的路径是毁林毁草开荒。这直接导致森林和草原面积的大幅度下降，破坏了生态环境。更为严重的是，由于开垦土地自身条件的限制，加之使用不当，极易造成对有限的土地资源的高强度开发与大量不合理使用，造成土地退化，加剧生态环境的进一步恶化。

其次，增加的人口不仅要吃，还要烧、住、穿、用、行，无论哪一个方面，都会给生态造成很大的压力。以森林资源为例，由于人口的剧增和经济社会的发展，人类对森林的索取不再限于获取生存的粮食、还包括能源、木材、药材、饲料、工业原料、果品、遗传物质、实验材料等。人口增加导致木材和各种林产品的消费猛增。据联合国粮食及农业组织统计，1960～2000年，全世界人均木材消费量一直保持在0.7m^{3}左右，人均年木材消费量与人口增长关系不大，基本保持不变。人口总量的增加意味木材总需求相应增加。为满足人口日益增长的木材需要，人们不顾森林生态系统的实际承受能力，对有限的森林资源进行过度开发与利用，毁林造材，伐木取薪，致使大片的森林以惊人的速度消失。经计算，全国每年仅新增加人口消耗的木材折合森林资源就超过6万hm^2，全国总人口每年消耗的木材折合森林资源在520万hm^{2}以上，占到全国现有森林总面积的近3%。以现在的人口增长速度，未来15年，全国预计消耗森林资源7800万hm^2，而同期全国森林资源面积至多增长4800万hm^2。这意味着人口自然增长不仅完全抵消了资源的增长，而且还要消耗森林存量近3000万hm^2。人口的过快增长，加速了森林资源的枯竭，进一步凸显本已十分严峻的生态环境形势。

二、非法活动的干扰

我国生态整体状况比较脆弱，特别是森林资源相对短缺。与此同时，社会对木材及其他林产品需求旺盛，木材及其他林产品的经济利润比较可观，客观上对破坏森林资源的违法犯罪活动产生了一定的引发作用。尽管我国已建立起比较完善的森林资源保护法律法规体系和行政管理制度，对森林资源实行严格保护，但由于我国社会经济发展水平总体不高，社会公众森林资源保护的法律意识相对淡薄，在经济利益驱动和生存的压力下，对森林资源进行肆无忌惮的破坏的现象还在一定程度存在，一些地方森林资源人为破坏的现象没有得到根本扼制，集中表现为非法侵占林地、湿地、自然保护区、乱砍滥伐、乱捕滥猎、乱采滥挖、超限额采伐等。

森林资源的破坏行为对我国生态安全已构成重大威胁。据我国第6次森林资源清查结果，全国每年超限额采伐7550万m^3，有林地因改变林地用途或征占用转变为非林地的为 202 万 hm²。2010 年，国家林业局对全国 40 个县（区、市、局）的 2009 年度森林采伐限额执行情况进行检查。检查结果显示，40 个县（区、市、局）的总采伐量占总采伐限额的 46.2%，商品材总采伐量占年商品材生产计划的 54.7%。全国森林采伐限额制度执行情况继续保持良好态势。在抽查的 1320 个采伐小班中，有 1150 个小班的采伐蓄积量未超过林木采伐许可证规定的数量，占检查采伐小班总数的 87.1%，但无证采伐现象依然严重。宁夏回族自治区平罗县、陕西省安康市汉滨区、安徽省临泉县和亳州市谯城区 4 个县（区、市）的无证采伐率达 98% 以上，其中，平罗县林木采伐全部为无证采伐。福建省长汀县、江西省铜鼓县、湖南省会同县、重庆市綦江县、广西壮族自治区临桂县 5 个县的无证成片采伐量占 40 个检查县（区、市、局）无证成片采伐总量的 90.9%。超证采伐情况仍然存在。安徽省临泉县和亳州市谯城区、河北省沽源县、辽宁省铁岭县、吉林省柳河县、陕西省镇巴县 6 个县（区），有 30% 以上的有证采伐小班超出林木采伐许可证规定数量采伐（国家林业局，2010a）。2011 年 2 月，国家林业局通报了 2010 年全国林业行政案件统计分析情况，指出，2010 年，全国共发生林业行政案件 30.45 万起，查处林业行政案件 29.95 万起，查处率为 98.34%。收缴木材 54.13 万 m³，2010 年全国林业行政案件发生的总量仍然较高；非法收购运输木材案件呈高发势头。从近几年案件高发的原因分析，一是少数地方政府对林业工作重视程度不够，忽视对森林资源和生态环境的保护。二是经济利益驱动导致违法采伐运输木材案件高发。三是林业行政执法力量总体薄弱，执法机构建设滞后。四是随着我国工业化、城镇化步伐的加快，工程项目占用林地情况增加，致使擅自改变林地用途和非法占用林地行为屡禁不止。

三、粗放的经济增长方式

改革开放的 30 多年来，我国国民经济建设取得了举世瞩目的成绩，经济获得了前所未有的持续高速增长，在国际国内经济环境复杂性和不确定性上升的背景下，多年来我国经济年均增长速度达到近 10%。2008 年以来，虽然受到国际金融危机冲击，但仍保持在 9% 以上年均增长率。但回顾我国过去的经济增长，多是以增加要素投入获得的增长，走的是一条主要靠投入拉动的数量型外延式增长路子，集中表现为"三高一低"，即高投入、高消耗、高污染和低效率。其增长以大量的资源开发、能源消耗和生态环境成本为代价。具体表现就是资源消耗过度，特别是能源消耗过度。目前我国经济年增长速度为 8%～9%，而能源消耗增长为 14%～15%，位居世界第二。在现行汇率下，我国每万元 GDP 消耗的钢材、铜、铝、铅、锌分别为世界平均水平的 5.6 倍、4.8 倍、4.9 倍、5 倍和 4.4 倍。目前，我国单位 GDP 能源、原材料和水资源消耗大大高于世界先进水平。钢铁、有色金属、电力、化工等 8 个高耗能行业单位产品耗能比世界先进水平平均高 40% 以上；工业用水重复利用率比国外先进水平低 15%～25%；矿产资源总回收率为 30%，比国外先进水平低 20%；木材综合利用率约 60%，而发达国家一般都在 80% 以上（任保平和邵晓，2007；姜作培和陈峰燕，2008）。资源的高消耗造成严重的环境污染和生态破坏。主要污染物排放总量大大超过环境容量，生态系统功能退化。

能源虽是"工业的粮食"或"现代工业的血液"，但却释放着巨大的外部性影响。能源对环境造成的巨大影响，远甚于其他产业。在我国，煤炭工业、石油、火电等传统能源的开发和利用，已承载中国经济腾飞的奇迹近 30 年，但也极大程度地影响了我们赖以生存的自然生态家园。我国的人均能源消费量从 1990 年的 915kg 标准煤/人，增长到 2006 年的 1733kg 标准煤/人，年均增长 51.125kg 标准煤/人。与 1952 年相比，2008 年，我国的一次能源消费总量中，煤炭比例从 95% 下降到 68.7%，石油消费由 3.37% 提高到 18%，天然气消费由 0.2% 提高到 3.8%，水电、核电和风电在能源消费结构中的比例则由 1.61% 提高到 9.5%（中国社会科学院，2010）。传统能源占取绝对比例，一是煤炭的生产量自 2002 年至 2010 年的 8 年，在能源生产结构中占的比例一直保持在 76% 左右。二是石油，我国原油生产在能源生产结构中基本是 12% 左右的水平。而在二次能源中，无论消费结构还是生产结构，基本以燃煤为主的火力发电为主导能源。我国目前正处于工业化进程之中，重化工业的比例较大，高耗能工业占比例较高。我国能源利用的技术水平还比较低，能源利用效率不高。显然，这种以低热值的化石燃料为主的能源结构，负外部性对环境影响较为重大。

国土资源部（2002）公布的《全国矿产资源储量通报》显示，我国煤炭基础储量为 3340.88 亿 t，资源量为 6860.62 亿 t，居世界第一；可开采储量达 2040 亿 t，居世界第二；人均占有量却仅有 145t，低于世界平均水平。目前全国拥有各类煤矿 2.8 万座，其中，国有大型煤矿 2000 多座，产量约占全国煤炭产量的 65%，矿井回采率（开采出来的煤量和可采储量之比）平均只有 45% 左右；产量约占全国煤炭产量的 35% 的乡镇和个体小型煤矿 2.6 万座，这些煤矿的回采率平均只有 15%～20%。

在经济高速增长的情形下，我国能源资源需求对外依存增加。2011 年的统计数据显示，石油、铁、铜、铝、钾盐等大宗矿产的对外依存度分别为石油 54.8%、铁矿石 53.6%、精炼铝 52.9%、精炼铜 69%、钾盐 52.4%。我国已成为世界上煤炭、钢铁、氧化铝、铜、水泥、铅、锌等大宗矿产消耗量最大的国家，石油消耗量居世界第二位。

我国矿产资源总体利用程度仍然不高，近一半没有被利用。由于矿产资源利用方式粗放，采富弃贫、一矿多开、大矿小开现象严重，目前，全国固体矿产采选每年产生尾矿废弃物约 5 亿 t。对共伴生矿产进行较好开发的矿山只占 1/3。我国矿产资源总回收率和共伴生矿产资源综合利用率分别为 30% 和 35% 左右，比国外先进水平低 20 百分点。我国木材综合利用率约 60%，发达国家一般在 80% 以上（国家发展改革委员会，2006）。大中型矿山中，几乎没有开展综合利用的矿山占43%（国土资源部，2007）。

我国资源相对匮乏、环境容量小、生态比较脆弱。粗放型经济增长方式对能源和资源的过度依赖，造成经济增长对能源和资源的过度消耗，照此发展下去，资源将难以为继，环境也将不堪重负。根据国内外有关专家研究，木材消费量与国民生产总值呈正相关关系。村岛由直（2001）的《森林和木材经济学》将其相关关系归纳如下：

$$Y = 0.00015 \times X \times 0.63$$

式中，Y为人均木材消费量；0.000 15为木材消费占人均GDP系数；X为人均GDP；0.63为木材消费弹性指数。

以2010年人均GDP 29 992元（以当年价格计算）计算，我国木材消费量应为10 380万 m^3 左右，而实际我国每年消耗各类木材大于此数。木材资源的过量消耗，既与经济社会发展的刚性需求有关，也与对木材利用效率不高、浪费明显有直接关系。我国目前木材综合利用率只有约60%，而发达国家一般为90%～95%。相比较而言，我国生产同样数量的木制产品，需多消耗30%。以我国近10年来年均木材需求量约2.2亿 m^3 计算，相当于我国比发达国家每年多耗费0.67亿 m^3 木材。按我国目前用材林每公顷蓄积量计算，相当于多砍伐80多万公顷森林。此外，由于我国木材综合利用率较低。每年约有1000万 m^3 采伐加工剩余物和2000万 m^3 次小薪材未得到加工和有效利用，造成森林资源巨大浪费。如果发展木材节约利用，把过去弃之不用的木材采伐加工剩余物及次小薪材等，加工成人造板代替原木，则可以大大减少对现有森林资源的消耗。由于每年3000万 m^3 废弃资源未能得到合理利用，每年必须多生产3600万 m^3 木材作为替代，相当于多砍伐49.6万 hm^2 森林。落后的生产方式和粗放的经济增长模式，造成我国森林资源利用效率的低下，并对我国相对稀缺的森林资源构成沉重的压力。

四、资源短缺

资源是社会经济可持续发展的物质基础，包括土地、水、矿物、空气、森林和草地等在内的自然资源是财富的源泉。世界主要发达国家在工业化和城市化阶段，资源消费随着经济发展呈"S"型相关关系：工业化进入起飞加速阶段，资源消费成倍增长；工业化完成进入后工业化阶段，多数资源的消费增长需求开始趋缓并下降。我国目前正处于工业化和城市化快速发展阶段，经济发展对资源需求受该规律支配，开始快速扩大，消耗的各类资源数量迅猛增长。与资源消费量节节攀升相反，对应的资源储量的增长速度却很小，甚至没有太多变化。这种储量与消费的不平衡发展矛盾凸显，而资源短缺反过来又对生态建设造成巨大压力。

我国是世界上主要资源大国之一，种类繁多，资源绝对数量可观，按资源总量计算，我国耕地、森林、草地、淡水、矿产等自然资源都位居世界各国的前列。以难探明和发现的矿产为例，国务院 2012 年 2 月通过的《找矿突破战略行动纲要（2011～2020）》显示，我国地处环太平洋、古亚洲和特提斯三大成矿域交汇处，成矿条件优越。全国矿产资源潜力评价表明，我国重要矿产有较大找矿潜力，油气资源有较大潜力。根据 2010 年油气资源动态评价成果，我国石油地质资源量为 881 亿 t，天然气地质资源量为 52 万亿 m³，煤层气地质资源量为 36.8 万亿 m³。截至 2010 年年底，累计查明石油地质储量 312.8 亿 t，资源探明率 35.5%；累计查明天然气地质储量 9.3 万亿 m³，资源探明率 17.9%；累计查明煤层气地质储量 2734 亿 m³，资源探明率仅 0.74%。我国主要矿产的保有储量都发生了大幅度的增长。但由于我国人口众多，矿产资源人均占有量不占优势，仅为世界平均水平的 58%，居世界第 53 位（国土资源部，2012）。

　　由于我国人口众多，按人均计算，我国大多数资源的人均占有量都低于世界平均水平，我国人均国土面积仅为世界平均水平的 1/3，耕地、森林、淡水等资源的人均占有量分别只有世界平均水平的 1/2、1/4 和 1/3（图 5-3）。

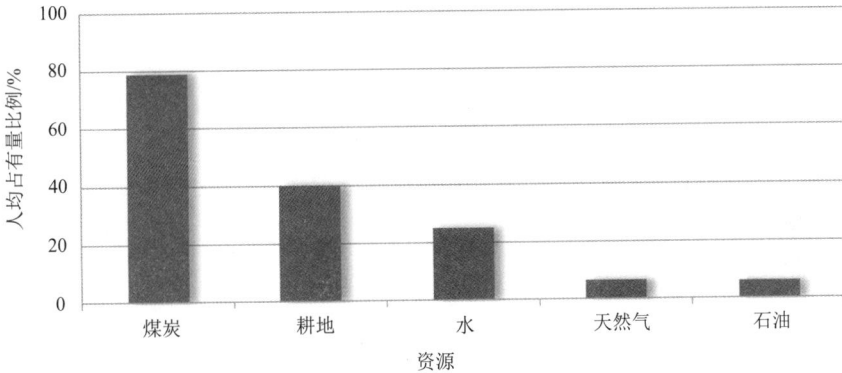

图 5-3　中国资源人均量相对世界平均水平（世界平均水平=100%）的比例

数据来源于《国际统计年鉴 2010》（国家统计局，2010）

　　人均资源占有量很低。水、耕地、森林和矿产等重要资源的人均占地量都低于世界平均水平，我国主要资源人均占有量都没有达到世界平均水平，无论是在储存性资源（可耗竭资源）还是在流动性资源（可再生资源）方面，我国都面临着全面的资源紧缺。其中仅核能资源能达到世界平均水平，而以铝土矿、石油、镍、铜、森林资源、铁、煤炭和水资源的相对稀缺程度最为严重（图 5-4）；同时，虽然耕地资源的相对稀缺指数要优于这些资源，但是由于耕地的不可移动性及我国耕地资源的透支使用，实际上我国的耕地资源保护形势不容乐观。

　　由 2000～2007 年的人均森林面积计算中国历年森林资源的相对稀缺指数，2000年以来，中国森林资源的相对稀缺指数均小于 1，从 2000 年的 0.21 提高到 2007 年的 0.26（图 5-5）。由此可见，相对于世界平均水平，中国的森林资源仍然较为稀缺。

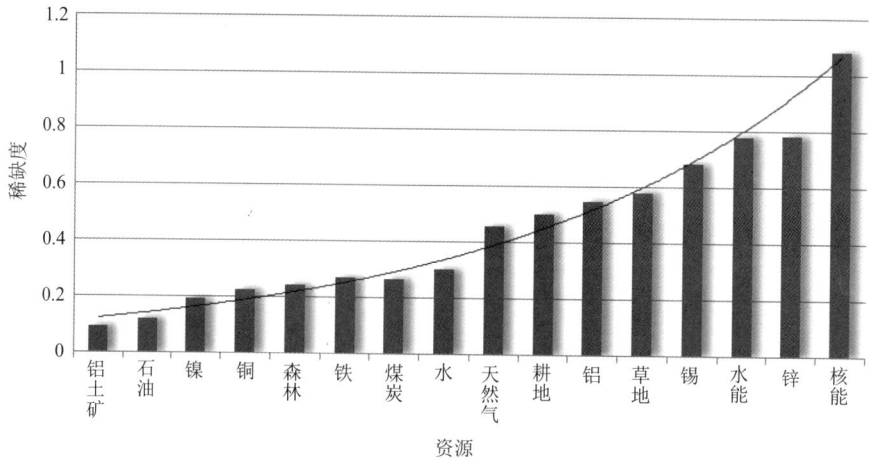

图 5-4 2007 年中国自然资源的相对稀缺指数比较

数据来源于庄立等（2010）

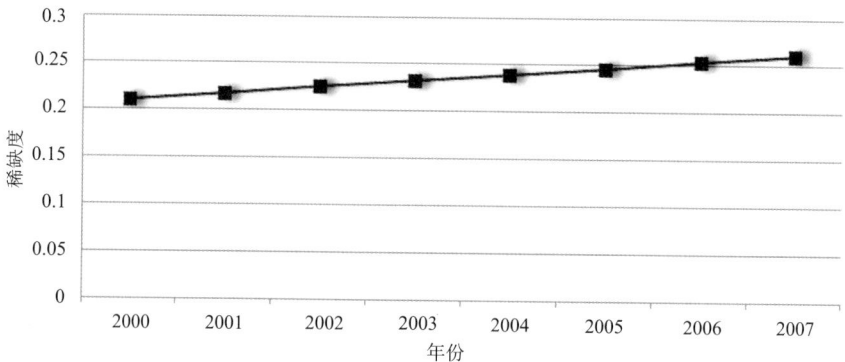

图 5-5 2000～2007 年中国森林资源的相对稀缺指数

数据来源于庄立等（2010）

　　以煤炭和矿产为例，未来 10～20 年，是我国工业化、城镇化、农业现代化进程的重要时期，煤炭资源、矿产资源的需求呈现刚性上升态势。根据《BP 世界能源统计 2007》，2006 年，我国是世界上最大的煤炭生产国，年产量约为 23.8 亿 t，也是最大的煤炭消费国，消费量约为 23.7 亿 t。我国的煤炭消费量连续 3 年都以每年将近 2 亿 t 的速度增长，产量也基本保持着这一增速。当前，煤炭是我国能源消费的主体，占一次能源消费总量的 70%左右，比世界平均水平高出 40 百分点。目前我国的电力还是以火电为主，占总发电量的 80%左右，而煤电又在火电中占据绝对主体地位。按目前的消耗水平，现有的煤炭探明储量，仅能维持大约 50 年的消耗；根据目前的资本情况，到 2015 年我国的煤炭消耗可望增加到每年 30 亿 t，这将进一步缩短现有煤炭资源能够维持的时间（Tcrway，2006）。而根据国内有关机构的研究，我国煤炭的远景储量高达 10 000 亿 t，经探明后还可采出 5000 亿 t，然而按2030年后年均90亿t的煤炭消费量计算,我国的煤炭储量只能支撑55年。根据对45种主要矿产可采储量保证程度分析预测,到2020年,有25种矿产将出现不同程度的短缺,其中11种为国民经济支柱性矿产。

各类资源消费量的扩张,加速了资源特别是不可再生资源的消耗,加剧了资源供求矛盾,并对森林资源供给造成持续而沉重的压力。主要表现为:一是开发矿产资源对森林资源的破坏。我国矿产资源中大型矿床少,中小型和伴生矿床多,开采多以集体和个人为主。这其中相当一部分资源量小而分散、品位不高、开采难度较大,对森林资源的破坏作用明显,不应该作为资源进行开发。但受矿产资源短缺的影响,在经济利益的驱动下,一些地方无视生态环境和开采条件,私采滥挖,随意开山毁林,建场采矿,在获取一部分矿产资源的同时,也对当地脆弱的森林生态环境造成毁灭性破坏。非法开矿破坏森林情况严重,有相当一部分林地因不合理开采造成永久性流失,森林生态系统无法恢复。二是能源短缺对生态的破坏。强大的煤炭社会需求,有限的资源储量,导致煤炭资源供应紧张。在经济欠发达特别是煤炭资源匮乏的地区,森林资源作为替代煤炭资源的首选,成为当地居民生产生活的主要能源来源。据统计,全国每年因矿物能源短缺作为薪材消耗掉的木材高达4000万 m³以上。可以预计,今后15年,在我国煤炭资源供应总体偏紧的形势下,森林资源的能源供应压力还将长期存在,作为相当一部分居民的生活燃料和补充能源的地位不会发生根本改变,因资源短缺而对生态造成的压力将长期存在。

五、过度消费

我国目前的消费品无论是在总量规模还是在人均水平方面都与工业化国家有很大的差距。但随着全球经济一体化进程的发展和我国人民生活水平的提高,西方发达国家的消费观念和生活方式也开始越来越广泛而深刻地影响到国内一部分人群。过度消费、超前消费成为了一部分人新的消费选择。

进入20世纪90年代后,我国能源与基础原材料消费开始迅猛增长。特别是城乡居民可支配收入的提高,带动了新一轮消费结构的转换升级,直接推动了对能源与基础原材料需求的快速上升。以木材为例,作为一种全球性的宝贵纤维资源,木材广泛用于制浆造纸、人造板(包括纤维板、胶合板、刨花板和细木工板)、建筑、装修、家具制造、交通、包装等行业。今后10年,我国国民经济预计还将以一个较高的速度增长,人民群众的生活水平将不断提高,对木材的消费量将急剧增加。据国家林业局(2005)中国林业发展报告数据,2004年,全国建筑用材(包括装饰装修)10 984.12万 m³,家具国内消费耗材2780.66万 m³,造纸用材7539.48万 m³,煤炭业用材832.40万 m³,车船、铁路、化工部门用材346.03万 m³,农民自用材消耗量2090.14万 m³,烧柴消耗量4077.19万 m³,全年累计木材消费达到

30 710.47 万 m^3。以我国森林现有产出水平每公顷生产木材 $60m^3$ 计算，共至少需要采伐森林约 512 万 hm^2，相当于我国现有近成熟林面积的 13.8%。如不考虑增加森林资源存量及其进口因素，我国现有近成熟林资源在不到 10 年时间内消耗殆尽。考虑到我国人均木材消费还处于较低水平，只相当于世界平均水平的 1/5、发达国家的 1/10，因此木材消费的增长空间还很大，木材消费的高速增长还将持续较长时间，森林面临的强大木材消费压力将有增无减。

六、自然因素

自然因素是生态系统的有机组成，同时又对生态系统具有重要影响。当自然因素的作用超出生态系统的承受能力，它就对生态系统产生了破坏作用。对生态破坏的主要自然因素有有害生物、火灾、酸雨、泥石流、台风、洪涝、干旱、海啸等，其中以有害生物和火灾的破坏和损失最为惊人。

（一）有害生物危害

有害生物危害是由于生态系统自我调节、自我控制功能失调导致的有害生物数量上的集中大规模暴发而造成的危害，包括病害、虫害、鼠害、兔害及外来生物危害等。它不仅具有水灾、火灾那样严重的危害性和毁灭性，还具有生物灾害的特殊性和治理上的长期性、艰巨性。以森林有害生物为例，伴随我国森林面积特别是人工造林面积的增加，森林有害生物发生面积逐年递增，危害日趋严重。不仅常发性森林有害生物发生面积居高不下，而且一些偶发性森林有害生物也呈流行趋势，发生范围愈来愈广，频度愈来愈密，破坏力愈来愈强。特别是危险性有害生物扩散蔓延速度加快，对我国森林资源、生态环境和自然景观构成巨大威胁和现实破坏。目前，全国发生的有害生物种类有 8000 多种，其中造成严重危害的有 200 多种。据统计，近 10 年来，全国平均每年森林有害生物灾害发生面积在 800 万 hm^2 左右，有害生物发生面积占森林总面积的 8.2%，占人工林面积的 23.7%，每年因森林有害生物危害减少木材生长量达 1700 万 m^3。有害生物已成为影响巩固和发展我国森林资源的重要因素之一。

（二）火灾

火灾是一种失去人为控制的燃烧现象。它对森林生态系统具有强大的破坏作用，具有发生面广、危害性大、处置救助难等特征。我国森林火灾相对世界其他国家处于较低水平。但是近些年来，随着人员流动的加快及对森林功能的深入开发，越来越多的人开始进入森林从事生产劳动、旅游休闲等活动，加之全球范围内气候异常导致的持续天气干旱等原因，我国发生人为森林火灾的危险空前增大。

1950~2001 年,我国平均森林火灾次数为 1.16 万次,年均森林受害面积为 53.4 万 hm²,52 年总的森林受害面积占国土面积的 2.89%,占我国平均森林面积(按 15%的森林覆盖率)的 19.3%。据国家林业局(2012c)中国林业发展报告的统计,仅 2011年全国共发生森林火灾 5550 起,受害森林面积 2.69 万 hm²,人员伤亡 91 人。

(三)酸雨

酸雨主要是人为地向大气中排放大量酸性物质造成的。我国酸雨主要是硫酸型,主要是大量燃烧含硫量高的煤而形成的,排入大气中的 SO_2 和氮氧化物经过大气物理和化学作用后随着降雨沉降到地表而形成。我国的酸雨多为硫酸雨,少为硝酸雨,此外,各种机动车排放的尾气也是形成酸雨的重要原因。近年来,我国一些地区已经成为酸雨多发区,酸雨污染的范围和程度已经引起人们的密切关注。目前,我国已成为世界三大酸雨区之一,SO_2 污染产生的酸雨危害面积已达国土总面积的 40%,全国 70.6%的城市、地区年均降水 pH 低于 5.6。20 世纪 80 年代,我国的酸雨主要发生在以重庆、贵阳和柳州为代表的川贵两广地区,酸雨区面积为 170 万 km²。到 90 年代中叶,酸雨已发展到长江以南、青藏高原以东及四川盆地的广大地区,酸雨面积扩大了 100 多万平方千米。以长沙、赣州、南昌、怀化为代表的华中酸雨区现已成为全国酸雨污染最严重的地区,其中心区年降酸雨频率高于 90%,几乎到了逢雨必酸的程度。以南京、上海、杭州、福州、青岛和厦门为代表的华东沿海地区也成为了我国主要的酸雨区。华北、东北的局部地区也出现酸性降水。酸雨的发生和发展,严重破坏了森林生态系统、土壤生态系统和水生生态系统,对森林的危害十分突出。其对树木的伤害首先反映在叶片上,树木不同器官的受害程度为根>叶>茎。一些受害地区轻者土壤贫瘠板结,造成森林生长不良,抵抗力下降;重者导致森林成片死亡。根据"七五"和"八五"的部分研究成果估算,仅酸雨污染较为严重的江苏、浙江、安徽、福建、江西、湖北、湖南、广东、广西、四川、贵州等 11 个省(自治区),因酸沉降引起的森林木材蓄积量减少所造成的直接经济损失每年就高达 44 亿元。

(四)气象灾害

气象灾害具体包括风灾、寒潮、干旱、雪灾、雹灾等。我国地处环太平洋带和北半球中纬度带世界两大自然灾害带交汇的地区,地域辽阔,气候多样,气象灾害也相对比较频繁。其中主要气象灾害有以下几种。

1. 寒潮

寒潮是一种季节性天气过程。冬半年冷空气从源地流向纬度较低的地区,造成大范围剧烈降温。我国冬半年每个月都有几次冷空气入侵,但影响范围和降温强度有很大的差异。最强的寒潮过程中,日平均气温的过程降温(即逐日下降度数的总计），淮河以北曾达 23℃，长江中下游达 24℃，华南达 27℃ 的极端值。寒潮侵袭会出现冻害、低温、冷害、冻雨，伴有暴风雪，造成动植物大量死亡，对地表植被破坏严重。

2. 台风

台风是发生在热带海洋上强烈的气旋性涡旋，大多数在夏秋两季侵袭中国。其中心风力可以远远超过 12 级，并伴有强烈暴雨；半径 100～200km 内风力高达 10～11 级。强台风经过之处，树木轻者倒伏，重者被连根拔起，对当地森林资源的影响短暂而剧烈。

3. 暴雨

根据气象统计，凡日雨量等于或超过 50mm 的称为暴雨，日雨量 100mm 以上的为大暴雨，200mm 以上的为特大暴雨。我国是世界上暴雨频繁和强度较大的地区之一。据不完全统计，自公元前 206 年到公元 1949 年的 2155 年间，全国各地较大的暴雨洪水灾害有 1092 次，平均每两年一次。20 世纪以来，嫩江、松花江流域 1932 年、1957 年、1998 年发生的暴雨洪水，河北"63·8"暴雨，河南"75·8"暴雨，江淮 1991 年暴雨，长江流域 1931 年、1935 年、1954 年、1991 年、1998 年暴雨洪水，均给人民的生命财产造成了重大损失。当代气候正值"多事之秋"。进入 20 世纪 80 年代以来，频繁发生各种气候异常现象，严冬、酷暑、干旱、洪涝及热带风暴在地球的各个角落此起彼伏，少有间歇。我国区域性的连续大暴雨都与东亚以至全球的大气环流异常，海洋及陆地状态等密切相关。造成洪水灾害的原因是多方面的，但直接的原因是气候异常，雨水过大。这种气候异常现象是大气及大气与海洋、冰雪圈、陆地表面和生物圈所组成的复杂系统和一些人类活动综合作用的结果。暴雨由于降水强度过大，大部分降水形成**地表径流，冲蚀土壤、毁坏植被，严重的在山区可以形成泥石流，在低洼地可以造成内涝及水灾，还能造成江河决堤、水库垮坝，对区域人民生命财产和森林资源带来极大危害。

4. 地质灾害

我国地质灾害种类繁多，直接危害生态的主要是泥石流。典型的泥石流由悬浮着粗大固体碎屑物并富含粉砂及黏土的黏泥浆组成。它常常具有暴发突然、来势凶猛、迅速的特点。并兼有崩塌、滑坡和洪水破坏的双重作用，其危害程度往往比单一的滑坡、崩塌和洪水的危害更为广泛和严重。暴发时可携带巨大的石块，并高速前进，具有强大的能量和冲击力，可以对其流路上的物体施加每平方米几千牛顿的冲击力，因而破坏性极强。泥石流所到之处，一切尽被摧毁，粗大树干拦腰切断，较小的灌木和草本植被被掩埋，对森林资源及地表植被破坏十分严重。

第三节 趋势分析

我国森林在一定时期内，既要发挥其再生资源功能，又要发挥其现实资本功能，既要满足经济发展，又要满足生态保护的需求，在不同的区域，明显呈现出需求的多样性、复杂性和不平衡性，往往使得国家的总体发展目标，政策的调控方向与地方经济社会发展、区域发展及民众的意愿存在着矛盾、错位甚至是对立的情况。因此，如何使政策调控的措施与政策取向的目标达到最佳效果，是亟待研究的问题。目前，伴随森林在我国生态建设中主体地位和在可持续发展战略的基础地位的确立，林业经营思想、管理体制、经营机制等正经历重大根本转变，扩大森林供给面临前所未有的发展机遇。与此同时，庞大的人口基数压力、粗放的经济增长方式、先天不足的生态脆弱等对森林资源的重大现实威胁仍然长期存在，森林资源面临的巨大挑战依然严峻。我国森林供给的最终状况，取决于有利因素与不利因素的相互博弈、共同作用。因此，最重要的是全面把握影响森林供给的各种因素，认真分析总结林业发展的主要特征，最大限度实现促成有利因素，防范化解不利因素，趋利而避不利，化不利为有利，保证我国森林资源更好满足国民经济和社会发展的需要。

一、 生态基础的脆弱性

中国国情决定了中国生态环境状况同世界平均水平相比具有先天脆弱性。国土的自然基础构成与地理特点是：人口众多、相对贫乏的人均资源和很高的人类活动强度；经济发展的速度、经济结构的特征与环境治理的艰巨性；社会发展过程中的长期负面积累等，共同造成了中国生态环境更易遭到损害，区域开发成本较高，需要投入更多的基础建设资本和维修成本。

一是中国的自然基础和地理特点，中国生态环境缓冲力和自净力的育成，显著地低于全球平均水平。中国 65% 以上的国土面积是山地丘陵，1/3 的国土面积是干旱或荒漠地区。17%的面积构成了世界屋脊；水土流失面积将近 400 万 km；世界大陆的平均海拔约为 830m，而中国大陆的平均海拔达 1475m，是世界平均高度的 1.77 倍。这些均构成了中国生态环境脆弱性的先天基础。根据 1998 年 World Resources 资料计算，当全球的平均发展成本为 1.00 时，中国在相同条件下的发展成本为 1.25。

二是中国的区域开发历史久远，越接近现代，人类活动的规模和强度越大。呈现出某种非线性增长的趋势，它对于本来脆弱的生态环境带来了附加的压力。例如，清代初期(公元 1650 年)全国森林覆盖率高达 21%，但经过 300 多年后，到新中国成立初期，全国森林覆盖率只到 8.6%。历年平均发生自然灾害的频率，从隋代到清代近 1500 年来有着明显的递增趋势。

三是生态系统抗干扰能力弱。生态脆弱区生态系统结构稳定性较差，对环境变化反映相对敏感，容易受到外界的干扰发生退化演替，而且系统自我修复能力较弱，自然恢复时间较长。对全球气候变化敏感。生态脆弱区生态系统中，环境与生物因子均处于相变的临界状态，对全球气候变化反应灵敏。具体表现为气候持续干旱，植被旱生化现象明显，生物生产力下降，自然灾害频发等。

四是恢复生态的难度巨大。我国生态脆弱区主要分布在北方干旱半干旱区、西南山地区、青藏高原区及东部沿海水陆交接地区，环境异质性高。恢复生态的区域处于生态交错带，是不同生态系统之间的交接带或重合区，是物种相互渗透的群落过渡区和环境梯度变化明显区，因而人工造林成活难，恢复生态时间长，从核查的结果看，三北工程中的人工更新造林、封山育林、飞播造林的面积核实率和面积合格率均低于全国平均水平。

五是林农生活艰难，致富手段落后。我国生态脆弱区大多位于生态过渡区和植被交错区，处于农牧、林牧、农林等复合交错带，是我国目前生态问题突出、经济相对落后和人民生活贫困区。很多农民在生产、生活上还依赖着森林资源。例如，2000～2004 年，全国年均农民烧柴消耗占森林采伐总消耗量的 34.45%。如果农民烧柴问题不能解决，就会对森林资源造成严重的威胁。

二、 多种因素的不确定性

多种因素的不确定性主要表现为森林增加或减少的有利因素与不利因素复杂而多变，更多的变数带来的必然是方向的不确定性和结果的多种可能性，驾驭难度大。不同的策略，会导致不同结果。既可能走向生态恢复、生态良好状态，也可能走向反面。

一是投入上存在不确定性。21 世纪以来，由于国家财政状况良好，国家对林业的投入大幅度增加，林业和生态建设的快速发展有了强有力的资金保障。但是也应清醒地看到，六大工程启动实施的投资主要来源于国债，国债资金已成为生态建设的主要资金来源。由于生态建设是一项长久的建设任务，其资金必须具有长期而稳定的投资渠道做保障。投资需要建立长效机制，避免受各种因素影响而起伏、波动。国债资金的短期性质决定其难以承担生态建设这一长期重任。例如，遇到一旦采取收缩性甚至稳健的财政政策，就必然减少生态的投资，导致林业生态工程的减少。

二是政策有不确定性。林业主要靠政府来办，国家和地方对公共事业要办的事很多，突发事件难以预料，如像禽流感、非典、特大水灾火灾等突发重大事件的发生，影响着国家公共服务和管理重心的转移，以及国家财政的投资方向改变，林业这项公共事业有可能会受到多种因素的影响，增加了生态建设治理与破坏相持阶段的变数。

三是市场波动影响着生态治理成果。近年来，非公有制林业的快速发展，对加快造林绿化速度，加强生态建设，缓解天然林资源的压力发挥了不可或缺作用。但是，非公有制林业绝大部分都是速生丰产林，其目的是追求经济效益的最大值，其发展受到国内国际市场的影响，万一发生市场波动或者金融风波等事故，就会带来严重影响，如果监管服务跟不上，就可能出现大规模的采伐现象，造成森林生态体系破坏，强化市场的不确定性。

三、 区域发展不平衡性

区域经济社会和生态状况的差异导致全国的状况千差万别。就森林状况而言，全国森林增加大于消耗，资源呈现了净增长。但是，如果从某一个具体区域来看，却有着较大差异，有的区域森林供给基本满足社会需求，生态状况已开始总体好转，并向着生态和谐的方向发展；有的区域虽未从整体上发生好转，但破坏森林资源增加的力量已得到有效控制；有的区域仍然存在继续恶化的现象，但恶化的速度在逐步减缓。

一是区域发展不平衡。从森林资源状况看，第八次全国森林资源清查结果显示，东北、西南边远省（自治区、直辖市），以及东南、华南丘陵山地森林资源分布多，而辽阔的西北地区、内蒙古中西部，西藏大部，以及人口稠密经济发达的华北、中原及长江、黄河下游地区，森林资源分布较少。东北地区的森林覆盖率高达40.22%，而西部地区最低，仅为17.05%。西部地区的战略位置和生态区位十分重要，蕴藏着丰富的自然资源，是长江、黄河、澜沧江等许多大江大河的发源地，汇集着森林、草原、沙漠、湿地等自然景观，但由于自然、历史、社会等原因，经济发展相对落后，林草植被稀少，局部地区水土流失比较严重，生态环境十分脆弱。从流域来看，我国长江流域、黑龙江流域的森林面积、蓄积约占全国的一半。珠江流域森林覆盖率最高，达49.25%，而黄河、海河和淮河流域森林覆盖率低于全国平均水平。

二是生态恢复条件差异大。我国水土流失、沙漠化主要分布在土壤水热条件差、经济欠发达区域，目前我国356万km^2的水土流失面积，总体分布上由东向西递增，分布在长江上游的云、贵、川、渝、鄂和黄河中游地区的晋、陕、甘、蒙、宁及新、青，占全国水土流失面积的85.6%；西部地区荒漠化和沙化土地面积分别占全国的94.9%和93.3%，这些地区是我国今后森林供给主要阵地。我国现有8亿多亩的荒山荒地，其中中部、西部分别有4.32亿亩和2.75亿亩，分占全国的52.63%和33.55%。这些地区自然条件恶劣，生态基础薄弱，经济条件落后，森林重建难度大、成本高，是森林恢复建设的重点和难点。

四、 生态恢复的反复性

生态恢复的反复性主要表现为各种有利因素与不利因素呈拉锯状态，各种因素势均力敌，此消彼长。

一是进入 21 世纪以来，随着我国社会经济的发展和人民生活水平的提高，社会对生态的需求越来越高。党中央、国务院从中华民族的长远大计和富国强民的根本利益出发，实施经济社会可持续发展战略，对加快林业和生态建设采取了一系列重大措施，最大限度地发挥森林在改善生态与环境中的作用，为我国生态治理的进一步推进奠定了坚实的基础。

二是治理政策实施后的后续政策不完善，特别是天保工程没有从根本上解决体制和机制问题，东北、内蒙古国有林区的木材定产偏高，长江上游、黄河中上游地区停止人工林采伐，造成林农收入减少，甚至中断；森林抚育不够，不利于林木生长；地方配套资金到位率不高，后续产业发展缓慢，林区经济严重滞后，森林保护和林区生产生活面临新的困难。如果政策措施稍有偏差，不仅会导致工程的总体目标难以实现，而且已经取得的成果也将难以得到巩固，将出现反弹，森林植被边恢复边破坏的恶性循环就仍将继续。

三是由于巨大的人口和经济高增长的压力，一些地区仍以牺牲森林资源来换取粮食增产、经济增长，加之在生态治理的同时忽视了保护，在建设的同时忽视了管理，以至于一些地方治理的速度赶不上破坏的速度，得来不易的建设成果被各种天灾人祸造成的破坏抵消了。

四是森林资源等破坏保护管理水平发展不平衡，乱砍滥伐林木、乱批滥占林地等行为屡禁不止。一些地方长期形成的以木材生产为中心的经营指导思想根深蒂固，法制观念淡薄，为了换取暂时的经济发展，不惜以牺牲森林资源、破坏生态环境为代价。在森林资源经营利用过程中经营措施粗放甚至掠夺式利用，致使大量有林地逆转为疏林地、超限额采伐、非法征占用林地等现象在一些地区还相当严重。根据第七次全国森林资源清查结果，清查间隔期的 5 年，依然有 831.73 万 hm^2 林地转为非林地，其中有林地转为非林地面积 377.00 万 hm^2，征占用林地增加，局部地区乱垦滥占林地问题严重。这足以证明，森林供给过程出现反复的可能性依然很大。

五、 任务的艰巨复杂性

任务的艰巨复杂性主要表现为各种有利因素超越不利因素的任务更加艰巨，每前进一步，都需要付出很大的代价。

一是森林资源发展任务艰巨。根据我国生态建设的总体目标，到 2020 年，森林覆盖率将达到 23%，在今后的 15 年内每年需要增加森林 306 万 hm^2，而目前每年森林增加只有 214 万 hm^2，差距较大。随着造林的立地条件越来越差，造林的难度将越来越大，造林成本会越来越高，今后我国森林覆盖率每提高 0.1 百分点，都要付出很大的代价。作为林业建设主战场的林业重大生态工程，进入攻坚阶段，余下的任务多是攻坚克难的"硬骨头"，建设难度将越来越大。

二是森林资源保护任务艰巨。经济发展和人口增长对森林资源保护发展的压力不断增加。我国现有森林资源的年合理供给量仅占需求量的40%。木材需求缺口十分巨大。如果政策不稳定、管理不到位，超级的利润空间将对森林资源造成极大破坏，严重威胁我国森林资源安全。森林资源经营管理仍未彻底摆脱计划经济体制的束缚，对新形势下森林资源经营管理模式的研究严重滞后，经营方式单一，改革进程缓慢，体制不顺，机制不活，效率不高，不利于调动各方面的积极性，也不利于林业的良性循环。全球气候变化异常，林中可燃物不断增加，火源管理难度增大等致使森林防火工作难度增加。森林资源保护管理基础设施建设薄弱，执法、检疫、预防、防治和管理手段落后，监测体系不健全，制约政府部门森林保护功能的有效发挥。

三是森林资源提高质量效益的任务艰巨。我国根据第七次全国森林资源清查结果，按照综合利用反映森林资源质量的指标，采用层次分析法和专家咨询法，乔木林质量等级好的面积占16.66%，中等的面积占60.96%，差的面积占22.38%。单位面积蓄积量不高。全国乔木林每公顷蓄积量为85.88m³，每公顷年均生长量为3.85m³，比世界平均水平低。全国林分平均郁闭度只有0.56，处于中等郁闭状态。林分平均胸径较小。全国林分平均胸径只有13.3cm。人工林树种单一。森林抚育不及时，林木枯损量有较大幅度增加，森林质量低的状况尚未得到根本改善，提高质量效益的任务十分艰巨。

四是全球气候变化、自然灾害日益频繁对森林资源提出了新的挑战。根据国际气象组织（WMO）预测，未来全球气候总的态势是趋暖。地球表面的年平均温度在过去的一个多世纪中上升了0.6℃。未来气候变化将对我国生态建设产生巨大的影响，水旱灾频繁，干旱地区雨季、旱季界线更为分明，沙尘暴、干旱等灾害性天气加剧；极端性天气事件（异常炎热、极端寒冷干旱或异常的降雨）、洪涝、干旱、风沙、泥石流等自然灾害增多等。尤其是西部地区自然条件总体上比较恶劣，生态环境先天脆弱，森林生态系统自我调节能力和抗外部冲击能力都很低，森林和植被群落稳定性很差，一旦遇到较剧烈的气候波动或强烈的人为活动干扰，森林生态系统可能难以恢复。全球气候变化更加剧了我国森林供给的难度。总之，在森林结构、森林生产力、森林健康状况、森林综合利用等方面我国森林质量提高的任务艰巨繁重。

第六章　中国森林生态产品供给问题分析

2012 年 11 月，中国共产党的十八大报告提出，要把生态文明建设放在突出地位，融入经济建设、政治建设、文化建设、社会建设各方面和全过程，努力建设美丽中国，实现中华民族永续发展。报告集中论述了大力推进生态文明建设，其中，在提到加大自然生态系统和环境保护力度时强调，要"增强生态产品生产能力"。这一表述富有新意，引起广泛关注。"生态产品"无论如何定义，都与生态环境有关，它关系到人类生存发展所必需的生态环境。

森林是地球上系统结构最复杂、物种最丰富、功能与效益最多样的陆地生态系统类型。森林生态系统通过与土壤、大气、水体在多界面、多层次、多尺度上进行物质与能量交换，对维系地球生命支持系统和经济社会的可持续发展起着至关重要的作用，森林所提供的"生态产品"——生态系统服务，直接和间接地为国民经济和人类福利做出了重要贡献。20 年来，大量的相关研究促进了人们对森林生态系统服务价值的创新性认识及将其纳入国民经济核算的良好理解。国际知名期刊《生态经济学》2000 年列专刊讨论生态系统服务的价值评估问题，《森林经济学杂志》2009 年专刊讨论森林生态系统物品与服务的价值评估问题，就相关主题发表的论文的数量呈指数上升趋势。这清楚地表明该研究主题及该领域研究工作的重要性。同时国内外在全球、区域、国家、省级、地方及经营单位水平上也已经开展了大量的案例研究。一些相关的案例研究数据库也已经建立，为探索森林生态服务的有效供给奠定了很好的基础。

森林生态系统服务是人类直接或间接地从生态系统功能中获得的各种效用，体现在森林对人类生产生活与生存发展产生的直接或间接的影响，包括生态、经济、社会等诸多方面。需要指出的是，森林生态系统服务和功能并不一定呈现出一一对应的关系。有些情况下，一种生态系统服务是两种或多种生态系统功能所产生的；但另一些情况下，一种生态系统功能提供两种或多种生态系统服务（Costanza et al.，1997）。许多生态系统功能具有相互依赖的特性，代表着支持人类福利的生态系统的"组合产品"，因而很多情况下可以将它们进行累加。Constanza 等（1997）和 Lubchenco（1998）首次系统地设计了测算全球自然环境为人类所提供服务的价值"生态服务指标体系"（ESI），把全球生态系统提供给人类的"生态服务"功能分为 17 种类型，并将全球生态系统划分为 20 个生物群落区。由此，他们计算了"生态服务"价值与全球国内产生总值（GDP）之间比例关系（1∶1.18）。该指标体系的提出对更加深刻理解人与自然之间的关系，揭示可持续发展的本质内涵，具有较高的科学价值。

然而，迄今为止，全世界尚无统一的森林生态系统服务的分类和评价指标体系，各国使用的体系都有一定差异。国际上比较常用的生态系统服务分类框架体系主要有两个：一是 Costanza 等（1997）识别了生物圈中 16 个生物群落的 17 种生态系统服务，包括大气调节、气候调节、干扰调节、水文调节、供水、控制侵蚀和保持沉积物、土壤形成、养分循环、废弃物处理、授粉作用、生物控制、生物庇护所、食物生产、原材料、基因资源、游憩及文化。二是千年生态系统评估（MEA）将生态系统服务划分为供给服务、调节服务、文化服务和支持服务四大类型。其中，供给服务指人类从生态系统获取的各种产品，包括食物、纤维、薪柴、基因和淡水等；调节服务是指人类从生态系统过程的调节作用当中获取的各种惠益，包括维护空气质量、调节气候、调节水资源、调控侵蚀、授粉和调控疾病等；文化服务是指人们通过精神满足、认知发展、思考、消遣和美学体验而从生态系统获得的非物质惠益，包括文化多元性、精神与宗教价值、知识体系、教育价值、美学价值、地方感、社会关系，以及消遣与生态旅游等；支持服务是生态系统提供供给服务、调节服务和文化服务所必需的基础性服务，包括光合作用、初级生产、土壤形成及养分循环和水分循环等（赵士洞，2007）。Costanza 等（1997）提出的生态系统服务分类与评价体系在过去 10 多年来对我国该领域的理论与实践研究产生了深远的影响，被誉为生态系统服务价值评估方面的"圣经"。MEA 的生态系统服务分类体系则集中了全世界 3000 多位科学家的智慧，在生态系统服务评估领域得到广泛的应用。

　　结合国内外研究成果及森林生态系统的实际情况，我国在多年研究的基础上提出了不同的分类框架与评估体系。2008 年，国家林业局发布了《森林生态系统服务功能评估规范 LY/T-2008》，将森林生态服务划分为 8 种类型，包括涵养水源、保育土壤、固碳释氧、净化大气环境、生物多样性保护、森林防护、景观游憩和营养物质积累。鉴于营养物质积累通常被认为是"中间产品"，即为其他生态服务提供支持，国内森林生态服务价值评估实践的主流做法是考虑前 7 类服务。总结国内开展的 87 个森林生态系统服务价值评估案例，61%采用的是这 7 类服务的分类体系，33%采用了 Costanza 等的分类体系，5%采用了 MEA 的分类体系。从激励森林生态服务供给的角度看，国际上森林生态服务市场主要包括森林碳汇服务、生物多样性服务、流域保护服务和森林生态游憩 4 种类型的产品，以及包含上述生态服务类型的综合服务，分别占森林生态服务市场或补偿案例总个数的 26%、25%、21%、18%和 10%。我国森林生态补偿政策实施单一的生态补偿标准，实质是对生态公益林为社会所提供的多种服务进行补偿。基于上述，本章从森林碳汇服务、生物多样性服务、流域保护服务、森林生态游憩服务和森林生态综合服务5 个方面对我国森林"生态产品"供给问题进行分析。

第一节　森林碳汇服务供给案例分析

一、全球气候变化面临的挑战

　　气候变化已成为不争的事实，特别是近百年来地球气候正经历一次以全球变暖为主要特征的显著变化，自 1900 年以来，全球平均气温上升了约 1.5℃。在过去 50 年里观察到的气候变暖，主要应归咎于人类造成的温室气体排放。这些排放的罪魁祸首是化石燃料（煤、石油和天然气）的燃烧，森林砍伐和农业活动也难辞其咎。政府间气候变化专门委员会（IPCC）历次评估报告证实，每年毁林排放的温室气体占全球温室气体总排放量的 17%～25%，超过了全球交通部门的总排放量。气候变化会导致海平面上升，使低海拔地区面临被淹没的危险。此外，还会导致海水倒灌、排洪不畅、土地盐渍化等生态环境负效应，造成严重的经济损害，使水资源在地区和季节间分布更加不均衡，导致农作物减产；使海洋生态品种减少；各类极端气候事件的数量和强度都将增加，对大中型工程项目建设的影响加大，洪水、土壤干化、森林火灾、病虫害、疾病等发生次数在一些地区增加，对保障电力供应也带来更大的压力。

我国也是气候变化脆弱的国家，气候变化已经对我国的农牧业产生了一定的影响，主要表现为自 20 世纪 80 年代以来，中国的春季物候期提前了 2～4 天。

（1）未来气候变化对中国农牧业的影响主要表现在：一是农业生产的不稳定性增加，如果不采取适应性措施，小麦、水稻和玉米三大作物均以减产为主。二是农业生产布局和结构将出现变动，种植制度和作物品种将发生改变。三是农业生产条件发生变化，农业成本和投资需求将大幅度增加。四是潜在荒漠化趋势增大，草原面积减少。气候变暖后，草原区干旱出现的概率增大，持续时间加长，土壤肥力进一步降低，初级生产力下降。五是气候变暖对畜牧业也将产生一定的影响，某些家畜疾病的发病率可能提高。

（2）气候变化对中国的森林和其他生态系统产生了一定的影响，主要表现为近 50 年中国西北冰川面积减少了 21%，西藏冻土最大减薄了 4～5m。未来气候变化将对中国森林和其他生态系统产生不同程度的影响：一是森林类型的分布北移。从南向北分布的各种类型森林向北推进，山地森林垂直带谱向上移动，主要造林树种将北移和上移，一些珍稀树种分布区可能缩小。二是森林生产力和产量呈现不同程度的增加。森林生产力在热带、亚热带地区将增加 1%～2%，暖温带增加 2%左右，温带增加 5%～6%，寒温带增加 10%左右。三是森林火灾及病虫害发生的频率和强度可能增高。四是内陆湖泊和湿地加速萎缩。少数依赖冰川融水补给的高山、高原湖泊最终将缩小。五是冰川与冻土面积将加速减少。到 2050 年，预计西部冰川面积将减少 27%左右，青藏高原多年冻土空间分布格局将发生较大变化。六是积雪量可能出现较大幅度减少，且年际变率显著增大。七是将对物种多样性造成威胁，可能对大熊猫、滇金丝猴、藏羚羊和秃杉等产生较大影响。气候变化已经引起了中国水资源分布的变化，主要表现为近 40 年来中国海河、淮河、黄河、松花江、长江、珠江等六大江河的实测径流量多呈下降趋势，北方干旱、南方洪涝等极端水文事件频繁发生。中国水资源对气候变化最脆弱的地区为海河、滦河流域，其次为淮河、黄河流域，而整个内陆河地区由于干旱少雨非常脆弱。

（3）气候变化将对中国水资源产生较大的影响：一是未来50～100年，全国多年平均径流量在北方的宁夏、甘肃等部分省(自治区)可能明显减少，在南方的湖北、湖南等部分省份可能显著增加，这表明气候变化将可能增加中国洪涝和干旱灾害发生的概率。二是未来50～100年，中国北方地区水资源短缺形势不容乐观，特别是宁夏、甘肃等省(自治区)的人均水资源短缺矛盾可能加剧。三是在水资源可持续开发利用的情况下，未来50～100年，全国大部分省份水资源供需基本平衡，但内蒙古、新疆、甘肃、宁夏等省(自治区)水资源供需矛盾可能进一步加大。

（4）气候变化对海岸带的影响。气候变化已经对中国海岸带环境和生态系统产生了一定的影响，主要表现为近50年来中国沿海海平面上升有加速趋势，并造成海岸侵蚀和海水入侵，使珊瑚礁生态系统发生退化。未来气候变化将对中国的海平面及海岸带生态系统产生较大的影响：一是中国沿岸海平面仍将继续上升。二是发生台风和风暴潮等自然灾害的概率增大，造成海岸侵蚀及致灾程度加重。三是滨海湿地、红树林和珊瑚礁等典型生态系统损害程度也将加大。此外，气候变化可能引起热浪频率和强度的增加，由极端高温事件引起的死亡人数和严重疾病将增加。气候变化可能增加疾病的发生和传播机会，增加心血管病、疟疾、登革热和中暑等疾病发生的程度和范围，危害人类健康。同时，气候变化伴随的极端天气气候事件及其引发的气象灾害的增多，对大中型工程项目建设的影响加大，气候变化也可能对自然和人文旅游资源、对某些区域的旅游安全等产生重大影响。另外由于全球变暖，也将加剧空调制冷电力消费的增长趋势，对保障电力供应带来更大的压力。

二、全球气候变化对森林碳汇服务的需求

森林在全球的碳循环中起着中心作用。树木通过光合作用将大气中的CO_2固定成碳水化合物，这些植物体的一部分以枯枝落叶和枯死木的形式进入土壤后，经过一段时间的分解，又以CO_2的形式回到大气中。因此，构成了有机碳在大气－森林植被－土壤－大气系统中的循环。森林是大气CO_2的重要碳吸收汇，毁林是大气CO_2的重要排放源，因此通过林业活动可以达到减排增汇的目的。IPCC已确定一些现有技术和做法，例如，造林；再造林；森林管理；减少毁林；木材生产管理；使用森林产品作为生物能源并取代化石燃料；树种改良，以增加生物量和碳储存；提高用于分析植被/土壤固碳潜力的遥感技术，并绘制土地使用变化图。概括起来，与减排增汇有关的林业活动包括增强陆地碳吸收汇、保护现有碳储存和碳替代3个方面，见表6-1世界各大洲森林碳储量。

森林碳储量计量是各国学者关注的问题，FAO（联合国粮食及农业组织）每5年更新评估一次世界森林资源，在最新一版的《2010年森林资源评估》报

告中经调查研究表明，全球森林碳储量为 6520 亿 t，其中有 44% 储存在生物量中，11% 储存在枯死木和枯枝落叶中，45% 储存在土壤层中，森林中储碳量比整个大气中的储碳量要多。森林生态系统更是储存了陆地生态系统 76%～98% 的有机碳。

表 6-1 世界各大洲森林碳储量总量(亿 t)、单位量（t/hm²）

区域	生物量碳储量		枯死木、凋落物碳储量		土壤碳储量		总碳储量	
	总量	单位量	总量	单位量	总量	单位量	总量	单位量
亚洲	356.89	60.2	34.34	5.8	353.3	59.6	744.53	125.7
欧洲	450.10	44.8	206.48	20.5	969.24	96.4	1625.83	161.8
非洲	558.59	82.8	79.22	11.7	344.61	51.1	982.42	145.7
北美洲	395.94	56.1	269.56	38.2	411.98	58.4	1077.47	152.7
南美洲	1021.90	118.2	99.90	11.6	754.73	87.3	1876.54	217.1
大洋洲	104.80	54.8	29.37	15.3	82.75	43.2	216.92	113.3
世界	2888.21	71.6	718.88	17.8	2916.62	72.3	6523.71	161.8

注：资料来源于 FAO《2010 世界森林资源评估》。

增强碳吸收汇的林业活动包括造林、再造林、植被恢复、退化生态系统恢复、建立农林复合系统、加强森林可持续管理以提高林地生产力等能够增加陆地植被和土壤碳储量的措施。通过造林、再造林和森林管理活动增强碳吸收汇已得到国际社会广泛认同，并允许发达国家使用这些活动产生的碳汇用于抵消其承诺的温室气体减排指标。

保护碳储存是指保护现有森林生态系统中储存的碳，减少其向大气中的排放。主要措施包括减少毁林、改进采伐作业措施、提高木材利用效率及更有效的森林灾害（林火、病虫害）控制。降低大气 CO_2 浓度最有效的方式是减少化石燃料燃烧的排放量，而土地利用变化和林业措施则是减缓气候变化最有效的技术手段。毁林直接导致森林生态系统的碳储存在数年内排放到大气中，因此相对造林和再造林而言，降低毁林速率是减缓大气 CO_2 浓度上升的更直接手段。降低采伐的影响是保护现有森林碳储存的重要手段。

碳替代措施包括以耐用木质林产品替代能源密集型材料、生物能源（如能源人工林）、采伐剩余物的回收利用（如用作燃料）。由于水泥、钢材、塑料、砖瓦等属能源密集型材料，且生产这些材料消耗的能源以化石燃料为主，而化石燃料是不可再生的。如果以耐用木质林产品替代这些材料，不但可增加陆地碳储存，还可减少在生产这些材料的过程中化石燃料燃烧产生的温室气体排放。虽然部分木质林产品中的碳最终将通过分解作用返回大气，但由于森林的可再生特性，森林的再生长可将这部分碳吸收回来，避免由于化石燃料燃烧引起的净排放。据研究，用木材替代水泥、砖瓦等建筑材料，每立方米木材可减排约 0.8t 二氧化碳当量（CO_2 eq）。同样，与化石燃料燃烧不同，生物质燃料不会产生向大气的净 CO_2 排放，因为生物质燃料燃烧排放的 CO_2 可通过植物的再生长从大气中吸收回来，而化石燃料的燃烧则产生向大气的净碳排放，因此用生物能源替代化石燃料可降低人类活动的碳排放量。

森林合作伙伴关系 2007 年成立的全球森林专家小组研究发现，气候变化已经影响到森林生态系统，包括北寒带、温带、亚热带和热带的森林等均面临危险，而且未来影响还会加剧；随着气候变暖，森林适应气候变化的能力将会更弱；气候变化可能导致林业从汇转变为净排放源，从而更加加剧气候变化，步入危险的恶性循环。尤其令人关注的是气温升高和干旱对森林健康和生产力所造成的影响，如虫害的频率加快、森林火灾增加等（表 6-2）。据估计，由于气温升高，2000～2020 年，加拿大西部山地松树甲虫所造成的森林毁坏的累积影响将达到 2.70 亿 t 碳，相当于加拿大根据《京都议定书》承诺的到 2012 年温室气体的减排量。

表 6-2　气候变化对森林生态系统的影响

气候因子	细胞层面	生物层面	物种层面	生态系统层面
CO_2 增加	光合速率增加 气孔导度降低	生长率增加 水利用效率增加 种子生产增加	种子死亡率下降 恢复能力加强 个体中止其成熟 个体密度发生变化	生物量生产增加 物种竞争力改变 物种构成改变
温度增加	光合作用增加或减少 光合作用周期增加 蒸腾作用增加	初级生产力正向/负向改变 种子生产改变	更新速率改变 树的死亡率可能增加 对温度敏感物种有负面影响	物种竞争力改变 物种构成改变 土壤矿化作用增加
降雨变化	生长率下降	种子死亡率增加	成熟个体的死亡率增加	物种竞争力改变 物种构成改变

注：资料来源于 Robledo and Forner（2005）；Meer et al.（2001）。

IPCC 历次评估报告都充分肯定林业活动在减缓气候变化的各种努力中十分重要而且不可替代的地位。IPCC 第四次评估报告再次指出，林业对减缓气候变化的途径主要体现在保持或扩大森林面积，保持或增加林地或景观层面的碳密度，提高林产品异地碳储量，促进工业产品的燃料替代等方面，具有巨大的减排增汇潜力。而且，减少毁林、防止森林退化、减少火灾和采伐迹地焚烧等措施可以在短期内取得较大的减排效果。10 年来，森林问题成为气候变化谈判的重要议题之一，也是谈判的亮点之一，相对于其他议题来说取得了较大的进展。1997 年，《京都议定书》规定了包括 CDM 在内的 3 种灵活履约机制。2003 年，与土地、土地利用、土地利用变化和林业（LULUCF）相关的造林与再造林活动被纳入 CDM 项目中。2005 年 7 月，巴布亚新几内亚和哥斯达黎首次向 UNFCCC 秘书处建议，在第十一次缔约方大会（COP 11）临时议程中增加"减少发展中国家毁林排放：激励机制"的议题，得到了多个国家的支持。2007 年，《巴厘岛路线图》将减少发展中国家毁林排放作为重要的减缓措施纳入其中。2009 年，《哥本哈根协议》呼吁立即建立包括毁林、森林退化，以及森林保护与可持续管理（REDD＋）在内的新保护机制。2010 年，坎昆会议通过了包括 REDD+ 和 LULUCF 议题的两项重要决议，凝聚了发达国家和发展中国家在充分发挥林业在减缓全球气候变暖中独特作用上的共识，标志着林业议题谈判取得了突破性进展（王春峰，2010）。

三、中国森林碳汇发展现状

1992 年 6 月 11 日中国政府签署了 UNFCCC，1998 年 5 月中国政府签署了《京都议定书》，成为第 37 个签约国，并于 2002 年 8 月正式核准了该议定书。在哥本哈根气候变化大会上，中国向世界做出了负责任的承诺：到 2020 年我国单位国内生产总值二氧化碳排放比 2005 年下降 40%～45%。这一目标也将作为约束性指标，纳入国民经济和社会发展中长期规划，并制定相应的国内统计、监测、考核办法。

中国政府在应对气候变化中把林业放在突出位置。2009 年 9 月，中国国家主席胡锦涛在联合国气候变化峰会上承诺，大力增加森林碳汇，争取到 2020 年森林面积比 2005 年增加 4000 万 hm^2，森林蓄积量比 2005 年增加 13 亿 m^3。2009 年 6 月召开的中央林业工作会议指出：在应对气候变化中林业具有特殊地位，并强调应对气候变化，必须把发展林业作为战略选择。2007 年 6 月我国政府发布实施了《中国应对气候变化国家方案》。2009 年 11 月，国家林业局发布了《应对气候变化林业行动计划》，明确提出中国林业应对气候变化的基本原则、阶段性目标、重点领域和主要行动，把林业纳入我国减缓和适应气候变化的重点领域。该计划分析了气候变化对森林类型分布、森林生产力和产量、森林火灾及病虫害等的影响，明确了方案内容，要求改革和完善现有产业政策，抓好林业重点生态建设工程；制定和实施与适应气候变化相关的法律法规；强化对现有森林资源和其他自然生态系统的有效保护；加大技术开发和推广应用力度等。同时开展了 22 项主要行动。

（一）森林碳汇政策现状

为促进森林碳汇的发展，国家林业局和有关部门制定了许多林业政策。这些政策通过一系列指导性文件体现出来（表 6-3）。

表 6-3 森林碳汇政策性指导文件

时间/年	文件名称	颁布单位
2006	《国家林业局造林司关于开展清洁发展机制造林项目的指导性意见》	国家林业局
	《国家林业局关于开展林业碳汇工作若干指导意见的通知》	国家林业局
2007	《应对气候变化国家方案》	国家发展和改革委员会
2008	《国家林业局造林司关于加强林业应对气候变化及碳汇管理工作的通知》	国家林业局
2009	《中共中央国务院关于 2009 年促进农业稳定发展农民持续增收的若干意见》	国务院
	《应对气候变化林业行动计划》	国家林业局
	《关于加强碳汇造林管理工作的通知》	国家林业局
2010	《国家林业局林业碳汇计量与监测管理暂行办法》	国家林业局
	国家林业局办公室关于贯彻落实《应对气候变化林业行动计划》的通知	国家林业局
	《造林绿化管理司关于开展林业碳汇计量与监测体系建设试点工作的通知》	国家林业局
	《国家林业局办公室关于开展碳汇造林试点工作的通知》	国家林业局
	国家林业局办公室关于印发《碳汇造林技术规定(试行) 》和《碳汇造林检查验收办法(试行) 》的通知	国家林业局
	《国家林业局关于林业碳汇计量与监测资格认定的通知》	国家林业局
2011	国家林业局造林绿化管理司(气候办) 关于印发《全国林业碳汇计量监测技术指南(试行) 》的通知	国家林业局
	国家林业局办公室关于印发《造林项目碳汇计量与监测指南》的通知	国家林业局
	国家林业局办公室关于印发《关于坎昆气候大会进一步加强林业应对气候变化工作的意见》的通知	国家林业局
	《清洁发展机制项目运行管理办法（修订）》	国家发展和改革委员会
	国家林业局办公室关于印发《林业应对气候变化"十二五"行动要点》的通知	国家林业局

　　森林碳汇相关技术标准不断完善。我国森林碳汇相关标准主要包含 3 方面的内容，即：一国家层面的计量监测体系，二项目层面的碳汇营造林方法学，三市场层面的标准和规则。标准和规则（表 6-4）近年来得到逐步建立。

表 6-4 我国森林碳汇主要标准

类别	名称	颁布时间/年
全国碳汇计量监测体系	《全国林业碳汇计量监测体系》	2009
	《全国林业碳汇计量监测指南》	2011
方法学	《碳汇造林技术规定（试行）》	2010
	《碳汇造林检查验收办法（试行）》	2011

类别	名称	颁布时间/年
方法学	《造林项目碳汇计量与监测指南》	2011
	《竹林造林项目碳汇计量与监测方法学》	2012
市场层面	《中国林业碳汇审定核查指南》	2011
	《林业碳汇交易标准》	2011
	《林业碳汇交易规则》	2011
	《林业碳汇交易流程》	2011

（二）森林碳汇交易现状

随着 2005 年 2 月 16 日《京都议定书》的正式生效，我国的 CDM 项目开发得到发展。中国 CDM 管理机构为国家气候变化协调领导小组，并由国家发展和改革委员会、科学技术部、外交部等 7 部委负责成立国家清洁发展机制项目审核理事会，负责对国内 CDM 项目的审核管理。据联合国清洁发展机制执行理事会 EB 网站统计，截至 2013 年 3 月 31 日，国际上共有 6663 个 CDM 项目成功注册，我国注册 CDM 项目 3518 个，占东道国注册项目总数的 52.8%；预计产生的二氧化碳年减排量共计 785 243 516t，占东道国注册项目预计年减排总量的 61.8%。这说明我国 CDM 项目在国际上无论是在数量上是在年减排量上都占有绝对优势。

但 CDM 项目中的森林碳汇项目则很少。截至 2013 年 3 月 21 日，国家发展和改革委员会批准的 CDM 项目达 4799 个，绝大多数是关于可再生能源的 CDM 项目，造林再造林碳汇项目只有 5 个，预计年碳汇清除量总计为 15.76 万 t CO2，详见表 6-5。

表 6-5 获国家发展和改革委员会批准的 CDM 森林碳汇项目一览表

项目名称	所在地	国外合作方	估计年减排量/t
中国广西西北部地区退化土地在造林项目	广西	（世界银行）	70 272
中国四川西北部退化土地的造林在造林项目	四川	（单边项目）	26 000
中国广西珠江流域治理在造林项目	广西	意大利、西班牙	20 000
中国辽宁康平防治荒漠化小规模造林项目	辽宁	日本	1 124
诺华川西南森林碳汇、社区和生物多样性造林再造林项目	四川	瑞士	40 214
合计			157 610

注：资料来源于国家发展和改革委员应对气候变化司网站（中国清洁发展机制网）。

由以上数据可以看出，我国虽然在 CDM 项目上取得一系列重要成就，但 CDM 机制下森林碳汇与国际趋势一致，在 CDM 中所占比例非常小（国际上造林和再造林占 CDM 项目的 0.6%），因此，不仅国内，从世界范围来看 CDM 机制下的森林碳汇都难以为继，森林碳汇要想进一步发展，必须另谋出路。

2011 年 10 月 29 日，国家发展和改革委员会正式批准全国包括北京市、天津市、上海市、重庆市、广东省、湖北省、深圳市 7 个省市启动碳排放交易试点，要求试点地区研究制定碳排放权交易试点管理办法，明确试点的基本规则，测算并确定本地区温室气体排放总量控制目标，研究制定温室气体排放指标分配方案，建立本地区碳排放权交易监管体系和登记注册系统，培育和建设交易平台，做好碳排放权交易试点支撑体系建设，这一政策的发布，为我国逐步建立碳交易市场奠定了良好的基础。试点开展以来，其交易主体范围主要确定在所辖高耗能、高排放企业，交易产品以二氧化碳为主，7 个省市分别根据自身情况和企业排放二氧化碳的多少来纳入试点企业。根据政策规定，有的省市将部分年排放二氧化碳在 5000 吨以上的企业纳入其中，其余企业可以自行申请加入碳排放配额发放。北京的规定则采取在北京行政区域内源于固定设施排放的，年二氧化碳直接排放量与间接排放量之和大于 1 万 t 的单位可以参与碳排放权交易。

但我国的森林碳汇交易基本处于"无市、无价、难交易"的状况。目前已经成立的多个碳排放交易所，包括成立于 2008 年的北京环境交易所、上海环境能源交易所、天津排放权交易所，以及 2010 年 10 月成立的深圳排放权交易所，这些交易所多由于地方政府发起并成立的，并未得到国家主管部门的批准认可，其运行的标准、规则等有待于进一步检验，其实现的交易很少，且涉及森林碳汇交易的更是几乎为零。

四、 森林碳汇供给问题与政策思路

（一） 森林碳汇交易困难原因分析

我国森林具有较大的碳汇潜力。通过扩大森林面积、提高森林质量、加强森林保护、发展林木生物能源，以及提高木材综合利用率等途径，保守估计，到 2020 年后，每年通过林业措施就可新增固碳能力约 16 亿 t 二氧化碳，替代化石能源使用每年可实现减排约 12 亿 t 二氧化碳，两项合计林业每年可以实现间接减排大约 28 亿 t 二氧化碳。但目前，我国以自愿市场为导向的森林碳汇生产积极性不高，从业于森林碳汇生产的企业不多，森林碳汇这一新的生态产品"品种"的效应未发挥出来；森林碳汇交易难，自 CDM 机制实施以来，真正符合 CDM 交易的只有 5 例。其原因分析如下。

1. 森林碳汇市场需求不足

国际上碳交易市场是 CO_2 排放权稀缺性的结果，因此碳交易本质上就是一种政策驱动的交易。当前的碳交易市场绝大多数建立在发达国家，这些国家存在排放指标需求。

从国际需求角度上看，我国是森林碳汇的供给国，虽然具有巨大的森林碳汇优势，但《京都议定书》对可以抵减排放量的森林碳汇作出了严格的规定：即只有造林再造林所产生的碳汇才可以作为第一个承诺期(2008～2012 年)抵减排放量的额度，而且只能占到国家基准年(1990 年)温室气体排放量的 5%。如此严格的要求导致森林碳汇交易只占整个碳交易市场的极少部分，国际上对森林碳汇的需求非常小。

从国内需求角度上看，中国在《京都议定书》下没有承担减排的法定义务，虽然承诺自愿减排，但自愿减排的具体指标划分不明确，也就是说国家没有相关政策对各省市或各企业的 CO_2 排放量加以强制约束，各省市或企业通过碳交易完成减排目标更多的是一种自觉行为。但目前看来，绝大多数企业并没有这样的自觉。国内的碳买家多为履行社会责任的企业或个人，大部分企业没有排放上限，没有备完成排放的动力，也就没有购买碳汇的需求，因而市场规模非常小。

当前的森林碳汇市场属于买方市场，也就是说，需求的严重不足导致森林碳汇有行无市，自然很难形成森林碳汇交易。

2. 森林碳汇计量监测复杂

严格意义的碳汇，是指森林吸收碳的增量部分，就是净吸收量，即森林每年吸收的二氧化碳减去造林活动所产生的排放量，如施肥，还要减去林地流转和森林灾害造成的毁林排放，最后得到的净吸的 CO_2 才是碳汇，因此净吸收的 CO_2 的计量是一个复杂的过程，涉及计量与监测方法学研究。对森林碳汇的计算是在动态过程中进行的，碳汇林其生长受到地域、气候等条件的影响，不同碳汇林在同一地域生产质量是不一样的，而且在不同时间碳汇林的碳汇质量也有很大差异，这就造成在动态条件下对森林碳汇测量的困难。同时，这部分用于可交易的森林碳汇，必须具有清晰界定的产权，产权的界定需要借助特定的计量与监测方法；因此，对森林碳汇计量与监测的方法要求很高。

鉴此，我国目前对森林碳汇计量与监测的方法学多是基于项目设置的，基于项目设计的方法学要考虑很多方面，目前计量与监测最主要的问题主要包括：①基线问题，即能合理地代表在没有造林或再造林项目活动情况下，项目边界内碳库碳储量变化之和的情景；②泄漏问题，即发生于造林或再造林项目边界之外的、由项目活动引起的、可测量的温室气体源排放的增加，包括正负泄漏，泄漏产生的机理多种多样，如活动转移、市场转移、排放转移和生态泄漏等；③额外性问题，包括技术额外性、资金额外性、环境额外性政策额外性。

除造林再造林外，森林碳汇的计量还包括森林经营过程中的碳汇计量，而我国这方面的计量方法学尚未出台。在森林碳汇的计量与监测机构上，目前全国已有 10 家机构具备国家林业局颁发的森林碳汇计量与监测资质，但相关的交易政策还未出台。在这样的背景下，可交易的碳汇就很难进行了。

3. 森林碳汇项目实施难度大

以获取森林碳汇为目的的造林再造林项目除了碳汇的计量与监测、审定与核查的方法复杂，必须考虑基线、泄漏、额外性、非持久性等问题外，在实施过程中还会遇到各种问题阻碍项目的实施。项目考核条件较多，不仅要求获得生态效益，还要通过项目促进区域发展，缓解贫困等。对基线、泄漏、额外性、非持久性等必须具有实测数据，在野外条件下，满足这些要求不仅内容多，技术复杂而且工作量大，成本高，实施起来难度很大。同时还要面临不可预知的自然灾害等风险。因此，一个项目实施下来付出的成本很高。

4. 森林碳汇产权关系复杂

产权明晰是市场交易的前提，因此并非所有的碳汇都可以用于交易，只有产权明确的森林碳汇才能进入碳交易市场。对于森林碳汇产权的界定却非常少，甚至何为森林碳汇产权，目前为止尚不明确。森林碳汇产权不明主要体现在两个方面：一是森林碳汇产权性质。作为林木附属品之一，从理论上可以推断出碳汇产权属于林权的一种，或者说是林权的一种具体形式。如何界定有待研究；二是森林碳汇产权归属。造林再造林之外原有森林的蓄积量净增量形成碳汇是森林碳汇的重要组成部分，但这部分的碳汇并不具有额外性，按照现有理论尚不能用于交易。因此，碳汇交易的商业模式远没建立，绿色信贷体系难以建立。

（二）　促进森林碳汇自愿市场发育的政策思路

1. 模拟构建中国省际的"京都市场"

目前我国不承担强制减排责任，但我国政府本着"有区别的共同责任"原则，在 2009 年哥本哈根联合国气候变化峰会上承诺，到 2020 年，单位国内生产总值 CO_2 排放比 2005 年下降 40%～50%。为实现这一目标，除在减排上下大气力外，应在增汇上，把这篇文章做足做活，大量吸引各种社会力量投入森林营造、森林抚育等森林培育和增汇活动，可以模拟构建中国的"京都市场"，刺激碳汇需求。作如下设想。

第一步，实施碳排放总量控制。根据不同的功能定位，按照上述排碳削减目标，制定各省的碳排放配额，并允许各省之间进行排放额买卖，在国内模拟形成类似于京都市场的国家约束性碳交易市场。目前情况看，碳排放大的省市往往是经济较为发达的地区，而碳排放较低的省市往往是经济较为落后地区，经济落后地区又往往是重要的生态功能区。这样，发达省区很可能会到欠发达省区购买排放指标，从而更加强了欠发达但又是重要生态功能区的经济支持来源，初步形成我国的"清洁交易机制"。

第二步，允许各省通过植树造林等活动增加的森林碳汇来抵减碳排放。把森林碳汇纳入到碳交易市场之中，刺激森林碳汇的市场需求。对各省进行设定最高的排放额度后，对多排放 CO_2 的省份进行高额处罚，处罚额度超过正常排放所缴纳的费用，并且超过购买森林碳汇的成本。这样，发达省份由于土地价格比较昂贵，造林成本高，有可能选择到经济较为落后的省市投资进行造林增汇活动（图6-1）。

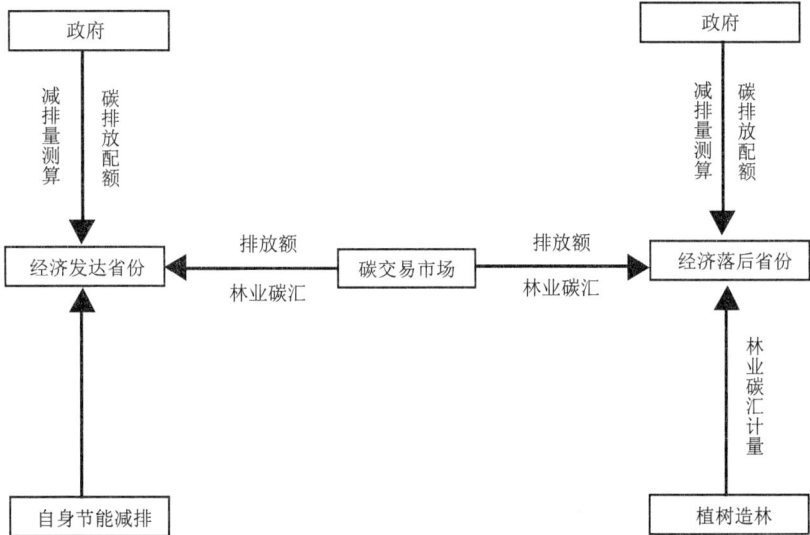

图 6-1 中国"京都市场"交易构想

第三步，制定低成本的森林恢复和经营活动资本吸纳计划。实施我国"碳储备"政策，特别在禁止开发区和限制开发区实行国家森林碳汇保护价，把营造林活动和森林保护活动纳入碳排放管理渠道，通过排放配额的买卖将排放权商品化，既为各地区购买排碳指标提供供给地，又为经济补偿重要生态供给区域提供资金来源，进一步优化生态补偿机制。

2. 激活森林碳汇交易自愿市场

目前国内"减排"的市场可以交易起来，而"固碳"的森林碳汇难以形成交易。究其原因关键是在森林碳汇这一交易品种的市场机制、交易规则、技术标准、操作流程等方面还很不完善，而且在国际上也是如此。如果不在机制和政策上做出调整，森林碳汇发展必将走入穷途。为此，要从交易主体和客体、交易规则、交易价格、交易平台、交易监管等方面来分别采取激活的政策措施。

首先是构建明晰的交易主体。自愿市场中的森林碳汇需求者处于自身的社会责任的企业或个人，它们为了维持自己良好的社会形象、消除碳足迹而自愿购买森林碳汇。我国目前仍处于高速发展的工业阶段，能耗大、排放高的基础产业如钢铁、水泥、化工等占有较大比重，这些行业的企业具有巨大的森林碳汇购买潜力，在潜的需求市场上占有绝对比重，构建森林碳汇的自愿市场应鼓励这些企业通过购买碳汇指标实现碳中和；自愿市场中的森林碳汇供给者主要是森林资源的所有者或经营者，包括个体农户、集体或国有林场等，由于森林碳汇交易能给他们带来额外的正向经济补偿，森林碳汇的供给未来一定时间内不存在短缺问题。森林碳汇交易机制的复杂性和项目开展的前期资金的投入，会导致项目的供给者在初期阶段可能会处于被动观望阶段。因此需要独立第三方、碳汇计量认证机构及碳交易融资支持公司等相关部门来负责打包、简化处理，引导供给者参与碳交易，创造碳交易产品，促进碳汇交易。独立第三方认证机构需要经过相关的从业资格考试取得监测资质，进而对碳汇提供计量、核准、担保、可行性调查等服务。

其次是考虑发行"碳票"。森林碳汇交易的是 CO_2 吸收量。但 CO_2 不能直接用于交换，必须通过一定的产品形式，即交易市场上的碳排放额度单位或森林碳汇单位才能够形成交换或流通。为使之可以方便地进行流通交易，可以将碳汇"票据化"，形象的将之称为"碳票"。"碳票"只是为形成碳交易市场，具有衡量尺度、流通手段、储藏手段、支付手段的"货币"，并不具有实际价值。将 CO_2 排放或吸收的当量转化为"碳票"，需求方就可以通过营林活动形成的碳汇而获得"碳票"，而需求方通过排放 CO_2 而支付"碳票"，"碳票"不足者可以向持有"碳票"者购买。有了"碳票"之后，就可以建立交易中介即经纪人、投资者和投机者。经纪人的主要作用是寻找合适的碳汇供给方和购买者，他们通过为碳汇交易双方提供合适的信息来减少碳汇交易的成本。而投资者和投机者严格意义上也是碳交易的需求方，只不过是二级购买者，他们购买"碳票"主要是通过再次出售而获得利益。

再次是完善交易规则。交易碳汇可以采取挂牌转让的方式，也可采用协商转让。交易价格即森林碳汇的价格。交易平台（交易体系）构建可以参照世界上主要的碳交易体系，如欧盟排放权交易体系、英国排放权交易体系、芝加哥交易所等，也可以建立国内自愿市场的标准体系。交易平台必须对从初始的排放权分配到最后许可证获得整个交易流程制定详细的法规，并规定违反交易规则的惩罚条例。

最后是加强交易监管。行政部门和行业协会应从宏观层面和政策层面对森林碳汇市场强化管理，出台相关政策，如强制减排的配额等，鼓励企业通过购买森林碳汇减排；制定相关法律法规，完善森林保险体系；丰富林业贷款产品，拓宽林业融资渠道等。

3. 调整计量监测方法

目前的计量监测理论基于国际碳交易原理，是气候变化碳计量方法的组成部分。虽然理论严密，但复杂的计量监测内容、极度专业的名词术语、方法学等，使欲从事森林碳汇生产和交易的企业和个人望而生畏。这是当前森林碳汇市场交易量小、森林碳汇走入穷途的重要原因。因此，可以考虑以一定年份（如第八次森林资源资源清查的基准年）为基期年，以一定期限（例如清查期间的 5 年）全国新增森林碳汇（从新增森林蓄积折算为碳汇获得）为全国碳汇基准数据，以此倒推各行政区域或经济区域增碳汇活动增加森林与碳汇的函数关系，得出若干调节系数。这样，只需测定某区域增加森林的面积蓄积，就可粗略算出形成的碳汇数额，在此基础上，以不超过碳汇数额的总量划分交易份额，这样一来，只要买卖双方认可，就达到了交易规则制定的目的，实际上形成了以碳汇交易刺激森林增汇的活动。在形式上可考虑设立"碳汇结算中心"，以国家基期年的碳汇为基础依据发行"碳汇"，作为购买碳汇的价值尺度，使森林碳汇真正能够形成交易。

4. 构建森林碳汇的非政府组织服务平台

发达国家在林业经营管理领域有很多非政府组织，在林业可持续发展中起到了重要作用。可以借鉴他国的经验，鼓励非政府组织的介入，发挥其在森林碳汇项目合作、森林碳汇交易及增汇方面的作用。企业和个人通过捐资造林增汇、志愿减排的组织服务平台进行营林活动，促进当地生态环境的改善，还为企业建立了碳汇信用体系，树立良好的社会形象。这些非政府组织（行业协会或基金会）制定的标准或规则，会促进森林碳汇标准体系的完善，带动整个行业的发展。因此，要建立一套引进多种渠道资金实施碳汇项目的管理制度，尽可能地争取更多国内外资金涌入森林碳汇中来，调动和发挥企业及社会力量投入森林碳汇生产交易的积极性。

5. 尽快出台森林碳汇相关法律

我国目前关于森林碳汇相关的法律欠缺，是导致森林碳汇产权不明、交易不清的重要原因。应尽快出台相应的法律，完善森林碳汇管理政策。一方面，要尽快建立森林碳汇产权包括所有权、占有权、支配权、使用权、收益权和处置权在内的权束体系；另一方面，尽快出台森林碳汇交易的法律法规。对交易主体的资格认定、交易客体的条件认定、交易双方的权利、义务等做出规定。

总之，以全球气候变化背景下森林碳汇服务的供给为案例，或许能给我们寻求森林生态服务供给产品进入市场、步入良性循环提供启示。

第二节 森林生物多样性保护服务供给分析

一、 生物多样性锐减的挑战

生物多样性是人类社会赖以生存和发展的环境基础，也是国际社会环境和发展领域的热点问题之一。我国是世界上生物多样性最为丰富的 12 个国家之一，拥有森林、灌丛、草甸、草原、荒漠、湿地等地球陆地生态系统，以及黄海、东海、南海、黑潮流域等海洋生态系；拥有高等植物 34 984 种，居世界第三位；脊椎动物 6445 种，占世界总种数的 13.7%；已查明真菌种类 1 万多种，占世界总种数的 14%。但是由于自然、人类活动及法律制度不健全等多方面的原因，我国的生物多样性正遭受着严重的损失和破坏。在 1987 年公布的《中国珍稀濒危保护植物名录》第一期中，公布的濒危种类有 121 种，受威胁的 158 种，稀有的 110 种，共计 389 种，其中一类保护植物 8 种、二类的 157 种、三类的 22 种。另据不完全统计，我国濒危或接近濒危的高等植物有 4000～5000 种，占全国高等植物总数的 15%～20%。已确认有 354 种野生植物和 258 种野生动物濒临灭绝。联合国《国际濒危物种贸易公约》列出的 740 种世界性濒危物种中，我国占 189 种，约为总数的 1/4。

此外，我国对境内的物种及其数量尚无确切的统计数字，尤其对濒危物种的调查尚不全面。这主要是由于一些国家未列入濒危物种名录的物种面临生存威胁，有的甚至濒临灭绝，而另一些则由于人为的保护、繁育、利用而使种群数量有所增减，因而有必要调整其保护级别或划出、划入保护之列，尤其值得一提的是药用动植物亟待保护。近年来，野生生物贸易也对我国的生物多样性产生了较大影响。由于粮食、中医药、服装等对野生生物的需求日益增加，野生动植物的非法交易也急剧增长，对几种濒危动植物物种，以及一些没有列入国家保护名单之内的动植物物种数量已经构成威胁，如藏羚羊等。生物多样性的锐减和物种资源的大量流失，已经给我国造成了无形的巨大损失。

二、 生物多样性保护对林业的生态需求

森林生物多样性是指其生态系统、物种和基因组成的多样性，是森林本身固有的一项产品与服务，那些只在森林生境中发现的各种物种是新药物、遗传资源等非木林产品的来源。甚至，所有其他的森林产品与服务都在某种程度上依赖于森林物种多样性。从这个意义上说，保护生物多样性对于维持人类赖以生存的环境系统是至关重要的。

世界上大部分的生物多样性蕴藏在森林之中，森林是多种动植物生存和繁衍的栖息地，是世界上最丰富的生物物种库和基因库。森林保护多样性包括基因保护、物种（植物、动物、微生物）保护和生态系统系统（河川、湿地）保护，从而产生生物多样性的保育功能。尽管科学家知道世界上绝大多数物种尚未被查明，但他们仍认为这些物种至少有一半，甚至 2/3 以上可能存在于森林生态系统，特别是热带和亚热带森林中。

我国生物多样性在世界上占有重要的地位，其中陆地生态系统有 27 大类和 460 类，与林业行业密切相关的主要是森林生态系统、湿地生态系统、荒漠生态系统。这类生态系统构成了我国陆地生态系统的主体，其中森林生态系统占 16 个大类和 185 类，占总类的 40.2%。我国有高等植物约 470 科，3700 余属，30 000 余种，居世界第三位。有木本植物 8000 种，占世界木本植物的 40%，其中，2000 种

是乔木树种，包括优良用材林和经济树种 1000 多种，有经济植物 3000 种，其中，珍贵用材树种 300 种，纤维原料植物约 500 种，淀粉原料植物约 300 种，油脂原料植物约 400 种，芳香油植物原料约 300 种，药用植物约 1000 种以上。我国动物种类也极为丰富，仅陆栖脊椎动物就有 2340 种，约占世界栖脊椎动物总数的 10%，鸟类 1244 种，占世界鸟类总数的 13%。

　　根据我国的自然条件、社会经济状况、自然资源及主要保护对象分布特点等因素，《中国生物多样性保护战略与行动计划》（2011～2030 年）将全国划分为 8 个自然区域，并综合考虑生态系统类型的代表性、特有程度、特殊生态功能，以及物种的丰富程度、珍稀濒危程度、受威胁因素、地区代表性、经济用途、科学研究价值、分布数据的可获得性等因素，划定了 35 个生物多样性保护优先区域（表 6-6）。

表 6-6 森林生物多样性保护现状与需求

区域	涵盖范围	总面积	生物多样性保护现状	与森林相关的优先保护区域
东北山地平原区	辽宁、吉林、黑龙江全部和内蒙古部分地区	124 万 km²	国家级自然保护区 54 个，面积 567.1 万 hm²；国家级森林公园 126 个，面积 276.5 万 hm²；国家级风景名胜区 16 个，面积 64.8 万 hm²；国家级水产种质资源保护区 14 个，面积 4.9 万 hm²，合计占本区国土面积的 8.45%	在国有重点林区建立典型寒温带及温带森林类型、森林湿地生态系统类型，以及以东北虎、原麝、红松、东北红豆杉、野大豆等珍稀动植物为保护对象的自然保护区或森林公园
蒙新高原荒漠区	新疆全部和河北、山西、内蒙古、陕西、甘肃、宁夏等省（自治区）的部分地区	269 万 km²	国家级自然保护区 35 个，面积 1983.3 万 hm²；国家级森林公园 40 个，面积 112.2 万 hm²；国家级风景名胜区 7 个，面积 68.3 万 hm²；国家级水产种质资源保护区 14 个，面积 63.1 万 hm²，合计占本区国土面积的 7.76%	加强对新疆野苹果和新疆野杏等野生果树种质资源和牧草种质资源的保护，加强对荒漠化地区特有的天然梭梭林、胡杨林、四合木、沙地柏、肉苁蓉等的保护。整理和研究少数民族在民族医药方面的传统知识
华北平原黄土高原区	北京、天津、山东全部及河北、山西、江苏、安徽、河南、陕西、青海、宁夏等省（自治区）部分地区	95 万 km²	国家级自然保护区 35 个，面积 103 万 hm²；国家级森林公园 123 个，面积 120 万 hm²；国家级风景名胜区 29 个，面积 74 万 hm²。国家级水产种质资源保护区 6 个，面积 2.3hm²，合计占本区国土面积的 3.03%	加强该地区生态系统的修复，以建立自然保护区为主，重点加强对黄土高原地区次生林、吕梁山区、燕山-太行山地的典型温带森林生态系统、黄河中游湿地、滨海湿地和华中平原区湖泊湿地的保护。建立保护区之间的生物廊道，恢复优先区内已退化的环境。加强区域内特大城市周围湿地的恢复与保护

续表

区域	涵盖范围	总面积	生物多样性保护现状	与森林相关的优先保护区域
青藏高原高寒区	四川、西藏、青海、新疆等省（自治区）的部分地区	173 万 km²	国家级自然保护区 11 个，面积为 5632.9 万 hm²；国家级森林公园 12 个，面积为 136.3 万 hm²；国家级风景名胜区 2 个，面积为 99 万 hm²；国家级水产种质资源保护区 4 个，面积为 22.9 万 hm²，合计占本区国土面积的 33.06%	加强原生地带性植被的保护，以现有自然保护区为核心，按山系、流域建立自然保护区，形成科学合理的自然保护区网络。加强对典型高原生态系统、江河源头和高原湖泊等高原湿地生态系统的保护
西南高山峡谷区	四川、云南、西藏等省（自治区）的部分地区	65 万 km²	国家级自然保护区 19 个，面积为 338.8 万 hm²；国家级森林公园 29 个，面积为 83.1 万 hm²；国家级风景名胜区 12 个，面积为 217.1 万 hm²，合计占本区国土面积的 7.80%	重点保护高山峡谷生态系统和原始森林，加强对国家重点保护野生动植物种群及其栖息地的保护。加强对珍稀野生花卉和农作物及其亲缘种种质资源的保护
中南西部山地丘陵区	贵州全部，以及河南、湖北、湖南、重庆、四川、云南、陕西、甘肃等省（直辖市）的部分地区	91 万 km²	国家级自然保护区 45 个，面积 218.7 万 hm²；国家级森林公园 119 个，面积为 77.3 万 hm²；国家级风景名胜区 36 个，面积为 88.6 万 hm²；国家级水产种质资源保护区 16 个，面积为 4.0 万 hm²，合计占本区国土面积的 3.71%	重点保护我国独特的亚热带常绿阔叶林和喀斯特地区森林等自然植被。建设保护区间的生物廊道，加强对国家重点保护野生动植物种群及栖息地的保护
华东华中丘陵平原区	上海、浙江、江西全部，以及江苏、安徽、福建、河南、湖北、湖南、广东、广西等省（自治区）的部分地区	109 万 km²	国家级自然保护区 70 个，面积 184.5 万 hm²，国家级森林公园 226 个，面积为 148.9 万 hm²；国家级风景名胜区 71 个，面积为 175.5 万 hm²；国家级水产种质资源保护区 48 个，面积为 22.5 万 hm²，合计占本区国土面积的 2.77%	建立以残存重点保护植物为保护对象的自然保护区、保护小区和保护点，在长江中下游沿岸建设湖泊湿地自然保护区群。加强对人口稠密地带常绿阔叶林和局部存留古老珍贵动植物的保护
华南低山丘陵区	海南全部，以及福建、广东、广西、云南等省（自治区）的部分地区	34 万 km²	国家级自然保护区 34 个，面积为 92 万 hm²；国家级森林公园 34 个，面积为 19.5 万 hm²；国家级风景名胜区 14 个，面积为 54.3 万 hm²；国家级水产种质资源保护区 2 个，面积为 511 万 hm²，合计占本区国土面积的 2.91%	加强对热带雨林与热带季雨林、南亚热带季风常绿阔叶林、沿海红树林等生态系统的保护。加强对国家重点保护野生动物及热带珍稀植物资源的保护。加强对野生稻、野茶树、野荔枝等农作物野生近缘种的保护

注：资料来源于《中国生物多样性保护战略与行动计划（2011～2030 年）》（环境保护部，2011）。

历史的发展已经表明,森林是蕴藏这些丰富的生物资源最重要和主要的载体,这些丰富多样的野生动植物,80%以上生存于森林中,构成了我国森林生态系统的主体。许多栽培、驯养的动植物的野生种也起源于我国森林之中。不论从生态系统多样性,还是从物种和遗传多样性看,森林对我国生物多样性及世界生物多样性都具有重大影响。但是,人类活动加剧了生态系统退化的进程。长期以来由于对森林的掠夺式开采及不合理经营,我国生态系统的破坏和物种消减形势都极为严峻。生态系统的大面积破坏和退化,不仅表现在总面积的减少,更为严重的是其结构和功能的降低或丧失使生存其中的许多物种已变成濒危种和受威胁种。因此,大力开展以林为主的生态建设,恢复和维护陆地生态系统的健康结构与功能,直接关系到我国生物多样性的保护。

三、 森林生物多样性保护服务供给

生物多样性的保护直接决定了生物种质资源的保护和利用,以及生物多样性保护服务供给状况。到 2008 年年底,我国已建立各级自然保护区 2538 个,总面积 14 894.3 万 hm²,占陆地国土面积的 15.13%,超过全世界 12%的平均水平,其中国家级自然保护区 303 个,初步形成了类型比较齐全、布局比较合理、功能比较健全的自然保护区网络;建立森林公园 2277 处,其中国家级森林公园 709 处,面积 973.8 万 hm²,占国土面积的 1.01%;国家级风景名胜区 187 处,面积 841.6 万 hm²,占国土面积的 0.88%;国家湿地公园试点 100 处,国家地质公园 138 处。全国各类保护区域总面积约占国土面积的 17%。此外,我国还建立了国家级海洋特别保护区 17 处,国家级畜禽遗传资源保种场、保护区等 113 处。野生动植物迁地保护和种质资源移地保存也得到较快发展,全国已建动物园(动物展区)240 多个、植物园(树木园)234 座。到 2008 年年底,我国已建成农作物种质资源国家长期库 2 座、中期库 25 座;国家级种质资源圃 32 个;国家牧草种质资源基因库 1 个,中期库 3 个,种质资源圃 14 个;国家级畜禽种质资源基因库 6 个。保存农业植物种质资源量达 39 万份。此外,我国林木种质资源、药用植物种质资源、水生生物遗传资源、微生物资源、野生动植物基因等种质资源库建设工作也粗具规模。王兵等(2011)按照 Shmnnon-Wiener 指数计算方法对全国森林生态系统生物多样性保护价值进行计算,得到我国森林生态系统生物多样性保护供给价值为每年 24 050.23 亿元。

为加强森林生物多样性供给,还要求进一步加强珍稀、濒危和特有野生物种及其栖息地和生态系统的就地保护和重要物种的遗传资源的迁地保护工作,进一步开展对林木种质资源的调查和收集,并通过建立母树林、种子园及其他基因库,保存优良无性系及其他优良基因,保护物种多样性和遗传性,为改良林木品种,利用优良基因提高林分产量和质量奠定良好的基础。

生物多样性保护要求进一步加强自然保护区建设。历史实践已经表明，自然保护区的建设是陆地生物多样性保护的根本途径。目前，我国初步形成了以森林保护区、动植物保护区和湿地保护区为主要内容的全国性保护区网络。自然保护区建设的直接成果：到目前为止，我国 70%的陆地生态系统种类、80%的野生动物和 60%的高等植物，特别是国家重点保护的珍稀濒危植物绝大多数都在自然保护区里得到较好的保护。建立野生动植物保护区是就地保护我国珍稀野生生物资源的主要措施和有效途径，是生物多样性保护的关键，也是林业建设的重要内容。我国已建成的保护区较好地保护了我国许多珍贵稀有的野生生物资源，对我国及世界生物多样性保护做出了巨大贡献。但是，在保护建设方面仍存在许多问题，15%～20%的动植物濒临灭绝。因此，需要进一步加强保护区的建设，并紧急抢救那些濒于灭绝的珍稀野生动植物和重要、典型的生态系统及景观类型。此外，我国建立了大量的自然保护区，主要由国家给予经费上的支持，但我国自然保护区经费仍然短缺，大约短缺 30%。而整个社会从生物多样性保护中受益，一些团体直接通过基因资源的商业化运作获得更多的直接利益。

天然林是我国宝贵的自然资源，蕴藏有极为丰富的生物多样性，天然林在维持生态系统平衡、维护生态环境及科学研究方面具有极为重要的意义。天然林的减少和破坏将伴随大量物种的消失与灭绝，同时人类将因天然林的破坏引起生态环境失调而遭受自然的严重惩罚。需要对天然林区进行合理规划，科学分配与利用土地，协调当地经济发展与环境保护的关系，避免一边建设林业生态工程，一边破坏天然林情况的重复发生。需要采取一切措施，保护好现有天然林，防止其进一步减少。

森林生物多样性保护还体现在科学造林、科学经营和管理森林，包括发展一定规模的速生丰产林和原料林。虽然发展一定规模的集约经营林，如速生丰产用材林和各种纤维、纸浆等原料林，可能会减少生物多样性。但是它能提供充足的林产品和社会需求的各种原料，直接增加经济收入，发展林产品加工业，增加社会就业，从而缓解木材紧缺、经济发展、耕地不足、人口剧增对林草的压力。同时，发展速生丰产林还有助于促进各种树种的改良和优良基因的保存。我国是个少林的国家，林产品供需矛盾十分突出，林区经济发展相对落后，因此，在我国发展速生丰产林对保护森林资源和生物多样性、改善经济状况尤为重要。在发展集约化人工林的同时，需要注意发展混交林，不断提高人工混交林比例，要注意在针叶林比较多的地区大力发展阔叶树造林；要注意不断加大中、幼林抚育间伐力度，不断提高现有林产量和质量，建立多样化的人工森林生态系统。同时大力扶持非林产业和森林生态旅游业的发展。

在现代林业多功能、多效益、多途径、多模式的发展格局下，需要始终不渝地贯彻保护生物多样性的基本原则。生物多样性的保护，将有助于从根本上长期保障和促进林业经济的可持续发展。我国许多山区存在着资源丰富、森林覆盖率高而人民生活贫困、毁林开荒、乱砍盗伐严重的现象，这主要是因为未能充分利用生物资源，特别是非木质资源，未能将资源优势转变为经济优势。为了充分保护和利用现有山区、山区和湿地生物资源，发展地方经济，需要大力发展生物产业，持续地利用生物资源，发展经济，缓解对生物资源过度消耗和生境破坏的压力，形成资源和经济发展的良性循环。

第三节 森林流域保护服务供给分析

一、 国土生态安全面临的挑战

（一） 水土流失严重

我国是世界上水土流失最为严重的国家之一。由于森林覆盖率低，加上长期以来对森林和草地的破坏，以及不合理的垦荒（尤其是坡耕地的开垦）等多方面的原因，水源涵养功能大为减弱，加剧了我国水土流失的状况。一是水土流失面积大，防治任务艰巨。目前仍有近 200 万 km^2 水土流失面积需要治理，按照目前的防治速度，需要近半个世纪的时间才能得到初步治理；二是水土流失强度大，生态环境恶化的趋势尚未得到遏制；三是边治理边破坏的现象仍然存在，对水土资源和生态环境造成巨大压力。2004 年，全国水土流失面积为 367 万 km^2，占国土面积的 38.2%。近年来，很多地区水土流失面积、侵蚀强度呈加剧的趋势，全国平均每年新增水土流失面积 1 万 km^2，因水土流失我国每年损失的土壤达 50 亿 t，每年流失的土壤厚度平均为 0.01～0.2cm，严重的水土流失带走了大量的氮、磷、钾营养元素，相当于 4000 万 t 化肥。这是导致我国土壤（土地）退化的主要原因之一。

一些关系到中华民族繁衍生息的大江大河水土流失堪忧。黄河下游自 1972 年开始，在 25 年中有 20 年发生断流，进入 20 世纪 90 年代以来，年年发生断流，黄河流域黄土高原区每年输入黄河泥沙 16 亿 t。长江流域年土壤流失总量 24 亿 t，其中，中上游地区达 15.6 亿 t。近 50 年来，我国因水土流失毁掉的耕地达 4000 多万亩，平均每年近 100 万亩。因水土流失造成退化、沙化、碱化草地约 100 万 km^2，占我国草原总面积的 50%。水土流失产生大量泥沙，淤积在江河、湖、库，降低了水利设施调蓄功能和天然河道泄洪能力，加剧了下游的洪涝灾害。黄河流域黄土高原地区年均输入黄河泥沙 16 亿 t 中，约 4 亿 t 淤积在下游河床，致使河床每年抬高 8～10cm，形成"地上悬河"，对周围地区构成严重威胁。1998 年，长江发生全流域性的百年不遇的特大洪涝灾害，造成全国 29 个省（自治区、直辖市）受灾，成灾面积 1.98 亿亩，受灾人口 2.23 亿人。2000 年，我国"三江"（长江、嫩江、松花江）流域发生特大洪水灾害，给国家和人民造成了巨大的损失，仅长江流域灾害引起的直接经济损失就高达 1666 亿元。在成灾的原因中，很重要的因素是森林的破坏和林业、农业不合理经营措施，以及不合理的开发建设而引起的严重的水土流失，导致湖泊水库库容减小，河床抬升，河道变窄，使蓄洪、泄洪能力减弱，引起水位上升，加速了暴雨径流的汇集过程，降低了水库的调蓄和河道的行洪能力，而加重了洪涝灾害。从全国平均每年的情况来看，平均每年受涝耕地 1.5 亿亩，损失粮食 100 亿 kg 左右，受灾人口数以百万。水土流失还严重影响水资源的综合开发和有效利用，加剧干旱的发展。我国多年农田受旱面积 2.94 亿亩，多数发生在水土流失严重的山丘地区。

（二）　水资源短缺

水是国民经济的命脉，也是重要的战略性资源。淡水资源短缺是制约我国经济社会发展重大因素之一。我国是世界上严重缺水的国家，人均淡水资源占有量仅为世界平均水平的 1/4。全国 2/3 的城市供水和大量的农业灌溉依靠地下水。但是，不少地区地下水超采严重，有的形成漏斗，造成地面沉降。江河断流也预示着我国水生态系统的严重失衡。多年来，不少河川径流量衰减，中小河流数量日益减少。断流不仅出现在降水量少的北部、西部地区，而且出现在雨量充沛的南方地区；不仅小河小溪断流，有些大江大河也存在断流问题。资料显示，自 1972 年黄河下游首次断流以来，断流的频次、历时和河长不断增加。1979 年，黄河下游河道断流的时间为 21 天，1997 年，达到 226 天；河道断流的长度 1978 年为 104km，1997 年，达到 704km。利津水文站实测的年均径流量为：20 世纪 50 年代 480 亿 m^3；60 年代 492 亿 m^3；70 年代 311 亿 m^3；80 年代 286 亿 m^3；90 年代 120 亿 m^3。黄河入海水量越来越少，维持河流水沙平衡和生态用水的缺口越来越大。湖泊退化是水环境恶化的重要表现。我国湖泊普遍萎缩和退化，以长江流域湖泊为例：50 年代有 1066 个，到 90 年代初减至 182 个。因围垦和淤积，华北平原的白洋淀水面缩小了 42%，洞庭湖水面减少了 46%，湖底平均升高了 1m，蓄水能力大为降低。青海湖在 1959～1988 年的 30 年间，湖面下降近 3m，现在还在继续萎缩。又如，内蒙古的阿拉善地区，由于上游截留水源，流经额济纳绿洲的水由过去每年的 12 亿～13 亿 m^3，锐减至 2 亿 m^3 左右，居延海等上百处数平方千米的沼泽和湖泊干涸，大片树木枯死，绿洲变为荒漠，人民生活困难，形成了大批生态难民；新疆塔里木河由于上游取水过多，致使河流断流，流程缩短 300 多千米，造成下游流域生态系统严重恶化。

（三）　荒漠化威胁

荒漠化被列为影响全球环境的十大问题之一，是危及人类环境安全的重大生态问题。我国是世界上荒漠化危害最严重的国家之一，20 世纪 70 年代，我国沙化土地面积平均每年扩展 1560km²，80 年代增加到 2100km²，90 年代前期达到 2460km²，90 年代末期扩大到 3436km²。目前我国土地沙化面积仍在继续扩展，已经沙漠化和受沙漠化威胁的土地 219.1 万 km², 占陆地国土面积的 22.82%, 超过了全国耕地面积的总和, 涉及 30 个省 (自治区、直辖市) 的 841 个县市, 其中, 大部分集中在 "三北" 和西南地区。在干旱和半干旱地区, 有 40% 的耕地存在不同程度的退化。土壤盐渍化发展突出, 现已形成的盐渍化土地近 37 万 km², 加上原生的盐渍化土地, 面积已达 80 多平方千米, 每年还以 67 万 hm² 的速度发展, 相当于毁掉沿海地区两个中等县的国土面积, 每年造成的经济损失达 540 亿元。总体上看, 我国荒漠化的发生、发展具有如下特点: ①面积不断扩大; ②强度日益增强; ③扩展速度加快; ④危害日益加重。近 5 年我国西北地区因沙尘暴累计造成经济损失 12 亿多元, 死亡失踪人数超过 200 多人。荒漠化被公认为是 "地球的癌症", 它的迅猛扩展所威胁的是整个地球的一切生态领域, 即人类的全部生存环境。此外, 由于非农业建设用地大幅度增加, 每年被占用的耕地仍为 20 万～30 万 hm²。全国已有 666 个县突破了联合国粮食及农业组织确定的人均耕地 0.8 亩的警戒线, 其中, 463 个县平均耕地已不足 0.5 亩。这对我国 13 亿人口的粮食安全问题也构成重大威胁。

(四) 自然灾害频发

我国是世界上自然灾害最严重的国家之一。民政部发布的《2008 年自然灾害应对工作评估分析报告》指出, 我国自然灾害发生频率高、种类多、地域广、强度大、损失重, 总体形势严峻。自然灾害种类繁多, 达数十种至上百种, 如由气、海变动引起的自然灾害, 有旱、洪、涝、风、尘、雾、冻、热、潮、浪、冰、赤潮等; 由地壳变动引起的自然灾害, 有地震、火山、放气、崩、滑、流、沉陷、地裂等。此外, 还有农业生物灾害, 如病、虫、草、鼠、兽、火灾等。我国每年、每个区域都有自然灾害发生, 只是种类不同、大小不一而已, 即所谓的 "年年有灾害, 处处有灾情"。我国自然灾害发生的面积之大、范围之广, 在世界上也是不多见的。如 1998 年发生的特大洪涝灾害, 全国 29 个省 (自治区、直辖市) 均不同程度地遭受了洪涝灾害的危害; 2005 年的沙尘暴更是 "横扫" 了我国 140 多万平方千米的国土, 受灾人口达 1.3 亿人。自然灾害造成的损失是多方面的, 也是极其严重的。从经济损失看, 按 1990 年可比价格计算, 20 世纪 50 年代, 我国因自然灾害造成的经济损失年均为 362 亿元、60 年代年均为 458 亿元、70 年代年均为 423 亿元、80 年代年均为 555 亿元、90 年代年均损失约 1120 亿元。从人员伤亡看, 新中国成立 60 年来全国每年有 1.5 亿～3.5 亿人口受灾, 占全国总人口的 25%～30%, 严重灾年受灾人口达 4 亿以上, 超过总人口的 1/3。从近 50 多年来我国自然灾害发生、发展的总体趋势来看, 21 世纪以来我国自然灾害有进一步加重的趋势, 无论是自然灾害发生面积, 还是造成的危害均呈有增无减之势。据统计, 2008 年, 我国各类自然灾害共造成约 4.7 亿人 (次) 受灾, 死亡和失踪 88 928 人, 紧急转移安置 2682.2 万人 (次); 农作物受灾面积 3999 万 hm², 其中绝收面积 403.2 万 hm²；倒塌房屋 1097.7 万间，损坏房屋 2628.7 万间；因灾直接经济损失 11 752.4 亿元。此外，生态环境遭受巨大破坏，对社会稳定也造成一定程度的威胁。

二、　国土生态安全对森林流域服务的需求

我国是世界上水土流失、荒漠化和沙化面积大、分布广、危害重及自然灾害频发的国家之一，生态安全和经济社会的可持续发展乃至中华民族的生存与发展都受到严重威胁。充分发挥森林涵养水源、保育土壤、防风固沙等流域生态服务作用是维护国家生态安全最根本的措施。由于我国幅员辽阔、各地生态环境条件多样、林业发展条件参差不齐，不同区域对森林流域服务的需求有所不同。

（一）　东北国有林区和湿地丰富地区

以天然林保护和培育为重点的东北国有林区和湿地丰富地区，是众多河流的发源地，担负着护卫松辽平原商品粮基地、为城市和矿区提供水源与生态安全保障的重要使命，水资源承载力不是林业发展的限制因素。然而，经过多年超采和开荒毁坏，森林质量严重下降、森林和林地资源损失严重，并导致水土流失加剧、湿地退化、旱涝灾害日渐频繁。需要积极调整林业发展方向和经营战略，由偏重生产木材转为同时重视生产和生态功能的多功能经营；把江河河流源头和两岸及陡坡明确划为水源涵养林，增加水源涵养林面积比例；鼓励近自然林业和生态经营，培育多树种、多世代、多层次的稳定高效的近天然林，同时恢复森林的面积、资源、质量和水源涵养功能；结合天保工程尽快发展替代产业和扭转林区财政"独木支撑"的局面，鼓励把富余劳动力转移到森林资源恢复、森林抚育、近自然林业经营及所需的林区基本建设等方面，使森林真正能够在一个相当长的时间内得到休养生息。

（二）　"三北"沙源和干旱地区

以风沙治理为重点的"三北"沙源和干旱地区，森林植被缺乏，沙漠化和水土流失日益严重、局部时有洪涝灾害、普遍经常遭受旱灾，水资源承载力低是植被建设的主要限制因素。森林植被建设的主要目的是改善生态环境，有效遏制沙漠化扩展的趋势，减少水土流失，保护绿洲和湿地生态系统。鉴于防护林对绿洲农业和人民生存的极端重要性，需要将具有重要水源涵养功能的高海拔山区森林全部划定为水源保护区，建立稳定的森林植被覆盖，改善水环境，减免山区局部洪灾威胁，保障和提高水资源供给能力，保护和恢复湿地及其功能，并随着社会经济和科学技术的发展适度地不断增加林业生态用水量。

（三）　黄河上中游地区

以水土保持和水源涵养为重点的黄河上中游地区，降水少而集中，水资源缺

乏，植被稀疏，水土流失十分严重，是黄河泥沙的主要来源地。多年治理成效不尽如人意的一个重要原因就是没有处理好林水关系，如森林植被建设超过了水分承载力，造成成活困难、生长缓慢、病虫害严重、生态效益低、自我更新能力差，并因土壤干化而加剧森林植被衰亡。因此，林业生态建设需要兼顾水土保持、植被稳定、河流需水、生产和生活需水的要求，以地区水资源承载力和土壤水分承载力为基础，因地制宜地合理增加配置乔灌草各类森林植被，在不过分降低产水功能的前提下有效治理水土流失，不断改善水环境。需要将主要江河源头和具有重要水源涵养功能的山地林区全部划定为水源保护区，强化对重点水源区的保护。在典型黄土高原，以小流域为单元进行将增加坡面植被覆盖作为重点的综合治理，陡坡全面退耕还林还草，在缓坡和沟道结合工程和生物措施全面控制土壤侵蚀，在尽可能减少泥沙出沟的同时为下游留出适当数量的径流水资源。对重点治理区域和重点治理工程，在不危害其他行业用水的前提下，可以适当的规模把集流雨水、节水灌溉技术运用到森林植被建设，尤其是有一定经济收益的经济林。随着社会经济和科技发展及南水北调西线工程的建设，要适度增加林业生态用水量。

（四） 华北及中原平原地区

以平原防护林和用材林基地建设为重点的华北及中原平原地区，是我国城市、人口、农业最集中的地区之一，主要农业生态环境问题是旱、涝、盐碱、霜冻，春旱夏涝常交替出现，夏季作物受干热风危害较重，黄泛区和一些古河道上还存在着风沙危害。区内森林覆盖率相对较低，且水资源十分缺乏，尤其是华北平原为我国东部水资源最缺乏的区域。本区因地处平原、土层深厚，雨水的林业建设承载力相对较高，可大力发展平原林业。

对林业建设的生态需求是多方面的，首先是为农业和城市提供生态安全保障，包括防风固沙、减少农田蒸发、减免干热风危害、防治盐碱化、过滤地面径流、净化水质、美化环境，也要考虑提供林果产品，为西部退耕还林提供粮食安全基础和为天保工程提供替代木材供给。林业发展需要兼顾农田防护林网、城市林业、村镇绿化、路旁绿化通道、经济林、速生丰产林。需要借助南水北调带来的区域水资源缓解契机和农业结构调整及城市与交通大发展的契机，规划增加更多林业建设生态用地和生态用水，实现广阔农村的农田林网化、渠系和道旁绿化、城市和村镇绿化，增加平原农区和丘陵区的经济林和速生丰产林面积，推广各种农林复合经营模式，构建一个形式多样、功能齐全的平原林业体系。需要配合南水北调的东线和中线工程，建立平原水资源保护林业建设专门项目，保障水源地和输水廊道的生态环境和水质。

（五） 南方商品林区

在以用材林和经济林为重点的南方林区，区内降水和水资源丰富，河川湖泊密布，集中分布着众多江河源头和很多重要湖泊，多个重要城市构成了我国最重要的经济中心。受集中暴雨及台风和梅雨等影响，该区容易形成大范围洪水，一些山区水土流失严重，河道和水体淤塞普遍存在，个别地区有时会遭受干旱。林业建设必须担负起水源涵养和生态安全维护的重要功能，恢复山区森林植被及其水文功能，保障生态安全。

该区水资源承载力很高，加之气候温暖湿润、生长期长，适合多种林木生长，是能在近期生产大量木材、为东北和西南林区休养生息创造机会的主要木材生产基地，其中，相当部分森林为集体林和人工林，有条件培育速生丰产林和经济林。虽然该区造林绿化整体上成绩卓著，但仍有大量荒山可造林绿化；另外，本区有大量疏林地和灌木林地，幼龄林占森林面积的一半以上，增加森林资源的潜力还很大。林业建设在提供林产品的同时还需要提高森林的质量和生态功能，增加生态经营程度，划定和增加水源保护区，为江河安全、南水北调工程、三峡工程提供有效的生态环境保护。尤其是在南水北调工程的源头地区，要优先建立水源保护区，实行林水协调管理，用水资源的销售收入支持水源区的水环境保护和林业发展。

该区另一个重要环境问题是广泛分布的严重酸雨，不仅造成大面积森林受害，而且使土壤酸化，甚至开始出现地下水和林区溪流水体的酸化。随着酸沉降危害的继续，土壤酸化会继续加剧，加之气候变化复合胁迫，森林受害的程度会迅速上升、受害面积会迅速扩大。森林流域服务能力降低，进而影响森林流域的水质，必须对此重视，在提高污染治理强度的同时，需要采取有效的林学措施恢复遭受酸雨危害的森林的健康水平和生态功能，如施用碱性肥料、选择抗酸树种等。

（六）　东南沿海地区

以热带林保护和沿海防护林建设为重点的东南沿海地区，水资源非常丰富，丰富的降水和频繁的台风使山区植被破坏后极易发生强度水土流失，造成河道及水库淤积和威胁很大的洪水。台湾岛、海南岛的地形决定了自给型的岛屿水源，旱季经常缺水，森林水源涵养功能十分重要。过去多年的毁林开荒、林木采伐、种植橡胶等活动已严重破坏了宝贵的原始热带林，森林的面积、蓄积与多样性已大大减少，森林质量严重下降，森林防护功能亟待恢复和提高。

林业建设需要首先严格和有效地保护现有天然林及其生物多样性，提高森林面积覆盖及其质量，增加水源涵养林和水源保护区面积比例，恢复水源涵养功能，减免水土流失和旱涝灾害。对尚未绿化的大量荒山要利用封山育林、促进天然更新、人工造林等手段加快绿化速度；对于一些已经"荒山绿化"了的低质森林需加强森林管理，逐渐改造现有疏林和低质人工纯林，优化森林结构，在不引起防护功能损失的前提下引导它们向多树种、多层次、多林龄的近自然林转变。将所有的天然林划定为自然保护区，并严格管理管护；将河流上游水源地、河流两岸和水库周边、坡度 25°以上的林地划定为水源涵养林，规定只能按近自然林业方式有限择伐。为充分利用热带地区水热条件生产特色产品，可适度发展特色经济林，但必须保证不能引起水土流失和水质恶化，并有一定水源涵养与防护功能。

（七） 西南高山峡谷区

以生态和生物多样性保护为重点的西南高山峡谷区，降水和径流水资源非常丰富，是众多河流的源头，但地势复杂、坡度陡峭，水环境脆弱，森林经营不当极易引起水土流失，危及江河安全，造成下游洪水。本区森林主要分布在东部峡谷区，由于地势高耸、集材运材困难。几十年的强度开发和集中过伐已导致森林资源枯竭，因更新不及时或更新困难致使森林覆盖率明显下降，生态环境失调，水土流失和河流泥沙量显著增加，河道和水体淤塞严重，旱涝灾害加剧，洪灾日渐频繁严重。

为保护西南高山陡峻山体上的浅薄土壤，维持森林的水文功能和长期生产力，恢复江河上游地区的水源涵养能力，保障下游地区生态安全，该区应充分利用天然林保护工程的机遇，改变林业经营方向，由偏重生产木材转向偏重水文生态功能，选择水源涵养和生态防护优先的经营道路和发展战略。该区需尽快恢复和扩大森林植被，加快宜林荒山造林和新老采伐迹地的更新工作，努力恢复和增加森林植被，同时积极采取各种正确有效的营林措施，提高森林质量，构建多树种、多世代、多层次的近自然林，尽快恢复其生态功能。对于难以营造森林的立地，鼓励发展灌木、草本等植被覆盖，以恢复江河上游地区的水源涵养功能为最高目标。要划定和扩大水源涵养林保护区的比例，把河流源头、江河两岸、湖泊周围、水土流失严重的陡坡明确划定为水源涵养林保护区，实行森林生态经营，走水源涵养和生态防护优先的林业发展道路。要强化森林经营中的水源涵养和水土保持要求，适当发展生态和经济效益兼顾的复合农林业、薪炭林、经济林等，同时积极探索不会引起森林生态功能降低的成熟林和过熟林的生态采伐利用技术。

（八） 青藏高原地区

以野生动植物保护、湿地保护为重点的青藏高原地区，处于许多江河的源头，自然条件严酷，近些年来存在江河源区植被破坏、湿地退化、草场退化、多年冻土消融、风沙危害等问题，加之全球变化影响，一向被称为天然生态稳定区的江河源区出现了生态环境恶化现象，其恶化效应很有可能传递到中下游地区，迫切需要关注和积极解决。

针对该区特殊的自然条件、生态环境意义、独特的生物多样性、植被恢复的极端困难性，森林植被建设和改善生态环境的战略应该是以优先和严格保护现有的自然生态系统为主，防止不合理开发，严格禁绝过度放牧引起的草场退化，适当辅以封滩育草、合理轮牧、以草定畜、季节畜牧等治理措施，维持、恢复和增强长江及黄河源头的天然草场、森林等各类植被的生态功能，避免发达地区经济发展过程中所产生的环境污染、环境破坏等生态问题。

三、 森林流域服务供给

森林流域服务突出地表现在两个方面，包括森林涵养水源服务和森林保育土壤服务。

（一） 森林涵养水源服务

森林植被与水资源之间存在着密不可分的相互关系。一方面，水分及其时空分布的不均匀性作为主要因素决定了森林植被空间分布的地带性特征和非地带性特征，也决定了森林植被的系统结构特征和生产力及主要服务功能。另一方面，依据地区不同，森林植被建设需要消耗一定水资源，影响到水资源的数量，在干旱缺水地区这一点非常重要，表现为一定的林水矛盾，在需要依据水资源承载力适度发展林业的同时还需要在水资源管理中预留足够的植被建设生态用水；同时，森林植被通过生态水文过程不同程度地影响和改变着水文循环，形成了涵养水源、调节洪水、改善水质等水文生态功能。在生态环境条件、人类认识水平、社会发展水平不同的条件下，人们期望的森林水文功能不同，森林水文功能对社会经济发展的影响也不相同。到现在为止，学术界对森林如何影响径流总量和水资源等有关问题仍一直存在着争论，但是，基于水资源承载力通过合理规划森林植被空间布局与系统结构来合理调节森林植被与水资源的相互关系，实现期望的水文功能，是普遍认同的准则。森林涵养水源服务主要表现在以下几个方面。

一是调节水量。森林通过林冠截留、枯落物持水和土壤贮水对大气降水进行再分配，从而减少地表径流，调节径流的时空分布，补充枯水期径流，增加可利用水资源。

二是净化水质。许多研究结果表明，随着森林的减少，溪流水中的 N、P、K 及有机质的含量呈上升趋势，水质呈恶化趋势。森林像过滤器一样，起到改善和净化水质的作用，为居民、企业提供营养、化学污染程度低的优质水资源。为"千年生态系统评估"工作的沃尔特·里德（Walter Reed）指出："美国 3400 个社区的近 6000 万人口，依赖国家森林提供饮用水。估计这一服务的价值每年为 37 亿美元。"

三是森林调洪。森林通过调节洪峰减少洪水发生，据研究，当覆盖率为 100% 时，洪峰值削减达 50%；在林木茂盛的地区，地表径流只占总降雨量的 10% 以下；平时一次降雨，树冠可截留 15%～40%的降雨量；枯枝落叶持水量可达自身干重 2～4 倍；每公顷森林土壤能蓄水 640～680t；5 万亩森林相当于 100 万 m^3 贮量的水库。

（二） 森林保育土壤服务

森林不但涵养水源，而且能有效地防止土壤侵蚀。许多观测结果表明，森林植被是地表的保护层，可以防止土壤侵蚀和泥沙灾害，起到固土防崩、阻挡块体运动的作用，从而保持水土，保留养分，也减少了水库、河流与水利灌溉渠道的淤积，延长了水库及水利工程的使用寿命。根据日本林野厅的报告，林地土沙流失每年只有 0.2mm，而裸露地为 1～3mm。日本川口得出了森林采伐比例 D 与土壤侵蚀量 E 成指数关系。科学家通过观测，还发现森林覆盖率 30%的林地，水土流失比无林地减少 60%；林地土地只要有 1cm 的枯枝落叶层，就可以使泥沙流失量减少 94%。有林地每公顷泥沙流失量为 0.05t，无林地 2.22t，相差 44 倍。对坡度为 13°的山地的观测，发现每年流失的土沙量，裸地是林地的 48 倍。

我国在退耕还林要求中明确提出，在 25°以上的陡坡地段及江河源头、湖库周围、石质山地、山脉顶脊等生态地位重要地区要全部还生态林草。其重要的目的之一就是防止和减少水土流失，特别是防止土壤水蚀现象的发生。据研究结果，森林植被覆盖率与水土流失面积之间存在着明显的反比关系，森林植被覆盖率越大，水土流失面积所占土地面积比例越小：森林植被覆盖率在 30%时，水土流失面积>30%；森林植被覆盖率为 30%～55%时，水土流失面积在 10%～30%以下；森林植被覆盖率在 55%以上时，水土流失面积<10%。由此可以看出，森林植被覆盖率越大，水土保持作用越显著。同时通过研究发现，坡度的变化也对水蚀程度产生较大的影响。一般随着坡度的增加，土壤水蚀量的增加与其呈明显的正相关。当坡度增加到 25°以上时，这种增加的现象更为明显。

此外，流域内的防护林，包括护岸林、护路林、农田和牧场防护林等也是重要的森林资源，保护生态脆弱地区的土地资源、农牧业生产、建筑设施、人居环境免遭或减轻自然灾害和不利环境因素的危害和威胁。

第四节 森林生态游憩服务供给分析

一、 城市化发展的挑战

经济增长与人口、资源、环境的矛盾是我国当前和未来面临的重大挑战。实施积极的城市化战略，有利于改善生态环境，节约土地资源，提高人口素质，控制人口增长，推动整个社会走人与自然和谐、生产发展、生活富裕、生态良好的可持续发展道路。我国现共有建制市 662 个，约有 5 万多个市（镇），城镇人口 4.8 亿，大约 43%的人口生活在城市里。根据欧洲社会发展阶段来看，社会现代化结构一般是一个国家能够达到 60%的人口是城市人口。有些发达国家和地区如美国、日本、西欧农业人口已经降到只剩 5%的比例了。按照这个标准，我国未来城市人口将至少达到 8 亿，我国大部分人口将生活在城市。推进城市化进程已经成为我国经济社会发展的重大战略任务。

　　城市作为人类主要的聚集地，城市的生态建设与环境保护作为人类生存、发展、繁衍的基本条件，作为现代经济发展、文化活动、社会交往的载体，加强城市生态建设，创造良好人居环境，弘扬城市文化，提升城市品位，促进人与自然和谐，协调生态、经济、社会可持续发展已成为城市化进程健康发展的重要环节，也决定着我国未来城市化进程的质量和发展水平。然而，目前我国的城市生态安全状况令人担忧。从有关部门的调查结果看，我国空气质量满足国家二、三级和超过三级标准的城市比例各占 1/3；90%以上的城市水源污染，50%以上的城镇水源不符合饮用标准；40%左右的城市居民生活在高噪声的污染之中；酸雨污染面积在不断扩大，有的城市酸雨出现的频率达到 90%以上，成为世界酸雨污染最严重的地区之一。一些城市的森林覆盖率或林木覆盖率还比较低，加之城市发展中不注重森林保护与恢复，森林生态系统退化，生物多样性丧失，沙尘暴、水土流失和水资源短缺等问题，威胁着城市的生态安全。

　　随着社会经济的发展和生活水平的提高，在基本的吃、住、行解决之后，人们对生活质量和美好环境的要求，就成为一个普遍共同的心声。因此，森林生态旅游活动，回归自然、欣赏自然就成为现代生活方式的一个重要特征。森林以其丰富多样的自然景观、优美和谐的生态环境、诱人的野趣及独特的保健功能，吸引着旅游者。森林生态旅游使游客在解除工作压力、调节心理平衡、获得身心健康的同时，还满足其求知、求美、探奇、娱乐的需要，尽情观察和享受旖旎的自然风光和野生动植物。

二、　森林生态游憩服务需求

　　森林生态系统通过吸收、过滤、阻隔、分解等过程将大气中的有毒物质（如二氧化硫、氟化物、氮氧化物、粉尘、重金属等）降解和净化，降低噪声，并提供负离子、萜烯类物质等多种生态服务。为了很好地解决城市化发展中带来的生态与环境问题，并满足居民对清新空气、优美环境及休闲游憩的需求，发展城市森林是最有效的途径。根据李英和曹玉昆（2006）对哈尔滨城市森林周边的 4 个居民区的调查数据的分析，66%的居民认为空气质量有好转，96%的居民认为需要加强城市森林投入，体现了居民对城市森林重要性的意识与城市森林生态需求数量的提高。2008 年的《中国城市居民生态需求调查报告》也表明，城市居民对森林在改善生态环境中的重要作用有强烈的意识，渴望亲近树林、草地和水等自然环境，并倾向于以森林和树木为主体的城市生态建设。

　　根据自然条件和经济发展水平，可将我国内地的 31 个省（自治区、直辖市）划分为东、中、西部 3 个地区，每个地区的城市森林建设有着不同的要求（江泽慧，2008）。

（一）　东部沿海地区

　　东部地区包括沿海 12 个省（自治区）和直辖市，包括北京、天津、河北、辽宁、上海、江苏、浙江、福建、山东、广东、广西和海南，占大陆土地面积的13.91%。东部沿海地区在地理位置、经济发展水平、城市发展基础设施等方面优于中西部。这一地区由于人口密集、环境压力大，城市化进程快，城市的高度发达对环境的破坏严重，城市森林资源匮乏，对城市森林的需求也更加迫切。城市森林的发展方向应注重近郊区和远郊区的城市森林建设，走城乡一体化道路，使城市森林向乡村布局，在城市周边地区建设城市"绿肺"。

在沿海地区城市，城市经济相对发达，建设城市森林的条件相对较好。城市森林的建设应结合沿海防护林的规划和建设来布局和设计，主要建立耐盐碱、耐水淹及防风固岸的森林群落。在内陆平原城市，不宜发展大型片林，而应在搞好森林公园的同时，重点建设城市范围交通道路、河流湖泊防护林、郊区农田林网、村镇周围防护林体系建设，该区城市周边的森林公园将是城市居民休闲娱乐的重要去处，其建设应着重突出旅游文化功能。对于河湖密集的江南水乡城市，应本着"林网化、水网化"的建设理念，在城市范围内建立起一个能够最大限度地改善城市环境的林水结合的森林生态网络体系，在城市中实现林水相依、林水相连、依水建林、以林涵水的水乡城市森林。水是生命之源和绿色之本，人是亲水的，城市向滨水发展可以调节气候和获得清新的空气。该区有许多的政治、经济、文化中心城市，如北京、上海，这些城市的突出问题是人口众多，城市向周边不断扩张。城市森林应突出其休闲娱乐功能、美化净化环境的功能，同时环城市林带的建设可以限制城市建成区无序扩张。

（二） 中部地区

中部地区包括9个省（自治区），即山西、内蒙古、吉林、黑龙江、安徽、江西、湖北、湖南、河南。该区土地面积占大陆土地面积的29.79%。这一地区由于政治历史的原因，目前重工业相对发达，综合性工业城市较多，城市的环境问题比较突出，但是国家正在加大对这一地区的投入，其未来经济发展潜力很大。这里城市森林的发展一方面要考虑目前的经济实力，另一方面也要着眼未来，针对环境需求，做出符合城市发展方向和趋势的城市森林建设规划。

该区自然条件好，生态环境投入相对较大，我国主要的大林区也都集中在这一区域内，区内的森林面积大，森林资源丰富，城市森林发展要走保护和建设结合的道路。城市森林建设在加强城市周围各种林地保护的同时，通过道路、河流沿线的防护林建设，形成绿色通道，把大小不等的片林联系起来。在山地区，具备山水自然地形的条件下，城市森林应当与当地的山水结合起来，因为山是生态的基础，水是生态的源泉。将森林、生态、文化交融在一起，城市森林要结合自然地形灵活布局。

（三） 西部地区

西部地区包括重庆、四川、贵州、云南、西藏、陕西、甘肃、宁夏、青海、新疆 10 个省（自治区）和直辖市，土地面积占大陆土地面积的 56.30%。这一区域的生态环境问题比较突出，气候干旱、寒冷，水土流失严重，多数地区都是高原或山地，自然地理条件相对恶劣，经济发展相对滞后，城市森林的建设要以改善生态环境，实现区域生态安全为主要目的。

这里的许多地区都是生态环境敏感地区，城市人口的增加、城市区域的扩大都将对区域生态环境造成破坏，在发展地方经济，推进城市化进程的过程中，小心呵护原有的森林植被，积极建设城市森林，稳定区域生态环境。在大江大河源区，如长江、黄河上中游地区，城市林业建设应立足本区的环境状况，着眼于突出的生态问题，结合当地的湿地保护，突出城市森林的水源涵养功能，城市森林建设着重建设水源涵养林。在西北干旱区城市，气候干旱、寒冷，水土流失严重，多数地区都是高原或山地，自然地理条件相对恶劣，经济发展相对滞后，城市森林的建设要以改善生态环境，实现区域生态安全为主要目的。在树种选择上应考虑到地下水贫乏的现状，适量配以耐寒、耐旱的灌木，同时兼顾城市森林的生产功能和经济效益。

三、　森林生态游憩服务供给

现代旅游业发展规律表明，当人均 GDP 达到 1000 美元，就会促进国内旅游兴旺；达到 2000 美元，就会促进度假旅游市场逐步形成；达到 3000 美元，就会出现旅游消费的爆发性增长。2012 年，我国人均 GDP 已达 6100 美元，居民全年公休假达 115 天，具备旅游消费的经济基础和富裕时间。从 2004 年以来，我国森林旅游人数以每年 18%左右的速度递增。

世界森林生态旅游每年以 10%以上的增长速度发展，成为当今世界旅游的热点。据专项调查表明，99.09%的人郊区旅游的最大目的是回归大自然。据世界旅游组织估算，森林生态旅游业收入已占世界旅游业收入总数的 15%～20%。

我国的生态旅游是主要依托于自然保护区、森林公园、风景名胜区等发展起来。1982 年，我国第一个国家级森林公园——张家界国家森林公园建立，将旅游开发与生态环境保护有机结合起来。此后，森林公园建设以及森林生态旅游突飞猛进的发展。森林旅游产业已经成为我国林业第三产业的龙头，森林旅游业在全国旅游业发展中的比例也逐步提高，森林旅游收入以大约 20%的年增长率递增。到 2010 年，游客量和综合旅游产值占全国旅游业的比例分别达到 19%和 13%左右。截至 2010 年，全国已建立各级森林公园 2583 处。全国 40%以上的森林公园已经成为 A 级旅游景区。我国森林旅游社会综合产值已达到 2800 亿元，森林公园接待游客 3.96 亿人次，旅游收入 294.94 亿元，带动社会综合旅游收入超过 2000亿元。

国家近期制订了"国家城市林业建设试行标准"，强调城市林业发展要纳入城市总体发展规划，以水网化和林网化作为城市森林建设理念，布局合理、功能健全，道路、农田、水系均实现林网化。通过营造各种类型的森林和以林木为主体的绿地，南方城市林木覆盖率达到 30% 以上，北方城市林木覆盖率达到 26% 以上，城市规划建成区绿地率达到 35% 以上。国家园林城市建设标准要求人均公共绿地，南方城市达到 $6.5m^2$ 以上，北方城市达到 $6m^2$ 以上；绿地率南方城市达到 30% 以上，北方城市达到 28% 以上；绿地覆盖率南方城市达到 35% 以上，北方城市达到 33% 以上。一方面，城市建设需要与城市生态环境和人居环境建设协调发展；另一方面，我国现建制城镇远没有达到国家城市林业建设标准和国家园林城市建设标准，特别是在经济相对落后的中西部地区差距更为明显。同时，与世界平均水平相比，我国城市森林建设起步较晚，绿地覆盖率偏低，绿地树种相对单一，原有的城市湿地多被堵塞污染，城市生态的保障体系尚未形成（表 6-7）。

表 6-7 城市森林绿地的生态服务能力及其需求量

绿地作用	国内外研究结果	城市绿地需求量
吸收 CO_2 释放 O_2	（1）每公顷阔叶林在生长季 12 天可消耗 1t 的 CO_2，放出 0.73t 的 O_2；成人每天呼出 0.9kg 的 CO_2，吸收 0.75kg 的 O_2 （2）每平方米草坪 1h 可吸收 1.5g CO_2；每人每小时呼出 CO_2 38g （3）由人排出的 CO_2 占工业燃烧和其他途径排出的 CO_2 总量的 1/10	（1）$10m^2$（林）/人 （2）$25m^2$（草皮）/人 （3）$100m^2$（林）/人；$250m^2$（草皮）/人
减尘	（1）$1hm^2$ 青冈栎林 1 年可吸尘 68t（以北京每年向大气中排放的烟尘 31 万 t 为例） （2）1 株刺槐 1 次蒙尘 2.156kg（以北京 1 年最少降雨日数计年排放烟尘量计算）	（1）$11m^2$（林）/人 （2）$75m^2$（林）/人
吸收有害气体	（1）$1hm^2$ 树木平均每天吸收 1.52kg 的 SO_2（以北京地区数叶茂盛、生长期为半年计） （2）$1hm^2$ 柳杉林，每年吸收 720kg 的 SO_2 （3）$100m^2$ 的紫花苜蓿，每年可减少大气中 600t 以上的 SO_2 （4）森林还可以吸收 Cl_2、NO_2、HF 及某些重金属的大气污染	（1）$420m^2$（林）/人 （2）$160m^2$（柳林）/人 （3）$150m^2$（地被）/人 （4）城市森林绿地越多越好
调节温湿度	高温季节：绿地内气温较非绿地低 3~5℃，夏天绿地内非绿地区相对湿度达 10%~20%，绿地调节湿度的范围，可达 10~20 倍树高的距离	根据城市地形、气候，合理组织绿地，使其均匀分布
减弱噪声	林带降低噪声比空地上同距离的自然衰减多 10~15dB（A）；绿化的街道比未绿化的街道减少噪声 8~10B（A）。	根据噪声源位置及噪声强度而定
杀菌	$1hm^2$ 圆柏林一天能分泌 30kg 杀菌素，可消除一个大城市的细菌；公共场合所含菌量比公园、街道高数倍至 25 倍	绿化越好，分泌的杀菌素越多，空气越清洁

续表

绿地作用	国内外研究结果	城市绿地需求量
人体保健	"绿色视率"理论认为,在人的视野中,绿色达到25%时,就能消除心理疲劳,使人的精神和心里最舒适。森林植物释放的负离子氧对人体呼吸和血液循环是十分有益的,有利于开展森林旅游、森林浴活动	森林越多,而且分布相对均匀,越有利于人的户外休闲活动
保护生物多样性	城市内森林、湿地面积的减少和破碎化,导致鸟类等减少,病虫害增多	森林面积越大,每个森林绿地、水体之间的连接性越强,越有利于保护生物多样性

第五节 森林生态服务供给综合分析

森林资源一直是衡量社会发展与人民生活水平的重要指标。早在 1991 年国家统计局与计划、财政、卫生、教育等 12 个部门的研究人员组成了课题组,为小康社会内涵确定了 16 个基本监测指标,森林覆盖率就是其中一个重要指标。根据当时国情,其小康临界值被定为 15%。在 2003 中国可持续发展战略报告中,提出了综合国力中的一个重要分力——生态力,森林资源被作为生态力评价指标体系中的一个重要组成部分,同时也明确强调了生态系统为人类提供服务的能力在我国全面建设小康社会中的重要性。联合国千年生态系统评估(MEA)也将森林资源作为人类福利评估一个重要指标。从消费需求看,全面建设小康社会意味着我国森林资源的供需水平要逐渐达到或赶上中等发达国家的水平,包括森林生态系统提供的产品与服务。和一些发达国家相比,我国的人均森林资源拥有量相对较低(表 6-8)。

目前,我国人均森林面积 0.15hm²,仅为世界平均水平的 25%;人均立木蓄积 9.95m³,不到世界平均水平的 15%。发达的林业已经成为国家文明、经济发展和社会进步的重要标志。在建设小康社会的过程中,我国对森林资源的消费需求将日益增长。总之,无论从全面建设小康社会的指标与目标来看,还是从对森林生态服务能力的实际需求来看,全面建设小康社会对林业的生态需求潜力巨大。

表 6-8 世界及主要发达国家森林资源拥有量比较

国家	森林面积 /万 hm²	立木蓄积 /(m³/hm²)	森林覆盖率 /%	人均森林面积 /(hm²/人)	人均蓄积 /(m³/人)
世界	395 202.50	111	30.3	0.60	66.54
美国	30 308.90	116	33.1	1.00	116.10
加拿大	31 013.40	106	33.6	9.52	1 009.34
芬兰	2 250.00	96	73.9	4.28	410.65

国家	森林面积 /万 hm²	立木蓄积 /（m³/hm²）	森林覆盖率 /%	人均森林面积 /（hm²/人）	人均蓄积 /（m³/人）
瑞典	2 752.80	115	66.9	3.03	348.65
挪威	938.70	92	30.7	2.01	184.93
瑞士	122.10	368	30.9	0.16	60.31
法国	1 555.40	158	28.3	0.25	40.07
德国	1 107.60	338	31.7	0.13	45.30
俄罗斯	80 879.00	100	47.9	5.65	564.72
澳大利亚	16 367.80	83	21.3	7.97	661.73
日本	2 486.80	171	68.2	0.19	33.24
中国	19 729.00	67	21.2	0.15	9.95

注：资料来源于世界森林状况 2009（联合国粮食及农业组织，2009）。

一、 森林生态服务需求预测分析

（一） 全球森林生态服务需求预测分析

由于世界人口与经济活动的增长及全球生态系统退化，社会对森林生态系统产品与服务的需求日益增长。人们日益认识到，经济与地球生态系统之间的稳定关系是经济持续发展的基础。经济学家正在转变，他们有了更多的生态意识，认清经济对地球生态系统的内在关系。生态环境的现状和经济学家的观点正在影响着公众、政府官员、非政府组织及捐赠机构对生态环境的价值取向。人们越来越意识到森林所发挥的巨大环境效益，在经济发达地区和生态脆弱地区尤其如此。

根据 Leslie（2005）的预测，全球对森林生态服务的总需求由 2003 年的 9000 亿美元增加到 2010 年的 10 500 亿美元、2020 年的 14 200 亿美元、2030 年的 19 600 亿美元和 2040 年的 25 600 亿美元。其中，各类森林生态服务均呈现增加态势，特别是对森林碳服务和森林生物多样性服务的需求显著增加（图 6-2）。尽管上述预测在很大程度上是基于一系列假设条件，但预测结果对未来的森林生态服务需求及其变化趋势做出了有益的判断，表明了全社会对林业的巨大的生态需求。随着人们对森林生态系统功能与服务的认识不断深化，森林生态服务的内容也将不断拓展。随着生态与环境压力不断加大，森林生态系统服务将变得更加"稀缺"，其价值也还会进一步增加。

（二） 我国森林生态服务需求预测分析

随着我国经济的发展，物质产品极大丰富，但是全球气候变化和生态恶化加剧，特别是我国是发展中大国，经济增长及满足人们日益增长的物质文化需求对生态和环境的压力不断增大。我国已经呈现经济高速增长、生态极度脆弱的不协

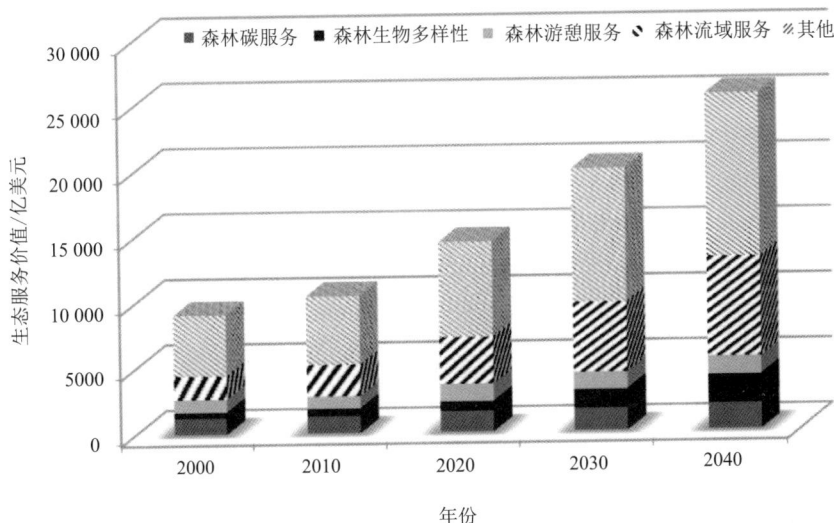

图 6-2　全球森林生态服务需求趋势

资料来源于 Leslie（2005）

调局面。林业成为一项重要的基础产业和公益事业，既要满足经济社会发展对林产品的需求，也承担着改善生态状况、保障国土生态安全的历史重任。随着经济社会的发展和人们回归自然情结的增强，以及生态保护的压力越来越大，人们对森林资源的总量需求将持续增加，结构性需求由生产需求向生态需求转变。从森林资源的变化、对营林和森工的投资趋势，以及我国的森林生态工程建设等方面，不难看出人们对森林生态产品与服务的重视，在注重森林资源经济效益的同时，更加关注森林资源的生态服务供给。

　　董仁才等（2008）基于森林生态系统服务概念，建立了林地资源预测模型来预测我国 2010～2050 年为满足生态需求所需要的林地资源量。通过耦合森林生态系统服务功能与森林分类经营之间的关系，预测在假设生态公益林提供生态系统服务需求，商品生产林供给原木和工业用材的前提下，同时考虑了人口增长、社会经济发展目标、森林管理方式和技术进步等要素对森林资源的影响。这一模型预测表明，2010 年、2020 年、2050 年林地资源的需求量将分别达到 24 480 万 hm²、26 120 万 hm²、36 220 万 hm²，呈现出持续上升趋势（表 6-9）。

表 6-9 2000～2050 年预测的我国林地资源需求量

年份	人口/亿	生态林地需求/万 hm²	用材林地需求/万 hm²	林地总需求量/万 hm²	森林覆盖率/%
2000	12.7	15 500	1 050	16 550	17.30
2005	13.1	19 930	990	20 920	21.87
2010	13.7	23 530	950	24 480	25.59

续表

年份	人口/亿	生态林地需求/万 hm²	用材林地需求/万 hm²	林地总需求量/万 hm²	森林覆盖率/%
2015	14.2	24 560	850	25 410	26.56
2020	14.6	25 330	790	26 120	27.30
2025	14.9	27 820	780	28 600	29.90
2030	15.1	29 940	780	30 720	32.11
2035	15.3	31 830	770	32 600	34.08
2040	15.4	33 430	760	34 190	35.74
2045	15.4	34 640	750	35 390	36.99
2050	15.3	35 490	730	36 220	37.86

注：资料来源于 Dong et al.（2008）。

从图 6-3 可更为直观地看出，未来生态林地需求在林地总需求中占极高的比例，人类的生态林地需求将不断增加。

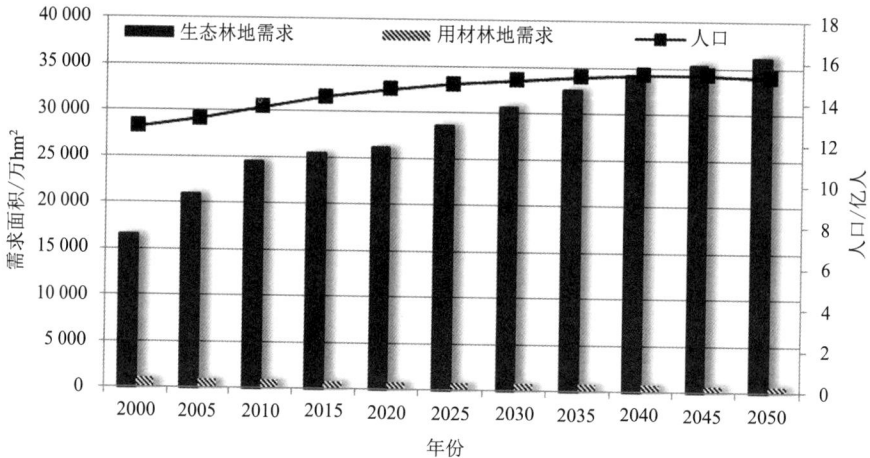

图 6-3 我国生态与用材林地需求趋势

资料来源于 Dong et al.（2008）

结论表明，未来我国森林资源存在较大缺口，我国所提出的造林绿化目标不足以满足未来福利社会对林业的生态与生产需求。例如，根据预测模型，到 2020 年满足社会需求的森林覆盖率应该达到 27.30%，而根据我国提出的目标，这只能到 2050 年以后实现；而到 2050 年，满足社会需求的森林覆盖率应该达到 37.86%，因此缺口将达到 11.86%。但到那时候，由于土地资源的短缺，我国可能没有用于造林的林地资源。国内外研究与实践表明，加强森林资源经营管理能够提高森林质量和森林生产力，从而增加单位面积森林资源所提供的产品与服务，这在一定程度上将有助于缓减上述需求缺口所造成的压力。

二、 我国森林生态服务供给现状

我国面临的最急迫问题是生态环境的不断恶化，而这些问题都与森林资源较少及森林遭到破坏密切相关。为此，我国从 1978 年开始规划并分批实施大规模的森林生态工程建设。截至 1998 年，已经实施的有十大森林生态工程，初步构成了我国林业生态体系框架。1998 年，历史上罕见的特大洪涝灾害以后，我国进一步加强了森林生态工程建设，1998 年，进行天然林资源保护工程试点，并于 2000 年正式启动了该工程；2000 年起还实施了退耕还林还草工程。目前，国家将这些工程调整为 5 项生态工程，即三北和长江中下游地区等重点防护林体系建设工程、环北京地区防沙治沙工程、野生动植物保护及自然保护区建设工程、天然林资源保护工程、退耕还林还草工程。另外，加上重点地区以速生丰产用材林为主的林业产业基地建设工程，构成了国家集中力量实施的六大林业重点工程。以速生丰产用材林为主的林业产业基地建设工程，缓解了对用材林需求的压力，从另一个侧面也促进了森林生态建设。六大工程覆盖了我国 97% 以上的县，规划造林任务超过 11 亿亩，工程规划总投资达 7000 多亿元。其投资之巨、规模之大、周期之长，堪称"世界生态工程之最"。

（一） 六大林业重点工程

1. 天然林资源保护工程

天然林资源保护工程是我国林业的一号工程，也是投资最大的生态工程。具体包括 3 个层次：全面停止长江上游、黄河上中游地区天然林采伐；大幅度调减东北、内蒙古等重点国有林区的木材产量；同时保护好其他地区的天然林资源。主要解决这些区域天然林资源的休养生息和恢复发展问题。

2. 三北和长江中下游地区等重点防护林体系建设工程

三北和长江中下游地区等重点防护林体系建设工程是我国涵盖面积最大、内容最丰富的防护林体系建设工程。工程涉及东北、华北、西北的主要生态脆弱区，建设区域横跨近半个中国。具体包括三北防护林四期工程、长江中下游及淮河太湖流域防护林二期工程、沿海防护林二期工程、珠江防护林二期工程、太行山绿化二期工程和平原绿化二期工程。主要解决三北地区的防沙治沙问题和其他区域各不相同的生态问题。

3. 退耕还林还草工程

退耕还林还草工程是我国林业建设上涉及面最广、政策性最强、工序最复杂、群众参与度最高的生态建设工程。主要解决重点地区的水土流失问题。

4. 环北京地区防沙治沙工程

环北京地区防沙治沙工程是首都乃至我国的"形象工程"，也是环京津生态圈建设的主体工程。虽然规模不大，但是意义特殊，主要解决首都周围地区的风沙危害问题。

5. 野生动植物保护及自然保护区建设工程

野生动植物保护及自然保护区建设工程是一个面向未来，着眼长远，具有多项战略意义的生态保护工程，也是呼应国际大气候、树立我国良好国际形象的"外交工程"。主要解决基因保存、生物多样性保护、自然保护、湿地保护等问题。

6. 重点地区以速生丰产用材林为主的林业产业基地建设工程

重点地区以速生丰产用材林为主的林业产业基地建设工程是我国林业产业体系建设的骨干工程，也是增强林业实力的"希望工程"，主要解决我国木材和林产品的供应问题。

（二） 林业生态建设的成效与森林生态服务供给的不足

改革开放以来，我国经济、社会飞速发展，生态建设也取得了举世瞩目的成就，特别是随着一系列重点林业生态工程的实施，植树造林、生态恢复建设取得了巨大成绩，森林植被增加，林分质量改善，森林的生态服务能力也相应增强。土壤流失量呈减少趋势，土壤的肥力得以保持，极大地促进了林木和林下作物的生长。

在涵养水源方面，随着地表径流的减少、地下径流的增加，河流流量得以保持稳定，同时河流的泥沙输出量大大降低。在改善小气候方面，森林通过影响降雨量、气温、大气湿度和无霜期等对林区小气候进行调节，增强抵御自然灾害的能力，促进农业的稳产高产。

在保持生物多样性方面，随着森林面积尤其是天然林面积的增加，乔、灌、草结构得到优化改善，物种丰富，生物多样性增加，同时，生物多样性在防治流行性和传染性疾病方面起到保护和天然缓冲作用。保存更多的生物种类也能够减轻疾病的影响。大自然及其生物多样性为人类所提供服务的价值总是被低估，直到没有了才感觉到它的宝贵。

此外，森林所具有的固碳释氧等功效，使林区成为天然的"氧吧"，为发展生态旅游、提高林区及周边地区职工和林农经济收入创造了有利的生态条件。以防护林体系工程建设为例，根据中国国际工程咨询公司对"三北"工程第一阶段的评估报告，三北防护林工程使涉及地区65%的农田得到有效保护，提高粮食产量15%～20%，年均增产粮食1107万t，价值150亿元。东北平原、华北平原、黄河河套、河西走廊、新疆绿洲等地区建成了跨省（区）集中连片的大型农田防护林体系，为粮食稳产高产提供了必要的条件。"三北防护林"工程改善了人居环境和生产条件，提高了土地生产力和人口承载力，拓宽了三北地区人们的生存和发展空间，在防风固沙、保障粮食安全、促进农村经济发展中发挥了不可替代的绿色屏障作用。平原绿化工程建设通过高标准农田林网建设，控制面积由 2000 年的 3100 多万公顷增加到现在的 3400 多万公顷，控制率由 67% 提高到 74%，保护农田 3256 万 hm^2，粮食单产提高了 5%～15%，基本构建起了农田防护林体系的初步框架。平原绿化的内涵不断丰富，建设地域不断扩大，从沙荒造林、"四旁"植树、农林间作，发展为当前的 26 个省（自治区、直辖市）参与的建设以农田林网为主，结合"四旁"植树、农林间作，成片造林，带网片点相结合的多林种、多树种、多功能的综合性防护林体系。过去风、沙、旱、涝、碱等自然灾害严重的粮食主产区，在日益完善的农田防护林保护下，如今已经林茂粮丰，为保障我国粮食增产稳产，维护国家粮食持久安全提供了坚实的保障。

随着森林面积与蓄积快速增长，森林质量和结构逐步改善，我国林地利用率和生产力明显提高；全国森林覆盖率由新中国成立初期的 8.6% 提高到 2008 年的 20.36%。根据第七次全国森林资源清查（2004～2008 年），全国森林面积达到 1.95 亿 hm^2，森林蓄积量 137.21 亿 m^3；人工造林保存面积达到 0.62 亿 hm^2，蓄积量 19.61 亿 m^3，人工林面积仍居世界首位。在世界森林资源持续减少的情况下，我国成为全球森林资源增长最快的国家。森林资源保护管理力度加大，全国林木净生长量大于采伐消耗量 1.31 亿 m^3，年均超限额采伐量下降 1125 万 m^3，森林资源节约成效显著；全国沙化土地面积逐年减少；林业系统建设和管理的自然保护区达到 2006 处，为生物多样性保护提供了绿色的土壤，有效保护了 45% 的自然湿地和 85% 以上的珍稀野生动植物物种；森林固碳能力由 20 世纪 80 年代初的 $136.42t/hm^2$ 增加到 21 世纪初的 $150.47t/hm^2$，1980～2005 年，我国通过持续不断地开展造林和森林经营，累计净吸收二氧化碳 46.8 亿 t，通过控制毁林减少二氧化碳排放量 4.3 亿 t。与此同时，我国城市绿化工作也得到了较快发展。目前，城市建成区绿化覆盖面积达到 125 万 hm^2，绿化覆盖率为 35.29%，城市人均公共绿地 8.98 m^2。这些为促进国民经济发展、维护国家和全球生态安全做出了重大贡献，也为我国社会经济可持续发展奠定了坚实基础。

但总体看，我国森林资源利用率还很低，林地利用率仅为 59.8%，林地产出率较低，森林生长量不高，每亩森林的蓄积量只有 $5.6m^3$，而人工林仅为 $3.1m^3$，与世界平均水平相比差距明显；木材综合利用率仅为 60% 左右，而发达国家已达到 80% 以上；木材防腐化比例仅为商品木材产量的 1%，远低于 15% 的世界平均水平；我国生态状况仍十分严峻，生态恶化已成为我国经济社会可持续发展的最大制约因素，发展林业、加强生态建设依然任重道远。

三、　我国未来森林生态服务供给目标

"中共中央国务院关于加快林业发展的决定"确立以生态建设为主的林业可持续发展道路，建立以森林植被为主体的国土生态安全体系，建设山川秀美的生态

文明社会的林业发展战略。力争到 2010 年，使我国森林覆盖率达到 19%以上；到 2020 年，使我国森林覆盖率达到 23%以上；到 2050 年，使森林覆盖率达到并稳定在 26%以上。只有森林覆盖率达到并稳定在 20%以上，生态状况才能得到明显改善。森林覆盖率达到 30%左右，且分布均匀、结构合理、健康稳定，才能进入生态状况良性循环阶段，基本满足经济社会可持续发展的要求。

"全国生态环境保护纲要"和"全国生态环境建设规划"提出全国生态环境保护目标是通过生态环境保护，遏制生态环境破坏，减轻自然灾害的危害；促进自然资源的合理、科学利用，实现自然生态系统良性循环；维护国家生态环境安全，确保国民经济和社会的可持续发展。到 2010 年，坚决控制住人为因素产生新的水土流失，努力遏制荒漠化的发展。生态环境特别恶劣的黄河、长江上中游水土流失重点地区及严重荒漠化地区的治理初见成效。新增治理水土流失面积 60 万 km²，治理荒漠化土地面积 2200 万 hm²；新增森林面积 3900 万 hm²，森林覆盖率达到 19%以上；改造坡耕地 670 万 hm²，退耕还林 500 万 hm²，建设高标准、林网化农田 1300 万 hm²；自然保护区占国土面积达到 8%。基本遏制生态环境恶化趋势。到 2030 年，全面遏制生态环境恶化的趋势，全国 60%以上适宜治理的水土流失地区得到不同程度整治，黄河长江上中游等重点水土流失区治理大见成效；治理荒漠化土地面积 4000 万 hm²；新增森林面积 4600 万 hm²，全国森林覆盖率达到 24%以上，各类自然保护区面积占国土面积达到 12%。重点治理区的生态环境开始走上良性循环的轨道。重要生态功能区、物种丰富区和重点资源开发区的生态环境得到有效保护，各大水系的一级支流源头区和国家重点保护湿地的生态环境得到改善；部分重要生态系统得到重建与恢复；全国 50%的县（市、区）实现秀美山川、自然生态系统良性循环，30%以上的城市达到生态城市和园林城市标准。

其中，国家制定并批准实施的三北防护林四期工程规划，到 2010 年工程区内的森林资源在得到有效保护的基础上，要完成造林面积 950 万 hm²，将森林覆盖率由 8.63%提高到 10.47%，并治理沙化土地 130 万 hm²，明显改善毛乌素、科尔沁两个沙地的生态环境。全面推进黄土高原的水土流失综合治理，实行山水林田路统一规划，工程、生物、耕作措施统筹安排，集中连片、规模治理，为发挥整体功能和综合效益，保障大江大河安然无恙提供生态保障。长江流域等重点防护林建设工程的建设任务：人工造林 342.66 万 hm²，封山育林 305.5 万 hm²，飞播造林 36.6 万 hm²，低效林改造 547.76 万 hm²。突出工程特色抓建设，强化重点区域，建设亮点工程。长防林工程，继续巩固建设成果，积极推进低效防护林改造，加快生态系统功能恢复的步伐，提高森林质量，同时要突出"两湖两库"（即洞庭湖、鄱阳湖地区和三峡库区、丹江口库区及沿线）的治理，重点构筑三峡库区周边和南水北调源头及沿线生态屏障。珠江防护林工程，以发挥植被自然恢复能力为主，加大封育力度，以石漠化综合治理为重点，不断探索石漠化治理的有效途径，尽快构筑功能齐全、防护有效的岩溶地区生态屏障。海防林工程，以增强抵御海啸和风暴潮等自然灾害能力为核心，以沿海基本林带建设、红树林发展、滨海湿地保护、城乡绿化为重点，扩大规模，拓展内涵，提高质量，完善功能，努力构筑结构稳定、功能完备的万里海疆绿色屏障。太行山绿化工程，要坚持实行封山禁牧，重点推进生态经济型防护林体系建设，尽快实现"黄龙"变"绿龙"的目标。平原绿化二期工程（2001~2010 年）建设范围包括26 个省（自治区、直辖市）的944 个县（市、旗、区）。规划建设总任务 552.1 万 hm²。其中，新建农田防护林带折合面积 41.6 万 hm²，荒滩荒沙荒地绿化 294.5 万 hm²，村屯绿化 112.7 万 hm²，园林化乡镇建设 30.4 万 hm²，改造提高农田林网面积 72.9 万 hm²。特别是要突出粮食主产区，为高标准农田构筑高标准的绿色屏障。要将东北平原、华北平原、黄淮海平原等我国粮食主产区作为平原绿化的主战场，主动为标准农田配置高标准的农田防护林体系。最终形成以农田防护林为主体，农林间作、"四旁"植树、成片造林为主要内容的带、网、片、点相结合的完备的平原农田防护体系。

四、　我国森林生态的价值服务

我国从 20 世纪 90 年代起对森林资源价值及其评价进行了大量的理论与案例研究，其中一些研究从国家尺度上对森林生态服务供给进行了定量价值评估。

侯元兆和王琦（1995）首次估算出我国森林资源总价值为 13 万亿元，主要包括木材等物质产品，以及涵养水源、保护土壤、固碳释氧等 3 种森林生态系统服务的价值。

蒋延玲和周广胜（1999）根据全国第三次森林资源清查资料（1984~1988 年）及 Costanza 等的森林生态系统服务资料，计算了我国 38 种主要森林类型的 14 种生态系统服务的总价值约为 117.39 亿美元/年。其中，森林生态系统服务包括气候控制、扰动控制、水分控制、水分供应、侵蚀控制、土壤建成、营养循环、废物处理、生物控制、消遣娱乐和文化等的价值约为 93.59 亿美元/年，占总价值的79.73%；而森林物质产品包括食物、原料、基因源等的价值约 23.80 亿美元/年，占总价值的 20.27%。按单位面积计算，以热带林价值最大，平均每公顷 2008 美元/年；温带森林价值最小，平均每公顷 302 美元/年；而热带、温带都有分布的森林类型的价值介于二者之间，平均每公顷约 1535 美元/年。

陈仲新和张新时（2000）参考 Costanza 等的分类方法与经济参数对我国生态系统功能与效益进行了量化评价，并据此绘制了中国陆地生态系统效益价值分布图。通过计算，我国生态系统效益的总价值是 77 834.48 亿元/年（以 1994 年人民币为基准，下同）。其中，陆地生态系统效益价值为 56 098.46 亿元/年，海洋生态系统效益价值为 21 736.02 亿元/年。与我国 1994 年 GDP（45 006 亿元）相比，我国生态系统效益价值为 GDP 的 1.73 倍。其中，森林的生态效益价值为 15 433.98 亿元/年，占全国年总效益价值的 27.51%。与全球相比，我国生态系统效益价值占全球的 2.71%，其中，森林生态系统所提供的服务价值占到了我国 GDP 的 34.29%。

赵同谦等（2004）在分析森林生态系统功能的基础上，根据其提供服务的机制、类型和效用，把森林生态系统的服务划分为提供产品、调节服务、文化服务和生命支持服务四大类，建立了由林木产品、林副产品、气候调节、光合固碳、涵养水源、土壤保持、净化环境、养分循环、防风固沙、文化多样性、休闲旅游、释放氧气、维持生物多样性 13 项功能指标构成的森林生态系统评价指标体系，并对其中的 10 项功能指标以 2000 年为评价基准年份进行了初步评价。结果表明，森林生态系统 10 类生态系统服务功能的总生态经济价值为每年 14 069.05 亿元，相当于 2000 年我国 GDP 的 15.7%，其中森林生态系统产品与服务的价值分别为 2325.14 亿元和 11 743.91 亿元，服务价值是物质产品价值的 5.05 倍。

余新晓等（2005）根据全国第五次森林资源清查资料（1994～1998 年）及 Costanza 等的计算方法，估算了我国森林生态系统八大类型包括林木产品、林副产品、森林游憩、涵养水源、固碳释氧、养分循环、净化环境、土壤保持和维持生物多样性等的总价值，为 30 601.20 亿元，相当于 1998 年 GDP 的 38.54%，其中，物质产品价值和森林生态系统服务价值分别为 1787.20 亿元和 28 814.00 亿元，服务价值是物质产品价值的 16.12 倍。

靳芳等（2007）在长期森林生态定位观测研究成果基础上，集成应用全国土壤侵蚀遥感调查、历次森林资源清查和森林生态系统净初级生产力等大量基础数据，对我国森林生态服务及其价值进行了系统研究，主要包括涵养水源、土壤保持、固碳、净化环境、养分循环、维持生物多样性等生态服务类型。研究结果表明，1993 年、1998 年、2003 年我国森林生态系统服务总价值分别为 17 923.17 亿元、28 152.14 亿元、30 878.53 亿元。由于我国六大生态工程的实施，森林资源总量增加，树种结构逐渐趋于合理，树木生长率和森林健康质量逐步提高，森林生态系统所提供的服务总量及其单位面积价值量逐步提高。1998 年和 2003 年我国森林生态系统所提供的单位面积价值量较 1993 年分别提高了 32.68% 和 34.95%。如果沿用 1999～2003 年平均林业投资继续进行林业建设，预测表明，我国森林生态系统服务总价值量 2010 年和 2020 年分别为 44 110.3 亿元和 54 673.3 亿元（图 6-4）。

国家林业局与国家统计局"中国森林资源核算及纳入绿色 GDP 研究"项目利用第五、第六次全国森林资源清查数据，近 10 年林业统计年鉴，我国森林生态系统定位研究网络所取得的野外长期连续观测基础数据等资料，并通过发放数据调查表、实地考察等方式，对全国 31 个省（自治区、直辖市）（不包括香港、澳门、台湾）的森林生态系统产品与服务进行了全面系统的价值评估，得出 2004 年包括木材、非木质林产品及固土保肥、涵养水源、固碳释氧、防风固沙、净化空气、景观游憩、维持森林生物多样性的森林生态系统总产出价值约为 130 491.76 亿元，相当于当前全国 GDP 的 81.62%。其中，森林提供的产品价值为 5257.03 亿元，森林生态服务价值为 125 239.73 亿元；生态服务价值相当于林产品经济价值的 23.82 倍。

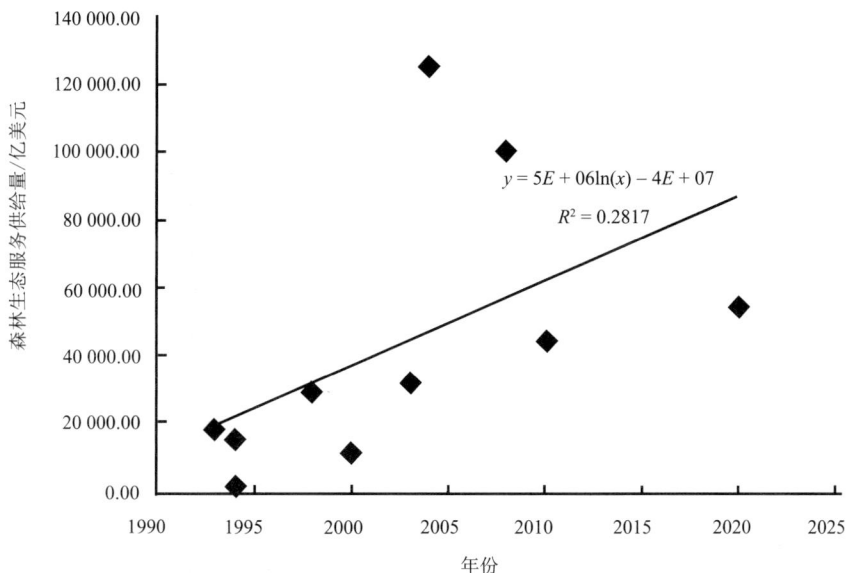

图 6-4　我国森林生态服务供给趋势

资料来源于靳芳等（2007）

中国森林生态服务功能评估项目组（2010）基于第七次全国森林资源清查数据评估，得出 2008 年包括涵养水源、保育土壤、固碳释氧、净化环境、营养物质积累、生物多样性保护在内的全国森林生态系统服务的总价值量为100 147.61 亿元。

上述各项案例研究由于研究目的、所采用的价值评估体系、评估方法与数据来源等不同，所得出的研究结果不具有可比性。但综合上述研究结果不难看出，森林生态服务供给也呈现出明显的增长态势。

五、　我国森林生态服务供需平衡分析

生态问题已成为全球性问题，局部区域性的生态和经济矛盾已经十分突出，甚至出现生态崩溃的征兆。全球经济增长对生态资源的需求消耗已经超过生态环境的承载能力和自我恢复能力，生态环境治理能力赶不上破坏速度，生态赤字不断扩大，生态危机成为全人类面对的严重问题。根据千年生态系统评估对全球生态系统服务的总体状况与趋势评价，在其明确评估的 24 项服务中，15 项处于下降趋势，约占 60%，4 项处于上升趋势，约占 18%；其余 5 项，约占 22%，存在显著的空间或时间差异，即在有些地区/时段处于上升趋势，而在另外一些地区/时段处于下降趋势（MEA，2005）。由于森林在生态服务和环境建设中的特殊地位，在现实需要下分析和模拟生态供给与需求的动态平衡，对于理解和解决社会经济发展与环境保护之间的矛盾，实现森林资源与社会可持续发展有着重要意义。

（一） 森林生态服务供给与需求的特点

森林生态服务供给是在现有生产力与经营水平下森林资源存量与年生长量所能提供的各种森林生态服务的数量。森林生态服务供给具有两种特性：①自然恢复性。森林生态系统具有可再生能力及适应周围环境的能力，只要对森林资源的利用不超过其自我调节的阈值，森林生态服务的供给就具有可再生性和可恢复性，这是森林资源自身及人类社会可持续发展的基础。②社会可控制性。一方面，森林资源的利用在一定程度上会削弱森林生态服务的供给能力；另一方面，人类也可以通过合理利用森林资源，改进、创新森林资源经营和利用的技术措施，以及与之配套的激励机制和政策，提高森林生态系统服务的供给能力。

森林生态服务需求是随着人口增加、经济社会发展、环境恶化，以及人们生活水平提高而增加的。森林生态服务需求也具有两种特性：①自然刚性。人口增加及社会经济发展需要保持一定水平的森林生态服务需求量，即刚性需求。②社会可控制性。通过节能降耗、减少排放、防治污染、人口数量控制、工程技术措施等，可在一定程度上降低社会经济发展对森林生态系统服务的过度需求。

根据森林生态服务供给与需求的特性，森林生态服务供求关系式可以表达为

$$S = \begin{cases} Q_1 & (0 < S \le Q_1) \\ Q_1 + aP & (Q_1 < S \le Q_2) \\ Q_2 + bP & (Q_2 < S \le Q_3) \\ Q_3 & (S > Q_3) \end{cases}$$

森林生态服务需求： $D = d_1 - eP$

式中，S 为森林生态服务供求量，Q_1、Q_2、Q_3 分别为不同的森林总供求量，D 为森林生态服务需求量，d_1 为森林生态服务需求量最大值，P 为森林生态成本（价格），a、b 为森林生态服务供给系数，e 为森林生态服务需求系数。

上述森林生态服务供求关系可用图来表示，见图6-5。

如果森林生态服务供给大于森林生态服务需求则为生态盈余，反之则为生态亏损，两者之间的不一致为森林生态服务供求失衡即存在森林生态服务供求差问题。导致森林生态服务供求差额的主要原因：①人口增长、社会经济发展导致森林生态供求差扩大。随着人口数量的增长、生产力及社会的发展，人们对森林资源的利用量逐渐扩大，而且对森林资源的需求结构由生产需求向生态需求转变，从而扩大了对森林生态供求的矛盾。②由于技术的发展及环境恶化，有可能导致森林生态服务供给能力下降。技术进步可能加速满足经济社会发展对森林资源物质产品的需求，导致毁林和森林退化，从而导致森林生态服务供给能力下降；环境恶化引起森林生态系统的脆弱性也可能导致森林生态服务供给能力下降。森林生态供求差的扩大，不但影响经济发展，而且还会导致滥采滥用资源、生态环境进一步恶化等一系列问题。

森林生态成本 (价格)P

森林生态服务需求曲线 D　　　　森林生态服务供给曲线 S

供求数量 Q

Q_1　　　　　　Q_2　Q_3

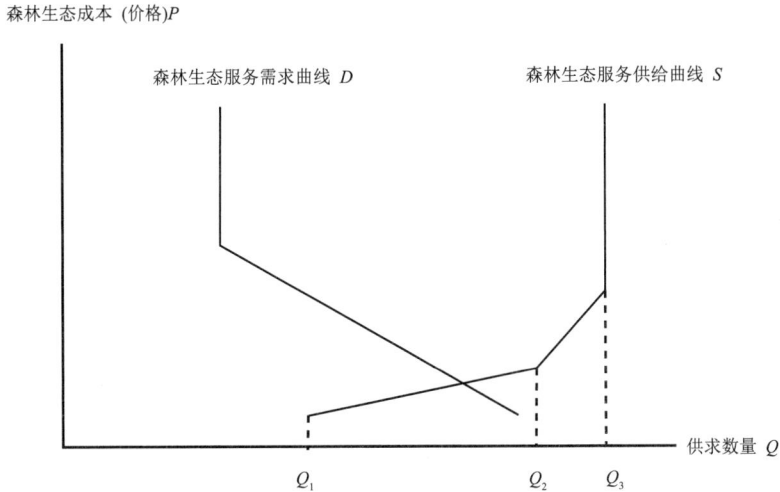

图 6-5 森林生态服务供给与需求曲线

资料来源于严文（2008）

（二） 森林生态服务供给与需求动态均衡分析

为了判断森林生态供求总量和结构状况，可以引用表示生态经济供求矛盾的生态弹性概念（严文，2008）。通过比较森林生态服务供给增长和经济与社会对森林生态服务需求的增长，划分生态增长区、生态稳定区、生态衰退区、生态恶化区。森林生态供求弹性用公式表示为

$$E = \frac{\Delta S_t \ / \ S_t}{\Delta D_t \ / \ D_t}$$

式中，E 为森林生态弹性系数，ΔS_t 为森林资源单位时间（如以年为单位）的森林生态服务供给增长量，S_t 为前期森林资源生态资产存量，ΔD_t 为经济与社会发展对森林生态服务需求的增长量，D_t 为前期需求量。

E 表示森林资源生态系统服务供给的增长率与经济社会发展对森林生态服务需求的增长率之间的比率，反映出经济与社会生产过程与森林生态系统之间的关系是否协调。

（1）当 $E=1$ 时，即森林生态弹性为 1，为生态稳定区。此时，森林生态服务供给的增长率正好能够满足经济社会发展所增加的森林生态服务需求量。在实际生产决策中，需要提高森林资源经营与利用技术，以促进森林资源的可持续利用和森林生态服务的可持续供给。

（2）当 $0 \leqslant E < 1$ 时，森林生态服务供给缺乏弹性，为生态衰退区。即实际上已经出现森林生态服务供给滞后的现象，森林生态服务供给增长率小于经济社会发展对森林生态服务需求的增长率。此时，需要采取相应措施：加大技术投入，寻求可替代资源，以及加强森林经营管理，以便使滞后的森林生态系统休养生息和改善。当 $E=0$ 时，森林生态服务供给无弹性。意味着森林生态服务供给增长率

为 0，经济社会发展消耗的是森林生态资产存量。在这种情况下，森林生态系统逐渐衰竭，其生态供给增长潜力逐渐趋于零。

（3）当 $E>1$ 时，森林生态服务供给增长率大于经济社会发展对森林生态服务需求的增长率，为生态增长区。这时，森林生态服务供给能充分满足经济社会发展对森林生态的需要，且森林生态系统稳定发展。这是理想的协调状态，只有在这种情况下，才能实现经济、社会的可持续发展。

第七章　中国森林物质产品供给问题分析

森林为人类提供的产品极其丰富。依托森林资源,为社会提供林产品和服务,获取森林的生态效益、经济效益和社会效益,就是林业的范畴。作为以森林为经营对象的林业,其生产、供给和消费主要包括:森林的培育与采伐,木材加工及木制产品制造,以木(竹、苇)为原料的浆、纸产品加工制造,以竹、藤、棕、苇为原料的产品加工制造,非木材林产品的培育与采集,林业旅游与休闲服务,林业生态服务,野生动物产品的加工制造,以其他非木材林产品为原料的产品加工制造等。依据相关理论,森林提供的物质产品无限可分,并且随着科技的进步和人类需求的变化不断出现新的产品和类别。这里选取木材、人造板、纸浆、竹藤产品和几种主要的非木质林产品进行分析。

第一节　木材供给问题分析

木材是指树木砍伐后,经初步加工,可供建筑及制造器物用的材料。尽管当今世界已发展生产了多种新型建筑结构材料和装饰材料,但由于木材独特的优良特性,始终居于重要地位。它不仅具有质量轻、弹性好、强度高、纹理美观、绝缘隔热等优良应用性能,而且加工能耗少、环境污染轻。最特别之处在于它是可再生性的资源材料,是世界公认的四大材料(钢材、水泥、木材和塑料)中唯一可再生的生物材料,是国民经济建设的主要生产资料和生活物质,广泛用于建筑、装饰、家具制造、造纸、人造板生产、采矿支护、包装、交通、农村能源、国民经济其他部门和人民生活中。

一、　木材的供给现状

我国是一个缺林少木的国家。关于我国木材(指原木,下同)产量,因统计范围的不同,可分为计划内木材产量和全部木材产量。计划内木材产量是指根据国家下达的采伐限额统计的木材产量。为了保护和发展森林资源,改善生态环境,国家林业局根据全国各地的森林资源状况,本着木材采伐量不得超过生长量的原则,每年为各大林区的省(自治区、直辖市)制订最高木材采伐限额,要求各地区必须根据国家为本地区制订的采伐限额指标生产木材。

自1998年起,由于全国开始实施"天保工程",有计划地调减天然林区的木材产量,全国计划内木材产量出现了逐渐下降的趋势,并于2002年降至最低点,仅 4436.1 万 m³，与 1998 年相比减少了 25.6%。1998～2002 年，全国计划内木材产量的年均递减率约为 7.1%。图 7-1 同时显示，从 2003 年开始，计划内木材产量出现了逐年微升的局面，2003～2007 年，年增约 11%，出现这种情况的主要原因是近年来大量营造的速生人工林已经进入采伐期，人工林速生材在满足市场人造板和纤维用材方面日益发挥重要作用。2007 年后，计划内木材产量基本保持稳定（图 7-1）。

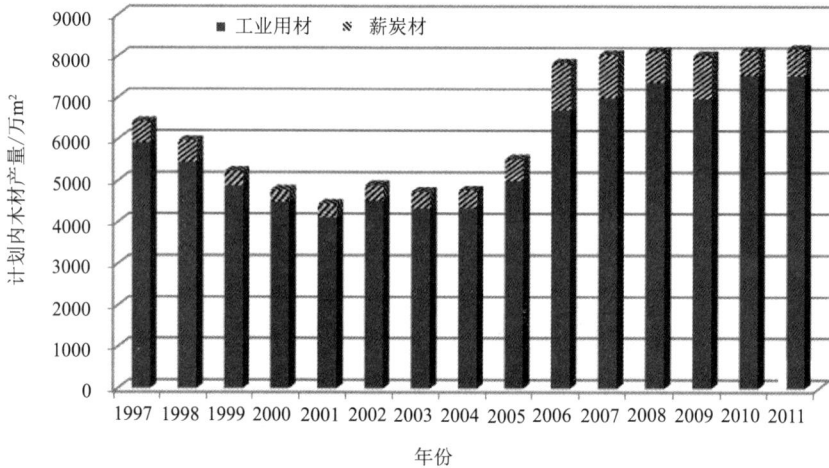

图 7-1 1997～2011 年中国计划内木材产量

资料来源于《林业统计年鉴》（国家林业局，2012b）

全国木材总产量系根据国家林业局组织的每 5 年进行一次的全国森林资源清查和森林资源总消耗量推算出的全部木材产量，其中，既包括计划内木材产量，也包括超限额生产的木材。在全部木材产量中，包括商品材、农民自用材和薪炭材三大部分。根据全国第四次（1989～1993 年）至第六次（1999～2003 年）森林资源清查期间的森林资源消耗情况和每次清查期间的年均木材产量，我国在 1989～1993 年的全国年均木材总产量已达 22 532 万 m³，1994～1998 年的年均木材总产量为 24 077 万 m³，1999～2003 年，进一步增加到 24 455 万 m³，3 次清查期间约增长了 8.5%。根据全国森林资源消耗总量推算的全国木材总产量，由于基础数据来源于全国森林资源清查结果，因此被认为更接近于全国实际木材生产情况。通过上面两种计算方法，全国计划内的木材产量实际上仅占全国木材总产量的 1/4 左右。

我国属世界上森林资源最贫乏的国家之一。人均森林面积只有 0.14hm²，仅相当于世界平均水平（0.6hm²）的 23%；人均林木蓄积只有 9.8m³，仅相当于世界平均水平（63.8m³）的 15%。经济的迅速发展需要进口大量的木材及其产品来满足国内市场。近 10 年来我国原木进口量呈急剧大幅上升的态势（图 7-2）。2011 年，我国共进口原木 4232.6 万 m³，是 1997 年进口量的 9.5 倍。由于国产木材中的人工林木材比例逐年增加，虽然今后产量会增长，但大径级、优质、珍贵木材不足，远不能满足市场需求，对从国外进口木材的依存度也在增长，国产木材与进口木材之比已从 2007 年的 6：4 上升到 2011 年的 5：5。从进口树种看，2011 年，我国进口针叶原木 3144.7 万 m³，占 75%，以从俄罗斯和新西兰进口为主；热带阔叶原木 856.16 万 m³，占 20%，主产自亚洲和非洲；温带阔叶原木 231.71 万 m³，占 5%，主要来自北美洲和俄罗斯。

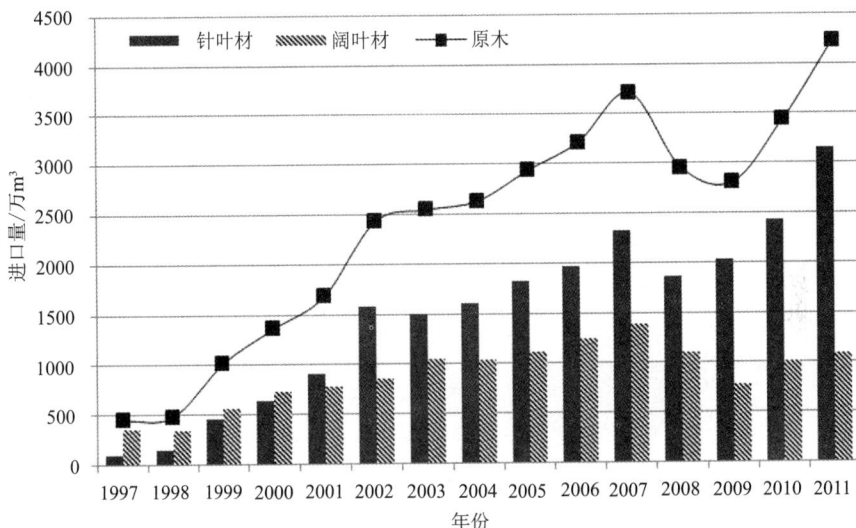

图 7-2 1997～2011 年中国原木进口变化

资料来源于《林业统计年鉴 2011》（国家林业局，2012b）

从原木进口地区看，2011 年，我国从 104 个国家和地区进口原木，向我国出口原木前 10 位国家分别是俄罗斯、新西兰、美国、巴布亚新几内亚、加拿大、所罗门、澳大利亚、马来西亚、缅甸、刚果，进口原木占总进口量的 89%。2011 年，我国从大洋洲进口原木数量已首次超过俄罗斯，达 1493.3 万 m³，同比增长 31.7%，5 年增长了 2.8 倍，大洋洲已成为我国最大原木供应地；而从俄罗斯进口原木近年来一直呈下降趋势，5 年下降了 44.6%；从北美洲进口原木 739.1 万 m³，增长了 86.1%，5 年增长了 16.8 倍；从欧洲进口原木增长也很快，2011 年为 245.9 万 m³，增长了 116.9%；非洲、南美洲主产阔叶珍贵木材，非洲增幅不大（17.4%），南美洲总量较小，仅 32.2 万 m³。2008 年，俄罗斯提高原木出口关税后，我国原木市场转向新西兰、加拿大、美国和非洲等国家和地区，因此俄罗斯原木进口量大量减少，如 2011 年从俄罗斯进口的原木比 2007 年减少 1132.47 万 m³，相反，新西兰同比增加 697.31 万 m³，增长 5.49 倍，近年来美洲原木进口增长幅度很大，2011 年，美国和加拿大分别是我国的第二和第四大原木进口国。

我国木材市场的重要特征之一，是木材流通在很多情况下是以原木形式进行的，单独以商品形式流通的锯材量相对较少。在这种情况下，消费者（包括个体和企业单位）所需锯材，数量少的多在原木市场委托就地代加工，需求量大、有制材能力的（如家具和建材企业），则购回原木，自行加工利用。因此，有关全国锯材产量的统计是不完整的，也可以视为只涵盖上市流通的商品锯材部分。根据中国林业统计年鉴的统计，1997~2000 年，我国锯材产量不断减少。2000 年后，我国锯材产量回升（图 7-3）。

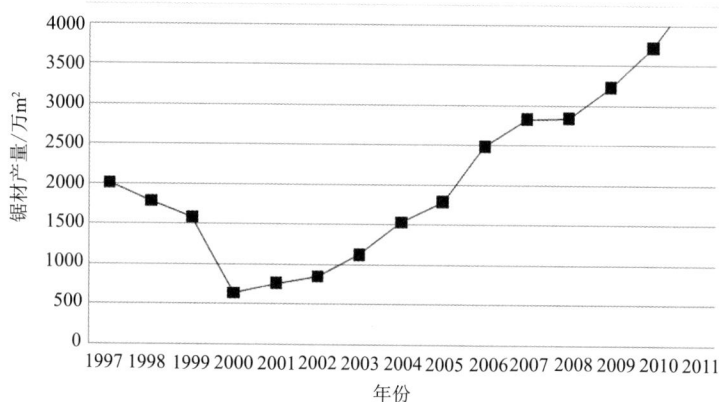

图 7-3 1997~2011 年中国锯材产量变化

资料来源于《林业统计年鉴 2011》（国家林业局，2012b）

近 10 年来，由于我国建筑装饰装修业和家具制造业的快速发展，锯材进口量亦出现了迅猛上升的态势。根据中国海关统计，1997~2011 年，锯材进口量由 133.1 万 m³ 快速上升到 2160.7 万 m³，增长了 15.2 倍（图 7-4）。进口针叶锯材 1492.6 万 m³，占 69%，以从加拿大和俄罗斯进口为主；进口热带阔叶锯材 409.9 万 m³，占 19%；进口温带阔叶锯材 249.3 万 m³，占 12%。

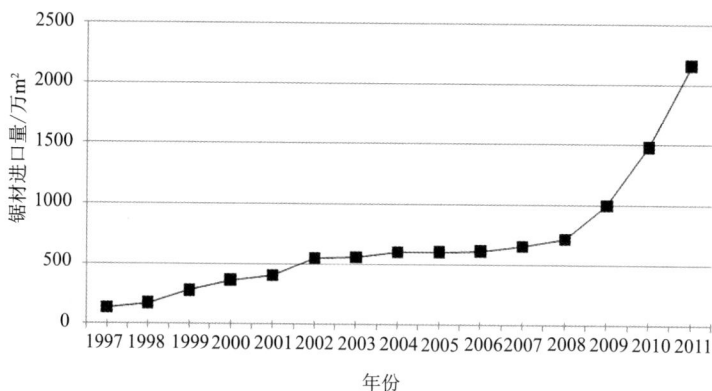

图 7-4 1997~2011 年中国锯材进口变化

资料来源于《林业统计年鉴 2011》（国家林业局，2012b）

在我国进口锯材的 100 多个国家和地区中，前 10 位国家分别是加拿大、俄罗斯、美国、泰国、智利、菲律宾、印度尼西亚、巴西、马来西亚和新西兰，从这些国家进口锯材的数量占总进口量的 91.7%。2011 年，我国进口锯材主要地区以北美洲、俄罗斯和亚洲为主，锯材进口量分别为 955 万 m^3、607 万 m^3 和 345 万 m^3，占整个锯材进口量的 88%。其中从北美洲和俄罗斯进口的进口量快速增长，而亚洲锯材经过几年低迷之后，近两年增幅较大，2011 年已达到历史最高水平。我国进口锯材最多的 3 个国家是加拿大、俄罗斯和美国，5 年来分别增长了 17 倍、5 倍和 2.6 倍，占我国锯材进口量的 72%。

二、 木材供需存在的问题

（一） 资源禀赋有限，供给能力不足

我国是一个森林资源贫乏的国家。改革开放以来，经过加大投资力度和实施六大林业重点工程，我国森林资源出现较大幅度增长。早在 1987 年，原林业部在向国务院呈报的《关于抓紧建设 1 亿亩商品材基地的报告》中即提出用 30 年的时间建设 3 亿亩速生丰产林基地的构想。《关于抓紧建设 1 亿亩商品材基地的报告》并提出，根据实际情况在规划的第一阶段（从"七五"末到 20 世纪末）主要选择南方集体林区以国营林场和国乡（村）联办为重点，建设 1 亿亩速生丰产林基地。1988 年，原国家计划委员会批复了这一报告。然而，由于各种因素的影响，1989～2000 年，仅完成造林 7512.9 万亩，即只完成原规划面积的 75%左右。

进入 21 世纪，由于林业建设重点转向以生态建设为主，国家用于生态建设的投资大幅度增加，而且把一部分已经营造速丰林的地区改划为生态公益林。此外，有些地区为了争取国家投资，也将原划定为商品林区的部分经营区改划为生态公益林区。与持续快速发展的社会需求（含生态需求和经济需求）相比，森林资源依然明显不足，远不能满足各方面的需求。随着国民经济的快速发展和人民生活水平的提高，人们对生态和森林文化的需求日益增大，对各种林产品的消费急剧增加，现有的森林资源的发展速度已无法满足社会的需求。这是造成近年来木材供需缺口不断扩大和木材进口持续快速增长的主要原因。

（二） 经营管理粗放，产出水平不高，林地生产力不能充分发挥

长时期以来，我国的森林资源管理由于政策失误和措施不到位，一直管理粗放，这是造成森林质量低的重要原因。森林资源经营管理粗放主要表现在以下几个方面。一是林地有效利用率低，我国的林业用地面积为 42.42 亿亩（合 2.83 亿 hm^2），但森林面积只有 1.75 亿 hm^2，只占 61.8%，致使大量林业用地不能有效发挥作用。这与发达国家的森林面积一般占林业用地面积的 80%～90%相比，差距较大。二是重造轻管。这种情况突出表现在国家只制定造林绿化指标，而对造林后的抚育管理，既没有具体衡量指标，也缺乏资金投入。三是对良种繁育和适地适树重视不够，这是导致很多地区森林资源增长缓慢和有林不出材的直接原因之一。四是对培育优质大径材，特别是珍贵大径级硬阔叶材缺乏长期规划，亦缺乏相应的具体鼓

励政策和措施。这是造成我国森林资源树种和林龄结构不合理的重要原因之一。

20世纪80～90年代，因科技投入不足，水平所限，良种使用率较低，且经营粗放，致使林木生长量低而不稳。近年来，随着科技的发展和经营方式的转变，速丰林的经营水平明显提高，但与发达国家相比仍存在很大差距。这突出表现在单位面积生长量方面。如新西兰培育的辐射松人工用材林，其年生长量一般可及25～30m³/hm²，欧洲一些国家营造的杨树工业林一般为20～30m³/hm²，意大利最高的甚至可达到50m³/hm²。然而在国内，即使经营管理较好的速丰林，其年均生长量也只有15m³/hm²左右，至于一般人工林的年均生长量还不到10m³/hm²。

（三） 木材在加工、利用过程中存在较大的浪费现象

近10多年来，我国木材工业的技术和设备虽然有相当大的改进，但是总体来讲，由于企业规模普遍偏小，生产分散，资金和技术力量不足，工艺落后和设备陈旧等老问题依然没有很大改变，尤其在制材和胶合板行业，这种情况更为突出。这是导致加工精度低、产品合格率低、原材料消耗量大的直接原因。此外，由于木材干燥（尤其是窑干材）和防腐比例过小（仅为25%和1.5%左右），木材产品合格率低，产品使用寿命短，也浪费了大量木材。

同金属、水泥和塑料等原材料相比，木材属易于回收利用的材料。但在现实生活中，我国的废纸回收率依然较低，2006年，只有35.9%，远低于发达国家的60%～80%水平。随着国民经济的持续快速发展和城市化建设不断加快，城市的各类废弃物大量增加。据不完全统计，在每年产生的大约60亿t城市垃圾中，木材类垃圾有6000万t。然而这些宝贵资源至今仍未得到很好利用，而欧洲许多国家的人造板厂，利用城市回收的废木材生产刨花板已相当普及，有些企业甚至占原料总消耗的70%。

（四） 木材进口国际压力不减

为了缓解国内木材市场供应紧张的状况，除了加大森林资源培育的力度，我国政府还采取了鼓励木材进口的各项措施，并从1999年开始，对原木、锯材等林产品进口实行零关税的政策。随后，木材进口量急剧增加。一些国家和非政府组织出于不同的目的，以生态环境保护、打击非法采伐和相关贸易为由，指责我国是全球最大的非法采伐木材集散地，只注重保护本国生态环境和资源，将生态危机转嫁他国等，蓄意散布反华言论，对我国大量获得木材资源施加压力；一些森林资源丰富的发展中国家因我国大量获取原木而不在当地投资加工带动经济发展，也对我国产生了不满情绪。木材问题已成为近两年我国外交事务中频频涉及的领域，对我国造成一定的政治、外交压力。

三、 提高木材供给的途径分析

根据上面的木材消费结构现状和国家林业局"十二五"林产品预测课题的研

究,以及相关产品木材消耗系数推算,2020 年木材产品的总需求量如表 7-1 所示。根据《2010 年 FAO 年鉴》,全球森林资源在 1990~2010 年继续呈减少趋势,但下降速度明显趋缓。统计显示,全球森林面积在 1990~2000 年约减少了 2%,即平均每年减少 833.4 万 hm²;而在 2000~2010 年则只减少了 1.3%,每年只减少 521.6 万 hm²。近 20 多年来,全球木材生产长期徘徊不前,如在 1991~2010 年,世界木材仅增加了 0.53%,而工业材产量甚至还下降了 1.91%。与此同时,全球的人口却在迅速上升,已由 1991 年的 53.85 亿人增至 2010 年的 69.09 亿人,增幅达 28.3%。因此,世界的人均木材消费量已出现明显下滑的趋势。这种发展趋势说明,由于全球森林资源持续减少,限制原木出口的国家日益增多,大量进口木材面临国际社会的更多指责和压力。因此,在短期内我国大幅度增加木材进口量不太现实。

表 7-1 2020 年我国木材需求总量和结构

需求结构	需求量/万 m³
建筑业用材（包括装修和装饰）	25 000~30 000
家具用材	5 300~5 500
造纸业用材	20 000~22 000
煤炭业用材	650~600
其他	300~500
合计	51 250~58 600

（一）　扩大森林资源的潜力

我国现有林地面积为 43 亿亩,林地利用率只有 61.8%,而发达国家一般为 80%~90%。如果将我国的林地利用率提高到 80%,即可增加森林面积 10 亿亩左右。现有可利用沙地 8 亿多亩,如将其中 50%变成有林地,亦可增加森林面积 4 亿多亩。在上述增加的森林面积中,即使达到现有单位森林蓄积量水平（84.7m³/hm²）,也可增加森林蓄积近 80 亿 m³。加上现有的森林蓄积量 124.6 亿 m³,我国的森林蓄积量将达到 200 亿 m³ 以上。

按照林业发展规划提出的目标,到 2020 年我国的森林覆盖率应达到 23%,森林蓄积量将由目前的 125 亿 m³ 扩大到 145 亿 m³。显然,近 20 亿 m³ 的增长量只有通过加强森林经营和质量管理,提高林地生产潜力才能实现。目前,我国由于森林经营粗放,管理水平过低,森林质量普遍不高,林地产出率很低。林分平均蓄积量只有 84.7m³/hm²,而世界平均为 110m³/hm²,有 14 个国家和地区在 200m³/hm² 以上,最高的甚至超过 300m³/hm²。如果通过加强经营管理使我国的森林单位蓄积量达到世界平均水平,全国便可增加林木蓄积约 44.3 亿 m³。随着森林蓄积量的大幅增加,木材产量也将大幅度提高。

（二）　快速发展后备资源的潜力

世界林业发达国家的实践早已证明,大力发展集约经营的人工速生林是解决国内木材短缺的根本之策。我国自然条件优越，尤其是长江以南的广大地区，水热充足，土地肥沃，适于发展人工速生林。早在 1987 年，原林业部在向国务院呈报的《关于抓紧建设 1 亿亩商品材基地的报告》中即提出用 30 年的时间建设 3 亿亩速生丰产林基地的构想。《关于抓紧建设 1 亿亩商品材基地的报告》提出，根据实际情况在规划的第一阶段（从"七五"末到 20 世纪末）主要选择南方集体林区以国营林场和国乡（村）联办为重点，建设 1 亿亩速生丰产林基地。1988 年，原国家计划委员会批复了这一报告。然而，由于各种因素的影响，1989～2000 年，仅完成造林 7512.9 万亩，只有原规划面积的 75%左右。根据《全国生态环境建设规划》，国内适宜营造速生丰产林的林地面积为 700 万～800 万 hm²，现有林改造培育速生丰产林约 750 万 hm²，速生丰产用材林基地面积总计可达 1400 万～1500 万 hm²。待全部速生丰产林基地建成后，按每公顷年生长量 15m³ 计算，预期每年可提供 2.1 亿 m³ 的木材。

（三） 大力发展竹材和农作物秸秆加工利用

我国是世界上竹资源最丰富的国家，竹材产量居全球第一位。按国家林业发展规划，2010 年全国竹材产量将达 2563 万 t，竹浆材 624.7 万 t。按每吨竹材可代替 1m³ 木材计，届时以竹代木的数量可达 3000 万 m³ 左右。

同时，我国又是农业大国，每年可产生各种作物秸秆约 7 亿 t，其中玉米、高粱、棉花等秸秆约 2 亿 t，麦秆和稻草约 4 亿 t，豆类和油料作物秸秆约 1 亿 t。据有关专家测算，每年如果利用各类秸秆的 5%生产人造板，即可使全国人造板产量增加约 2000 万 m³，相当于代替木材约 6000 万 m³。

（四） 增加木材供应的其他潜力

一是大力开展城市木材废弃物利用。改革开放以来，随着国民经济的持续快速发展和城市化进程的不断加速，城市的各类废弃物急剧增加。据有关统计，在全国每年产生的约 60 亿 t 城市垃圾中，各种木材废弃物约为 6000 万 t。如果每年能循环利用木材垃圾 10%，每年即可节约木材 850 万 m³。目前，欧洲许多国家的刨花板厂以城市木材垃圾做原料已相当普及，在有些厂废旧木材已占其原料总消耗量的 70%左右。然而在国内，这些宝贵资源还远未得到开发。

二是扩大废纸回收利用。长期以来，我国由于木材资源短缺，木浆在造纸原材料中所占比例一直很小。近年来，随着废纸进口量的急剧增加，废纸浆在造纸原材料中占有比例迅速扩大，已分别从 1980 年的 15%和 2000 年的 41%上升到 2010 年的 62%。然而，因国内废纸回收率偏低，2010 年依然只有 40%左右。发达国家的废纸回收率普遍较高，一般都在 60%以上，最高的为韩国，达到 86.3%，法国和日本分别为 74.5%和 73.1%，若将废纸回收率提高到 60%～65%，即相当于每年可增加纸浆材供应 5700 万～6800 万 m³。

　　三是提高防腐木材比重，节约木材。一般而言，木材经过防腐处理后，其使用年限可增长5~10倍。因此，发达国家都很重视木材防腐处理。美国、英国和新西兰的年木材防腐处理量分别占其木材消耗量的15.6%、20%和43%。而我国目前每年经过防腐处理的仅为100万 m³ 左右，还不及木材消耗量的1%。我国目前每年消耗工业用材2.5亿 m³ 左右，扣除造纸和人造板等用材，尚有1亿 m³ 左右木材需要防腐处理。如能够把木材防腐比例提高到5%，即每年处理500万 m³，等于每年可节约2500万 m³ 木材。到2020年，我国的建筑和其他用材将达1.4亿 m³ 左右，如果将防腐材比例提高到10%，无形中等于每年将节约木材7000万 m³（表7-2）。

表 7-2 2020 年我国增加木材供给的途径和潜力分析

途径	增产潜力/万 m³	备注
新增生产能力		
提高林地利用率	8 000	出材率按1%计
提高经营强度	4 000	出材率按1%计
营造速生丰产林	21 000~22 500	年生长量按15m³/hm²计
原有生产能力	14 200	出材率按1%计
节约、代用		
扩大防腐比重	7 000	可延长木材使用寿命5倍
回收废纸	6 000	回收率提高到60%
城市木材废弃物	850	利用1/10
农作物秸秆和竹材	9 000	利用5%，竹材利用量约为3000万 t

　　根据以上分析，我们可以看出，我国通过自力更生来解决未来的木材需求潜力很大。首先，通过提高林地利用率，扩大森林面积，大致可增加全国森林蓄积80亿 m³，按出材率仅为1%的比率保守估计（现在实际上为1.14%），可增加木材产量约8000万 m³。其次，通过实施集约经营，提高单产，预计可增加蓄积40亿 m³，即可以增加木材产量约4000万 m³。最后，通过大力发展速生人工用材林（到2020年将达到1400万~1500万 hm²），年均生长量按15m³/hm²估算，预期可产木材2.1亿~2.25亿 m³。以上3项合计，可新增木材生产能力约3.3亿 m³。再加上原有林地的木材生产能力（约1.42亿 m³），届时木材生产能力可及4.7亿 m³ 左右。此外，发展木材节约代用的巨大潜力也不可忽视。通过大力开发以农作物秸秆和竹材为原料的代用材，大约可代替木材9000万 m³，通过提高废纸回收率可代替木材约6000万 m³，通过回收利用城市中的木材废弃物可增加木材供应约850万 m³，再加上扩大木材防腐处理比例亦可节约木材约7000万 m³。按照上述分析，我国2020年的木材供应潜力应在4.7亿~4.87亿 m³，基本上可以满足在林业"十二五"规划预测中的商品材需求量。再加上通过发展节约代用提供的2.3亿 m³ 左右的代用材，届时实现木材总量的供需平衡是可能的（林木生长的周期长，而虫灾、火灾、水灾、旱灾、冰雪灾等自然灾害的发生具有不确定性，增加木材供给非常脆弱，它也仅只是一种潜力）。

第二节 人造板供给问题分析

人造板是以木质材料或其他植物纤维为主要原料，利用胶黏剂和其他添加剂加工而成的板材，通常分为胶合板、纤维板和刨花板三大类，是木材的主要替代品，广泛应用于家具制作、建筑、装饰装修、交通、包装等行业。发展人造板工业，对于缓解木材供需矛盾、满足经济建设和社会发展对林产品的不同需求，有着不可替代的作用。

一、 人造板的供给现状

近 10 年以来，由于我国国民经济持续、稳定、快速增长，以及国内房地产业、建筑装饰装修业、家具产业和人民生活水平大幅度提高，极大地促进了人造板工业的快速发展，人造板产量总体上逐年大幅增加，从 1997 年的 1648.48 万 m³ 增长到 2011 年的 20 919.29 万 m³，年均增长速度为 19.9%。从 2003 年起一直稳居世界人造板生产第一大国的地位。我国人造板生产企业由 2000 多家发展到 1 万多家，现在的年产值已超过 4000 亿元。人造板产业的快速发展又拉动了速生丰产用材林种植的积极性，为林农就业及生产致富提供了有效的途径。

2011 年，我国人造板总产量 20 919.29 万 m³，比 2010 年增长 36.19%，其中胶合板产量 9869.63 万 m³，比 2010 年增长 38.24%，占人造板总产量的 47.18%；纤维板产量 5562.12 万 m³，比 2010 年增长 27.73%，占人造板总产量的 26.59%，其中中密度纤维板产量 4973.41 万 m³；刨花板产量 2559.39 万 m³，比 2010 年增长 102.45%，占人造板总产量的 12.23%；其他人造板产量 2928.15 万 m³，比 2010 年增长 12.52%，占人造板总产量的 14.00%，其中细木工板占 69.47%。单板产量 3173 万 m³，人造板表面装饰板产量 2.66 亿 m³（图 7-5）。

由于历史的原因和当地政府对人造板生产的扶持，当前我国人造板生产主要集中于东部一些缺林省份。山东、江苏、广西、河南、河北、安徽、福建、广东 8 省区的人造板产量总计达 17 121.50 万 m³，占人造板总产量的 81.85%，其中山东突破 6000 万 m³、江苏 3000 万 m³、广西 2000 万 m³。

我国人造板工业的迅速崛起，为缓解木材供需矛盾、提高森林资源利用率、促进农民植树造林增加收入及区域经济发展发挥了重要的作用。近 10 年来，我国人造板工业发展速度很快，2011 年产量达到 20 919.29 万 m³，若按平均 1 m³ 人造板能顶替 3m³ 原木使用计算，相当于增加 6 亿 m³ 原木产量。人造板的发展还拉动了农民就业及增收，按折算，每年可提供 4500 多万个农村劳动力就业，增加农民收入近 500 亿元，使 1 亿多农民受益。同时，人造板工业的发展，给企业带来了较大的收入，并同时间接为木材原料供应、辅助化工材料供

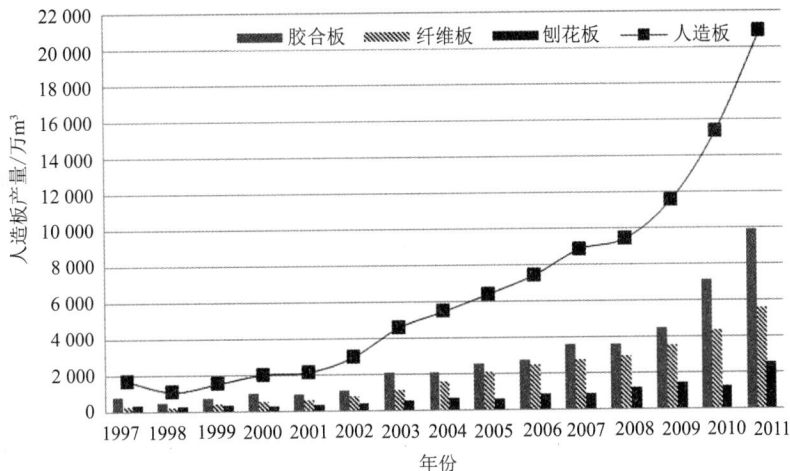

图 7-5 1997～2011 年人造板生产情况

资料来源于《林业统计年鉴 2011》（国家林业局，2012b）

应、能源供应、机械制造、科研教学、咨询设计等相关服务行业创造了近百万个就业机会。可以说，人造板工业在整个林业产业中贡献很大，既促进了农民增收、企业增效和财政增长，又满足了国计民生对木质品的需求，是朝阳产业、强国富民的产业。我国人造板发展水平不断提高，与国际人造板发展逐渐接轨。人造板产业链条已经从森林资源培育，一直延伸到森林资源的加工利用及销售的各个环节；产业聚集度不断提高，产业分工日趋细化。在市场竞争越来越激烈，单位产品利润逐步走低的情况下，各类林业企业充分认识到规模效益、聚集效应对提高企业竞争力的重要性。新建企业规模越来越大，同时，各地立足当地经济发展条件，充分依托当地自然资源优势，初步形成了地方特色浓郁、专业分工明显的人造板工业发展新格局；非公有制经济异军突起，投资主体多元化格局初步形成。

近 10 多年来，在国内人造板业快速大发展的同时，人造板出口量也与日俱增，并迅速发展成为全球重要的出口国。2011 年，人造板出口 58.35 亿美元，比 2010 年增长 27.9%，其中，胶合板、纤维板和刨花板出口额分别为 43.4 亿美元、14.36 亿美元和 0.56 亿美元，分别比 2010 年增长 27.6%、28.9% 和 6.59%。从品种来看，胶合板在人造板出口中占绝对比重，但纤维板所占份额也逐渐提高。我国人造板成品出口依存度达 40%，主要集中在美国、日本、欧盟、英国和韩国等国家，出口到这些国家的销售量占出口总额的 55%。一方面，受经济危机影响，主要发达国家经济增长普遍放缓甚至负增长，消费需求大幅下滑，造成我国人造板出口市场急剧萎缩。另一方面，随着进口国贸易保护主义倾向抬头，我国人造板产品遭受反倾销调查、关税壁垒等压力将持续存在，并有可能进一步加剧。

二、 人造板供需问题分析

我国人造板供需方面所存在的问题，主要是木材资源短缺，资源培育、加工利用和流通严重脱节；产品品种少，技术含量低，深加工和高新技术产品及特殊用途产品比例小，应用范围窄；企业生产规模偏小，多数企业技术水平低，缺乏技术开发和创新能力，产品质量及环保标准落后，在产品质量、能耗、劳动生产率、自动化程度及对粉尘、噪声、污水的控制等方面落后于发达国家。

（一） 木材资源短缺，资源培育和加工利用脱节

人造板产业属资源依赖型产业，丰富的森林资源要素是一个国家形成人造板产业国际竞争优势的重要基础。目前，森林资源短缺已成为影响我国人造板产业国际竞争力提升的重要约束因素。虽然我国人工造林面积占世界第一，但是人工林的经营管理水平不高，还无法满足人造板产业发展的资源要求。同时，木浆造纸、林地地产交易，以及木制品生产对林地资源及原料供应都提出了很高需求，甚至同区域上互相抢占林地争购原料等，一方面有可能造成森林资源的过度利用，另一方面影响人造板产业稳定的资源供给。因此解决森林资源约束问题，是促进我国人造板产业发展的首要条件。对此，如何结合实际，推进符合企业发展、农民增收，以及区域经济发展三者利益的林板一体化建设，稳定、快速地加大人造板原料林基地建设，也应提到各级政府、林业部门及企业重要议事日程上来。

（二） 生产力布局不平衡

我国人造板生产能力迅速增长的同时，板种结构发展与原料供应不相配套现象相当突出，如 2007 年我国胶合板产量为 3561.56 万 m^3，主要来自江苏、河北、山东等省，纤维板产量为 2729.85 万 m^3，主要产自江苏、山东、广东、广西等省（自治区），而黑龙江、内蒙古、四川、西藏等林业资源大省（自治区），上述两板产量仅占全国的 3.03% 和 14.05%。由于木材供需缺口的拉动，各地争相建设人造板企业，形成了大中小规模的生产线一起上，产品标准、质量参差不齐的现象，造成了我国人造板工业只大不强的严重后果。由于盲目上马、盲目布局，生产能力过剩，产品因质量低、信誉差，一旦市场发生变化即出现整个行业全面疲软的局面。2008 年，受国内外市场变化的影响，我国人造板（仅包括胶合板、纤维板、刨花板）总产量比 2007 年下滑 7.55%，出口量比去年同期下降近 30%。主要分布在江苏、山东、河北等省的板材出口基地有 60% 以上企业关门或停产；2008 年年底，在人造板及相关产业就业的农民工（含林农）比上年减少 49.61%。

（三） 人造板市场准入制度及标准修订工作滞后

我国人造板企业平均规模小，远低于世界水平，特别是全国人造板产量较高

的河北、山东、江苏 3 省尤其突出，由于企业规模小，技术设备水平落后，产品质量差，不符合标准，但其成本及价格低，在市场不规范的情况下，这些企业存在严重冲击市场和行业信誉的现象，特别是产品甲醛含量高，对人民群众身体健康直接构成威胁。国内外人造板同仁都呼吁我国政府或协会抓紧开展人造板标准的修订、制定并认真推行人造板行业市场准入制度。

（四）　企业缺乏技术开发和创新能力

目前，我国人造板产业存在产能过剩的问题，但不少企业仍在扩大规模，出现区域产品趋同化、争相建厂、重复建设等问题。由于数量、板种、价格对欧美市场影响很大，不少国家已经在采取措施限制或抵御我国产品进口。由于欧美国家近年来房地产畸形发展的拉动，我国人造板出口量大增，据不准确统计，欧美市场 80% 的胶合板来自我国大陆，而这些产品绝大多数来自于江苏、河北、山东、浙江等省的中小型企业甚至是作坊，几乎全部是贴牌产品，其技术含量、产品质量和品牌竞争力十分薄弱。此次全球金融危机，特别是欧美国家房地产等产业泡沫经济的破灭，对我国此类出口产品的冲击几乎是毁灭性的。我国人造板产业的进一步发展，不能只追求数量的增长，更重要的问题是要努力提高产品的科技含量及终极产品的档次水平，进行产品结构的创新、工艺方法的创新、原材料使用的创新、产品功能和用途的创新。

三、　提高人造板供给能力的途径

根据人造板发展趋势，国际上热带林资源，特别是大径材的减少，以及许多国家限制或禁止出口原木，以大径材为原料的胶合板和细木工板的比例将大幅度降低，竹材和农剩物及城市废旧木材回收利用增加，其他人造板预计产量会增加。根据人造板增长与 GDP 增长速度估计，2010～2020 年，人造板增长与 GDP 增长的弹性系数为 0.6～0.7，则 2020 年中国人造板的需求量将达 1.2 亿 m^3，消耗木材约为 14 140 万 m^3。随着国民经济的快速增长和人民生活水平的提高，木材作为公认的环境友好材料，消费需求缺口呈日益扩大趋势。这种状况既为我国人造板工业的发展提供了广阔的空间，也凸显了我国人造板工业原料供需矛盾的尖锐性。

（一）　继续开发利用木质资源

从长远计，解决我国人造板原材料供应能力不足的根本途径就是走已经倡导了多年的"林板一体化"之路，即有规模的人造板企业要营造起属于本企业的工业原料林，并且出手点要高，既保证高投入、高成活、高回报，又做到科学抚育、精细作业、悉心经营。稳定人造板原料基地，通过不同形式建立公司加农户加基地的"林板一体化"联盟。政府要制订人造板原料林基地规划并与木浆造纸规划有机衔接，对国有林区，采取承包、租赁，甚至一段期间内使用权转让的方式交给企业或个人经营，特别是现有人造板企业，促进紧密型林工一体化基地的形成；鼓励企业购买、承包集体林或宜林荒山荒地，特别要支持大规模原料林基地建设，各级政府要创造条件去组织、协调和促进，必要时还要给予经济支持，以使区域性大规模人造板企业与相配套的大规模原料林基地有机结合；支持和鼓励企业与农民采取合作、期货或入股等形式，建立稳定的林工结合联盟，实现资源共享、经济双赢。

（二） 加快市场培育，进一步规范市场行为

目前，高速增长的人造板生产能力并不是完全建立在科学论证和全面计划安排的基础之上的，相当一部分中小企业是地方追求经济利益的产物，是在对市场容量缺乏全面考察，对原材料供应能力缺乏冷静的、准确的估计和判断就匆忙上马的结果。对这类企业应逐步做到积极调整，关停并转。这样既有效利用了资源，又为地方节约了资金。应加大对即将上马的人造板企业准入的监管与审批力度。根据原材料及市场的新情况，重新制定准入标准，提高市场准入门槛，并尽快付诸实施。抓紧研究和会同工商管理部门共同颁布人造板产品市场准入相关暂行办法，必要时恢复生产许可证制度，设立一定生产和销售门槛，以鼓励规模经营、促进企业上档次；抓紧人造板各类标准的修订或补充拟定工作，通过标准的修订和贯彻执行，强化企业按标准生产，提高质量，与国际接轨；加强人造板产品生产环境和产品质量检验检测，强化人造板质量安全管理制度与保障体系建设，健全应急管理的组织体系、运行机制和保障制度。

（三） 龙头企业、名牌产品和产业集群，不断提高人造板市场竞争力

按照"大、优、强"的原则，精选一批技术装备水平高、具有较强市场开拓能力和辐射带动作用的人造板龙头企业，抓紧协调出台《扶持国家人造板重点龙头企业的意见》，建立发展扶持机制，在资金、技术、人才、采伐指标等方面给予一系列优惠，形成市场牵龙头、龙头带基地、基地连林农、林工贸一体化、产加销一条龙的经营格局；抓紧出台《中国人造板名牌认定办法》，加快实施创立人造板名牌的发展战略，及时进行商标注册，加大对外宣传力度，打造一批在国内外有影响的名牌产品、名牌企业；抓紧制订出台《人造板产业集群管理办法》，加大特色产业集群扶持力度，推进产业分工协作，充分发挥产业聚集效应和规模效益，解决生产分散、企业规模小，难以应对自然风险和市场风险方面的问题。

（四） 发展替代资源

强化国内林区"三剩"物及次、小薪材资源的利用。我国这方面的潜力很大，但因为生产习惯及资金等各方面的原因，综合利用率还不高。因人造板的生产与

制造所需，应加大对这一方面资源的挖掘利用。我国竹材资源十分丰富，竹林面积居世界之首，竹材产量居世界前列。随着竹材加工工艺的创新，我国不断开拓各类以竹子为原料的高附加值新产品。在近20年中，竹材人造板从无到有，形成了一定的规模。竹材人造板产量已达100万m³，占全国人造板年产量的2%左右。竹质人造板的开发，不仅使竹材得到大规模的工业利用，提高了竹材的实用价值，并在相当程度上缓解了我国木材的供需矛盾。我国的地理环境多样化，山地多、丘陵多、沙地多，因此灌木资源十分丰富。据不完全统计，我国仅西北地区每年就可生产灌木条1200万t左右，按1.6t灌木条可生产1m³的灌木人造板计算，仅此一项每年就可生产近800万m³的灌木人造板，可为国家节约2000多万立方米的木材。我国是农业大国，每年可产生大约7亿t农作物秸秆，若能将此利用，生产人造板，也将是十分可观的原材料供应源泉。只是生产、制造成本要高一些，需要国家给予政策和财政的支持与保证。从长远和整体看，此举对解决木材资源和农村日益恶化的生态环境无疑都是大有好处的。

（五）　加快木材用于人造板工业的再循环利用

我国近年城市化进程加快，装饰装修业发展十分迅猛，每年都会因此产生大量废弃木料。这些废弃木料约有8000万m³，可生产人造板大约2800万m³。如果将此项资源加以收集利用，既节约了资源，又有利于环保。目前，我国废旧木材用于人造板工业的再循环利用应主要解决以下问题：①国家政策法规的配套问题。例如，规定人造板厂在生产过程中必须添加一定比例的废旧木材；对采用废旧木材为原料的人造板企业在税收方面予以优惠政策鼓励。②建立废旧木材回收利用管理和运行机制，开展废旧木材回收利用规模化生产示范。通过建立废旧木材回收、分拣、加工、销售循环体系和管理体系，促进新旧木材的合理流动，实现全部木材资源的循环利用。③增加科技投入，加强国际合作，大力支持废旧木材用于人造板工业关键技术的研发，如前述的废旧木材为原料存在的缺陷，可以通过建立完备的检测和清理系统，调整其切削方式，保证设备的安全；通过控制新旧木材的混合比例来保证人造板产品的质量。④扩大宣传，营造废旧木材回收利用的社会氛围。发挥新闻媒体作用，宣传我国实施废旧木材再生利用人造板产业化工程的重要性和紧迫性。

第三节　木制品供给问题分析

木制品是由木材或木质材料经过切削、胶合和装饰等加工工程制成的各种产品。木制品种类比较多，已有两万多种，其中主要的是船舶、车厢、建筑构件、各种用途的家具、机械的木配件、体育器械、乐器、办公和绘图用品、各种包装箱、电视机壳、木制玩具等。根据林业产值及资源利用情况，这里主要介绍木地板和木家具的情况。

一、 木地板和木家具供给情况

（一） 木地板

我国生产的木地板包括：实木地板、实木复合地板、强化木地板和竹木复合地板4大类。实木复合地板是以单板为原料，强化木地板以纤维板为基材，竹木复合地板则以竹材为主要原料。自2000年以来，我国木地板行业的产销规模日益壮大。据不完全统计，2005年，木地板产销已跃居世界第一位，被世界公认为木地板生产大国。随着我国国民经济持续增长及人民生活水平的不断提高，尤其是进入21世纪以来，房地产装饰装修热在全国范围内居高不下，同时奥运建设、世博工程、西部开发等大型投资项目，大大拉动了木地板的市场需求。据中国林产工业协会地板专业委员会统计，2011年，我国木地板产量3.97亿 m^2，其中强化木地板2.35亿 m^2，实木复合地板9070万 m^2，实木地板4260万 m^2，竹地板2510万 m^2，其他地板323万 m^2，总产值超过700亿元，生产量与消费量均居世界第一位（图7-6）。

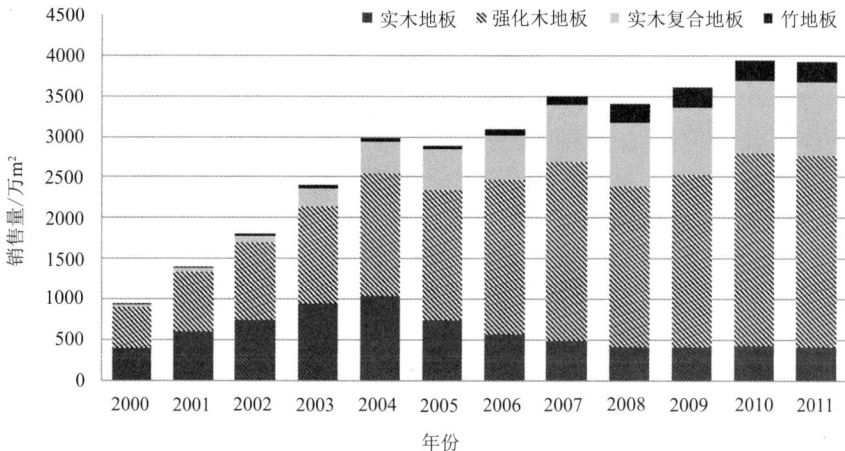

图7-6 2000～2011年中国木地板销售量

资料来源于中国林产工业协会地板专业委员会（2011）

实木地板在我国属于中高端的耐用消费品，随着消费者对生活质量要求、消费理念、消费意识及实际消费能力的不断提高，实木地板的"原生态"特性得到了中高收入消费者的青睐，成为人们地面装饰的重要选择。目前，我国实木地板生产企业有1000多家，年设计生产能力可达1亿 m^2，主要分布在珠江三角洲、长江三角洲、环渤海及东北林区。浙江南浔是实木地板生产企业最大集群所在地，拥有几十个品牌和百余家生产企业，年产销量列全国之首，被中国林产工业协会授予"中国实木地板之都"称号。实木地板是受资源约束影响最大的木地板品类，其原料多为生长期为几十年甚至上百年的大径级阔叶树。由于木材资源日益匮乏和国际环保组织对热带雨林保护的呼声高涨，我国实木地板产品价格跟随原材料不断上涨，生产量大幅下降，近 5 年的产销量一直稳定在 4200 万～4500 万 m^2，产品占行业比例也从 10 年前的 40% 缩减到 10.7%，成为高端木地板消费品。

实木复合地板是新兴的地面装饰材料，分 3 层实木复合地板和多层实木复合地板两类。实木复合地板对珍贵阔叶材的消耗远低于实木地板，其结构设计科学合理，充分利用了速生木材和小径材，产品美观、高雅、温馨，使用舒适，适用于地热采暖，能够实现大规模机械化生产，可满足对天然木材的消费需求，产品性能稳定、不易变形，得到了国内外消费者的认同，逐步成为地板消费的主流产品。我国实木复合地板生产企业现有 500 多家，2011 年，产销量超过 9000 万 m^2。3 层实木复合地板生产基地主要分布在吉林、江苏、广东、黑龙江、河北、山东等地；多层实木复合地板生产基地主要分布在广东、江苏、吉林、上海、浙江等地。

强化地板又名浸渍纸层压木质地板，是一种符合国家可持续发展战略的绿色环保产品。它的主要原材料是速生小径木材和枝丫材，产品采用科技含量较高的工艺和装备加工而成。强化木地板自 1995 年进入我国，10 多年的高速发展使其远远领先于其他品类地板，独占行业鳌头，成就了一批与国外著名企业实力相当的民族企业，打造了一些国内外市场耳熟能详的著名品牌，建立和完善了一套具有中国特色的产品质量标准，培育了一个潜力巨大的消费市场，形成了一批令世界瞩目的生产基地。主流企业借助资本市场向产业链两端延伸，在原料林基地、生产规模、技术装备、产品质量、售后服务、营销理念等各环节都与国际接轨，企业管理达到国际先进水平。与其他木地板品类相比，强化木地板具有价格和成本上的优势，满足了广大消费者不同层次的需求，其以耐磨、美观、环保、防潮、阻燃、防蛀、安装便捷、易清洁护理、经济实用等诸多优点获得不同层次消费者的青睐，随着木制品建材下乡的不断深入，强化木地板消费市场进一步扩大，由大中城市逐步进入小县城，直至乡镇。目前，我国强化地板生产企业超过 1000 家，年产销量超过 2 亿 m^2，品牌超过 4000 个。被中国林产工业协会授予"中国强化木地板之都"称号的江苏常州横林镇是国内强化地板行业最大的生产（出口）基地，拥有一百多个品牌和数百家生产企业，产销量和出口量列全国之首，在行业内起到明显的示范和带动作用。

竹地板起源于我国台湾，产品按组坯方式分为平压竹地板和侧压竹地板，按材色分炭化和本色竹地板。竹子再生能力强，生长速度比木材快，加工成地板独具天然美感，具有质地细腻、光滑平整、纹理清晰、色泽典雅、清香怡人等特点，竹材物理力学性能如静曲强度、弹性模量等高于木地板。作为一种有中国特色的地板种类，竹地板深受海外消费者欢迎，由于产品外销价格高，全国竹地板产量的60%～70%都出口。目前,全国竹地板生产企业有200余家,年产销量不到3000万 m²。

我国木地板因具有耐磨、美观、价优等优点,广泛地被欧美国家消费者作为改善居家环境的首选,使得我国木地板出口持续增长,也使我国跻身于世界木地板大国的行列。我国出口的木质地板主要包括实木地板、强化木地板与实木复合地板 3 种。我国木地板的主要出口目的地是经济比较发达、人们生活水平较高的西方国家。其中,美国、加拿大、日本和英国是我国木地板出口的重要市场,占我国木地板出口总量的近 3/4。2008 年,在美国引发的次贷金融危机升级形成世界性金融海啸的不断冲击下,以美国为代表的欧美等发达国家的市场购买力已大大下降,加上美元和欧元等的不断贬值,对我国木地板出口造成很大困难。2008 年,我国实木地板出口 23.8 万 t,比 2007 年减少了 15.5%;实木复合地板出口 76.7 万 m³,比 2007 年减少了 22.9%。广东康达木业是广东省实木复合地板生产和出口最大的企业,2008 年,出口量减少近 50%。但 2008 年我国出口到这些地区的木地板明显减少,如向美国市场出口实木地板减少了26.6%,实木复合地板减少了 34.5%。相反,实木地板出口俄罗斯和韩国有了显著增加,出口量分别比上年同期增长了 54.78%和 19.25%。实木复合地板向欧洲的比利时、意大利和荷兰的出口也有了大幅度增长,分别比上年增长了 61.4%、50.85%和 38.36%,这在一定程度上弥补了由于美国市场的急剧减少造成的出口影响(表 7-3),在木质地板各产品中,实木地板的年出口量最大,出口额超过木质地板总出口额的95%。2011 年,我国实木地板出口额 364 561 627 美元,占木质地板总出口额的97.5%。2009～2011 年,我国木质地板出口额基本稳定。由于 2010 年美国开展了对我国实木复合地板的反倾销、反补贴调查,严重影响了我国实木复合地板的出口,2011 年的出口额仅为 2009 年的 40.1%。

表 7-3 中国主要木地板出口情况 （单位：美元）

	2009 年	2010 年	2011 年
木质地板:	373 842 073	422 142 578	373 775 321
实木地板	358 501 141	414 707 019	364 561 627
强化木地板	9 722 025	4 816 638	6 961 362
实木复合地板	5 618 907	2 618 921	2 252 332

注：资料来源于《2012 年中国林业发展报告》(国家林业局,2012c)。

由于国内木地板特别是实木地板原材料基本上都是进口木材,产地主要分布在南美洲、东南亚、俄罗斯等地,而适宜做实木地板的原材料生长周期较慢,生长速度难以跟上采伐需求,全球森林资源供不应求。随着世界各国对森林环保认知度的提高,普遍加强了木材出口管制,因此原材料涨价已经导致了木地板价格近年来一直在上涨。例如,虽然 2008 年我国实木地板和实木复合地板的出口量都比 2007 年下降了很多,但出口金额与 2007 年相差不大,实木复合地板的出口金额还比 2007 年上升了 5%。

（二）　木制家具

改革开放以来，特别是从 20 世纪 80 年代中叶开始，随着国民经济的快速发展和住宅建筑规模的不断扩大，我国家具业迎来了快速发展期。按中国家具协会的统计，全国家具总产值从 1985 年的 29 亿元增至 2011 年的 10 100 亿元，1985～2011 年，年均增长速度高达 34%以上。我国家具业已从传统上的手工业发展成为一个以机械化生产为主、门类齐全的重要产业，而且到 21 世纪初已成为全球的家具生产和出口大国。我国生产的家具以木制家具为主，此外，尚有以金属、塑料、玻璃和竹藤为原料的家具。然而在全部木制家具中，因木材稀缺，近年来纯实木家具日趋减少，大部分木制家具市场已被人造板家具和人造板与实木混合家具所占领。

2011 年，全国家具的产量达 6.99 亿件，同比增长 8.27%。其中，木制家具占 35.45%（图 7-7）。从各省市的产量来看，2011 年，浙江家具的产量达 1.8 亿件，同比增长 3.75%，占全国总产量的 25.88%。紧随其后的是广东、福建和山东，分别占总产量的 23.27%、16.02%和 10.60%。

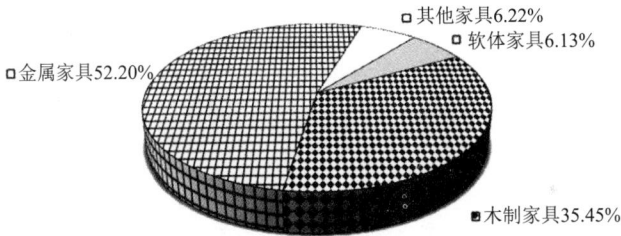

图 7-7　各类家具所占的比重

2011 年，全国木制家具的产量达 2.48 亿件，同比增长 15.84%。从各省市的产量来看，2011 年，我国木制家具生产的前三省市是山东、广东和浙江，分别占总产量的 28.40%、22.95%和 10.31%。2011 年，全国金属家具的产量达 3.6 亿件，同比增长 5.85%。从各省市的产量来看，2011 年，我国金属家具生产的前三省市是浙江、福建和广东，分别占总产量的 33.11%、27.58%和 21.34%。2011 年，全国软体家具的产量达 4286 万件，同比增长 4.43%。从各省市的产量来看，2011 年，我国软体家具生产的前三省市是浙江、广东和上海，分别占总产量的 38.55%、29.35%和 8.92%。

从 1997 年开始，我国家具出口几乎保持着 30%左右的增长率。加入世界贸易组织（WTO）后，我国家具产业经过调整，利用低廉的劳动力价格优势、持续的木材资源供给和不断提高的劳动生产率，使得我国家具出口形成高速增长的态势。2002 年，我国已成为世界家具生产第六大国，占全球家具生产的 7.9%；2004 年，我国家具出口额首次突破 100 亿美元，成为仅次于意大利的第二大出口国。2006

年，我国家具出口额约为 170 亿美元，成为世界上第一大出口国，其中又以木制家具出口居多。

木制家具是我国重要的出口产品，包括办公用木家具、厨房用木家具、卧室用木家具及其他类型家具等。2009～2011 年，我国木家具出口继续保持较高的增长幅度，年均增长 13.5%，办公用木家具、厨房用木家具、卧室用木家具和其他类型（HS9403601000、HS9403609100、HS9403609900）的出口额均有一定幅度的增加。从其出口结构来看，除其他木制家具以外，卧室用木质家具仍然是我国家具出口的主体。厨房木制家具和办公室木制家具在家具总出口中居次要位置。

在我国家具出口贸易中，北美洲、欧盟、日韩和大洋洲分别占我国家具出口额的 37%、23%、8% 和 4%，合计占出口总额的 72%。美国所占的份额最大，我国家具对美国的出口持续保持了年约 30% 的发展势头，几乎占美国全球进口家具总额的一半。例如，在美国木质厨房家具进口比例占 63%，其中就有 16% 来自中国、4% 来自意大利、3% 来自德国。日本也在我国家具出口市场中占有重要位置，其份额在不断下降。英国、澳大利亚并不占据我国出口的主要位置，但已经呈现出不断增加的趋势。

2008 年金融危机时期，国际家具贸易额下降到 960 亿美元，随着后来的经济复苏，国际家具贸易额有了回升，到 2011 年约为 1100 亿美元。2011 年，我国家具出口额达到 388 亿美元，占到全球家具贸易总额的 35.3%。这个份额可能已接近最近几年的极限值，估计在美国经济疲软和欧债危机的阴影下，今后 2～3 年我国家具的出口额不可能有如此高速的增长，甚至会出现负的增长。因此，我国家具业应努力保持传统的出口市场，大力开拓对新兴国家的出口如中亚地区、中东地区及非洲的新兴国家的市场等。

二、 木制品供需问题分析

自 20 世纪 80 年代改革开放以来，中国地板和家具业得到了迅速的发展，已从传统手工业发展成为了一个以机械化生产为主，门类齐全，基本能满足经济建设和人民生活需要的蓬勃发展的重要产业。到 21 世纪初，已经成为世界上的木地板和木家具生产大国和出口大国。

（一） 资源紧缺

随着国民经济快速发展和人民生活水平不断提高，木制品业迅猛发展，对木材的需求量急剧增加。由于资源禀赋所限，目前我国森林资源以中小径材为主，占蓄积量的 70% 以上，且树种单一，材质较差，特别是后续人工林资源中，针叶林面积占 68.39%，蓄积量占 71.2%，而阔叶林面积和蓄积量仅分别占 31.6% 和 27.7%。这就说明，今后在很长一段时间内，我国大径级优质材，特别是家具和木地板用的阔叶材资源将严重不足。加上我国实施的天然林资源保护工程，出现了木材供需矛盾不断扩大的趋势，同时，出于对天然林和物种的保护、国家利益的需要，以及迫于国际上环保组织的压力，木材出口国已普遍加大力度保护本国森林资源，马来西亚、印尼等国已相继限制和减少大径级、珍贵树种用材的出口，我国进口木制品业发展所需的优质大径级材资源的压力不断增加。

（二）　企业众多、单个企业规模过小

由于木制品生产相对准入门槛比较低，随着我国经济的迅猛发展，爆发式的木地板和木家具需求吸引了大量民营资本进入这两个行业，企业众多，产能迅速扩张。这可以说是我国木地板业和木家具业迅速走向繁荣的重要原因。中国林产工业协会会长张森林表示，目前我国木地板行业相关企业已有 3000 多家，从事木地板生产、销售和服务的相关人员达到 100 万人，木地板产值约为 450 亿元。尽管是预估数据，但木地板业企业众多是不争的事实。将 3000 家木地板企业与我国 3.5 亿 m^2 的年产量相比，平均每家年产量不足 12 万 m^2。浙江南浔是我国重要的木地板生产和出口基地，根据南浔区政府统计，2006 年，南浔木地板生产企业达到了 382 家，各类木地板年产量约 6340 万 m^2，平均每家年产量不足 17 万 m^2。企业规模小，不利于规模效益的发挥，也不利于资源的综合利用和节约利用。

（三）　要素成本上涨

由于新《中华人民共和国劳动法》的实施，劳动力成本提高。现阶段我国存在一定程度的通货膨胀，原材料价格、土地价格、能源价格、水电费等均大幅上涨。由于抬高产品价格不是一件轻而易举的事情，对于多数生产厂商来说，持续上涨的生产成本不能及时有效地转嫁给采购商或者消费者，企业的利润被大幅削减，甚至出现亏损，这加大了企业生存的压力，在一定程度上影响了产品供应。例如，山东、江苏两省，尽管现在胶合板订单很多，出口增幅也很大，但是企业效益并不好。两省出口量占全国胶合板出口总量的 70% 以上，2006 年，出口单价 319 美元/m^3，2011 年，出口单价 372 美元/m^3，5 年增长了 16.6%；但同期劳动力价格上升 50% 以上，国产杨木价格上升 30%，进口奥古曼（做表板）价格上升 73.2%，同期汇率上升 20.9%，出口退税是透明的，利润被外商赚走，而胶合板企业只是在价格上恶性竞争，使这个低质量、低附加值的行业走入困境。

（四）　国内外市场不景气

国际方面，全球金融危机逐渐演变成经济衰退，我国木制品传统出口的欧美地区影响最大，我国木制品出口面临国际市场需求不足的困境。国内方面，房地产市场不景气，对装饰装修和木制品市场影响大，房屋销售下降，空置率上升，国内木地板供大于求，形成买方市场，将影响木制品的销售。由于国内外市场不

景气，我国木制品行业过剩的产品短期内难以找到市场，行业内部的竞争将更加激烈，恶性价格竞争恐难以避免。木制品行业是一个对规模效益和品牌效益要求较高的行业，残酷的价格竞争将加剧国内中小型木制品企业的"关、停、并、转"，部分木制品企业倒闭或大量裁员，特别是以出口为主的企业更为困难。

（五） 贸易纠纷不断

2006 年，加拿大对我国出口的实木复合木地板征收反倾销反补贴税，这意味着我国出口到加拿大木地板的成本上升，价格竞争力被削弱。2007 年，我国的 18 家木地板企业在美国木地板锁扣知识产权纠纷案中遭遇惨败。根据终裁令，我国出口到美国的任何锁扣地板将被征收高额的专利费，我国面临着失去美国木地板市场的危险。2008 年 5 月，美国雷斯法案出台等，以及一些反倾销、反补贴调查，变相的贸易壁垒形成的国际贸易环境，给企业增加了很大负担。一时间，我国的木制品企业不仅陷入无休止的国际贸易纠纷之中，而且经济利益受到很大损失，更使一些外向型企业的竞争力遭受致命打击。这些贸易纠纷对我国木制品出口的打击是沉重的，反映了我国木制品企业在知识产权意识和出口竞争方式方面的差距，凸显出我国木制品出口环境的安全隐患。

三、 提高木制品供给能力的途径

自 20 世纪 80 年代开始，我国地板行业得到了迅速发展。近几年来，我国地板行业继续保持了繁荣的态势，产量与出口额均实现了稳健增长。如今，国内木地板生产厂商已发展到 5400 余家，考虑到 2010 年后随着我国经济总量的增加，GDP 增长速度将下降，建筑面积增速减缓，家具的消费增长也将随之趋缓，保守估计到 2020 年家具业总产值也应该到 8000 亿～9000 亿元。国家林业局"十二五"林产品预测课题预计，2020 年家具业木材需求为 3500 万～3700 万 m^3。当前，由于受国内外整体形势的影响，我国木地板和木家具行业出现了一定的困难，但从长期来看，木地板和木家具业在我国"十二五"期间将得到长足的发展，并且将从追求数量的增长转变到产业结构的调整和产品质量的提高上来。

（一） 大力培育大径级珍贵阔叶林，解决木制品工业发展的资源瓶颈

从我国森林培育的现状来看，速生丰产林建设取得了显著成效，人工林发展十分迅速，得到了世界公认。但是，长期以来，在珍贵树种资源培育方面没有给予足够的重视，工作严重滞后，这必将影响我国木制品行业发展的后劲。当前，随着我国加入世界贸易组织过渡期的完成，以及世界范围的森林、木材认证制度的逐步推行，从国外进口珍贵树种木材必将遭遇越来越大的阻力和限制。因此，在当前全球高度关注森林消退、生物多样性保护、气候变化等环境热点问题的大

背景下，作为一个负责任的大国，加快珍贵树种资源培育，建立自己的珍贵木材战略储备，主要依靠自己解决木制品工业所需木材问题，已势在必行。我国珍贵树种资源形势严峻，但优势和潜力很大。一方面，我国土地资源丰富，69%的国土面积在山区，发展珍贵树种空间巨大；我国横跨热带、亚热带、暖温带、温带、寒温带，气候类型复杂多样，适宜各种珍贵树种生长；我国树种资源十分丰富，拥有 2000 多个乔木树种，其中，适宜各地发展的乡土珍贵树种 1000 多种。另一方面，虽然现有珍贵树种资源匮乏、群落破碎、种群缩小，但在我国现存大面积的天然次生林和低质低效林中还保留有大量的珍贵树种种子、根株等繁殖材料，基因资源没有丧失，只要能很好地加以利用，加大培育力度，完全可以在未来的三四十年之内建立起规模庞大、结构合理、质量优良、效益显著的珍贵树种群落。可见，我国珍贵树种资源既面临挑战，同时也拥有良好的发展基础。当前和今后一段时期，推进珍贵树种培育工作要按照现代林业建设总体要求，以立足国内建立珍贵树种资源储备为目标，切实加大投入力度，找准发展重点，优化发展方式，夯实发展基础，活化发展机制，强化科技支撑，充分挖掘林地潜力，全面提高林地生产力和产出率，切实解决木制品工业发展的资源瓶颈问题。

（二）　适当控制出口增速，加速木制品企业的整合

我国木制品出口主要是加工贸易，利润低，这些加工贸易企业要想保持和扩大产品的出口份额，除了增加木材的进口量，更重要的是调整产品结构。从以往木制卧房家具反倾销个案的结果来看，出口壁垒将加速木制品产业的整合，规模大的厂家将占据更多的市场份额。同时，国外的贸易壁垒将使我国木制品出口受阻，将造成国内市场产能过剩，价格竞争也将进一步加剧。因此，适当控制出口增速，实现产业升级，是保持木制品出口持续健康发展的长远大计。近几年国家不会鼓励木材制品的加工出口，同时也不排除这些产品出口退税率降到零的可能（虽然 2008 年调高了部分木制品的出口退税率，但这只是应对金融危机的权宜之策）。因此，木制品企业要尽快调整产品结构，努力提高产品附加值，避免低层次的同质化竞争。

（三）　扩大内需，加快产业梯度转移

当前国际市场木制品市场疲软，出口企业要改变单一的出口模式，部分转向国内市场，形成"出口内销"的组合模式。如美克公司在 2002 年起就在国内开设美克美家的专卖店；宜华木业利用原来的地板销售网点，采用以"家居体验馆"为主的销售模式，在全国范围内预计新开 10 个销售点，为公司试水国内家具零售行业做好准备。今后要鼓励"家具下乡"、"木地板下乡"，努力开拓国内市场，以应对国际市场的变化。目前，我国家具产业转移和集聚的进程加快，整体表现为进一步向中西部地区转移，如珠江三角洲的家具企业向广东北部、江西，乃至苏

北、华北方向转移，成都地区的家具业加快形成产业区。今后，众多木制品生产企业往周边生产制造成本更低地区梯度迁移是一种普遍的现象。在过去，"一地生产、全国销售"是我国木制品产销的传统模式。生产的集中给销售带来中转的不便，南产北销、北产南销都会增加运输成本。产地靠近销地的生产模式的转变有利于木制品行业朝着产、供、销的产业大集群方向发展。

（四）　依靠技术创新，增加高附加值产品

在当前国内外行情不好的形势下，木制品企业应从环保、科技、人才等因素上着手，提高产品附加值，以高端产品应对产业困局。首先，环保材料替代传统木质材料蕴藏商机。2007 年，抑制木制品出口政策的出台已让部分企业感受到危机，再加之从 2007 年一直持续的原材料涨价，更是让全行业感到切肤之痛。出于环保考虑所进行的木制品替代材料的研发则暗藏巨大的商机。市场上出现的塑木结合、藤石结合、布铁结合的新式环保家具，从材质上打破传统模式。不少先行一步的家具企业已经尝到甜头。其次，传统木制品生产与先进科技的融合将产生巨大的市场。科技是我国从木制品生产大国向生产强国转变的重要因素，这已成为业界的共识。目前，智能家具和高科技家具已成为家具业国际化的潮流。传统家具与现代电子信息与技术融合，将会产生一个巨大的市场。目前，智能化家具也是国际家具巨头争夺的一个市场焦点。企业人才发展战略是实现高附加值的关键。木制品业走高附加值之路，核心因素是人才。木制品企业目前的经营竞争已经越来越多地体现在人才的竞争上。除了对高级人才的争夺外，现在地区间普通工人的争夺也愈演愈烈。在我国，木制品制造业还是典型的劳动密集型产业，离开了工人，企业将一事无成。在这种背景下，对员工权益的充分尊重和保护，便是对企业自身的保护，而重视培养和储备人才，就会在竞争中占据优势。

第四节　纸浆供给问题分析

纸浆是以某些植物为原料加工而成的，它是造纸的基本原料。通常用以制浆原料的植物可分为 4 大类：茎干纤维类、韧皮纤维类、种毛纤维类和木材纤维类。其中，尤以木材纤维类为最重要。目前，我国木材资源远不能满足日益发展的制浆造纸工业的需要。为了弥补原料的不足，每年要从国外进口相当数量的纸浆。

一、　纸浆供给现状

2011 年，全球纸浆总产量为 1.838 亿 t，比 2010 年增长 0.5%。其中，化学浆产量 1.311 亿 t，比 2010 年增长 1.5%；机械浆 3139 万 t，比 2010 年下降 2.1%。

北美洲纸浆总产量为 6805 万 t，比 2010 年增长 0.3%，北美洲纸浆总产量占全球纸浆总产量的 37%。欧洲和亚洲纸浆总产量分别为 4659 万 t 和 4234 万 t，分别占全球总产量的 25.3% 和 23.0%。全球机械浆生产集中在北美洲和欧洲，它们的产量分别为 1200 万 t 和 1267 万 t。这两个地区机械浆产量总和占全球机械浆总产量的 78.6%。

美国、中国和加拿大是纸浆生产最多的 3 个国家（表 7-4），2011 年，它们的纸浆总产量分别为 4974 万 t、2064 万 t 和 1831 万 t。我国纸浆产量比 2010 年增加了 2.9%，美国基本持平，而加拿大是负增长，为 −1.2%。2011 年，纸浆产量增长最快的是智利，2011 年比 2010 年增长 18.5%，增加了 488 万 t。

表 7-4 2011 年纸浆产量前 10 名的国家

排序	国家	产量/万 t	2011 年比 2010 年增长/%
1	美国	4974	0.9
2	中国	2064	2.9
3	加拿大	1831	−1.2
4	巴西	1389	−2.1
5	瑞典	1186	−0.2
6	芬兰	1036	−1.4
7	日本	902	−4.0
8	俄罗斯	745	0.4
9	印度尼西亚	681	4.3
10	智利	488	18.5

我国已是世界上纸浆生产大国和消费大国，是世界上仅次于美国的第二大纸品消费国。目前，我国纸及纸板人均消费量 68kg，高于世界平均水平。随着国内经济生活水平提高，我国纸产品呈现高档化和多元化趋势，国内对生产高档纸的木浆原料需求大增。我国政府对造纸业采取了积极鼓励政策。同时一些著名的国际纸业公司也纷纷将资金投入我国造纸行业的生产中，由于新上的造纸项目，主要以木浆造纸为主，因此，这些投入将大量需要木材纤维，从而木材在我国造纸工业中的消耗大量增加。

2011 年，全国纸浆生产总量 7723 万 t，较上年 7318 万 t 增长 5.53%。2011 年，全国纸浆消耗总量 9044 万 t，较上年 8461 万 t 增长 6.89%，其中，木浆 2144 万 t，较上年增长 15.33%，占 24%；非木浆 1240 万 t，较上年增长 4.39%，占 14%；废纸浆 5660 万 t，较上年增长 6.69%，占 62%。木浆中，进口木浆比例上升 1 百分点；废纸浆中，进口废纸浆比例下降 1 百分点，国产废纸浆比例与上年持平；非木浆，稻麦草浆比例比上年下降 2 百分点；竹浆比例与上年持平；苇（荻）浆比上年上升 1 百分点、蔗渣浆比例比上年上升 1 百分点。2011 年，纸浆总消耗量比 2001 年增长 203%，其中，国产纸浆消耗量 2011 年比 2001 年增长 210%

近几年，我国造纸及纸制品工业生产消费呈现稳健增长势头。《造纸工业发展

"十二五"规划》预计 2015 年全国纸及纸板消费量 11 470 万 t，比 2010 年年均增长 4.6%；纸及纸板总产能为 13 000 万 t 左右，总产量达到 11 600 万 t，年均增长 4.6%。国内造纸行业生产消费的平稳增长，拉动主要原料纸浆进口量快速增加。目前，我国森林覆盖率约为 16.55%，仅为世界平均水平的 56.5%。由于林木资源稀缺导致造纸行业约 60% 的木浆和 40% 以上的废纸都需要进口。据海关统计，2011 年，我国进口纸浆 1445 万 t，比上年增加 27.1%；价值 119.4 亿美元，增长 35.3%；进口平均价格为每吨 826.5 美元，上涨 6.5%。

加拿大、巴西、美国和东盟为我国进口纸浆前 4 大进口来源地。2011 年，我国自加拿大进口纸浆 411.6 万 t，增加 38.7%；巴西 215 万 t，增加 4.5%；美国 167.8 万 t，增加 22.5%；东盟 163.7 万 t，增加 38.6%；自上述 4 国家（地区）进口量合计占同期我国进口纸浆总量的 66.3%。此外，自智利、欧盟和俄罗斯进口量也超过百万吨，分别进口 125.8 万 t、124.7 万 t 和 112.3 万 t，分别增长 30.1%、66.9% 和 21.5%。

2011 年，我国外商投资企业进口纸浆 686.4 万 t，增加 12.3%，占同期我国纸浆进口总量的 47.5%；国有企业进口 363.8 万 t，增加 25.6%，占 25.2%；同期，集体企业进口 301.6 万 t，增长 62.7%，占 20.9%。2011 年，江苏、山东和浙江分别进口纸浆 344 万 t、286.9 万 t 和 262.1 万 t，分别增加 10.6%、45.1% 和 30.2%。上述三者合计占同期我国纸浆进口总量的 61.8%。

二、 纸浆供需问题分析

改革开放 30 年，是我国纸业持续快速发展的 30 年，我国纸业从弱小到强大，从落后到先进，从固封国内到走上世界舞台。现今的中国已成为世界造纸大国。进入"十二五"，我国造纸产量增速明显加快，纸浆供需存在的问题也逐渐暴露。

一是木浆在造纸中的比例偏低。造纸行业是国民经济的重要原材料工业，对纤维原料依赖性高，具有资金、技术密集和规模效益显著的特点。其产业关联度大，涉及林业、农业、机械制造、自动控制、化工、热电、交通运输、环保、印刷、包装等行业。木材纤维具有色泽浅、韧性强等特点，一直是造纸工业的主要原料，尤其是生产优质纸不可或缺的纤维原料。长期以来，木材纤维一直是各国造纸的主要原料。国际上一些发达国家中（芬兰、美国、加拿大等），木浆造纸已占到总浆量的 95% 以上。由于历史的原因，木浆造纸在我国造纸工业原料中的比例相对还比较低，一直占整个造纸纤维的 22% 以下（表 7-5）。随着我国造纸工业的发展，尽管木纤维在我国造纸原料中的比例没有上升，但用量却大幅度增加，如 1990 年我国用于造纸的木纤维为 204 万 t，2007 年上升到 1450 万 t，木纤维的消耗量增加了 7 倍。由于我国木纤维原料的供应远远不能满足生产和消费的需要，因而我国造纸工业大量进口木纤维等造纸原料，占用大量外汇。

表 7-5　我国造纸纤维原料结构变化（单位：%）

	1980 年	1990 年	2000 年	2005 年	2010 年
木浆比例	25	15	19	22	22
非木浆比例	60	57	40	24	15.3
废纸浆比例	15	28	41	54	62.7

注：数据来源于《中国造纸年鉴 2010》（中国造纸学会，2011）。

二是规模不合理，规模效益水平低。我国造纸工业具有国际竞争力的大型企业集团和骨干企业数量少，其影响力、带动力有待提高，小企业、弱势企业多，行业规模效益水平低。规模以上造纸企业销售总额仅与世界前四强合计数相当，2010 年，规模以上造纸企业 3724 家，其中，大型企业 33 家，仅占 0.89%；中型企业 388 家，占 10.42%；小型企业 3303 家，占 88.69%。这种状况使得企业的规模效益无法实现，限制了企业技术水平、装备水平、产品档次的提高和污染的有效防治。

三是优质原材料缺口大，对外依存度高。随着纸及纸板消费的增长和现代造纸工业产能的迅速增加，国内纤维原料供需矛盾突出，缺口逐年增大。我国是世界最大的原生纸浆和废纸进口国。由于国内原料林基地建设迟缓，供材有限，非木浆发展受到清洁生产新技术开发滞后的影响，加上国内废纸回收率偏低等因素的影响，造纸纤维原料自给率难以提高，供需矛盾日益加剧。2010 年，进口木浆 1137 万 t，比 2005 年的 759 万 t 增长 49.8%；进口废纸 2435 万 t，比 2005 年的 1703 万 t 增长 43%，我国造纸工业对进口纤维原料的依存度高达 40% 以上。我国造纸工业未来的发展仍将很大程度依赖进口纤维原料，世界纤维原料的供应量和供应价格必将在很大程度上影响我国造纸工业的发展。近年来，世界主要林业生产国为保护本国林业资源纷纷采取了禁止或限制原木出口措施，使国际市场木材价格持续上涨，进而带动制浆木片价格上涨。同时，能源价格的走高也增加了纸浆生产成本，进一步推高纸浆价格。切实保障纤维原料供应是我国造纸工业持续高速发展的关键。

四是纸业污染问题严峻，减产导致供给相对不足。众所周知，纸业是我国工业污染的主要产业之一，这主要是由我国传统纸业存在的一系列结构问题造成的。据 2003 年我国环境部门的数据，纸业的排水量为 31.8 亿 m³，占全国工业总排水量的 18.4%；化学需氧量（COD）排放量 152.6 万 t，占全国总排放量的 29.8%。20 世纪 90 年代，我国有造纸企业 1 万多家，其中，90% 以上是 1 万 t，甚至几千吨的小厂，这是我国"以草为主"原料政策的直接产物，也是我国造纸业污染环境难以治理的重要根源。90 年代后期，国家开始整治造纸工业的污染问题，关闭了大量万吨以下的小厂。但是总体来讲，我国造纸企业仍是国家的污染"大户"，治理环境污染依然任重道远。我国造纸工业中技术装备比较落后的产能仍占 35% 左右，物耗、水耗、能耗高，是造纸行业的主要污染源，其 COD 排放量约占行业排放总量的 47%，产品质量、物耗、污染负荷均与国际先进水平存在相当大的差距，难以达到《制浆造纸工业水污染物排放标准》（GB3544—2008）的要求，急需加大改造或淘汰的力度。

三、 提高纸浆供给能力的途径

1995 年以来，我国造纸市场是全球最为活跃、发展最为迅速、增长最快的市场，受到世界各国投资者的高度关注。一些机构学者和组织对我国未来纸品市场需求进行了深入研究，并提出了一些需求预测结果（表 7-6）。

表 7-6 我国造纸工业发展总量及对造纸原料需求

	2010 年			2015 年（预计）		
纸及纸板消费量/万 m³	9 173			11 470		
纸及纸板生产量/万 m³	9 270			11 600		
年耗纸浆总量/万 t	8 461			10 457		
年耗纸浆总量中：	原料用量	纸浆产量	比例/%	原料用量	纸浆产量	比例/%
1. 木浆	——	1 859	22.0	——	2 541	24.3
其中：国产木浆	*2 820	708	8.4	*3 770	1 077	10.3
进口木浆		1 151	13.6		1 464	14.0
2. 废纸浆	6 631	5 305	62.7	8 365	6 692	64.0
其中：国内废纸浆	4 016	3 213	38.0	5 359	4 287	41.0
进口废纸浆	2 615	2 092	24.7	3 006	2 405	23.0
3. 非木浆	3 535	1 297	15.3	3 421	1 224	11.7
其中：苇（荻、芒秆）浆	390	156	1.8	390	156	1.5
竹浆	776	194	2.3	960	240	2.3
蔗渣浆	293	117	1.4	293	117	1.1
禾草浆	1 798	719	8.5	1 500	600	5.7
其他浆	278	111	1.3	278	111	1.1

注：*数据单位为万 m³，其他数据单位为万 t。"——"表示进口纸浆耗费木浆数据缺失。

随着我国城市化进程加快，在未来几十年内，我国的纸需求量将保持高增长，甚至可能超过前 20 年的水平，纸业甚至可能成为 21 世纪前十几年支持国民经济持续、稳定、快速增长的主要产业之一。但是，从近几年的情况看，我国纸业市场供求格局、供应能力，以及资源现状都难有根本性改变，我国对进口纸浆的需求仍将继续，且可能加速上升。我国林木资源匮乏，大部分纸浆依赖进口，纸浆是造纸业原料物质，对下游纸业影响较大，对此有以下几点建议。

一是加快推进国内"林浆纸"一体化工程，提高木浆的自给率。纸业属资源型行业，不可能完全依赖进口原料过日子，因为国际纸浆市场存在一定风险。木材纤维原料是世界制浆造纸工业实现可持续发展的基本保证，林纸一体化和规模化生产是现代制浆造纸工业的基本特征，也是发展趋势。1998 年，美国国际造纸公司拥有 279 万 hm^2 的林地面积，木材自给率为 34%；巴西大型纸浆厂的木材原料绝大部分来自自己所有的人工林，而且距离工厂不超过 100～300km。发达国家的经验表明，实行林纸一体化战略有助于提高林纸业的竞争力。虽然我国可采森林资源不足，但对造纸原料的供给还是充分的。一直以来，由于林地使用权和采伐权分离，业主对所经营的林地没有自主处置权，伤害了造纸企业把造林当作第一车间的积极性。其实农民是最理性的"经济人"，只要政策、法律适应市场规律，农民种树只会越种越多，绝不会乱砍滥伐。从国际经验来看，一些大的纸业集团仅用了 10 多年时间就发展起大规模、高效率的林纸一体化产业，且随着造纸对木材需求的刺激，林木不但没有越采越少，反而农民种树的热情更高，森林更多，造纸企业的木材自给率达到了很高的水平。我国当前探索林纸一体化的经营模式可以采用纸厂办林场，即以纸促林；可以采用林业企业办制浆造纸厂，形成完整的产业链，即以林促纸；也可以采用合作造纸方式，即纸厂投资与地方建立联营基地。通过林纸一体化，企业大量培育森林，增加原料来源，不但可以解决造纸原料问题，更可以创造相当可观的生态效益。政府应逐步开放林地使用权交易，区分生态林和工业林，实现林业和纸业的一体化经营。同时，通过金融体制改革，创造自由、公平、有序的资本市场和融资环境，为一些规模造纸企业提供原料林基地建设资金。

二是我国需要规模化的造纸工业，走循环经济的发展道路。如前所述，由于节能减排力度加大，2007 年，我国中小造纸企业倒闭 2000 多家，这说明我国造纸业单位产出能源消耗太高，并没有摆脱粗放式经营方式。造纸业的能耗与污染为我国 5 大"高耗水"行业之首，国内每生产 1t 的纸耗水高达 100m^3 以上，吨浆纸综合水耗高达 300m^3，几乎是世界平均水平的 10 倍。要想尽快改变我国造纸业"消耗多、污染大、效率低"状况，必须首先整合我国的造纸工业，淘汰落后的中小造纸工业，培养一些规模较大的造纸企业，利用先进设备和技术降低能耗，最大限度地实现废物的减量化和资源化，将每道工序产出的废弃物尽量在企业内部消化，使我国造纸工业走循环经济的发展道路。

三是抓紧速生丰产林的建设，发展纸浆代用原材料。从国际木浆供应市场来看我国木浆大量进口的潜力不是很大。发达国家如加拿大、瑞典、芬兰等国家已经建立了林纸一体化产业链，形成了稳定的循环经济发展模式，木浆产量已经非常稳定，今后不可能有大幅度增长。随着经济水平日益提高，巴西、智利等发展中国家政府将逐步改变原先依赖出口物资换取加工品的经济发展模式，转而控制包括木材在内的各种资源的出口。看来抓紧速生丰产林的建设对造纸工业而言犹如解决粮食问题一样重要。我国是竹子资源最为丰富的国家，竹子是仅次于木材的造纸原料，竹材纤维素含量高，纤维细长结实，竹浆性能良好，可以代替木浆来制造中高档纸。但是，我国竹浆比例很小，尚有很大潜力。应该考虑在竹子资源丰富的地区通过发展林纸一体化来大力发展竹浆造纸，这样不但可以有效地减少木材消耗和对进口纸浆的依赖，还可以带动竹子资源的综合开发利用。另外，通过大量使用废纸制浆等方式可以减少木材使用。例如，上海造纸业使用的原料有 80%是废纸，不但实现了纸的循环利用，节省木材，还大量节省能源和水。有些国家规定造纸企业必须使用一定数量的废纸作为生产原料，并且由政府对废纸回收企业提供一定的补贴。我国政府也同样可以借鉴以鼓励企业使用废纸做原料。今后进一步完善国内废纸回收体系，提高废纸回收利用率，促进国内废纸资源的合理利用，形成对进口纸浆的有效替代。

四是贯彻两种市场，两种资源的政策。通过对外直接投资到国外从事林业生产，是稳定木材和木浆进口来源的重要手段。有些国家如智利的对外直接投资主要集中在林业，我国林业企业海外投资还处于起步阶段，因此我国企业应该走出去到森林资源丰富的国家和地区进行投资。俄罗斯森林资源丰富，是我国重要的木材进口来源，但是俄罗斯为了保护环境开始限制原木出口，我国企业可以考虑到俄罗斯投资或与当地企业合作生产纸浆。非洲的森林资源也非常丰富，有待进一步开发，国内已经有企业考虑投资开发非洲的森林资源。另外，随着我国参与国际经济一体化程度的加深，我国企业还可以考虑到森林资源丰富的一体化伙伴国投资。如中国-东盟自由贸易区的发展为投资印度尼西亚提供了便利，而中国-智利自由贸易区的启动不但为大量进口智利的纸浆创造了条件，还为企业投资智利林业提供了便利。

第五节 竹藤产品供给问题分析

一、 市场现状

我国的竹子和棕榈藤（简称竹藤）资源有着巨大的产业价值和重要的国际影响。竹子种类、面积、生物储量等都居世界前列。2009 年，我国竹产业年产值 709.48 亿元，占全国林业产业总产值的 4.06%。竹子已经成为竹产区经济发展的新兴产业和广大农村脱贫致富奔小康的重要途径。我国有棕榈藤 3 属 42 种 26 变种，天然藤林面积约有 30 万 hm²，年产原藤 4000～6000t，最高年产量达 10 000t（杨丽森，2008）。在我国可持续发展中，竹藤业仍将占有不可或缺的位置。

（一） 竹产业现状

我国素有"竹子王国"之称，有竹子 40 属近 500 种，竹种资源、竹林面积和蓄积量均居世界前列。依据第七次全国森林资源清查结果，我国拥有竹林面积 538.10 万 hm²，其中，毛竹林 386.83 万 hm²，杂竹林 151.27 万 hm²；竹林株数 829.00 亿株，其中，毛竹 91.57 亿株，杂竹 737.43 亿株。竹林分布在 19 个省（自治区、直辖市），其中，竹林面积 30 万 hm² 以上的有福建、江西、浙江、湖南、四川、广东、安徽、广西等 8 省（自治区），合计占全国的 88.64%。

在"十五"和"十一五"期间，我国竹业发展速度加快，国家林业局组织编制了《2003～2010 年全国竹林基地建设规划》，浙江、福建、云南、贵州、湖北等主要产竹省（区）也编制了竹林基地建设和产业发展规划，明确了发展目标；集约经营竹林面积不断增加，单位面积竹林产量不断提高；竹子的利用领域拓宽，竹材造纸技术已日臻成熟，竹材人造板也开发出上百个品种，竹的加工利用正向工业化利用、精深加工、全竹利用和高附加值方向发展；竹笋食品、保健品开发形成系列化，受到国内外市场的欢迎；人们对竹林生态效益的认识加深，营造风景竹林，发展旅游业，竹林环境得到有效改善。

2009 年，我国竹业年产值 709.48 亿元，竹材产品产量 13.56 亿根，小杂竹982.29 万 t，竹地板、竹笋、各种竹制品在内的竹产品在 177 个国家和地区销售，年出口达 15 亿美元。全国年销售收入亿元以上的竹加工企业超过 10 家，5000 万元以上的竹加工企业约有 30 家，1000 万元以上的竹加工企业有 300 余家。2009年，浙江省安吉竹加工业年产值达 112 亿元，浙江省临安、福建省建瓯和广东省信宜的竹加工业年产值均超过了 10 亿元。竹制品在建筑、造纸、食品、家具、包装、运输、制药和旅游等领域都得到了广泛利用，竹编、竹乐器、竹雕、手工艺品、日用品和竹建筑等享誉世界各地。

我国竹人造板系列产品和机制竹浆造纸的发展，使我国竹产业跨入现代工业化利用的范畴。2008 年，我国竹胶合材产品年产量 366.03 万 m³，成为世界最大的竹材加工、销售基地。2009 年，我国竹胶合板产量 445.11 万 m³，占胶合板产量 10%；竹木复合地板年产量 2011.29 万 m³，占全部地板产量的 5.33%，远销欧美、日本。木地板中产量最大的省份是浙江省，在竹地板方面，浙江省杭州市大庄地板厂生产的薄型竹天花板已成功用于西班牙马德里国际机场候机楼。

我国竹材制浆造纸企业主要有四川宜宾纸业集团（20 万 t/年）、雅安中竹纸业（正扩建为 20 万 t/年）、广西柳江造纸厂（17 万 t/年），以及黔北 20 万 t 竹浆纸一体化工程项目，采取当今世界一流的工艺、技术和设备，目前世界上竹浆产量最大。

我国竹炭产品按用途可分为燃料竹炭、水净化竹炭、调湿用竹炭、土壤改良用竹炭、除臭用竹炭、保健用竹炭、竹炭工艺品等，目前已广泛应用于食品、制药、化学、冶金、国防等工业部门。竹质活性炭作为新材料在高新技术领域也有重要的开发前景。

竹纤维是我国继大豆蛋白纤维后的又一具有自主知识产权的纺织用材料，采用特殊技术制成的竹炭纤维，不仅可吸附异味，而且有抗菌、排汗、吸湿功能，市场潜力巨大。

竹叶有效成分含黄酮、氨基酸、微量元素，有优良的抗氧化、抗衰老、增强免疫力等生物学功效。目前，我国研发的竹叶黄酮保健药品、竹叶啤酒和竹叶饮料已经上市，受到国内外广泛关注。

（二） 棕榈藤产业现状

我国有藤类植物 3 属 42 种 26 变种，主要分布在南部和西南部的热带和亚热带次生天然林中。我国藤业经历多年的发展，技术工艺水平不断提高，藤制家具每年进出口贸易总额达 2 亿美元，并以每年 10% 的速度增长。我国直接参与藤业生产的从业人员已超过 15 万人，藤业在促进区域经济发展中具有重要作用。目前，广东省南海市、福建省安溪县形成了全国最大的竹藤工艺品生产基地和商品贸易集散地。

我国具有较发达的制藤工业，每年出口的藤产品总价值上亿美元，占国际藤类产品总贸易额的 10% 左右。然而，遗憾的是我国棕榈藤资源十分缺乏，原藤产量只能满足我国制藤工业需要的 10%，其余 90% 需要从国外进口。

20 世纪 80 年代以来，国际原藤资源逐渐减少，产藤国资源保护意识日益提高，棕榈藤主产国家印度尼西亚、菲律宾、马来西亚和泰国等国家相继禁止原藤及其半成品出口，严重影响了我国制藤工业的发展。

二、 消费预测

（一） 竹材及竹材产品

竹产业生产过程涉及两个阶段：营林过程和加工过程。营林过程的产品主要是竹材和竹笋。目前，我国竹林面积占全国森林面积的 2.75%，但竹业营林部分产值从 1980 年的 4.12 亿元上升到 2009 年的 709.48 亿元，2009 年相比 2008 年竹材产业产值提高了 15.78%。1980～1999 年，竹业营林部分的年产值增长率是 18.7%，考虑到物价因素，实际年增长率为 10.7%，竹笋的产值在营林产值中的比例从 1980 年的 16.3% 增长到 1997 年的 43.5%。至 2004 年仅竹笋制品出口额就超过 1.68 亿美元。可见竹材和竹笋的供应在这时期内取得了长足的发展。

近年来，随着国民经济的持续快速发展和人民生活水平的不断提高，社会上对竹产品的需求大幅度增加。自 1999 年起，我国竹材产量总体保持高速增长（图 7-8）。受金融危机的影响，2008 年产量有所回落。2011 年，我国竹材 15.3 亿根，比 2010 年增长了 7.64%。其中，毛竹 10.26 亿根，蒿竹 5.13 亿根，分别占全部竹材产量的 66.64% 和 33.36%。

在我国 21 世纪实施社会可持续发展战略中，竹子作为森林植物资源的重要组成部分，以其特有的生态功能和经济功能价值仍将占有不可或缺的位置。

（二） 棕榈藤及其产品

藤制品古朴典雅，具有独特的吸引力，在新材料和新产品层出不穷的市场中仍将占有一席之地。一直以来，藤制品主要出口到美国、欧洲和日本等经济发达

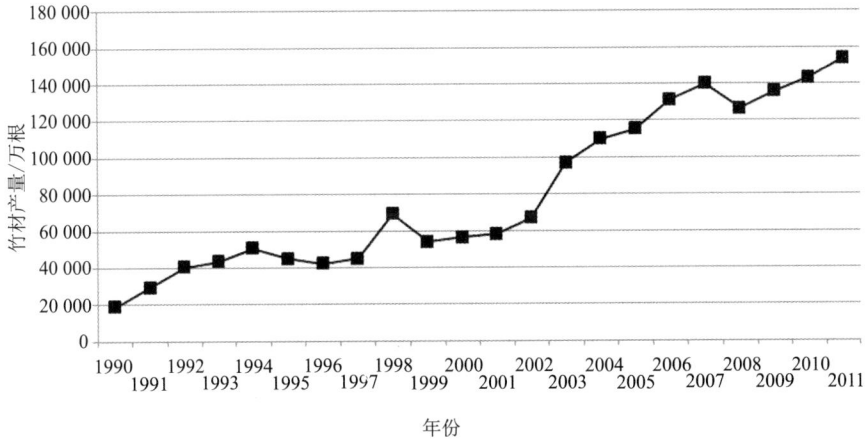

图 7-8 1981～2011 年中国竹材产量

资料来源于《2012 年中国林业统计年鉴》（国家林业局，2012c）

国家和地区，随着国内收入和生活水平的提高，藤制品在国内的消费市场将有所扩大。《海关统计年鉴》数据显示，除我国自己生产部分原藤之外，主要依靠进口（图 7-9）。1990～2004 年，每年原藤进口数量为 2.5 万～5.7 万 t，总体呈上升趋势。近年来，由于国际主要藤资源国采取保护政策，禁止原藤和半加工品出口，国际原藤市场供应日益趋紧，加之国内优质原藤资源减少，因此国内藤加工业对原藤的需求已经无法满足。

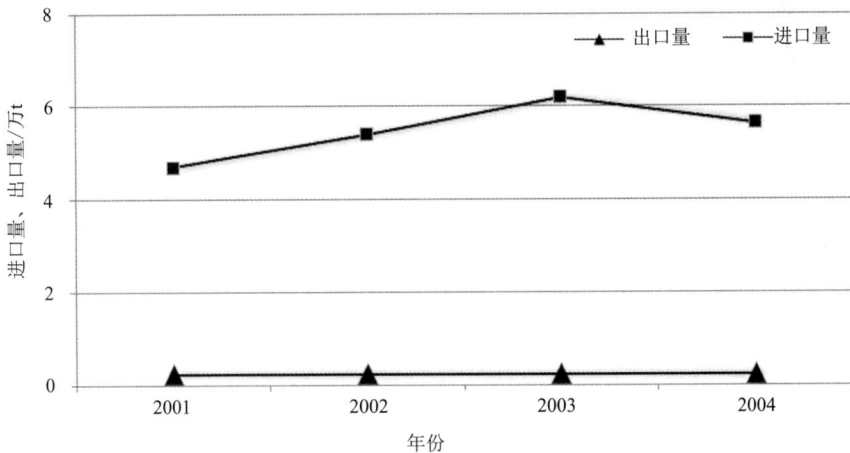

图 7-9 2001～2004 年原藤进、出口年度变化

三、 供给分析

目前，我国的竹材年产量 13.56 万根，比 2008 年增长 7.47%，其中，主要用

于加工各类板材、造纸、纤维用材和传统的加工利用。当前，世界竹浆总产量约 250 万 t，我国竹子纸浆在 100 万 t 左右，仅次于最大竹浆生产国印度。竹笋是天然的营养价值较高的食品，国内外市场逐年扩大。由此可见，面对市场对竹材、竹笋及其制品日益增长的需求，选育竹子的优良种源并大力营造生态经济竹林、探索竹林高效低耗培育技术、研究竹材的高效利用和深加工技术，以及完善竹产业发展政策是十分必要的。

我国现有近 1 万 hm² 的人工棕榈藤，以较容易采集种子的中小茎藤、黄藤和白藤为主，藤种未经系统的选育，林分生长量相应较低。天然资源经过长期采收，多种藤种已面临濒危，现存天然藤林生产力十分低下。要实现原料自给，必须营造 10 万～15 万 hm² 的优质商品棕榈藤林，实现年产 4 万～5 万 t 原藤的目标。

藤制品的消费在很长时间内将维持现有水平，对原藤的需要也将保持在同一水平上。然而全球原藤不仅产量日益递减，而且优质藤条所占的比例越来越小，原藤的产量和质量均不能满足藤制品生产需要。因此现有天然棕榈藤资源的管理和棕榈藤人工林的发展将得到进一步重视，特别是注重优良棕榈藤的培育。

此外，随着优质原藤的日益短缺，优质藤制作的藤制品价格将上扬，优质藤的使用领域将趋向高端。同时随着低质藤的广泛采用，藤制品的品质将有所降低，与其他材料如铁、铝、木等结合将更加普遍。但不管藤制品市场如何变化，优质棕榈藤资源的培育都具有很大的发展潜力。

第六节 林化产品供给问题分析

一、 市场现状

林化产品是以森林资源为原料，通过化学或生物化学加工而成的满足人类生产、生活需要的产品，具有纯天然性、不可替代性和产品结构特有性等特点。目前，我国以林化产品作为非木质林产品的主要代表，主要包括松香松节油、活性炭、栲胶、紫胶、五倍子、药用活性植物提取物等，涉及造纸、印刷、化工、食品、医药、农业、电子、航天、国防、合成橡胶、建筑、日常生活等几乎所有的行业，在国民经济建设中具有不可替代的地位，我国 GDP 的 10% 以上与非木质林产品有关。林化产品的主要产业内容有松香松节油、活性炭、栲胶、紫胶、五倍子、药用活性植物提取物等产业。

我国林化产品多数都是传统的出口创汇产品，在国际贸易中占有重要地位，根据《2012 年中国林业发展报告》，2011 年，林化产品进出口仍然保持高速增长，然而出口增速明显回落；大宗产品结构变化不大，天然橡胶及树胶的出口份额略有下降，进口份额小幅度提高；进出口价格水平全面大幅上扬，贸易逆差进一步扩大。2011 年，林化产品出口总额 15.07 亿美元，较 2010 年增长 19.89%，增速回落 30.11 百分点；进口总额 174.00 亿美元，较 2010 年增长 50.95%；净贸易逆差额为—158.93 亿美元，较 2010 年扩大 56.23 亿美元。出口额占前 5 位的产品总份额为 82.68%，依次为松香 39.35%、松香和树脂酸的深加工品 26.48%、桉叶油 7.56%、木质活性炭 5.64%、樟脑 3.65%（图 7-10）。与 2010 年相比，天然橡胶下降了 3.32 百分点，木质活性炭和松香分别提高了 0.97 百分点和 0.62 百分点；其中，松香出口 23.11 万 t，较 2010 年下降了 7.49 百分点，出口额 5.93 亿美元，较 2010 年增长 21.77%，平均出口价格为 2565.99 美元/t，较 2010 年上涨 31.69%；松香和树脂酸的深加工品出口额为 12.24 万 t，较 2010 年减少 16.22%，出口额 3.99 亿美元，较 2010 年增长 18.05%。

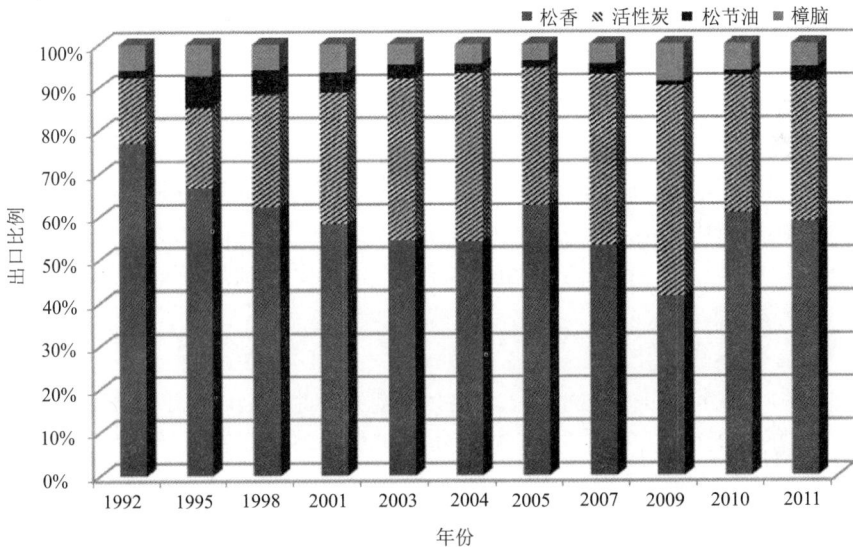

图 7-10 1992～2011 年中国林化产品出口产品结构

资料来源于黄利和周密（2003）

（一）　松香

松香是国民经济各生产部门一种重要物资，是林产业的主导产品之一，用途十分广阔，历来为人们所重视。松香用途很广，涉及国民经济许多部门，如造纸、肥皂、油墨、油漆、合成橡胶、胶黏剂、电子、食品、医药、机械、农药、香料等方面。据统计，共有 400 多种用途，所涉及行业产值占我国国民经济总产值 1/10。松香具有许多特性，如防腐、防潮、绝缘、黏合、乳化、软化等。早期是以原料直接使用，主要用于肥皂、造纸、油漆、医药等行业。随着使用部门发展和应用领域不断扩大，原料松香不能适应这些要求。自 20 世纪 40 年代起，利用松香分子结构中的活性基团进行化学改性，人为地赋予它各种新的特性，制成一系列深加工产品，如用于汽车轮胎工业的丁苯橡胶聚合乳化剂——歧化松香，用于胶黏剂工业的增黏树脂——氢化松香,用于造纸工业的施胶剂——马来松香等。现在发达国家几乎 100%使用松香深加工产品。当前全世界松香消费主要在胶黏剂及增黏树脂、油墨与涂料、造纸施胶剂、合成橡胶及电子、食品、医药等领域。

我国松脂资源丰富,松香产量世界第一。目前,我国采脂量仅为可采脂量的 1/3,扩大生产还有很大潜力。虽然广西东部地区随着经济发展采脂劳动力减少,但是广西西部、云南、贵州、四川地区发展松脂生产仍有很大潜力。近二三十年来,国内松香深加工产品开发很快,已能生产国外现有松香深加工产品的主要品种,年产量 12 万 t,占松香产量 11%以上,松香消费量 20%~25%。20 世纪 90 年代以后,又发展一些创新产品,如电缆松香、食用松香、松香聚酯多元醇等。20 多年来,活性炭年产量和年出口量世界松香产量保持在 105 万~110 万 t。1980 年,我国增至 32.7 万 t,超过美国,居世界第一位,此后年产量在 35 万~45 万 t,特别是 2004 年以后,松香产量增幅显著,占世界总产量 40%以上。我国主要采脂树种是马尾松、云南松、思茅松、南亚松等,90%的松脂来自于马尾松。20 世纪 70 年代以来又引种湿地松、加勒比松等树种。全国松林总面积约 1300 万 hm²,引种松林 130 万 hm²。2011 年,我国松香类产品年产量 141.30 万 t,比 2010 年增长 6.02%。其中,松香 125.37 万 t,同比增长 3.96%;松节油产量 14.54 万 t,同比增长 13.06%;栲胶 9129t,同比下降 16.44%;紫胶产量 2046t,同比下降 1.63%。2002 年以来,我国松香出口量不稳定,总体有所减少。2011 年,松香出口量为 23.11 万 t(图 7-11)。

从上图可以看出,松香的产量大体上还是上升的趋势,在 20 世纪 90 年代末期,松香的产量剧减,大概是由于松香市场较好,导致了过量的采伐和利用而引起原料匮乏,经过合理控制和合理利用,在 2001 年以后市场趋于平稳,产量稳步增加。2008 年,松香产量下降主要受到年初南方雨雪冰冻灾害影响,以及部分省区为保护和恢复森林资源,禁止进行采脂等生产活动和相关产业政策等影响。

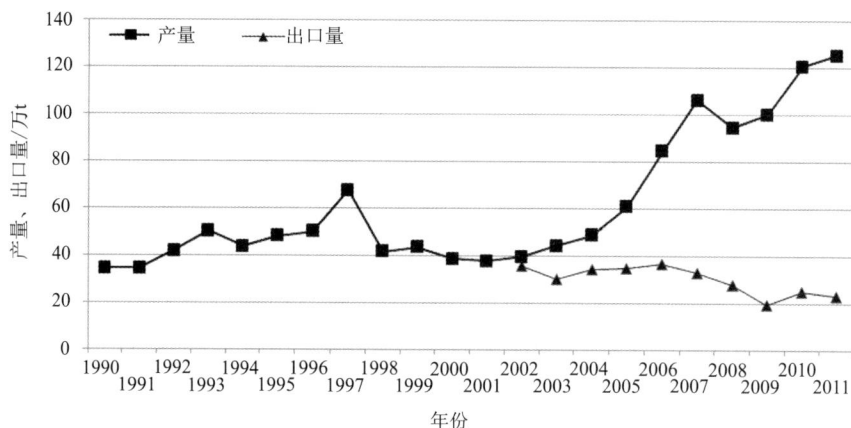

图 7-11 1990~2011 年我国松香产量及出口量变化

资料来源于《中国林业统计年鉴》(国家林业局,2012b)

再看国内的松香市场,山东增加松香需求量主要是在造纸、印染及生产松香深加工方面。而江苏主要是在造纸和生产松香深加工方面增加了松香需求量。国内真正大量增加松香需求量的正是松香产区,现在广东、广西、福建、江西、湖南 5 省在生产松香深加工产品时,年需求松香的量比 20 年前约增加了 12 万 t。2009 年,广东生产松香类产品 10.89 万 t、江西 64.90 万 t、福建 7.69 万 t、江西 8.46 万 t、湖南 2.67 万 t,此外,云南松香类产品产量也居全国前列,2009 年产量为 12.55 万 t。广东现在每年生产各种松香 5 万～6 万 t,属全国需求松香最多省份。广西应属需求松香第二多的省区,年需求松香约 5.5 万 t。山东年需求松香在 4 万 t 左右,也是松香销售区中需求松香最大的省份。

(二)　活性炭

活性炭是一种非常优良的吸附剂,它是利用木炭、各种果壳和优质煤等作为原料,通过物理和化学方法对原料进行破碎、过筛、催化剂活化、漂洗、烘干和筛选等一系列工序加工制造而成。它具有物理吸附和化学吸附的双重特性,可以有选择地吸附气相、液相中的各种物质,以达到脱色精制、消毒除臭和去污提纯等目的。

活性炭广泛应用于工农业生产的各个方面,如石化行业的无碱脱臭(精制脱硫醇)、乙烯脱盐水(精制填料)、催化剂载体(钯、铂、铑等)、水净化及污水处理;电力行业的电厂水质处理及保护;化工行业的化工催化剂及载体、气体净化、溶剂回收及油脂等的脱色、精制;食品行业的饮料、酒类、味精母液及食品的精制、脱色;黄金行业的黄金提取、尾液回收;环保行业的污水处理、废气及有害气体的治理、气体净化;以及相关行业的香烟滤嘴、木地板防潮、吸味、汽车汽油蒸发污染控制,各种浸渍剂液的制备等。活性炭在未来将会有极好的发展前景和广阔的销售市场。

活性炭自 20 世纪初投入商业应用以来,新产品和新方法不断涌现,产量不断提高,应用领域不断拓展。我国活性炭的大规模发展是在 20 世纪 80 年代以后开始的。1978 年,我国活性炭的产量只有 1.4 万 t/年,到了 2007 年达到 44.6 万 t/年左右,超过美国,居世界第一位(图 7-12)。

从图 7-12 可以看出我国活性炭产量从 2002 年以后呈快速增长的趋势,产能的发展促进了活性炭出口量的增加。2007 年,活性炭出口额占林化产品出口额总量的 22.94%,创汇 2 亿多美元。我国活性炭在世界上已经占有举足轻重的地位。我国已经成为世界上的活性炭生产大国,这是我国活性炭界仁人志士艰苦努力的结果,值得国人骄傲。但是,2007 年暴发的全球金融危机对活性炭行业造成一定冲击,我国 2008 年和 2009 年活性炭出口量分别骤降至 25.01 万 t 和 19.55 万 t;这充分暴露出活性炭行业自身存在的问题。一方面,我国活性炭的市场进入门槛低,企业规模小,装备落后,劳动生产率低,加上盲目竞争,致使市场混乱无序。

另一方面，生产活性炭的主要原料是煤炭和木材，活性炭产业可谓名副其实的资源消耗型产业。金融危机还没发生之前就有专家指出，在目前我国大力提倡建设节约型社会的情况下，不宜继续大量生产和出口活性炭。活性炭行业亟待整顿以保证长远发展的需要。而金融危机的到来，不失为一个整顿活性炭行业、规范活性炭市场、升级活性炭产业结构的良好契机（戴伟娣，2010）。

然而，总体而言，我国活性炭工业取得的成就举世瞩目，我国已经成为活性炭生产大国，但实际上还算不上活性炭强国，在我国活性炭界还存在许多隐忧。我国目前有活性炭厂家 300 多家，大多数厂家的规模小，技术力量薄弱，产品质量差。与发达国家相比，我国的活性炭工业仍然存在很大差距，主要表现在企业规模小、生产装备落后、劳动生产率低、市场竞争力不强。国内 90% 的木质活性炭厂是年产几百吨到上千吨的小企业，年生产能力真正达到万吨规模的几乎没有。大多数为乡镇企业，分布在林区，规模较小，生产装备不先进而且较难更新，主要设备大同小异，劳动生产率一般在几十吨每人每年或更低。而国外，像美国、日本的活性炭生产主要集中于万吨以上的大企业，这些大企业不但产量大，生产装备先进，而且大都实现了生产流水线的全盘自动化和计算机管理控制，故劳动生产率很高，达到几百吨每人每年。

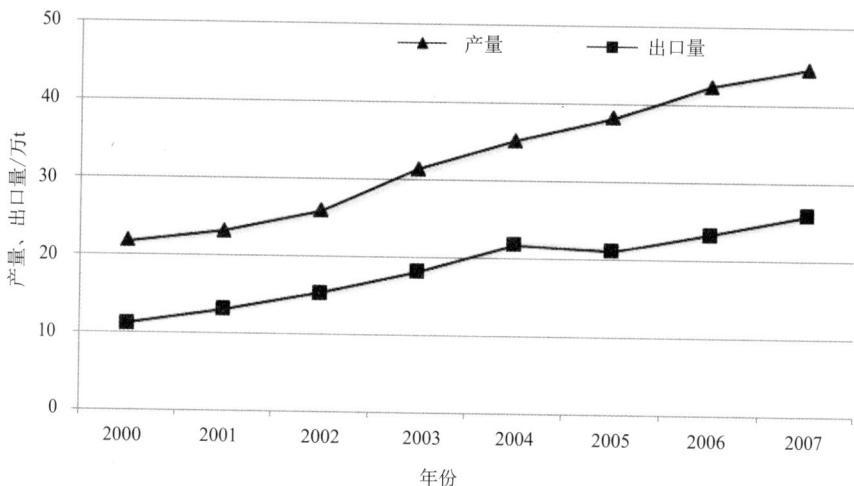

图 7-12 近年我国活性炭产量及出口量变化

我国活性炭的下游产业主要是环保产业。在环保产业当中，活性炭用量最大的是城市水源净化工程和污水处理工程，约占环保产业活性炭总用量的 70% 以上；其次是空气净化，活性炭用量也在逐年上升。有关资料显示，活性炭化学法生产中的污染治理和降低消耗就其技术而言是可以做到的。如日本氯化锌法生产活性炭，锌消耗量几乎为零，所采用设备为回转炉；美国磷酸法生产活性炭酸消耗为 0.2t 以下，所用炉型亦为回转炉。浙江、江苏等地有些活性炭企业近几年采用新的转炉和气相回收装置后，酸耗和气相污染有很大降低和改善。

由此可见，尽可能采用适合的活性炭再生方法，以使活性炭循环再利用，进一步节约资源，降低使用成本，将成为今后大多数活性炭生产企业谋求利益最大化的有效途径。

随着国家相关法律、法规的更加规范化，活性炭行业的高污染势必成为被整治的重点领域。可是当前许多业内人士对此注意不够，相关企业的环保配套设施不全，未来因为环保问题被淘汰是不可避免的，而注重环保及相关设施的配套，对社会环境所产生的负面影响小，将会持续发展，同时占领国家强化环境治理的新领域，对企业而言其经济效益、社会效益是不言而喻的。

二、 消费预测

（一） 松香需求预测

松香产品的深加工，提高了产品科技含量，这也是我国松香工业未来发展的基础和方向。松香在世界各国国民经济各部分有着广泛的应用，相关资料表明，松香产品涉及国民经济总量的 10%，因此松香的年产量和出口量与国内 GDP 和世界经济的年 GDP 密切相关联，采用弹性系数分析——松香需求弹性法，预计到2015 年和 2020 年，国内市场对松香需求量分别为 55 万 t 和 77 万 t，国际市场对我国松香出口的年需求量分别为 69 万 t 和 79 万 t（董静曦等，2008）。随着国外主要公司陆续进入我国办厂进行深加工利用，原料松香的出口可能增加较慢，甚至将出现负增长，而深加工产品将会比较快地增加。国内松香需求也将随着造纸、印刷、印染和汽车等工业的发展，呈现快速增长。

（二） 活性炭需求预测

随着我国环保要求的提高和相关行业的快速发展，活性炭市场需求增长迅速，2008 年，我国活性炭生产量为 18.52 万 m^3。环保是活性炭的主要消费市场，1994年，美国和日本用于水处理和气体处理的活性炭占其当年总用量的 66.22% 和75.41%。我国水处理、气体处理用活性炭还没有普及，如果我国的环保达到中等发达国家水平，其活性炭使用量估计不会少于 10 万 t/年。因此，预计（按 2 万 t/年增速保守预测）2025 年将达到 50 万 t 以上。随着我国持续强劲的经济增长，下游产业快速膨胀的需求，广泛应用于糖、味精工业、水处理、溶剂回收、食品饮料提纯、空气净化、医药等领域的活性炭工业出现新的发展机会，国内活性炭消费量大幅提高。

（三） 松节油需求预测

近 10 年松节油市场年需求量呈基本稳定增长态势。2009 年，国内松节油产量为 11.23 万 t。随着经济增长和松节油深加工利用的深入，松节油需求量将呈上升趋势，平均每年的需求增长约为 0.5 万 t，预测到 2015 年需求可能超过 15 万 t。

（四） 栲胶和紫胶需求预测

2008 年，栲胶产量为 9337t，随着栲胶应用领域的拓宽，栲胶的需求量将呈上升趋势。紫胶虫品种改良，紫胶产品质量提高，将进一步拓宽紫胶的国内外市场。2008 年，我国紫胶产量为 2891t。预计（按 200t/年增速预测）到 2015 年我国紫胶的需求量约为 4500t。

三、 供给分析

（一） 松香和松节油供给分析

目前，我国成规模的主要产脂松树（马尾松、云南松和思茅松）用材林现有面积 1439.8 万 hm²、蓄积量 63 938 万 m³（董静曦等，2010）。根据《中国统计年鉴》，2007 年，我国松脂产量已达到 96.56 万 t，全国 17 个现有规模产脂松树资源省（自治区、直辖市）基本都有规模松脂产量，只有西藏和江苏尚无规模松脂产量。高油松香和硫酸盐松节油的生产也将随着松木造纸工业的发展而大量增加。我国松香和松节油供给基本可以满足上述预测未来松香和松节油的需求增长。当然，前提是必须有效进行资源的培育、保护和利用，达到可持续发展。另外，随着收入水平的提高，劳动力的投入难度将会加大，机械化生产方式会得到青睐，生产成本会有所增加。

（二） 活性炭供给分析

随着环保要求的提高和相关行业的快速发展，活性炭市场需求增长迅速。我国是活性炭生产和出口大国，但还不是消费大国。活性炭包括煤质活性炭和木质活性炭，目前煤质活性炭居多。从资源状况来看，在煤质活性炭资源仍然可以保证的同时，林业资源的培育可以支撑一部分木质活性炭需求，另外还有其他种类的资源，尤其是我国丰富的竹类资源还没有得到很好的开发。因此，我国未来的活性炭供给完全可以得到保证。

（三） 栲胶、紫胶及其他产品供给分析

我国的天然资源具有丰富的多样性，对于栲胶、紫胶及其他产品的市场供给都有一定的资源保障。随着国民经济和社会的发展，竹类化学、林产香料、林产食品等将得到快速发展。因此，仅仅依靠天然资源，可能难以满足未来日益增长的需求，必须加强人工资源的培育，只有依靠人工资源才能充分保证满足未来的市场需求。

第七节　林下产品供给分析

一、市场现状

　　林下植物资源是指生长在森林林分主林层或乔木层以下，对人类直接或间接有用的森林植物的总和，包括药物、野生食用菌、花卉和杂果等。林下植物资源基本上处于非栽培或非目的栽培状态，在天然林分中主要指除可用于木材生产的乔木层以外的其他植物资源，在人工林分中主要指非人工培育的自然生长的植物资源（吕星等，2007）。调查发现，林下产品的开发利用不仅可以满足山区农户日常生活的需要，而且可以增加经济收入，对发展山区农业经济有一定的促进作用。《2009 中国林业发展报告》数据显示，2008 年，菌、竹笋、山野菜类出口增长，达 14.27 亿美元，比 2007 年增长 3.59%，菌、竹笋、山野菜类进口 3.94 亿美元，比 2007 年减少 40.57%；果类进出口快速增长，达 45.81 亿美元，进口 17.79 亿美元，分别比 2007 年增长 13.28% 和 33.99%，果类出口额中，干鲜果和坚果、果类加工品和其他果类产品所占比例分别为 42.81%、56.57% 和 0.62%；茶、咖啡类出口 10.20 亿美元，进口 4.22 亿美元，比 2007 年分别增长 18.47% 和 46.53%；调料、药材、补品类出口 8.38 亿美元，进口 2.46 亿美元，比 2007 年分别增长 15.27% 和 24.24%。在 2008 年非木质林产品进出口结构中，果类分别占 13.27% 和 42.37%，菌、竹笋、山野菜等占 2.94% 和 13.20%，茶、咖啡类占 3.15% 和 9.43%，调料、药材、补品类占 1.84% 和 7.75%，其他竹、藤、软木类、林化产品和苗木类分别占 78.80% 和 27.25%。

（一）食用菌

　　食用菌，顾名思义，是可供人食用的菌体植物，是非光合作用依靠特定的生物活体营养而生长成的菌类植株。食用菌种类较多，据有关资料介绍，全世界共有野生食用菌 2000 多种，我国就有 981 种，目前已开发利用常见的约 30 种。我国是食用菌生产和出口大国。2008 年，我国食用菌实现产值 820 亿元，产量达到 1730 万 t，占世界的 80% 以上。我国的食用菌出口到 119 个国家和地区，创汇额 14.25 亿美元。全世界出口量在万吨以上的国家和地区有 12 个：中国、日本、韩国、德国、加拿大、马来西亚、美国、荷兰等。

　　（1）食用菌产业现状。食用菌的发展是古老而新颖的课题，受到国内外重视。食用菌生产由采集自然界可食性菇类，进而人工生产普通种鲜菇，再到工厂化人工栽培。然而，珍稀、高营养价值的食用、药用菌生产，仍处于落后状态，至今还未达到规范化、标准化、基地化生产。由于建立食用菌生产基地对"脱贫致富"有很大推动力。在广东西部和北部，以及云南、广西、福建及东北三省等地，都极力鼓励规模化发展。

（2）食用菌年总产量。2005 年，我国食用菌总产量达 1200 万 t，居世界第一。我国虽然是食用菌产量最大的国家，但年人均消费量不足 0.5kg，美国年人均为 1.5kg，日本年人均为 3kg，全国年人均消费量与世界一些国家相比，差距较大。据海关提供的数据，2001 年、2002 年、2003 年食用菌出口量分别为 47.6 万 t、38 万 t、43 万 t，换汇分别为 6 亿美元、4.6 亿美元、6.2 亿美元，出口量占总量的接近 1/20，国外食用菌人均消费量每年正以 13% 的速度递增，有大的国外市场空间可供开拓。我国内地食用菌人均消费量还不到香港的 1/10，因此国内市场潜力巨大。今后随着国内外食用菌消费市场的扩大，产量增加，消费前景将更加广阔（图 7-13）。

今后随着我国食用菌消费市场的扩大，产量增加，消费的前景是广阔的。据

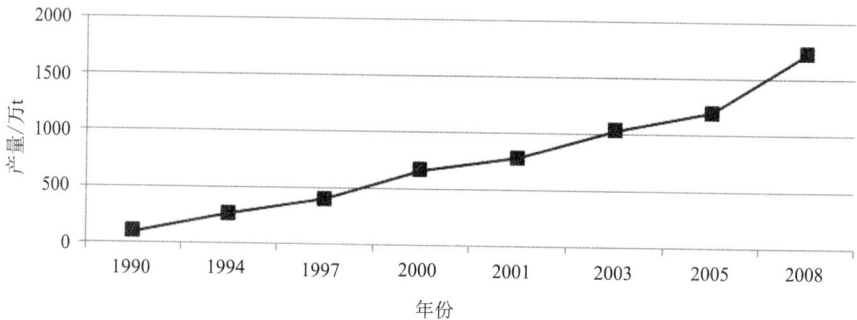

图 7-13 我国近年来食用菌产量

不完全统计，由 1994 年食用菌年产量 264 万 t 上升到 2008 年 1730 万 t，食用菌生产迅速增长使我国成为世界上第一生产大国，菇类出口也是第一位。而香菇、草菇、平菇、银耳、木耳、猴头菌、茯苓、灵芝等产量均占居首位。

（3）人工栽培的食用菌种类。除了常规栽培的种类如香菇、蘑菇、平菇、草菇、金针菇、银耳、黑木耳、竹荪等的生产有了进一步的发展和巩固外，各种新开发、新引进的珍稀食用菌品种不断增加，如姬松茸、鸡腿菇、杏鲍菇、茶薪菇、大球盖菇、杨树菇等，已经引起各地菇农的重视，成为市场上最有增产潜力的人工栽培品种。品种多样性，不但增加了市场竞争力，调节了产品结构，维持市场中的动态平衡，而且促进了我国食用菌产业可持续性、稳定性发展。据报道，我国人工栽培的食用菌品种达到 40 多种，而且每种食用菌都有许多不同的品种或菌株。

（4）珍稀食用菌品种的开发。珍稀食用菌的开发，可丰富菌业的品种，增强产业抵御市场风险的能力，稳定和提高生产效益，适应市场需求，调整食用菌产业内部的品种结构，是保持食用菌产业持续稳定发展的重要措施。姬松茸、真姬菇、鸡腿菇、杏鲍菇、茶薪菇、长根菇、大球盖菇、杨树菇、阿魏菇、虎奶菇、

牛舌菌等珍稀食用菌品种在色、香、味都较常规品种优胜，而且作为新保健产品，一走进市场，就立刻受到消费者的青睐。

全国食用菌重点产区主要分布在河北、河南、山东、浙江、江苏、福建、云南和四川等省。有 2 个省年产量超过 100 万 t，3 个省超过 50 万 t，6 个省超过 30 万 t，4 个省超过 10 万 t。香菇是我国农产品中比较占有生产优势、市场优势、科技优势和历史文化优势的产品。我国也是全球最大的香菇生产国和出口国。我国香菇身价倍涨，出口贸易明显增长。

食用菌有广阔的前景，市场形势乐观。当前，食用菌市场形势较好，栽培面积基本稳定：市场价格有向上发展的可能。在国内，人们膳食结构逐步向营养、抗病、保健、无公害方向发展，对食用菌产品的需求的势头不减，消费量每年以 10%的速度持续上升：国际市场上食用菌及其加工品的交易日趋活跃，我国食用菌产品的出口量也逐年上升。以下几种新型食用菌将有较高的经济效益，它们是鸡腿菇、北芪菇、高环柄菇、杨树菇和紫木耳。珍稀品种的食用菌最受国外市场欢迎。如杏鲍菇鲜品在日本市场上的价格为 20 美元/kg，在国际市场上松茸干品售价 80 美元/kg。欧洲人十分爱吃羊肚菌，鲜菌售价最高时达 150 美元/kg。鸡油菌也在西欧成为抢手货。而国内市场上，保龄球形状杏鲍菇、鸡腿菇、茶树菇、真姬菇、柳松菇等都是供不应求的品种，前景非常好，但目前部分食用菌产品供过于求，种户要看准食用菌市场需求才能多赚钱。国内市场上食用菌行情持续看涨。香菇、木耳等普通品种价格上涨，鸡腿菇、杏鲍菇等珍稀品种更是货紧价高，个别品种涨幅高达 30%以上。

（二）　果类

森林果类是"维生素食品"，其中，果树资源有 57 科 670 多种，已开发的有刺梨、沙棘、无花果、猕猴桃、余甘子等。东北各省沙棘分布面积约 100 万 hm²，而陕西省沙棘年产量达 5000t 以上。全国野生猕猴桃资源年产量有 43 万 t，开发了 50 多个系列产品。刺梨主要分布在西南地区，仅贵州省年产量就达 2 万 t 左右，开发了 20 多个系列产品。野生余甘子在福建、云南、贵州、广西等省（自治区）每年合计产量为 20 万 t，开发出 10 多个系列产品。银杏开发了 4 个系列近 20 个品种，仅种实年产 7000t，产值 2.8 亿元。果类加工品类，如果类饮料主要是指以森林植物的果、叶、花或花粉、汁液等为原料加工制成，其饮料系列产品有液汁型、果汁型、树叶型、花粉型，如"超级水果"中华猕猴桃、沙棘果汁"沙维康"、天然饮料"椰子汁"等，均走俏市场。

（三）　药物、调料等

森林素有"药用宝库"之美称。我国药用植物达 5000 余种，大多生长于森林之中。到目前为止，全国还有 80%以上地区和人民应用中草药预防和治疗各种疾病。如青蒿素是治疗疟疾的特效药;三尖杉碱、银杏叶黄酮碱,夹竹桃科植物中长春碱、长春新碱对治疗癌症具有特效,但价格昂贵。这些药物都具有很高的经济价值和延年益寿效果。

目前,森林添加剂也备受关注,添加剂具有改善食物营养和食物色、香、味作用,同时也具有防腐作用。随着食品工业的发展,添加剂取得了突飞猛进的发展。化学添加剂存在一定毒副作用,森林(天然)添加剂效果好,而且具有一定的功能疗效,愈来愈受到人们的欢迎,如天然的香料、色素、抗氧化剂、防腐剂、杀菌剂等不仅赋予食品良好的色、香、味,而且具有一定的保健作用。我国地理气候条件优越,添加剂植物资源极为丰富。据统计,世界香料植物有3000多种,我国有900多种,已开发利用的有150余种;我国色素资源同样丰富,目前开发的色素已达50余种,1991年批准使用的就有39种,如辣椒红、高粱红、胡萝卜素等。民间传统使用具有发展前途的色素植物达100余种。目前,天然抗氧、防腐、杀菌剂的推广和应用,在世界范围内广泛掀起。我国科技工作者也做了大量的工作,现已发现具有抗氧、杀菌的天然活性物质被逐步提炼和应用,虽然尚未对植物资源进行统计,但其广阔的发展前景引发广泛关注。我国科技工作者对此做了大量的工作,现已发现具有抗氧、杀菌的天然活性物质,逐步将其提炼并应用,加速对该类资源清理与加大开发利用。另外,还包括森林蜜源,森林香料,糖料等,森林蜜源植物比较知名的有100多种,和其他蜜源相比,森林蜜源的主要特点:一是花粉营养价值高,二是花繁多、花期长,三是洁净无污染。

二、 消费预测

林下产品资源是人类重要的绿色食品、医疗保健的药材、家庭经济和就业机会的主要来源。随着科学技术的发展和信息交流的提高,林下产品在食品加工业、香料工业及医药工业等领域的应用将不断扩大,人们对林下产品的需求量将剧增。

(一) 食用菌需求预测

食用菌自古以来被人称为山珍,有高蛋白质、低脂肪、多药效、口感滑腻、营养丰富、味道鲜美、生长环境不受地域限制等特点。我国是食用菌生产和出口大国。2003年,我国食用菌出口量达43.32万t,出口额6.22亿美元。2007年,食用菌的出口额达11.69亿美元。据专家的预测,随着人们生活水平的提高,保健、抗病、营养、无公害的食用菌在国内的消费量将保持每年10%的增长。

(二) 果类、药物等需求预测

近年来,我国果类出口呈现出快速增长势头,果类包括干鲜果、坚果、果类加工品和其他果类产品等。据中国林业统计年鉴，2009 年，我国水果产量 1.12 亿 t、干果产量 673.15 万 t。根据世界统计年鉴统计，目前世界年人均水果消费量为 61.4kg，高出我国 15.8kg，我国在世界水果市场中的份额每增长 1%，就需要增加 100 万 t 水果出口，国际市场的旺盛需求可见一斑。坚果包括杏仁、榛子、核桃、松子等，营养保健价值高，主要营养保健价值在于高含量的不饱和脂肪酸。板栗是我国主要特产，其果肉主要成分是淀粉、可溶性糖，也含有蛋白质及其他微量元素，营养丰富，香甜可口，可鲜食、炒食、炖食，也可制作饮料、糕点，且具健胃、补肾之药效，是国内外传统的森林食品。我国板栗位居世界食用栗之首，在国际市场上被誉为中国甘栗。出口价达 4000 美元/t，国际国内市场供不应求，发展前景十分广阔。在果类加工品中，我国野生浆果资源非常丰富，有山葡萄、越橘、草莓、大果沙棘等，品味极高，含多种营养成分，具有很大的发展潜力。2009 年，我国木本药材产量 153.02 万 t，比 2008 年提高 61.79%，其中，杜仲 21.69 万 t、黄柏 1.23 万 t、厚朴 10.11 万 t、枸杞 12.82 万 t。近年来，森林药材活性成分的提取和加工已成为医药的新兴领域，具有广阔的市场空间和良好的发展前景。

三、　供给分析

（一）　食用菌供给分析

据中国食用菌协会 2000 年不完全统计，我国年产食用菌总量已达 663 万 t，约占世界总量 70%。据调查，全国从业人员已达 3000 多万人，现有一定生产规范的基地县 40 多个，2007 年出口创汇 11.69 亿美元，生产总值达 227 亿元。产量达 100 万 t 的已有两省，福建 139 万 t，河南 105 万 t，我国已发展成为名副其实的食用菌生产大国。目前，我国食用菌生产还存在着生产规模小；菌种混杂、退化、质量差，缺乏新菌种；食用菌产品为初级品、原料性、大包装产品，产品附加值低；食用菌市场较乱；产品质量良莠不齐，档次低、价格低等不足。随着科学技术的不断发展及食用菌市场的不断完善，做到食用菌市场的品种多样化、资源持续化、菌种优良化等，我国的食用菌市场将趋于稳步发展，食用菌的供给将完全能够得到保证。

（二）　果类、药物等供给分析

目前，森林林果业、食品业和森林药材等都存在资源短缺和后备资源不足的问题，需要加强管理、制止乱采滥挖和大力发展后备资源建设，并充分发挥林下土地资源和环境优势，大力发展林农、林草、林药、林禽等林地立体复合经营，积极推进林下种植养殖业资源共享、循环相生、协调发展，全面提高林地产出率，并使林业资源可持续利用。

第八节 生物质能源供给问题分析

一、 市场现状

（一） 现状及发展趋势

生物质包括植物光合作用直接或间接转化产生的所有产物，可用作能源的生物质主要有 4 类：林产品和木材加工残余物；农业残余物；动物粪便；能源植物。由生物质制取液体燃料将是 21 世纪有发展潜力的技术，它包括生物质的快速裂解或高压液化制燃料油，也包括生物质水解后发酵制燃料乙醇，还可将生物质气化后再由气体产品生产液体燃料。生物质能源的高效开发利用，对解决能源、生态环境问题将起到十分积极的作用。

世界上许多国家已把高效利用生物质能源摆在技术开发的一个相当重要地位，并制订了相应的开发研究计划。如对利用农林废弃物制取乙醇的研究作了有效的组织，迄今已有几十套中试或扩试生产线投入运行，技术日臻成熟。作为汽车燃料的生物乙醇早已开发。在巴西，年产 1100 万 t 生物乙醇燃料用于汽车交通。美国、加拿大等国相继开展了生物质制燃料乙醇的研究。全球生物柴油的生产已具备一定规模，其中，欧洲已成为生物柴油的主要生产地，2001 年，欧盟国家生物柴油产量已超过 100 万 t。欧洲和美国在生物质气化发电的研究与开发方面处于领先水平。美国预料 2050 年世界上 38%的直接燃料将来自于生物质。我国经过近 20 年的研究开发和示范推广，生物质能源的应用已取得很大的进展，技术水平有了很大提高，市场不断扩大，产业化建设已粗具规模。生物质气化供气已经推广应用了 400 多套小型的气化系统。生物质气化发电技术也得到了应用，兆瓦级（MW）生物质气化发电系统已推广应用 20 多套。沼气技术是应用最早和最普遍的生物质转化技术，尤其近年来，沼气建设年发展速度超过 20%，2001 年，中大型沼气工程达到 1359 处，池容 63.92 万 m^3，供气户数 16 万户。生物质快速热解制备生物油也已经开始实验室研究。生物质生产乙醇燃料技术，我国自 20 世纪 50 年代起，先后开展了稀酸常压、稀酸加压、浓酸大液比水解、纤维素酶水解法的研究，并利用木材加工剩余物为原料，建成了南岔稀酸水解厂，主要制取目标为乙醇溶液和饲料酵母。同时，国内还开展了研究生物质原料的高压蒸汽爆破预处理技术、纤维素酶制备技术、大规模酶降解技术、戊糖己糖同步乙醇发酵技术、微生物细胞固定化技术、在线杂菌防治技术及副产品木质素的深度加工利用技术等，但是这些技术的研究还是处于实验室阶段。生物柴油的制备技术研究，在 20 世纪 90 年代末得到人们的重视。对植物油理化特性、酯化工艺、柴油添加剂和柴油机燃烧性能等方面开展了初步试验研究。同时，针对天然油脂的化学结构的特点，研究了生物柴油和高附加值的化工产品综合制备技术，使得生物柴油的加工利用不仅技术上可行，而且经济上能够实现产业化。为生物柴油的产业化开发，开拓了一条经济可行的新技术。

我国的生物质能源研究和产业，虽然取得了很大的进步，但是与国外相比，我国生物质能技术还有较大差距。从我国能源的发展战略和资源环境协调角度来看，十分有必要建立具有自身特点的生物质能源研究、开发、产业化体系。

（二） 存在的主要问题

制约生物质能源产业化的关键技术尚未突破。高生长量的生物质资源品种开发；生物质制乙醇中存在的稀酸水解液的糖浓度低，且成分复杂，酸糖分离难，酸污染严重，废水处理成本高，酶解效率低，糖转化率不高，反应时间长，导致设备庞大、生产成本高等问题；气化技术的气化效率低、燃气热值低、焦油含量高、二次污染严重；发电技术现有的燃气内燃机的效率低、装机容量小，不能满足大工业规模应用的需求。

研究开发技术单一，缺乏综合利用与其他化工产品统筹研发。研究过程往往着重于能源利用，而对如何利用生物质的不同化学结构，作为能源替代品的同时，研究开发具有更高经济价值的化工产品，则是生物质能源发展的重要课题。

各项技术或系统间缺乏必要和有机的集成。目前，各种生物质能源的利用技术开发和研究单项技术多，相互关联少，没有合理配置，形成规模的集成系统，使得能量转换效率低、单位投资率高、经济效益差，最终难以推广应用。因此，发展多技术、多工艺、跨行业的集成系统，发挥规模效应，是我国生物质能源发展的重要方向。

缺乏专门针对扶持生物质能源发展的政策。各级政府应尽快制定和落实相关优惠政策，如减免税、价格补贴、贴息贷款和电力上网等，鼓励生产和消费生物质能源。在现行能源价格条件下，生物质能源产品缺乏市场竞争能力，投资回报率低挫伤了投资者的投资积极性，而销售价格高又挫伤了消费者的积极性。

（三） 需要解决的重大技术问题

研究开发生长量快的能源植物。充分利用分子育种技术，培育高光合、抗逆性强、生长快的树种和品种；研究现有生物质能源的分布特点和能量可利用性，包括我国能源作物和生态地理空间分布格局；筛选培育与地域相适应的高级能源作物；研究能源作物的生态环境效益和安全机制、能源作物高效富集与环境友好关系等。

强化生物质经济可行的产业化技术基础研究。其包括高能效（等离子体、超临界等）条件下生物质能的转换机制、生物质快速热裂解直接转化为液体燃料的机制和技术、解决生物质转化产物中焦油减低的途径和气体组分的调控技术；热化学转化过程产生液体产物的定性和定量分析技术等。

研究开发生物质制备乙醇的关键技术。生物质生产燃料乙醇和其他高附加值产品的新工艺技术；生物质原料预处理技术；生物质生物转换过程的新工艺技术，高能效转换过程条件的选择优化及分离提纯技术；高产酶菌株选育技术，大规模酶降解技术、戊糖己糖同步乙醇发酵技术、微生物细胞固定化技术、在线杂菌防治技术；纤维素发酵乙醇和经济有效利用木素技术。

生物质作为替代化石能源燃料和化工产品综合利用技术。天然油脂制备生物柴油和化工产品的综合加工技术；提高天然油脂酯化催化反应速度和反应产物的高效分离技术；根据不同天然油脂的化学结构特点，同步生产附加值高的化工产品技术。

不同原料生物质对设备的适应性特征。包括生物质燃料定向转化的反应机制及反应器的模拟放大；生物质燃料与常规能源设备的兼容性技术的研究开发；在不同的实验设备上研究生物质热化学转化产生气体和液体产品的影响特点、转化效率，以及转化产品与设备的相关性，其中包括最佳反应温度范围，探讨反应器的结构型式，以满足传统能源设备的要求等技术。

生物质燃料的改质合成技术。根据生物质裂解液化产物复杂、易氧化、精制油生产成本高的特点，研究催化转换、膜分离一体化精制生物质燃气的净化机制和工艺技术，净化、精制多功能催化剂技术，生物质燃气利用系统优化，生物质液化燃料供给系统的集成优化，常规合成过程对生物质合成气的适用性及其反应工艺研究，生物质液体燃料的加氢改质和催化重整，生物质合成气化的优化和合成含氧添加物工艺技术等。

大规模的发电系统开发技术。生物质能热电联产系统的工艺技术，能够获得高效高质量的可燃气和实现高效能量转化，系统效率达到40%以上的生物质气化和燃气轮机系统。

生物质能分散利用体系的系统优化技术。包括生物质分散利用技术的系统集成理论、生物质能分散利用体系对能源环境的影响机制、各种生物质转换利用过程的污染排放特性、生物质燃料支撑分散能源系统的运作机制及其社会经济分析等。

二、 未来15年前景发展

我国现有的能源体系逐步向可再生能源为主的能源体系转变。生物质可通过各种工艺转化为液体燃料，直接代替汽油、柴油等石油燃料，作为民用燃烧或内燃机燃料。发展生物质资源，使2020年我国的生物质能源量达到15亿t标准煤，并将其中50%的资源用于生产液体燃料，即可为我国石油市场提供2亿t液体燃料。同时，针对目前我国在电力供应方面存在的较大缺口，若以当前农林废弃物产量的20%作为电站燃料，可发电1600亿kW·h，将占目前我国总耗电量的12%

左右。我国约 1.1 亿 hm² 的宜林荒山荒地，适宜种植高产能源植物。若利用其中 10%的土地来种植能源植物，由此生产的生物质乙醇溶液年产量可达 3000 万 t 左右。

据报道，地球上每年生产的生物质达 1440 亿～1800 亿 t，相当于目前世界每年耗能的 10 倍多，占地球总能源 10%的生物质资源是继煤炭、石油、天然气资源后，可持续发展和利用的重要资源。

自然界中植物和动物组织用极性溶剂提取，得到部分典型溶解物质——类脂，而不溶解的部分则为交联物质诸如多糖、木素、蛋白质和核酸（表 7-7）。

全世界可再生淀粉 4000 万 t 以上，纤维素、半纤维素和木素每年可再生 1500 亿 t。生物质资源开发利用前途广阔，目前的利用率还不到总量的 5%。国外可再生资源已经被大规模利用，合成大宗化工产品已经取得突破。

表 7-7　生物质利用概况

组别	实例	来源	用途
多糖	纤维素、半纤维素、淀粉、甲壳素	植物、动物	造纸、建材、燃料食品、医药、添加剂
木素	紫丁香基丙烷、愈创木基丙烷	植物	燃料、添加剂
干性油	亚麻仁油、桐油	种子	涂料、增塑剂
聚异戊二烯	橡胶	巴西三叶胶	轮胎
蛋白质	角朊	皮肤、头发	服装、食品

目前，尽管从生物质资源利用微生物制造的药物、特殊化学品和生化试剂数量上已达到数万种，但规模一般较小，生产的化学品不足 2%，因此其中蕴藏着巨大的潜力。美国国家研究委员会提出，生物质原料制得液体燃料现在为 1%～2%，2020 年将为 10%、2090 年为≤50%；有机化学品现在为 10%，2020 年为 25%，2090 年>90%。美国在生物质利用方面处于世界领先地位。根据报道，美国已建成 350 多座生物质发电站，主要分布在纸浆、纸产品加工厂和森林产品加工厂，发电装机容量达 700MW，提供了 6.6 万个工作岗位。20 世纪 70 年代研究开发了颗粒成型燃料，在美国、加拿大、日本等国得到推广，开发了专门使用颗粒成型燃料炉具。北美洲有 50 万户以上家庭使用这种专用取暖炉，颗粒成型燃料，年产量达 80 万 t。

奥地利成功推行建立燃料木质能源区域供电计划，目前已有 80～90 个容量为 1000～2000kW 的区域供热站，年供热 10×109MJ；加拿大有 12 个实验室开展生物质气化技术研究，1998 年 8 月，发布了由 Barry A 等申请的生物质循环流化床快速热解技术和设备；瑞典、丹麦正在实行利用生物质进行热电联户计划，1999 年，瑞典地区供热和热电联户所消耗的能源中，26%是生物质能。加拿大用木质原料生产乙醇，每年产 17 万 t；比利时每年以甘蔗渣为原料制取乙醇达 3.2 万 t 以上；美国每年以农村生物质和玉米为原料生产乙醇 450 万 t。

美国、印度正加紧研究气化、热解技术。气化工业装置生产能力为 200t/天，发电量为 50MW，已正常运行。日本 20 世纪 40 年代开始研制生物质成型技术，生产棒状成型燃料，年产 25 万 t，其他国家研制出圆柱和块状成型技术设备。美国、新西兰、日本、德国、加拿大研究开发生物质制取液化油技术；欧盟也资助开展以生物质为原料、利用快速热解技术制取液化油，已完成 100kg/h 试验规模，该技术制得液化油得率达 70%，液化油热值为 $1.7×10^4kJ/kg$。欧美正在开展生物质转化过程中催化气化方面的工作。美国"生物技术改造工业"报道，美国政府以能源部和农业部为首，几个联邦政府机构积极赞助开发矿物燃料的替代物，减轻对国外石油的依赖。美国政府正在寻求能源的一种十分平衡的组合，生物质是这些能源之一。美国众议院通过一项农业法案，批准在 2002 年拨款 500 万美元，2003～2007 年每年拨款 1400 万美元，以资助生物质研究。建设生物提炼厂，把生物质改变成化学物质、燃料和能源的工厂。

我国生物质能源十分丰富，每年各类农业废弃物（如秸秆）有 3.08 亿 t（标准煤），薪柴资源量 1.3 亿 t（标准煤），粪便、城市垃圾等资源量可达 6.5 亿 t（标准煤），相当于 1995 年全国能源消耗量的一半。未来 15 年的发展目标为建立起具有我国特色的生物质能源利用体系，总体技术上达到国外发达国家的先进水平，部分研究技术达到国际领先水平。在生物质气化（供气、供热、发电）、生物质乙醇、生物柴油、生物质液化油等方面实现产业化。

三、 供给分析

生物质能源的开发主要有物理转换、化学转换、生物转换三大类，涉及气化、液化、热解、固化和直接燃烧等技术（图 7-14）。随着经济全球化、贸易市场化，世界"化石能源"（如石油、天然气、煤炭、核能）得到广泛应用，但也面临着巨大的挑战。据有关资料报道，石油储量的综合估算，可支配的"化石能源"的极限为 1180 亿～1510 亿 t，以 1995 年世界石油年开采量 33.2 亿 t 计算，石油储量 20～50 年将宣告枯竭。天然气储备 131 800～152 900Mm³，年开采量在 2300Mm³，将在 57～65 年内枯竭。煤的储量约为 5600 亿 t，1995 年煤开采量为 33 亿 t，可以供应 169 年。铀的年开采量为 6 万 t，根据 1993 年世界能源委员会估计，可维持到 21 世纪 30 年代中叶。核聚变到 2050 年还没有实现用于生产和生活的希望。

我国能源问题十分严峻。我国有 9 亿人口生活在农村，1 亿人口没有电力供应，1.7 亿人口面临沙漠化威胁。我国 1999 年石油开采量约 1.6 亿 t，但消费量已上升 1.9 亿 t。目前中国能源研究会公布，2010 年，我国一次能源消耗量为 32.5 亿 t 标准煤，同比增长 6%，超过美国，世界排名第一，成为全球第一大能源消费国。我国"十二五"规划中特别提出"加强现代能源产业，推动能源生产和利用方式变革，构建安全、稳定、经济、清洁的现代能源产业体系"。为了使我国国民经济

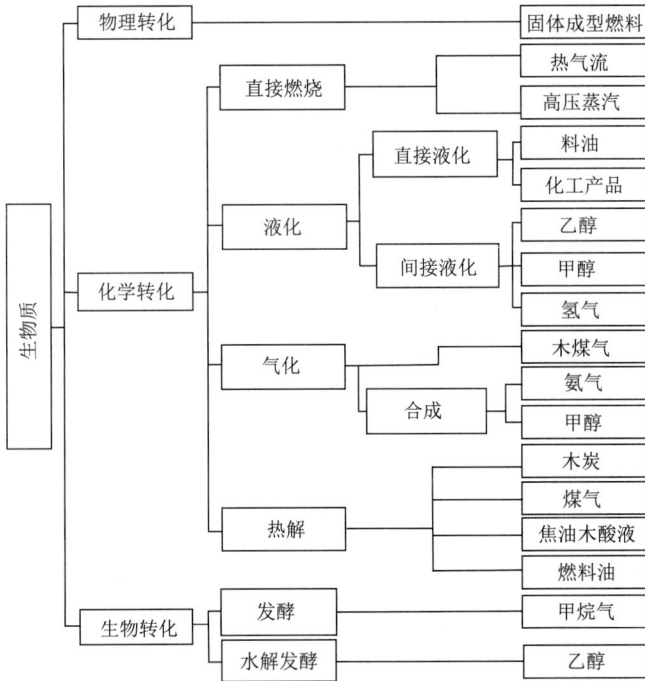

图 7-14 生物质能转换技术及产品

得到可持续发展，开发生物质能源势在必行。

综上所述，为了更好地解决能源问题，生物质能源必须给予重视。可再生生物质能源的开发利用，已经是一场不可避免的能源革命。

第八章　中国森林文化产品供给问题分析

森林是人类的发源地，是人类文明的滥觞。人类从森林中走来，创立了灿烂的物质和精神文明。人类既依托森林、又毁坏森林；既离开森林，又渴望回归森林，这反映了在长期的历史发展进程中，人类与森林的复杂关系，以及人类社会进步对森林提供产品不断变化的新需求。

第一节　森林文化的产生

文化是人类智慧的结晶，是人的意识形态、能力意志和认知水平的集中体现。文化作为人类特有的社会现象，其发生发展总是与社会文明进程紧密联系。人类为了生存和繁衍，必须用自己的行动向自然索取衣、食、住、行等最基本的生活资料，这种行动及其所产生的结果，就是物质文化。人类为了生存和繁衍，必须进行广泛的"社会交流"，必须用思想、言语、文字、音乐、图像等非物质的东西来促成这种"社会交流"的广泛实现，这种非物质的行为及其所产生的结果，就是精神文化。将物质文化和精神文化加在一起，就是人类文化。英国人类学家泰勒（Taylor）在《原始文化》中认为："文化是由知识、信念、艺术、伦理、法律、习俗，以及作为社会成员的人所需要的其他能力和习惯所构成的综合体。"

森林是人类的发源地。森林孕育了人类。森林文化是人和森林形成的一种互动关系，也是在人类经营森林的过程体现出的一种社会现象。在人类产生、发展、文明的漫漫历史长河中，人类与森林有着血肉难分的关系：人类的祖先由森林动物的一员，逐渐演化成今天的人，从森林中走出来，并依靠森林得以生存。早期人类所获得的食物、衣物、栖息地等，均与森林息息相关。刚刚脱离动物界的猿人，抗拒自然灾害的能力很有限，他们对自然的依赖性很大。猿人刚从树上走下地面，对森林的依赖性尤其明显。远古先民的衣、食、住、行种种需要，多数仰仗于森林的无私贡献。我国古代就有"食禽兽之肉，采树木之实"、"构木为巢"、"刳木为舟"等说法。当时的劳动工具、战斗武器也大多取材于森林中的产物，在人类发明用火之前，人们的物质生活主要依赖于森林环境，想要远离森林去谋生，在当时是不可想象的（邵树云等，1994）。

人类使用火以后，情况发生了变化，火可以用于照明、取暖、烧熟食物、驱除野兽，火使人类喝上开水、吃上熟肉和其他煮熟的食品，结束了茹毛饮血的时代。然而，人们最初是从自然因素引起的森林火灾中得到启发的。大家认识到火焚森林，可以得到很多因烧烤或窒息而死伤的禽兽，使人类更容易获取猎物，于是有了火猎。由于人类食熟肉，大脑得到了飞速进化，人类的智力得到飞跃性的发展，再一次推动了人类文明的进步。

然而森林焚烧容易恢复难，森林着火以后常常蔓延焚烧几十里、上百里，当附近森林都被焚毁以后，野生兽禽以至野生果实也就变得稀少而难以寻觅了。于是原始部落的成员不是大批饿死，就是被迫远徙，种族的繁衍和物质文明的发展受到极大威胁。"火猎"导致的森林破坏，产生了人类史上最初的生态危机，这是人类尚无力自主地利用森林的表现。从茹毛饮血的原始社会，经过漫长的原始社会、农业社会、工业社会，直至今日，人与森林之间结成了彼此复杂关系。

关于森林文化的概念，不同学者有不同的定义。郑小贤（2001）在《森林文化、森林美学与森林经营管理》中认为："以森林为背景，以人类和森林和谐为指导思想及研究对象的文化体系"，"是指人对森林的敬畏、崇拜与认识、是建立在对森林各种恩惠表示感谢的朴素感情基础上的反映人与森林关系的文化现象。"但新求（2002）在《森林文化的社会、经济和系统特征》中认为："森林文化是指人类在社会实践中，对森林及其环境的需求和认识及其关系的总和"。森林文化是人与森林、人与自然之间建立的相互依存、相互作用、相互融合的关系，以及由此创造的物质文化与精神文化的总和。

国际上最早进行森林文化研究的是德国。林学的创始人——柯塔（H. Cotta）指出："森林经营的一半是技术，一半是艺术。"他认为是森林培育了德国的文化、科学和国民精神，从森林中走出一代又一代杰出的哲学家、思想家、音乐家、艺术家和诗人。在他的影响下，德国在19世纪初就开展了森林文化的教育与研究，并在此基础上提出了近自然林业的思想。20世纪，森林文化的教育与研究在欧洲各国普遍开展。

日本也是较早进行森林文化研究的国家之一，日本林业文化的研究机构多、分布广，并已出版许多研究著作。日本有关森林文化的论著的作者，以林学出身的作家为主。只木良也（2004）在他出版的《森林文化史》一书中深入浅出地介绍了森林、树木、木材与人类的关系；日本的森林文化史，森林之分布、生育及生态；森林的重要公益功能及21世纪的森林角色等。这本《森林文化史》勾画出了森林文化与人类的关系之所在，不仅能了解森林本身的基本知识，而且阐明了其应用的层面，真正表现了森林文化的内涵。日本的《林业技术》杂志，自1990年起，即逐渐增多森林文化有关标题的介绍。日本中央林业最高单位之林野（务）厅为宣导森林文化的知识，1995年发表了林业白皮书，即以森林文化为主题，特别报道森林文化的新展开及发展目标，强调森林文化的真正意义是，森林文化不仅要加以保全，同时要将其作为有效利用的知识结晶，而由此结晶所发展出来的各种技术与制度，总称之为森林文化。筒井迪夫（1995）在朝日新闻丛书中写作一册观念具体而符合现代情况的《森林文化发展之道》一书，全书共255页，可谓集森林文化之大全。日本在20世纪60年代开展了森林文化教育与研究，1978

年成立财团法人森林文化协会，出版《森林文化研究》刊物和举办研讨会。日本文部省从 20 世纪 80 年代开始，支持多项森林文化的研究项目，如"森林与文明"、"森林盛衰与环境变迁"等。日本"森林文化协会"出版《森林文化研究》杂志，编辑目的在于报道森林与人类的交流实况，木材生产的基本功能、公益性功能包括防止国土荒废、涵养水资源，维持绿境与改善生存环境等，进而提供大众上述各项的知性活动。其对森林文化的现代意义特别多加报道，并将其层面由国家扩展到全世界，有丰富的"森林文化资讯"（林文镇，1997），其中有由伊原浩昭撰写的《日本的森林文化教育》、西尾隆撰写的《日本的森林制度与森林文化》，以及由吉藤敬撰写的《1996 年森林文化研讨会》等文章。日本不仅对本国林业文化有广泛研究，对世界其他国家，特别是对中国林业史的研究也颇为重视，论文很多（胡涌和吴斌，2006）。

1998 年，英国的 K.J.Kirby 和 C.Watkins 教授合编论文集《欧洲森林生态史》、《欧洲森林和林业历史文化研究》，均由国际农业、生物信息组织（CAB）出版。可见，在国外，尤其是一些发达国家，不仅研究历史长，机构设备完善，而且研究的范围广泛，成果显著。国际林业研究联盟组织（IUFRO），下设森林历史学组，并且每 1～2 年举行一次国际学术讨论会，2004 年 5 月在奥地利的维也纳，举行了以林业思想文化为主的学术讨论会。

第二节 森林文化产品的范畴

如果说人类文明伊始的熊熊烈火是人猿揖别的最终标志，那么有目的地开发利用森林，则是人类从不发达社会进入发达社会的前奏曲。综观近代以来的发展史，大规模开发利用森林是工业初期实现原始积累的重要途径。许多国家通过发展森林工业第一产业，取得发展其他产业所需的资本和原材料，从而推动整个工业化进程。森林文化伴随着人类与森林的关系变化而变化。因此，有的学者将森林文化概括为技术领域的森林文化与艺术领域的森林文化两大部分。前者指合理利用森林而形成的文化现象，如采伐技术、造林技术、培育技术、相关法律法规、森林计划制度、森林利用习惯等。还包括各地在传统风土习俗中形成的森林观和回归自然等适应自然思想。后者则指反映人对森林的情感、感性的具体作品，如诗歌、绘画、雕刻、建筑、音乐、文学等艺术作品的总称。其中包括森林美学的内容。我国历代有关森林的诗歌、小说，画家笔下的山水、草木、飞禽走兽、宫廷与民居建筑、园林艺术、家具及工艺雕刻等都属艺术领域森林文化。

森林文化具有的特征体现在，首先，森林文化与人们的经济再生产和自然再生产过程密切相关。人们对森林等自然资源的利用，构成了人们对自然的关系，形成了不同的意识、观念，即文化；包括林业第一、二、三产业分工的在内的形成，深刻影响着人们的行为规则和价值观念，森林文化产品产生于林业生产过程中，同时作用于这个过程。其次，森林文化产品本质上是人的心理意识，心理层次包括大众的要求、愿望、情绪等。意识层次包括风土人情、传统习俗、生活方式、思维方式、价值观念等。最后，森林文化产品具有其再现形式。再现心理意识具有多种形式，往往经由文化专家的理论归纳、逻辑整理、艺术完善，并以著作、艺术作品等物化形态固定下来，并跨时空传播。这些外在表现形式是用来再现人的心理状态，而这种心理状态来源于林业生产及其产品。当然这些再现形式作为林业的文化产品，可以反作用于林业生产，可能作为经济产品出现，也可能作为生态服务出现。由此，森林文化可以在以下几个层面进行深度挖掘（苏祖荣和苏孝同，2004）。

一、　精神层面

提供精神享受和心灵慰藉。森林是人们的精神家园，在这里贴近自然、放松心情，修身养性、净化心灵。可以顺应人们的社会心理与意识，倡导人对森林的依赖和伦理关怀，树立生态道德意识，营造健康良好的森林文化氛围。

树立生态建设与保护观念。在全社会树立生态价值观、伦理道德和行为规范，强化生态家园、绿色家园观念，引导全社会积极向上、主动参与、自觉保护生态环境。

提升森林产品的文化品位。使森林产品与历史文化、道德文化、人文文化、民族文化、民俗文化衔接和融合，从不同思想角度探索森林文化产品的内容，加强对森林文化产品价值的再认识。

二、　行为层面

森林文化产品创作。开发人们乐于接受且富有教育意义的精神文化产品，反映人对森林的情感及生态道德，如诗歌、书画、雕刻、建筑、音乐、文学、戏剧、电影等。满足社会对森林文化的需求。

森林文化宣传教育和科普。运用各种媒体宣传阐释森林文化，传递珍爱自然、保护生态、珍惜资源、保护环境等正能量，普及生态知识，宣传生态典型，增强森林保护意识、森林伦理意识。

绿色生活方式。森林文化产品进社区、进校园、进企业，以群众喜闻乐见的文体活动和特色项目鼓励公众的兴趣爱好。使广大群众在日常生活中践行生态保护，提倡低碳生活、绿色生活。

三、　制度层面

生产生活方式转变。改变传统的生产方式、生活方式和消费方式，突出林业产业生态化和林业生态产业化，把开发、利用和保护三者统一起来。提升林产品的文化功能和文化品位。发展森林文化产品产业，做大做强山水文化、树文化、竹文化、茶文化、花文化、药文化、森林旅游、森林休闲等文化产业。

科学的生态政绩观。加强立法立规，政策制定，在全社会树立正确的舆论导向，建立科学的考核机制，在社会生活领域大力倡导健康、向上、文明的生产生活方式、行为准则和消费模式。

科学的森林经营管理。营造健康森林，维护生物多样性。促进林业经济增长方式转变，促进节能减排，保护环境。

引导企业行为。构建企业生态经营机制，建立有效的森林生态消费模式，专群结合的森林文化产品建设队伍，进一步完善森林文化产品。制订森林文化产品的技术标准和管理规范。

四、 基础层面

保护好自然保护区、森林公园、城市绿地、旅游风景林、古树名木、科学实验基地、纪念林等文化类森林。

建设森林文化的物质载体。加强森林文化产品基础设施建设。在有代表性的林区、森林公园、自然保护区、湿地，建设一批规模适当、独具特色的生态林业博物馆、标本馆、科技馆、文化馆及生态科普教育示范基地。

推进社会性的森林文化载体建设。建设具有广泛影响力和示范作用的森林文化产品建设示范基地，如生态校园、生态企业、生态社区建设等。

扩大广泛的传播教育网络。建设现代森林文化产品示范网站，注重相关的报纸、期刊、媒体设施的建设。

第三节 森林文化产品研究重点

一、 森林文化与生态伦理

近年来，生态伦理学受到学界的关注。生态伦理是人们基于保护自然生态环境、调整人与自然的关系，而按照一定的生产方式、生活方式和活动方式去保护、开发、利用自然资源的活动应当遵从的道德规范与行为准则。生态伦理主要包括人类主体树立正确的生态环境意识，践行生态道德规范和生态环保行为，建立绿色生活方式，创立新型的节约型、集约型生产方式等方面。生态伦理建设蕴含可持续发展的要求，主要表现为围绕可持续发展的目标发展公民环境伦理教育，为可持续发展提供具有环保意识和技能的人才智力支持。生态伦理学的发展，既可以说是森林文化的拓展，也可说是森林文化的一种类型。

按照生态伦理学的观点，自然界的价值分为两个层次，一是文化层次，表示它对人类生存具有意义，能满足人类生存、享受和发展的需要，这是自然界对人类的价值。二是自然层次，表示它对生命生存具有意义，能满足其他生命生存和发展的需要，这是自然界对人以外的其他生命的持续生存，从而实现自然界本身的发展和演化，这是自然界本身的价值。也就是说自然界具有内在价值（它自身的生存和发展）和外在价值（它作为其他生物生存的手段和工具的价值）。自然界每一物种除了对人有用的外在价值外，还有为维持本系统发展的内在价值，自然物之间的内在依赖关系是不为人所支配的。由此，在对自然物进行评价时，就不能仅仅根据是否对人有利，而更应看到对整个自然界发展是否有利。承认自然价值，尊重自然价值，调节人类行为，协调人与自然的关系，使人类实践活动既对人类有利，又对自然有利，这就是可持续发展。

生态伦理学提出的关于自然价值的观点对于认识森林价值有较强的启发意义。生态伦理学认为自然是有价值的，自然价值以人为尺度有不同层次的含义，一是自然存在的间接价值，二是自然事物对人的直接价值，三是自然资源具有经济价值。森林是人类赖以生存的最重要的生命支持系统，是维护自然环境平衡及人类生活空间的生态基础，对维护生态平衡有重要意义，因而对人也是有价值的。同时，森林具有使用价值，可提供清洁的空气和水、原始森林和草地野生动植物。林产品可以作为商品进入市场，对它的消费要付钱，它作为一种经济资本进入社会物资生产过程，在生产过程中被消耗的应计入生产成本。也就是说森林价值在以人为尺度评价和利用时，可以区分为商品性价值和非商品性价值。

我国的传统森林文化具有与西方不同的生态哲学观。西方近代的"主体性哲学"由于拔高人的主体地位而造成人与自然、人与人的和谐关系的破坏，这种"主体—客体"关系式易于导致极端的人类中心主义。西方讲求上帝创造人类，没有把自然作为上帝。因此西方的森林文化主体是人如何利用森林，让森林为人类服务。我国占主导地位的传统哲学是"万物一体"、"天人合一"思想，讲求自然生出了人类，混沌状态下的人类产生思想，人是大自然之子，事物之间、要素与要素之间是相互联系的有机整体，是开放的、动态的，万物都是相互依存、相互作用的，作为万物中最灵的人类，应是使人类利益与生态系统的利益一体化，应该尊重其他生命的意识，在不得已而牺牲其他生命时抱有同类感和恻隐之心，采取尽量减少其他生命的痛苦的措施。因此我国的森林文化主要是人如何融入森林中，虽然也有对森林利用，但从文化上看更强调与森林和谐相处，如管仲提出："山泽林薮积草，天财之所出，以时禁发焉。"（《管子·立政》）认为："山林虽近，草木虽美，宫室必有度，禁发必有时。"（《管子·八观》）虽然认为山林可以被利用，但主要强调了对森林的保护。

我国民族传统文化对绿的图腾和对树的崇拜无处不在，至今很多村寨都会在自己居住的附近选一片葱绿茂密的山林作为自己的风水林或水源林，有的甚至作为神山森林顶礼膜拜，严禁任何人砍伐和破坏。形成了"人敬林、林护人"的伦理关系。"森林崇拜"的"类宗教"观认为有了森林，就有了水，有了人类生存的空间。西方文化在这方面也很相似，如德国人热爱森林，崇拜"德意志森林"。森林融入了他们的情感。森林和树木对于德国人而言，是他们的自我意识、对乡土的眷恋、内心幸福的一个组成部分。德意志森林所传达的不只是一种地理或自然概念，而是在历史的发展中承载了德国历史和文化的深厚内涵而被神化，演变成了一个准教会，因此，森林对德国民族精神的塑造起到了重要的作用（许嘉璐，2006）。

二、 森林文化与人文精神

森林有可直观感知的美学价值，而且，面对人性、人格建设的需要，它还具有深厚的人文精神借鉴价值。表现为以森林为载体所表现的人文精神。如以松柏象征挺拔独立，四季常青；以竹比喻虚心劲节，刚直不阿；以梅表征凌霜傲雪、不惧严冬。再如梅、兰、竹、菊成为中国人感物喻志的象征，品质分别是傲、幽、坚、淡，也是咏物诗和文人画中最常见的题材，共同特点是自强不息，清华其外，淡泊其中。像胡杨的宁死不屈，凤凰木的热烈奔放，玉兰的素洁飘逸，柳树的婀娜多姿，桑梓的厚实稳定，木棉的新奇瑰丽等，集中体现了森林的包容、坚韧等精神内涵。自古有"松竹梅岁寒三友、桃李杏春风一家"之说，当代称红柳、胡杨、沙枣为大漠三友，表达的正是森林的人文情怀。

森林文化与社会习俗密切相连。森林文化最初与乡土民俗、风情交织在一起，而后受道、儒、释诸家的影响，逐步形成具有自己独特风格与丰富内涵的文化体系（叶文凯，1989）。森林文化的形成与发展，与所处时代的社会生产力发展水平和经济社会繁荣程度密切相关，同时，森林文化又以自己独特的形式，影响并推动社会文明进步与经济发展。与社会习俗具有密切的互动关系。森林民俗文化是人类在森林经营管理实践中，尤其是在人际交往中约定俗成的行为规范，具体表现为民俗、风俗、礼俗、习惯等。

地带的差异造成森林文化的差异。不同民族在认识和利用森林过程表现出了不同森林背景和不同文化品位。诸多的少数民族，处于不同的历史背景和山地森林环境，其宗教、风俗、习惯、情趣，以及生活方式和生产方式的表达，显出个别性和差异性，正是这种个别性和差异性，造成了森林文化的多样性和丰富性。森林文化在森林民俗领域中，可以通过人们对山林的祭祀活动、有关森林的节庆日及森林图腾崇拜等具体形式表现出来。例如，哈尼族的"分区育林"与"种子孙树"，布朗族的"龙林"崇拜与盗树罚种规约，白族民间的"族中公约"与"立树惩戒"，京族的"翁管制度"与畲族的"罚酒禁林"。人们在村前社坛植树，在亲人的墓地种植松柏，在山林边缘树立护林防火的石碑等也是森林行为文化的一部分。

森林文化与森林类型分布相关。我国版图辽阔，森林类型多样。北方和南方，干旱和润湿，山地和海岛，各有不同类型森林分布，从而显示出不同地域森林文化的特征。闽、粤、台、沿海一带，广植榕树，城乡榕荫，随处可见，这一带人对榕树特别崇拜，形成崇榕文化。海南以椰树为对象，椰树、沙滩、大海、构筑椰树文化。南方的林区如闽西北、湘西南、桂西南等杉木用材林区，植杉护杉用杉，并有"女儿杉"习俗。北方多以柏、槐、柳为主，诸多古柏、古槐、古柳均在长江以北，大家熟知的孔林、孟母林、关林等基本由柏树组成。洪洞大槐树，位于山西洪洞县西北，相传为明代洪武三年山西移民聚集地，虽古槐已朽，又植新槐，但歌谣"问我祖先来何处，山西洪洞大槐树"，传流至今。洪洞大槐树便非同一般古槐了。与南方的杉文化、棕榈文化、榕文化不同，北方是以柏文化、槐文化、柳文化为主。东北地区，是红松故乡，沿袭的是红松文化。白桦林灰白素洁，景观独特，成为许多摄影家、画家制作的背景。东北大兴安岭地区，住桦皮屋，划桦皮船，用桦皮桶，形成有浓郁地方色彩的白桦文化。江南水乡，则以梅花、桃花为主调，传播梅花文化和桃花文化。南方一带山民吃梅、赏梅，还以梅花五瓣寓意欢乐、幸福、长寿、顺利、和平等五福。说到桃花，既有春天"山桃红花满上头"，又有故乡"在那桃花盛开的地方"，桃花源还是诸多文人说不清的理想境界。

三、　森林文化与文学艺术

森林具有人类最普遍的审美意义和强大的生命力，森林之美具有超越时间、空间、地域、民族和意识形态的特点。马克思早就指出，社会进步是人类对美的追求的结晶。并进一步指出，自然之美是真美，森林之美是美中之美。森林不仅陶冶人们的性情，激发人们对生活的热爱、对未来的向往，而且可以培养人们爱祖国、爱社会、爱人类、爱自然的高尚情操。因此，森林文化是健康的人民大众的文化，是先进文化的重要组成部分。

古今中外许多杰出的文学家、艺术家都得益于森林的灵感与启迪。如奥地利著名音乐家施特劳斯（Strauss）的《维也纳森林的故事》，其优美的旋律，既有跌宕起伏之势，又有行云流水之美；而我国古典名著《西游记》、《三国演义》、《水浒》等作品中，许多惊心动魄的故事情节，都离不开森林，千姿百态的森林景观、花草树木成了他们笔下借物抒情的工具，并融入其名篇佳作之中。

在我国古代文学作品中，最常见的是以草木花果作为传递感情之信物，如折杨柳以送别，插茱萸以思亲，借萱草喻忘忧，托红豆寄相思等；以飞禽走兽的啼鸣引发幽思愉悦之情；如虎啸威风、猿啼悲凉、杜鹃啼血、鹧鸪鸣愁、黄莺欢唱、莺歌燕舞等。打开中国文学艺术的宝库，可以说，有多少文学艺术大师曾被雄奇秀丽的山林泉石之美所陶醉，他们的情感在森林之美、自然之美的熏陶之中得到净化与升华，创作出无数脍炙人口的诗词歌赋和流传百世的水墨丹青。

在人类文化的宏伟大厦中，森林成为艺术的基础，是许许多多艺术产生与发展的基础和源泉。如绘画、雕塑、造型艺术及工艺制作等文化作品都是建立在森林文化基础之上而形成和发展的。著名的画家、摄影家、书法家都有不少描写自然美、森林美的佳作。世界很多的名人名家受益于自然和森林，在自然和森林中寻觅创作灵感。如王维的"诗中有画，画中有诗"。董其昌主张的"诗以山川为境，山川也以诗为境"体现的是物我两化的境界。俄罗斯民族对森林的执著、深厚的热爱，造就了18世纪、19世纪的庄园文化，它是园林、建筑、雕塑、绘画、戏剧等艺术的综合体现。肖邦《仲夏夜之梦序曲》描写了夏天密林中寂静和神奇色彩；德国古典音乐家韦伯的《自由射手》一开头就描写射手在森林中驰骋场面；柏利兹的《幻想交响乐》第三章，娓娓叙述夏日傍晚的乡间小路、牧歌、森林。

我国古代不少森林文学作品具有朦胧的生态思想，尤其着重表现了农耕文明时代崇尚和皈依自然、天人合一的自然生态观念与理想。像陶渊明所表现的归隐山水、物我两得的生态思想，"木欣欣以向荣，泉涓涓而始流。善万物之得时，感吾生之行休"（《归去来兮辞》）。杜甫《江畔独寻花七绝句》（其六）的生态意识则比较隐蔽，"留连戏蝶时时舞，自在娇莺恰恰啼"，描述的是江畔黄四娘家花蹊的春天景象，呈现了一个真情真性、自在自由的纯粹自然。

在生态危机日益严重的当代语境下，森林文学的生态意识、生态思想日益强烈和突出，并成为生态文学的一支重要力量。龚举善《"21世纪文学"的八大趋向》说："20世纪70年代末期以来，'森林文学'、'湿地文学'、'草原文学'、'动物文学'等次第登场，随着现代生态思想的产生与崛起，森林生态文学作品的数量及其在森林文学中的比例急剧增长。"森林文学可以说是当代中国文学生态思索的排头兵，其中张长的《希望的绿叶》是早期森林生态文学的代表作。20世纪80年代以来，一大批作家涉足森林生态文学创作，其中报告文学以徐刚及其《伐木者，醒来》等为代表，小说以哲夫的"黑色生态批判"系列等为代表。

因此，从森林的文学功能来看，森林美的形态（自然美、艺术美、社会美、生态美），森林美的范畴（优美、崇高、雄壮、秀、奇、灵、色、香等），森林对于人的各种情感体验，森林所固有的自然生态形态等都是文艺作品创作取之不尽、用之不竭的源泉。

四、 森林文化与城市化

城市化是全球发展的大趋势。2011年的我国内地城市化率首次突破50%，达到了51.3%。这意味着我国城镇人口首次超过农村人口，我国已近一半的人口居住在城市（姜作培和陈峰燕，2008）。随着经济社会的发展，未来的城市化率还将继续提高。

随着我国城市化进程的不断加快，农田、绿地、山丘纷纷被高楼大厦所替代，大量的汽车排放出的尾气弥漫在城市的上空，灰色的建筑代替了往日绿意盎然的勃勃生机，人们在空气质量低下、灰尘污染和噪声污染充斥的城市中烦闷地生活。一些城市已经认识到了城市生态正在不断消失的危机，在城市见缝插针着力城市绿化，但由于城市人口的增加，其平衡调节的生态功能难以发挥。

城市森林被誉为"有生命的基础设施"，在保持城市生态平衡、维护城市居民的健康中具有不可替代的功能。城市森林是指在城市及其周边地区以改善城市生态环境为主，促进人与自然协调，满足社会发展需求，由以树木为主体的植被及其所在的环境所构成的森林生态系统。城市森林具有调节小气候，降温增湿，缓解城市热岛，杀菌滞尘，净化空气等生态功能，对治理 PM2.5 能起到显著作用。有了城市森林，就能够保护水体、土壤、生物等自然资源和自然环境，维护生态平衡，发挥调节功能。特别是在城市边缘地带和城市远郊，营造城市森林，建立网络化的绿色走廊，对保证城市的发展及补充城市绿地的不足，改善城市生态环境都有着不可或缺的作用。大片的城市森林、自然公园无疑是城市的"绿肺"，是广大市民休闲和游憩的不可缺少的场所。因此，一些城市正经历着由景观绿化向城市森林生态系统转变的过程，政府和相关部门正根据生态学原理，合理规划和发展城市森林，建立合理的人工植物群落，发挥着新陈代谢、保持活力的作用，从而达到改善环境的生态效果和与城市和谐发展的经济效果。因此，城市森林建设，对于迅速提高城市可持续发展潜力具有重要的现实意义。

城市森林是森林文化与城市化相结合的产物，它不仅着眼于解决城市生态问题，城市人民的健康问题，在文化意义上也是深远的。至少呈现在以下方面。

（一）　树立人与自然和谐相处的价值观

随着生活在城市里的人越来越多，人类与自然的距离也将越来越远。近代许多哲学家和自然科学家早就对城市森林赋予了不同的文化色彩，他们曾多次提出"返回自然"的口号。因此，城市森林文化建设既是提升城市形象的重要载体，也是城市人与人、人与社会和谐发展的重要内容之一。城市森林既满足了城市人群与自然亲近的渴望，又改善了人居环境和生活质量。同时，城市森林文化作为城市文化的重要组成部分，对人们的审美意识、道德情操也起到了潜移默化的作用，加强城市森林文化建设可有力地提高城市人们的生活品位，提升城市核心竞争力。

（二）　树立维护后代人生存发展权的道德观

在城市发展迅速的今天，当代人不能为自己的发展，而过度地利用稀缺的土地资源，从而破坏城市生态环境，造成资源的枯竭，从而使得后代人失去生存发展的基础。应该本着"前人种树，后代乘凉"的道德原则，为后代人留下生存和发展的资源，以及良好的生态环境。例如，在城市建设中，应控制建筑密度，预留绿地空间、生态用地；在旧城改造中，要充分考虑绿化、排水等生态系统嵌入。

整个城市要形成绿地特别是森林点、线、面、环全面发展，平面绿化与立体绿化齐头并进的格局，绿地配置注重植被的层次，要特别注重生物量大的乔木的使用，与灌木和草本结合，提高绿化质量，同时充分发挥原有绿地的作用，将一批原有的公园、街头绿地建成开放式绿地，大大地扩展公共绿地的功能。要把城市绿色覆盖率作为城市建设的主要标准，在总体规划和绿地系统规划中，在城市郊区保留和营造大面积的绿地和森林，保证在城市进一步发展中，向中心城市输送冷、湿、洁净的空气，缓解城市的热岛效应。

（三）　提高市民的审美情趣

城市森林是保持和塑造城市风情、文化和特色的重要方面。它以自然生态条件和地带性植被为基础，将民俗风情、传统文化、宗教历史文物等融合在城市森林中，使城市森林系统具有地域性和文化性特征，产生可识别性和特色性。文化、休闲和游憩是提高森林城市品位的承载体，通过城市森林的构建把地域文化习俗、社会风俗习惯、城市历史的沿革和传统文化融入于环境建设之中，形成集森林文化、生态文明园林艺术、自然遗产文化、科普文化、城市个性文化为一体的城市绿色文化，使城市成为具有艺术外貌和文化艺术氛围的聚居境域。

第四节　扩大森林文化产品供给的措施

森林文化产品供给既涉及政府行为，又涉及文化产业的发展。当前，文化产业发展迅猛，它与信息产业等已构成新一轮产业革命的主体，并且文化产业与信息产业有日益融合之势，成为知识经济时代的重要特征。我国正处于文化体制转轨时期，政府对文化产业发展的干预手段、干预范围和干预程度，对于市场在多大程度上可以进行文化资源配置等问题，需要深入探讨和研究。

一、　森林文化产品供给现状

（一）　森林文化产品供给的完善

近年来，森林文化产品供给得到国家的大力重视，从研究到实践，从规划到落实，都迈出了长足步伐。森林文化体系建设的内容日益丰富，森林产品日益多样化。森林文化产品的开发从无到有，可以说，森林文化产品供给填补了理论和实践的空白，主要表现在以下方面。

1. 重视森林文化研究

以中国林业科学研究院等国内林业机构组织开展的中国可持续发展战略研究、

现代林业发展问题研究等理论研究为主体,组织专家学者研究了生态文化的内涵等理论问题,明确了生态文化的概念及主要内容,界定了森林文化产品的外沿,对森林文化产品与自然、社会和人文之间的关系,森林文化产品建设等方面的研究取得突破,并对森林文化产品拓展及向经济、科技、教育等领域渗透等课题进行深入的探讨。

2. 强化了组织体系建设

近年来,生态文化组织体系建设不断加强和完善。国家林业部门设置专门机构(宣传中心),确定政府职能开展森林生态文化宣传和建设。一批以生态文化为研究重点的机构相继成立。国家林业局、北京大学、中国生态道德教育促进会组织创建了国内外第一个以生态文明为研究对象的高层研究机构——北京大学生态文明研究中心。全国各类生态文化协会、学会、促进会、研究会相继成立,文艺创作和文化管理队伍建设得到加强。同时,生态文化体系建设干部培训、交流的力度进一步加大,思想政治素质和业务能力不断提高,机构管理不断加强,为生态文化体系建设的发展提供了坚实的组织保障。

3. 森林文化基础建设快速推进

截至 2012 年,全国森林公园总数达到 2458 处,总面积达到 1652 万 hm²。目前,我国林业系统已建立各种类型、不同级别的自然保护区 2134 处,总面积 1.2 亿 hm²,占国土面积的 12.9%。对 110 多个重点保护物种组织实施了野生动物野外巡护、栖息地维护改造、救护繁育等 200 多个重点项目,成功实施了扬子鳄、野马扩大放归自然和野骆驼首次放归自然活动,为 85%野生动物种群、65%的高等植物群落,以及 300 多种国家重点保护的珍稀濒危野生动物、130 多种珍贵树木提供了良好的栖息环境。国家生态文明教育基地达到 41 家,中国湿地博物馆、退耕还林展览馆建成。在已有的博物馆、文化馆、科技馆、标本馆中,积极融入生态文化内容,担负开展生态文化教育、传播生态文化知识的职责。一批新的生态文化场馆开工建设。以森林公园、自然保护区、湿地公园、生态旅游观光园为依托,挖掘其文化内涵,突出其文化特色,建设步伐加快。以国家级森林公园为主建设了 30 处生态文化教育示范基地。生态文化教育示范基地建设取得新进展,开展了"创绿色家园,建富裕新村"活动,命名了一批国家森林城市、现代林业示范市和生态文明建设示范基地等。

4. 森林文化传播力度加大

生态文化纳入了党的宣传工作布局,报纸、广播、电视等传统媒体宣传森林、湿地等生态保护的力度加大,网络、手机等现代媒体关注生态的热情提高。各个大型网站增加森林文化产品信息,新的森林文化产品网站或网址不断建立,推出专栏或专访,对生态文化体系建设进行深入报道。中央和地方林业报刊发挥自身优势，大力传播生态知识，报道在繁荣生态文化、建设生态文明过程中涌现出来的先进事迹和先进人物，各类重要报刊刊发大量森林文化产品文章。主题突出、各具特色的展览、展会、论坛，丰富了生态文化传播形式。城市森林论坛等大型论坛的成功举办，对传播生态文化、弘扬生态文明发挥了积极的推动作用。各级林业文化宣传部门组织广大文艺工作者深入生态建设第一线，各种采风、创作活动踊跃。采撷丰富鲜活的创作素材，创作出众多反映现实生活、贴近人民群众、弘扬生态文明的文艺作品。《生态文明建设论》、《生态文化建设论》等多部理论专著问世。制作播出了《森林之歌》、《山林的呼唤》、《踏界》等一批影视片，一些地方将生态知识编入了《义务教育地方课程通用教材》。各地多次组织著名文艺家深入林区采风，举办了生态文明高层论坛、中国城市森林论坛等活动，为森林文化产品交流提供高效平台（叶文凯，1994）。

5. 森林生态文明观念得到树立和强化

通过发展生态文化，增强生态意识，森林生态文明观影响政府的决策和社会的行动，森林文化产品效益初步显现。各级地方政府把建设生态文明、美丽中国作为不断追求的目标，让人们享受到优美的生活空间和更多更好的生态产品。启动实施了许多标志性工程。福建的"四绿"工程建设，浙江的森林城市、美丽乡村建设，广东的绿道建设，湖南的绿色湖南建设，山东的水系生态建设，北京的平原地区百万亩造林工程，安徽的千万亩森林增长工程，江西的"一大四小"工程，广西的绿满八桂工程，辽宁的青山工程，河南的生态省提升工程，青海的村庄绿化行动，山西的身边增绿行动，都取得了显著成效（张福寿，2007）。

（二） 森林文化产品供给的不足

森林文化产品供给仍然满足不了社会的需求。主要表现在以下几个方面。

1. 森林文化理论供给滞后

知识、信仰、艺术、道德、法律、习俗，缺乏对森林文化深刻内涵的挖掘整理，特别是生态文化与民族文化、民俗文化、流行时尚文化、社区文化等相融合的研究，生态文化建设工作理论基础薄弱，森林文化科学普及薄弱，许多人不清楚森林文化产品是什么，怎么提供，以及作为一个社会成员的人所习得的其他一切能力和习惯。同时，森林文化产品的开发因为没有科学的理论支撑，基础设施及平台建设薄弱，表现出不系统、文化含量低、创新能力弱等特点，市场竞争力和运作能力弱。缺乏市场化、经济化意识，人才匮乏，没有形成有比较完善的投资渠道的林业文化产业集团。缺少能有效占有市场的文化产品，及产品问世前相应的充分的市场调查和以产品消费者为核心的促销工作。

2. 森林文化产业不够发达

适应人民群众需求的森林文化产品比较单调，门类不多，市场供给关系基本没有形成，森林文化产品开发仍停留在传统的发掘、整理和欣赏层面，不善于用各种手段创造适合受众的文化产品，创新能力较弱；森林文化产品产业发展政策、组织和制度建设滞后，缺乏有效的管理技术标准和行为规范。以生态文化、森林文化、森林美学，以及各种载体的艺术品、文学作品等产品和服务的供需不足，森林文化企业的自主创新能力不高、竞争力不足，知识产权的作用发挥不充分，企业的创意、研发、制作水平较低，内涵深刻、风格独特、形式新颖、技术先进的精品力作和知名的文化品牌较少。森林文化产业发展基础条件薄弱，文化产业的创意人才、经营管理人才、技术开发人才、市场营销人才，尤其是既懂文化又懂经营的复合型高级人才短缺，人才培养和激励保障机制有待加强。

3. 森林休闲游憩文化满足不了需求

城市森林、城市园林绿地、自然保护区、森林公园等建设保护开发滞后，景点建设的内涵挖掘不深，多种功能的休闲旅游景点建设标准不高，文化品牌和文化内涵主题不深，吸引力不强，森林文化理念注入不够，名山大川、寺庙道观等自然和人文景观的历史人文与生态道德教育的展示不够。在管理上，旅游管理与调控滞后，大的旅游点人满为患，旅游活动对森林生态环境的干扰、破坏严重，如采摘野花野草、乱捕野生动物、污染森林环境等破坏环境现象严重。

二、 扩大供给的措施

提高森林文化产品供给，既需要"引导消费"，也需要"创造需求"，这是生态文明社会建设的重要内容。在政府层面、政策层面做好规划、引导和具体措施，是十分关键的。对此，应在以下几方面进行谋划。

（一） 着力开展森林文化理论研究

要开展森林生态文化的基础理论研究，力图用基础学科观点去观察事物，解释社会，处理问题，认识森林文化。要在人与自然和谐的哲学理论、可持续发展经济理论、科学与艺术融和的文艺理论方面突破前人，有所建树。要在物质文明形态的森林文化形态和精神文明的森林文化形态上取得进展。物质文明形态的森林文化形态关系人口、资源环境的可持续发展。精神文明的森林文化建设则关系文化体制、生态社会及生态社会风气建设等方面。要在这两个方面齐头并进，取得突破。目前，随着世界城市化进程加快，越来越多的人口进入城市。世界各国普遍加强对城市森林与人体健康的研究。哥本哈根召开的第二届亚欧城市林业研讨会的主题是"发展城市森林，增进人民健康和福利"。城市森林与人体健康的研究越来越受到人们的普遍关注。因此，需要在人类生态系统理论上突破，以恢复人类生态系统的健康为宗旨，提高系统在能量流动、物质循环，以及系统遭遇各种自然灾害的恢复能力。提高人类生态系统的产品提供、调节、文化功能和支持功能等诸多服务功能的维持及人类健康的保证，建设以清洁生产为核心、倡导扣除环境污染和生态破坏的绿色 GDP 理念，实现"循环、共生、稳生"的生产产业的发展模式（何晓琦和颜帅，2005）。

（二） 多元化挖掘和丰富森林文化内容

开发森林文化服务产品，加强森林文化产品与服务的供需对接。一是弘扬传统文化。在普及生态文化、森林文化活动中，应该更多地关注和弘扬传统森林文化，如非物质文化遗产的保护和传承，生态美德教育宣传，以及诗词歌赋、琴棋书画等传统艺术的教育培训等。二是丰富节日森林文化。节日森林文化是居民群众喜闻乐见的一种森林文化活动方式，要与基层文化机构紧密对接，调动辖区方方面面的积极性，精心组织策划。在形式上提倡多样化，广场演出、大型歌舞、游园、猜灯谜等小项目；在内容上，互动的街舞说唱，科普、法制、安全的宣传教育等都可行。三是充分利用社区宣传栏、板报、画廊等载体，积极营造绿色森林文化氛围，倡导健康低碳的生活方式。如开展绿色环保宣传、生态知识竞赛、节能小窍门等活动，让居民群众在创造绿色森林文化中实现自我，在绿色环境中愉悦身心，在绿色家园中享受快乐。四是引导网络森林文化。网上冲浪是大多数居民群众乐于选择的文化娱乐方式之一。利用论坛、博客、QQ 群等网络应用，发帖组织社团、旅游、公益活动、团购等。让居民群众足不出户就能达到增长知识、愉悦身心、沟通情感、释放压力的目的。五是积极推进数字化服务体系建设。为适应群众森林文化生活的新趋势与新特点，森林文化服务要从"传统型"向"数字型、科技型"转变。利用互联网覆盖广泛的特点，建设森林文化信息资源共享工程、数字图书馆和公共电子阅览室，推动数字化森林文化进社区，逐步构建公益性数字森林文化的服务体系。

（三） 大力加强森林文化基础建设

传承和弘扬生态文化离不开一定的物质载体。要以全国省级以上森林（湿地、荒漠绿洲）公园和各类自然保护区为主要载体，进一步完善生态文化科普教育基础设施建设，同时规划新建一批"点"状的生态文化基地和"多点式"生态文化集地群，优化布局结构，形成点、群结合的空间布局。

加强自然保护区、古树名木保护建设。在进一步完善现有各级各类自然保护区基础设施，增强科学与教育功能的基础上，根据当地自然保护规划，因地制宜地在新建一批森林、湿地与荒漠绿洲类型的自然保护区。科学保护好全国各地的古树名木，开展古树名木调查摸底统计归类工作，在全国建立古树名木与人文历史档案库，开发出古树历史人文传说，尤其要规划建设一批小规模的富有地域特色和自然与人文景观的森林、鸟类、珍稀濒危野生动植物自然保护小区或自然保护点。

加强森林、湿地公园基础建设。结合城乡建设，扩大森林公园、湿地公园建设。每个大中城市至少新建 1 个森林公园，并增设生态文化教育馆（包括科普知识、动植物标本等内容），充实和丰富公园的生态文化内涵，争取做到全部免费对公众开放，让全社会共享改革开放和生态文明建设的成果。

加强示范基地建设。着力加强森林城市，生态文明示范基地，生态文化教育示范基地，现代林业示范市、示范县等建设。开展各种创建活动，提高建设标准，发挥其在森林文化中的普及教育和宣传功能（李晓勇和甄学宁，2006）。

（四）　实施森林文化品牌经营工程

以活动为牵引，着力打造森林文化品牌，充分发挥森林文化的熏陶、教化、激励作用。把经常性活动与创建品牌森林文化相结合，形成富有特色的森林文化品牌项目。提高森林文化品牌的知名度和辐射力，健全公共文化服务体系，让森林文化真正成为生态社会建设的"助推器"，绿色消费的"引导机"。

打造森林文化节庆品牌。利用植树节、爱鸟周、竹文化节、花卉文化节、森林旅游文化节、生态文化论坛、城市森林论坛等，宣传生态文化。推动国树、国花、国鸟、国兽的审定进入法定程序，以及各地象征性动植物的评选活动。广泛利用各种新闻和信息媒体，传播生态文化信息。

开展特色鲜明的森林文化主题活动。依托现有的国家森林公园，进行相应条件和基础设施的建设（如在森林公园中，建设植物园、温室、实验室、教室等），提高科技含量，使之成为集公共游憩、教育、研究等为一体的综合园地。还可将经过森林植被恢复的城市工业遗弃地，屋顶绿化，生态建筑等纳入生态文明教育的范畴。

开展各种生态文化示范基地创建活动。开展包括全国生态文化示范基地、生态文化村、生态文化示范企业和生态文化示范社区等创建活动，让生态文化进城镇、进乡村、进学校、进企业、进社区。

开展对青少年的生态文明教育。将生态文明教育纳入全国教育总体规划。编制生态文明中小学精品教材，将森林文化纳入到其中。建立生态文明教育师资队伍，加强教育基础设施建设，增加和更新生态保护和建设的相关内容。让生态文化教育进教材、进课堂、进学校。以法定的形式明确开展生态文化教育的内容。

（五）　扶持森林文化产业发展

森林文化供给与社会的绿色消费密切相关。应将森林文化产业与大力发展绿色经济、低碳经济、循环经济，引导全社会的绿色消费结合起来。满足人们的生态需求，拓展生活空间，提升生活品质，增进身心健康，促进生态改善、文化繁荣和农民增收。

统筹城乡经济和生态文化产业发展。编制发展规划，因地制宜，合理布局，突出重点，优化配置，规范服务，开辟绿色通道，培育绿色林产品市场，加强文化品牌营销服务，扶持以绿色消费为主要内容的森林文化消费模式。推动以需求为导向的森林文化服务。坚持以满足群众森林文化需求为导向，以保障人民群众基本森林文化权益为核心，探索创新方式方法，形成森林文化投入与产出的良性互动，提供符合人民群众需求、质优价廉的森林文化产品和服务。

建设开放式森林休闲地。按照公益性文化设施免费开放要求，坚持森林文化场所向社会开放。充分利用社区和周边依托绿地建立的场所，开展相应活动，最大限度地为居民享受森林文化服务提供保障。大量建设开放式公共绿地、森林公园、游憩公园等，方便人们自由出入，轻松休闲。根据城市特点，开发出健身、休闲、放松的人居环境森林功能，如日光浴、野餐、露营、康体娱乐、民俗村和养生园等多种形式，让市民通过亲身参与，从中感受到大自然的乐趣，促进绿色经济发展和生态文化繁荣。

大力发展森林旅游产业。促进森林旅游业与各种旅游的融合，发展以森林人家、农家乐、城郊游等生态休闲类型的森林生态文化旅游产业，打造一批精品的森林旅游线路，通过森林旅游拉动区域生态旅游相关产品开发和服务业的发展，提高森林旅游经济在整个国家绿色经济发展中的比例。抓好生态休闲旅游基础条件和公共配套设施建设。

促进生态影视出版产业发展。鼓励措施和相关扶持政策，大力发展以生态保护和生态建设为题材的电影、电视、文学创作。开展以生态文化为题材的文艺演出、书画展览。宣传对生态建设做出突出贡献的英雄模范人物。组织编纂出版各种反映生态建设、生态科学、生态知识的生态文化图书。大力发展以影视产业为核心的生态文化创意产业。加强生态文化创意产业园、生态古都文化园的建设，为生态影视产业的发展提供物质条件。

（六） 扩大社会参与机制

任何一种文化，只有内化为人们的观念并外化为人们的行动，才是活的文化。森林文化，作为一种以人与自然和谐相处的价值观为核心的新型文化，更应当成为全社会的文化，扎根于人们思想深处，指导人们的日常行为。因此，建设生态文化体系必须有全社会的广泛参与。

扩大生态文化的公共宣传力度。在采用报纸、杂志、广播、电视等传统传播媒介和手段的基础上，充分利用互联网、手机短信、博客等新兴媒体渠道，广泛传播生态文化；利用生态文化博物馆、文化馆、科技馆、标本馆、科普教育和生态文化教育示范基地等实体性渠道，积极开展群众性生态文化传播活动。

创新社会参与的方式。通过义务植树、绿地认养、志愿者行动、设立公众举报电话、奖励举报人员、建立生态问题公众听证会制度等公众参与活动，培养公众的生态意识和保护生态的行为规范，激励公众保护生态的积极性和自觉性，在全社会形成提倡节约、爱护生态的社会价值观念、生活方式和消费行为。

搭建社会参与平台。"国家森林城市"、"生态文化示范基地"等应由群众参与评选。推动"国树、国花、国鸟"的法定程序，使广大公众参与确定我国的"国树、国花、国鸟"，也可开展相应的"省树、省花、省鸟"、"市树、市花、市鸟"等活动；在"世界环境日"、"植树节"、"生态文化论坛"等重大活动中，要注重引导和吸收一般市民、学生和社会公众的参与。

发展生态文化社团。通过生态文化社团的各种活动，可以有效地发挥生态教育作用，提高公众的生态意识，发挥着对政府、企业和个人行为的监督，制止和减少生态破坏。要允许和鼓励组建高等院校、企业、农村等发起成立的生态文化协会、生态保护群众社团等，在引领生态文化发展、研究生态文化理论、宣传生态文化知识、唤起生态文化意识等方面发挥作用。

三、　政策和法制保障

森林文化产品的供给，既是产品供应，也是条件体系建设，是一项长期而艰巨的任务，必须有强有力的法制政策保障，应完善政策，理顺体制，创新机制，强化支撑，确保森林文化建设各项任务落到实处。

（一）　法制保障

森林文化建设是现代林业三大体系建设之一。生态文化的法制保障包括两个方面。一是规范人与自然和谐相处的法律规范，如森林保护、湿地保护、荒漠化防治、水土保持、水资源保护、环境保护等，做到有法可依、有法必依、执法必严、违法必究。二是促进森林文化产品建设的法律、法规和制度。要明确各级政府负有保护和弘扬传统生态文化、建设现代生态文化体系的责任。任何单位和个人，都有保护生态文化物质遗产、传承和发扬生态文化精神遗产、践行现代生态文化的义务。要明确各种社会主体承担生态文化建设的责任、义务，并对奖励、处罚做出法规的规定。

（二）　组织保障

加强对生态文化建设的组织领导。要将生态文化体系建设作为与林业生态体系建设、林业产业体系建设同等重要的任务来抓。建立生态文化管理机构，明确部门分工和职责。改革生态文化运行机制，提高管理人员队伍整体素质，提高工作效率和现代林业管理水平。加快生态文化体系建设制度化管理。建立多部门协作机制，合力推进生态文化建设。将生态文化建设纳入各级林业主管部门绩效考核的范畴。通过完善考核管理机制，使各级政府和各个单位在实践中坚定贯彻可持续发展的基本国策，坚持以生态学规律和生态价值观为指导，让生态指标成为一个地方、一届政府的重要评价和考核指标。

（三） 政策与资金保障

科学编制规划。生态文化建设是长期的任务。要尽快编制规划，明确生态文化建设的指导思想、目标任务、实施步骤、保障措施，指导全国的生态文化建设有目的、有计划、分阶段、由点及面、扎实展开，使生态文化建设走上有序化、规范化轨道。实施生态文化体系建设工程。将生态文化载体建设、生态文化产业建设、生态文化挖掘整理及生态文化创作、生态文化宣传与教育等，纳入工程建设内容，做到有计划、有预算、有检查、有验收，使生态文化体系建设真正落到实处。加大资金投入，建立以政府投入为主，全社会共同参与的多元化投入机制。建立生态文化建设的专项经费保障制度，纳入同级林业基本建设计划。加大政策扶持力度。对于生态文化基础设施的建设，应在财税政策方面予以倾斜和支持。应从政策上鼓励支持生态文化理论和科学研究的立项，制定有利于生态文化建设的产业政策，鼓励扶持新型生态文化产业发展，尤其是鼓励生态旅游业等新兴文化产业的发展。

（四） 科技与人才保障

大力加强关于生态文化建设的理论研究。要在林业科研创新中设立专项研究课题，组织专家对生态科学、生态经济、生态政治、生态哲学、生态文化等学科进行持续研究，对人与自然的关系、生态文化与和谐社会的关系、生态文化体系与林业产业体系和林业生态体系之间的关系、可持续发展理论、生态价值观等重大问题进行研究攻关。在对我国生态文化建设情况进行调查研究、对国外先进的生态文化建设经验进行借鉴学习的基础上，构建我国生态文化建设的理论体系，形成比较系统的生态文化体系建设的理论框架。要加强生态文化学科建设，加强生态文化科技创新和教育培训，培养生态文化建设的科学研究人才、经营管理人才和基层骨干，打造一支专群结合、素质较高的生态文化建设队伍。充分发挥科研院所、高等学校及学会、协会等社团组织的作用，通过合作研究、合作办学等加强生态文化领域的人才培养。建立生态文化研究生专业和研究方向，招收硕士、博士研究生，培养生态文化研究专业或方向的高层次人才。通过生态文化研究项目的开展，提高协会成员及会员的研究水平，增强业务素质（苏孝同等，2007）。

参 考 文 献

毕晓丽, 葛剑平. 2004. 基于 IGBP 土地覆盖类型的中国陆地生态系统服务功能价值评估. 山地学报, 22 (1): 48~53

陈海, 康慕谊. 2003. 森林旅游资源价值核算研究进展. 资源科学, 25(3): 104~112

陈钦, 刘伟平, 徐益良. 2000. 公益林补偿制度研究综述. 林业财务与会计, 05: 25

陈钦, 刘伟平. 2000. 建立公益林生态效益补偿制度的理论依据. 林业经济问题, 08: 30

陈勇, 支玲. 2005. 森林环境服务市场研究现状与展望. 世界林业研究, 18(4): 11~17

陈仲新, 张新时. 2000. 中国生态系统效益的价值. 科学通报, 45(l): 17~22

成升魁, 沈镭, 闵庆文. 2006. 资源科学研究的新视角——自然资源流动过程与效应研究. 资源科学, 28(2): 199~200

程鹏. 2008. 发展现代林业 打造生态安徽 共建生态文明. http://www.ecoah.gov.cn/Pages/Show.aspx?NewsID=3892.[2008-12-31]

村岛由直. 2001. 森林与木材经济学. 东京: 日本林业调查会

戴伟娣. 2010. 我国活性炭行业进出口现状及发展前景探析. 生物质化学工程, 44(4): 53~55

但新求. 2002. 森林文化的社会、经济及系统特征. 中南林业调查规划, 21(3): 58~61

邓红兵, 王欢, 董仁才, 等. 2006. 我国未来森林资源需求特点与林业发展对策分析. 经济问题探索, 4: 2

董静曦, 郭辉军, 刘东生, 等. 2008. 我国松香市场容量和产量预测分析. 林业经济, 11: 49~52

董静曦, 林丽华, 刘平, 等. 2010. 中国松香产区松脂资源比较分析. 西南林学院学报, 30(1): 73~79

董仁才, 陈春娣, 邓红兵, 等. 2008. 基于森林生态系统服务功能预测 21 世纪上半世纪中国林地资源需求. Journal of Forestry Research, 3: 181~186

董锁成, 张文中, 方创琳. 1999. 资源、环境与经济作用机制和规律探讨. 资源科学, 21(4): 15~21

董锁成. 1994. 土地产权界定与我国土地市场建设. 科技导报, 10: 61~64

董瑜, 谢高地. 2001. 资源场理论及其在资源流动中的应用. 地理科学, 21(5): 407~411

杜小惠. 2001. 九龙江北溪龙岩段公益林的生态补偿问题. 林业经济问题, 1: 47~49

杜亚军, 陈国先, 陈秀明, 等. 2003. 川渝 77 县长防林(一期)工程的综合效益评价与分析. 生态学杂志, 1: 69~72

段绍光, 吴明作, 王慈民, 等. 2002. 河南省天然林保护工程效益评价分析. 北京林业大学学报 (社会科学版), 4: 38~41

方精云, 郭兆迪, 朴世龙; 等. 2007. 1981~2000 年中国陆地植被碳汇的估算. 中国科学(D 辑: 地球科学), 6: 804~812

顾云春, 郭玉文. 1987. 福建省森林资源经济评价. 生态经济, 1: 20~23

国家发展和改革委员会. 2006. "十一五"资源综合利用指导意见. http://www.sdpc.gov.cn/rdzt/jsjyxsh/t20070117_111740.html[2006-12-24]

国家林业局. 2005. 2005 年中国林业发展报告. 北京: 中国林业出版社

国家林业局. 2008. 中国林业与生态建设状况公报. http://www.forestry.gov.cn/portal/xnhz/s/2057/content~191531.html[2008-01-02]

国家林业局. 2009. 2009 年中国林业发展报告. 北京: 中国林业出版社

国家林业局. 2010a. 国家林业局关于 2009 年度森林采伐限额执行情况检查结果的通报(林资发〔2010〕305 号). http://www.forestry.gov.cn/portal/main/govfile/13/govfile_1796.html[2010-12-30]

国家林业局. 2010b. 全国森林资源统计——第七次全国森林资源清查. 北京: 中国林业出版社

国家统计局. 2010c. 国际统计年鉴 2010. 北京: 中国统计出版社

国家林业局. 2011. 全国林地保护利用规划纲要(2010~2020 年)

国家林业局. 2012a. 贾治邦在全国林业厅局长会议上的讲话. http://www.forestry.gov.cn/portal/jjlxx/s/1956/content~518738.html[2012-01-04]

国家林业局. 2012b. 中国林业统计年鉴2011. 北京: 中国林业出版社

国家林业局. 2012c. 2012年中国林业发展报告. 北京: 中国林业出版社

国家统计局. 2012. 中国统计年鉴2012. 北京: 中国统计出版社

国家林业局. 2014. 全国森林资源统计—第八次全国资源清查. 北京: 中国林业出版社

国土资源部. 2002. 全国矿产资源储量通报

国土资源部. 2007. 我国矿产资源浪费严重大中型矿山43%未综合利用. http://www.mlr.gov.cn/xwdt/jrxw/200706/t20070614_81221.htm. [2007-06-14]

国土资源部. 2012. 找矿突破战略行动纲要（2011~2020年）

何浩, 潘耀忠, 朱文泉, 等. 2005. 中国陆地生态系统服务价值测量. 应用生态学报, 16(6): 1122~1127

何晓琦, 颜帅. 2005. 林业建设的新任务学科发展的新方向——首届"森林文化学术研讨会"总结. 北京林业大学学报(社会科学版), 4(4): 1~2

侯元兆, 李玉敏, 张颖, 等. 2002. 森林环境价值核算. 北京: 中国科学技术出版社

侯元兆, 王琦. 1995. 中国森林资源核算研究. 世界林业研究, 3: 51~56

胡涌, 吴斌. 2006. 森林文化学及其在高等林业教育中的地位和作用. 北京林业大学学报(社会科学版), 5(3): 26~29

环境保护部. 2011. 中国生物多样性保护战略与行动计划（2011~2030年）. 北京: 中国环境科学出版社

黄利, 周密. 2013. 中国主要林化产品出口增长的动因分析: 1992—2011. 经济问题探索, 9: 175~179

黄少安. 制度经济学. 2008. 北京: 高等教育出版社

黄艺. 2002. 森林净化大气中有毒气体的效益估算方法初探//侯元兆. 森林环境价值核算. 北京: 中国科学技术出版社: 111~117

江泽慧. 2008. 中国现代林业. 第二版. 北京: 中国林业出版社

姜文来. 2003. 森林涵养水源的价值核算研究. 水土保持学报, 17(2): 34~40

姜作培, 陈峰燕. 2008. 论经济发展方式转变的三大问题. 中州学刊, 1: 24~27

蒋海, 苏志尧. 1996. 生态公益林补偿若干理论问题探讨. 生态科学, 2: 66~70

蒋延玲, 周广胜. 1999. 中国主要森林生态系统公益的评估. 植物生态学报, 23(5): 426~432

靳芳, 鲁绍伟, 余新晓, 等. 2005. 中国森林生态系统服务功能及其价值评价. 应用生态学报, 16(8): 1531~1536

靳芳, 余新晓, 鲁绍伟. 2007. 中国森林生态服务功能及价值. 中国林业, 4A: 40~41

科学技术部. 2012. 现代林业科技发展"十二五"专项规划

郎奎建, 李长胜, 殷有, 等. 2000. 林业生态工程10种森林生态效益计量理论和方法. 东北林业大学学报, 28(1): 1~7

郎奎建. 2003. 森林生态效益价值核算的市场逼近. 理论和技术研究, 39(6): 8~15

郎奎建. 2004. 森林生态效益的线性联立方程组模型的研究. 应用生态学报, 15(8): 1323~1328

郎一环. 2000. 全球资源态势与中国对策. 武汉: 湖北科学技术出版社

李世东, 陈鑫峰. 2007. 中国森林公园与森林旅游发展轨迹研究. 旅游学刊, 22(5): 66~72

李文华, 欧阳志云, 赵景柱. 2002. 生态系统服务功能研究. 北京: 气象出版社.

李晓勇, 甄学宁. 2006. 森林文化结构体系的研究. 北京林业大学学报(社会科学版), 5(4): 16~20

李英, 曹玉昆. 2006. 居民对城市森林生态效益经济补偿支付意愿实证分析. 北京林业大学学报, 28(增刊2): 155~158

李英, 裴佳音. 2008. 城市森林生态服务的需求环境与供给方式研究. 林业经济问题, 28(1): 28~32

李照霞, 李波. 2002. 商品林经济效益评价指标体系的设置. 黑龙江林业, 16(3): 197~203

李忠魁, 周冰冰. 2001. 北京市森林资源价值初报. 林业经济, 2: 36~42

李忠孝, 张丽华, 张敬, 等. 2002. 内蒙古大兴安岭林区森林多种效益计量评价初试. 内蒙古林业调查设计, 1: 15~17

联合国粮食及农业组织. 2005. 世界森林状况2005. 罗马: 联合国粮食及农业组织

联合国粮食及农业组织. 2007. 世界森林状况 2007. 罗马: 联合国粮食及农业组织

联合国粮食及农业组织. 2009. 世界森林状况 2009. 罗马: 联合国粮食及农业组织

联合国粮食及农业组织. 2010. 2010 年 FAO 年鉴. 罗马: 联合国粮食及农业组织

联合国粮食及农业组织. 2011. 2010 年全球森林资源评估. 罗马: 联合国粮食及农业组织

联合国粮食及农业组织. 2011. 世界森林状况 2011. 罗马: 联合国粮食及农业组织

联合国粮食及农业组织. 2012. 世界森林状况 2012. 罗马: 联合国粮食及农业组织

林俊钦, 叶渭贤, 刘凯昌, 等. 2002. 澳门海岛重植林工程生态效益评价. 中南林业调查规划, 4: 49~51

林文镇. 1997. 森林文化. 高雄: 淑馨出版社

刘安兴. 1997. 试论生态公益林的效益补偿. 中南林业调查规划, 16(4): 55~59

刘璨. 1999. 森林资源与环境经济问题研究新进展. 世界林业研究, 5: 31~36

刘璨. 2003. 森林固碳与释氧的经济核算. 南京林业大学学报, 27(5): 25 ~ 29

刘燕鹏, 李立贤. 2000. 中国双向式自然资源发展战略研究. 自然资源学报, 15(3): 208~212

鲁绍伟, 靳芳, 余新晓, 等. 2005. 中国森林生态系统保护土壤的价值评价. 中国水土保持科学, 3(3): 16~21

罗默. 2009. 高级宏观经济. 上海: 上海财经大学出版社

吕星, 金亚玲, 王志和. 2007. 林下资源与山区农户生计关系案例分析. 林业经济, 8: 74~76

孟祥江. 2011. 中国森林生态系统价值核算框架体系与标准化研究. 北京: 中国林业科学研究院博士学位论文

聂华. 2001. 对森林资源价值核算方法的几点商榷. 林业经济问题, 21(4): 222~223

聂华. 2002. 森林资源货币计量中的价值论基础. 北京林业大学学报, 24(1): 69~73

宁哲, 孙恒. 2000. 林业生态效益的计量与实现. 东北林业大学学报, 28(2): 55~56

潘少军. 2013. 把生态文明建设融入经济建设: 林业产业将助亿人脱贫. http://cpc.people.com.cn/ n/2013/0107/c83083~20113494.html. [2013-01-07]

钱颖一. 2003. 现代经济学在美国. 财经问题研究, 1: 3~11

秦大河, 丁一汇, 苏纪兰, 等. 2005. 中国气候与环境演变. 北京: 可续出版社

全国绿化委员会, 国家林业局. 2011. 全国造林绿化规划纲要(2011~2020 年)

任保平, 邵晓. 2007. 我国经济增长方式转变研究述评. 天津行政学院学报, 9(4): 64~68

邵树云, 刘东黎, 姜春芳, 等. 1994. 中国森林文化论文集. 哈尔滨: 黑龙江人民出版社

邵树云, 刘东黎, 姜春芳, 等. 1994. 中国森林文化论文集. 哈尔滨: 黑龙江人民出版社

沈镭, 唐永虎. 2003. 论中国资源市场管理与对策. 资源科学, 25(5): 13~21

石德金, 余建辉. 2001. 论环境资源林投资的补偿机制. 生态经济, 3: 46~48

世界自然基金会(WWF). 2002. 2002 年 "生命地球" 报告. 格朗: WWF

苏孝同, 苏祖荣, 陈传馨. 2007. 森林文化学学科定位问题的探讨. 中国林业教育, 2 :125

苏祖荣, 苏孝同. 2004. 森林文化学简论. 上海: 学林出版社

滕海键. 2006. 利奥波德的土地伦理观及其生态环境学意义. 地理与地理信息科学, 22(2): 105~109

筒井迪夫. 1995. 森林文化发展之道. 东京: 朝日新闻社

王兵, 任晓旭, 胡文. 2011. 中国森林生态系统服务功能及其价值评估. 林业科学, 47(2): 145~153

王春峰. 2010. 坎昆气候大会通过两项与林业相关的重要决议. 中国绿色时报, 国际版

王永安. 1995. 浅谈生态公益林补偿. 中南林业调查规划, 2: 45~48

王志新, 牟长城, 韩燕茹, 等. 2002. 吉林省森林效益的经济评价. 吉林林业科技, 4: 43~47

吴水荣. 2000. 森林生态效益补偿问题. 南京林业大学学报, 4: 63

肖兴威. 2005. 中国森林资源图集. 北京: 中国林业出版社

谢高地, 肖玉, 鲁春霞. 2006. 生态系统服务研究: 进展、局限和基本范式. 植物生态学报, 30(2): 191~199

谢利玉. 2000. 浅论公益林生态效益补偿问题. 世界林业研究, 3: 70~76

徐德应, 刘世荣. 1992. 温室效应, 全球变暖与林业. 世界林业研究, 5: 295-307

徐益良. 1999. 设立森林生态效益补偿基金若干问题的思考. 林业财务与会计, 1: 4~6

许嘉璐. 2006. 森林文化体系应成为中国林业的第三大体系. 生态文化, 5 :1

许新桥. 2006. 近自然林业理论概述. 世界林业研究, 19(1): 10~13

严文. 2008. 区域生态供给与需求问题探讨. 生态经济(学术版), 1: 153~156

杨丽森, 吴玉章. 2008. 棕榈藤材的利用现状及发展趋势. 世界竹藤通讯, 6(3): 1~5

叶绍明, 郑小贤. 2006. 国内外林业碳汇项目最新进展及对策探讨. 林业经济, 4: 64~68

叶文凯. 1989. 森林文化若干问题思考—— 一种被遗忘的价值体系. 学会, 3: 6~8

叶文凯. 1997. 森林文化与林业文化异同析——兼论两者的体系结构. 福建论坛(文史哲版), 172: 15-17

余新晓, 鲁绍伟, 靳芳, 等. 2005. 中国森林生态系统服务功能价值评估. 生态学报, 25(8): 2096~2102

张福寿. 2007. 森林文化, 一个推动林业建设的新杠杆. 生态文化, 1:26~27

张军. 1994. 现代产捏竖桥学. 上海: 上海人民出版社

张晓珊, 巫启新, 刘延惠, 等. 2001. 贵州省长防林体系生态经济效益计量与评价. 贵州林业科技, 4: 36~40

张旭东. 2002. 长江流域森林资源价值核算//侯元兆. 森林环境价值核算. 北京: 中国科学技术出版社: 209 ~ 215

张耀启. 1997. 森林生态效益经济补偿问题初探. 林业经济, 2: 70~76.

张颖. 2003. 森林资源核算的理论方法分类和框架. 林业科技管理, 2: 11~15

张颖. 2006. 黑龙江大兴安岭森林绿色核算研究. 自然资源学报, 21(5): 728~731

赵景柱, 徐亚骏, 肖寒, 等. 2003. 基于可持续发展综合国力的生态系统服务评价研究——13 个国家生态系统服务价值的测算. 系统工程理论与实践, 1: 121~127

赵士洞 张永民. 2004. 生态系统评估的概念、内涵及挑战——介绍《生态系统与人类福利评估框架》. 地球科学进展, 19(4): 650~657

赵士洞. 2001. 新千年生态系统评估—背景、任务和建议. 第四纪研究, 21(4): 330~336

赵士洞. 2007. 千年生态系统评估报告集. 北京: 中国环境科学出版社

赵同谦, 欧阳志云, 郑华, 等. 2004. 中国森林生态系统服务功能及其价值评价. 自然资源学报, 19(4): 480~491

赵同谦. 2004. 中国陆地生态系统服务功能及其价值评估研究. 北京: 中国科学院研究生院博士学位论文

赵彤堂, 李继武. 1998. 公益林补偿问题的探讨. 吉林林业科技, 5: 34~37

郑小贤. 2001. 森林文化、森林美学与森林经营管理. 北京林业大学学报, 23(2): 93~95

只木良也. 2004. 森林文化史. 台北: 讲谈社

中国环境与发展国际合作委员会. 2010. 中国生态系统服务与管理战略. 北京: 中国环境科学出版社

中国科学院—国家计划委员会自然资源综合考察委员会. 1996. 自然资源综合科学考察四十年 (1956~1996). 北京: 中国科学技术出版社

中国科学院可持续发展战略研究组. 2012. 2012 中国可持续发展战略报告. 北京: 科学出版社

中国可持续发展林业战略研究项目组. 2003. 中国可持续发展林业战略研究总论. 北京: 中国林业出版社

中国林产工业协会地板专业委员会. 2011. 2000~2011 年中国木地板销售量. http://www.cnfloor.org/[2013-11-10]

中国森林生态服务功能评估项目组. 2010. 中国森林生态服务功能评估. 北京: 中国林业出版社

中国森林资源核算及纳入绿色 GDP 研究项目组. 2010. 绿色国民经济框架下的中国森林核算研究. 北京: 中国林业出版社

中国社会科学院. 2010. 低碳时代的中国能源战略转型. http://info.hvacr.hc360.com/2010/02/240835174692.shtml. [2010-2-24]

中国碳汇网. 2011. 全球碳收支研究获重大进展——迄今最全面评估报告. 2011. http://www.forestry.gov.cn/portal/thw/s/1807/content~492486.html. [2011-07-19]

中国造纸学会. 2011. 中国造纸年鉴 2010. 北京: 中国轻工业出版社

周国逸, 闫俊华. 2000. 生态公益林补偿理论与实践. 北京: 气象出版社

周晓峰, 蒋敏元. 1999. 黑龙江省森林效益的计量、评价及补偿. 林业科学, 5: 97~102

庄立, 刘洋, 梁进社. 论中国自然资源的稀缺性和渗透性. 地理研究, 2011, 30(8): 1351~1360

Bernhard W, Tanya B, Markus L, et al. Implementing Criteria and Indicators for Sustainable Forest Management in Europe. http://www.ci-sfm.org/uploads/Documents/2012/Report/CI-SFM-Draft_Report_complete.pdf. [2005-12-13]

Costanza R R, Arge R, Groot R, et al. 1997. The value of the world's ecosystem services and natural capital. Nature, 387: 233~240

Daily G C. 1997. Nature's Service : Societal Dependence on Natural Ecosystems. Washington DC: Island Press

Dong R C; Chen C D; Deng H B, et al. 2008. Forestland prediction of China based on forest ecosystem services for the first half of 21st century. Journal of Forestry Research, 19(3): 181~186

FAO. 2010. Impact of the global forest industry on atmospheric greenhouse gases. Rome: FAO Forestry Paper: 159

FAOSTAT. 2007. Global production and trade of forest products in 2007. http://faostat.fao.org/site/626/DesktopDefault.aspx?PageID=626#ancor[2007-12-30]

FAOSTAT. 2011. Global production and trade of forest products in 2011. http://www.fao.org/forestry/statistics/80938/en/[2011-12-30]

Gustavsson L, Pingoud K, Sathre R. 2006. Carbon dioxide balance of wood substitution: comparing concrete and wood framed buildings. Mitig Adapt Strateg Glob Change, 11: 667~691.

Harris, Nancy L., Sandra B, et al. 2012. Baseline map of carbon emissions from deforestation in tropical regions. Science, 336: 1573~76

Heal G. 2000. Nature and the Marketplace: Capturing the Value of Ecosystem Services. Washington DC: Island Press

IPCC. 2007. Climate change 2007 mitigation of climate change. Cambridge: Cambridge University Press

Jandi R., Vesterdal L., Ollson M., et al. 2007. Carbon sequestration and forest management. CAB Reviews: Perspectives in Agriculture, Veterinary Science, Nutrition and Natural Resources, 2: 17

Kungl. 2010. Skogs-och lantbruksakademiens tidskrift (KSLA). International forest policy~an overview. Argang

Lancaster W D. 1979. Physical maps of bovine papilloma virus type 1 and 2 genomes. Journal of Virology, 32, 684~687

Leopold A C. 2004. Living with the land ethic. Bioscience, 54(2): 149~154

Leslie A. 2005. Estimating the current and future demand for forest products and services. Tropical Forest Update, 1: 14~16

Lubchenco. 1998. Jane Entering the Century of Environment: A New Social Contract for Science. Science, 279: 491~497

Micales J A, Skog K E. 1997. The decomposition of forest products in landfills. Int Biodeterior Biodegrad, 39:145~158

Millennium Ecosystem Assessment. 2005. Ecosystems and Human Well-Being: Synthesis. Washington, DC: Island Press

Naeem S. 2001. How changes in biodiversity may affect the provision of ecosystem services. *In*: Hollowell V C. Managing Human Dominated Ecosystems. St. Louis: Missouri Botanical Garden Press: 3~33

Niles J, Schwarze R. 2001. The value of careful carbon accounting in wood products. Climatic Change, 49(4): 371~376

Pan Y, Birdsey R A, Fang J, et al. 2011. A large and persistent carbon sink in the world's forests. Science, 333(6045): 988~993

Petersen A K, Solberg B. 2005. Environmental and economic impacts of substitution between wood products and alternative materials: a review of micro~level analyses from Norway and Sweden. Forest Policy and Economics,7: 249~259

Reynold K M, Johnsonb K N, Gordon S N. 2003. The science/policy interface in logic~based evaluation of forest ecosystem sustainability. Forest Policy and Economics, 5: 433~446

Richards, K R., Stokes C. 2004. A review of forest carbon sequestration cost studies: a dozen years of research. Climate Change, 63(1~2): 1~48

Robledo C, Forner C. 2005. Adaptation of Forest Ecosystems and the Forest Sector to Climate Change//FAO, SADC. Forests and Climate Change Working Paper 2. Rome

Stern, Nicholas. 2007. The economics of climate change. New York: Cambridge University Press

Tcrway A. 2006. 中国的能源与环境——经济发展的两大制约因素. 世界环境, 4: 71~77

Turner K. 1991. Economics and wetland management. Ambio,20: 59 ~ 61

Vanderwerf G R, Morton D C, DeFries R S, et al. 2009. CO_2 Emissions from forest loss. Nature Geoscience, 2: 737~738

Williams, M. 2002. Deforesting the earth: from prehistory to global crisis. Chicago: University of Chicago Press

Zahabu E. 2008. Sinks and sources: a strategy to involve forest communities in Tanzania in global climate policy. the Netherlands: University of Twente PhD thesis